OBSERVATIONS

DES

TRIBUNAUX CRIMINELS

SUR

LE PROJET DE CODE CRIMINEL.

DÉPARTEMENS

Contenus dans ce Volume.

OBSERVATIONS

DES

TRIBUNAUX CRIMINELS

SUR

LE PROJET DE CODE CRIMINEL.

TOME V.

A PARIS,

DE L'IMPRIMERIE IMPÉRIALE.

An XIII.

OBSERVATIONS

DU TRIBUNAL CRIMINEL

DE LA NIÈVRE,

SUR

LE PROJET DE CODE CRIMINEL.

OBSERVATIONS
DU TRIBUNAL CRIMINEL
DE LA NIÈVRE,

SUR

LE PROJET DE CODE CRIMINEL.

JALOUX de répondre à la confiance que le Gouvernement leur a témoignée en leur demandant des observations sur ce Projet, les membres du Tribunal criminel de la Nièvre ne croient pas pouvoir la mieux justifier que par des explications franches sur les différens points qui leur paraissent susceptibles de changemens, de modifications, d'amendemens et de corrections.

Le Projet repose tout entier sur la conservation de l'instruction par jurés, et comme cette institution a ses partisans et ses contradicteurs, il est naturel d'exposer ce que l'expérience leur a appris des inconvéniens et des avantages d'un tel mode de juger.

Sur l'institution des Jurés.

On ne peut se dissimuler que les jurés ont souvent et trop souvent, acquitté des coupables et de grands coupables; mais ces acquittemens dont le nombre a peut-être encore été exagéré, peuvent ne point dériver de l'institution en elle-même.

Des jurés pris indistinctement dans toutes les classes de citoyens, sans autre condition que celle de l'âge, tandis que les citoyens présumés réunir le plus d'instruction et de lumières, et les plus intéressés au maintien de l'ordre social, tels que les fonctionnaires publics, étaient sévèrement écartés de l'exercice de ces augustes fonctions, sous le prétexte vain et irréfléchi d'incompatibilité, de pareils jurés ont pu et dû errer. Il ne faut pas s'en étonner; il faut s'étonner au contraire, en voyant que dans le plus grand nombre des affaires, leurs déclarations ont été saines et justes : c'est particulièrement dans celles où l'esprit de parti dominait que leur résolution a été l'objet des reproches les plus graves et les plus mérités. Mais cet esprit dangereux s'affaiblit et s'use chaque jour, grâce au grand caractère qu'a montré le Gouvernement, grâce à sa stabilité et à son imposante justice.

Les passions qui ont trop long-temps tourmenté et divisé les citoyens ne reparaîtront plus.

En subordonnant l'admission aux fonctions de jurés, à l'acquit d'une contribution double au moins de celle proposée, et en supprimant les incompatibilités prononcées par la loi du 3 brumaire an 4, cette institution pourra acquérir le degré de perfection suffisant pour effrayer le crime et rassurer l'innocence.

Mais il faut l'avouer, s'il est de la plus haute importance, comme l'a dit l'illustre Beccaria, dans son traité des délits et des peines, « de faire punir » promptement le crime, si l'on veut que dans l'esprit grossier du vulgaire » la peinture séduisante des avantages d'une action criminelle réveille aussi- » tôt l'idée d'un supplice inévitable ; le retardement de la punition ne pro- » duisant d'autre effet que de rendre moins étroite l'union de ces deux » idées. » L'instruction par jurés s'oppose à la promptitude de la peine, et s'y opposera bien plus encore si les assises proposées n'ont lieu que tous les trois mois, puisqu'il arrivera souvent, soit par l'absence de témoins importans, soit par toute autre cause, qu'un coupable ne sera pas jugé dans l'année.

Quoi qu'il en soit, en conservant cette institution, on n'estime pas qu'il soit convenable, comme le propose le Projet, article 919 et suivans, de ne faire opérer la récusation des jurés que le jour où le débat doit s'ouvrir. Cette innovation au mode suivi jusqu'à ce jour, est fondée sur deux motifs, 1.º la crainte que les jurés ne soient pratiqués ou séduits à l'avance par les parens, par les amis ou les protecteurs des accusés ; 2.º l'avantage pour les accusés de n'être jugés que par des personnes dont ils peuvent lire sur la physionomie le caractère ou les dispositions.

Il serait très-desirable, sans doute, que les jurés ne fussent connus de l'accusé qu'au moment même où ils sont appelés à prononcer sur son sort, mais pour arriver à ce but, il faudrait, ce qui est impraticable, que dans une seule et même session, il y eût convocation particulière d'un jury pour chaque affaire différente : autrement, et si le même jury assemblé le premier des grands-jours doit juger pendant leur durée entière toutes les affaires en état, les parens, les amis, les protecteurs de ceux des accusés qui ne sont pas jugés le premier jour, ayant connaissance des noms des jurés, auront, comme ci-devant, la plus grande facilité à les circonvenir.

Quant au deuxième motif, on le croit trop favorable aux accusés, et il est possible qu'il tourne, contre le vœu du Projet, à l'acquittement des coupables. On préférerait de ne permettre aux accusés les récusations des jurés que sur le tableau qui leur en serait présenté quinze jours avant l'ouverture de la session. Il leur serait laissé le temps nécessaire pour prendre des informations sur les jurés inscrits dans le tableau et exercer les récusations péremptoires en connaissance de cause. Le commissaire du Gouvernement aurait aussi la faculté d'en récuser pareil nombre ; et parmi les membres restans, douze seraient tirés au sort *secrètement* pour former le jury de jugement. Ce mode ne donnerait pas plus lieu de craindre que celui du Projet, les sollicitations et les moyens de séduction ; et il aurait l'avantage de ne pas fournir aux coupables des armes pour triompher. De plus, il épargnerait des voyages inutilement fatigans aux trois quarts des citoyens inscrits sur la liste des jurés.

Le Projet propose encore de n'admettre la déclaration du jury de jugement qu'à l'unanimité. Mais sera-t-il permis de le dire? ce serait tyranniser la conscience des jurés, et les exposer à souffrir le plus grand des supplices. Comment, en effet, forcer l'homme convaincu de la culpabilité d'un accusé à le proclamer innocent; et réciproquement, comment contraindre celui qui le croit innocent à le proclamer coupable? La règle actuelle qui n'impose la condition de l'unanimité des suffrages que dans les vingt-quatre heures de la réunion des jurés dans leur chambre, paraît bien plus raisonnable : on voudrait seulement que s'ils ne sont pas d'accord après ce délai, ils formassent leur déclaration, non à la simple majorité, mais au deux tiers des voix. Ce tempérament, admis de tout temps en matière criminelle, est exigé par l'humanité.

Organisation des Tribunaux criminels.

Suivant le Projet, le tribunal criminel, dans chaque département, est formé d'un préteur, des propréteurs du département et de trois suppléans.

Lorsque le préteur est présent, il n'est assisté que de l'un des propréteurs, qui a seulement voix consultative.

Lorsqu'il est absent ou empêché, le tribunal criminel se trouve composé de trois propréteurs ou suppléans, si ce n'est pour ce qui est relatif aux purs actes d'instruction que le propréteur du chef-lieu peut faire seul sur la délégation du préteur.

Toutefois, cette composition n'a lieu que pour prononcer sur la légalité ou l'irrégularité des procédures, et pour statuer sur les appels des jugemens correctionnels ; car la direction du jury de jugement et l'application des lois criminelles n'appartiennent qu'au préteur ; et s'il se trouve absent ou empêché dans les grands-jours, il ne peut être remplacé que par un autre préteur.

Les propréteurs remplissent, d'ailleurs, les fonctions de directeurs de jury dans les différens arrondissemens, et ils sont en même temps membres des tribunaux de première instance, qu'ils président pour l'instruction et le jugement des causes correctionnelles.

Telle est l'organisation proposée, on craint bien qu'elle ne remplisse pas son objet.

D'abord, ne peut-on pas se demander s'il est convenable que l'application des lois judiciaires soit faite par un seul magistrat ? il importe certainement à la liberté comme à la tranquillité publique, qu'il y ait unité dans la puissance qui gouverne ; mais n'y a-t-il pas danger réel à ce que le pouvoir judiciaire réside dans un seul magistrat, sur-tout lorsqu'il y a quelqu'arbitraire dans ses fonctions. Tant que les juges criminels ne pourraient qu'appliquer purement et simplement la loi pénale à des circonstances reconnues par un jury, leur ministère aurait pu être rempli sans de grands inconvéniens, par une personne unique ; mais lorsque le projet de Code pénal laisse une grande latitude dans l'application de la peine, lorsqu'il permet d'infliger une punition plus ou moins sévère, suivant que le tribunal est plus ou moins affecté de l'immoralité du coupable et du danger de son crime ; alors, si ce tribunal n'est composé que d'un seul, les décisions n'étant tempérées par aucune délibération préalable, ne peuvent-elles pas jeter l'alarme et l'effroi parmi les citoyens ; car on compte pour rien l'assistance d'un propréteur qui, n'ayant dans le fait que voix consultative, sera réduit à un simple droit de remontrance, d'autant plus illusoire que se trouvant placé sous la surveillance immédiate du préteur, il ne s'exprimera qu'avec la timidité d'un inférieur vis-à-vis de son supérieur.

En deuxième lieu, les fonctions du préteur n'étant point bornées à un seul département, il a fallu dans le Projet n'indiquer de grands-jours que tous les trois mois. Mais si la procédure n'est pas régulière, et qu'il soit nécessaire de la renvoyer devant un propréteur pour la faire recommencer ; s'il survient au préteur un empêchement de tenir les grands-jours, sans qu'un de ses collègues ait pu être prévenu assez tôt pour se trouver dans son département à l'époque des grands-jours ; si, au moment de leur ouverture, des témoins essentiels font défaut, et qu'il soit nécessaire de remettre l'affaire à trois mois, on voit que dans tous ces cas, les accusés languiront dans une longue attente avant d'être jugés ; et comme ces différens obstacles à un jugement définitif, peuvent survenir les uns après les autres, il peut en résulter que des accusés ne soient jugés qu'une année entière après l'accusation. Dans un si long intervalle, des témoins importans peuvent mourir ; et, d'ailleurs, comme l'a dit le chancelier d'Aguesseau, la longueur du temps diminue peu-à-peu cette indignation salutaire à la justice, que l'horreur d'un crime récent excite dans les esprits : et comme le public absout avec autant de facilité qu'il condamne, il ne faut que lui paraître long-temps à plaindre, pour cesser d'être coupable.

En troisième lieu, on doit prévoir qu'à l'exception des grands-jours, et vu la nécessité pour les préteurs de parcourir successivement plusieurs départemens, les tribunaux criminels ne seront composés que des propréteurs ou suppléans, soit pour prononcer sur les jugemens correctionnels, soit pour statuer sur la régularité des procédures; et cependant les propréteurs sont distribués dans les arrondissemens communaux, de sorte que celui du chef-lieu sera seul toujours présent; mais s'il s'agit d'une affaire qu'il ait instruite ou jugée en première instance, le tribunal sera formé alors par les seuls suppléans; se trouveront-ils toujours prêts! Le secours des suppléans n'est-il pas très-précaire! N'ayant point de traitement fixe, ne seront-ils pas souvent absens!

En quatrième lieu, n'y a-t-il pas inconvénient majeur à faire remplir aux propréteurs la double fonction de juges de première instance et de juges d'appel dans la même nature d'affaires! à les rendre en quelque sorte juges de leurs propres jugemens et de leurs propres procédures!

Enfin, est-il utile de créer des directeurs de jury perpétuels! La raison de cette perpétuité, telle qu'elle est énoncée dans le Projet, ne cesse-t-elle pas, quand on considère, d'une part, que les directeurs de jury n'étant pris alternativement que parmi trois des juges des tribunaux civils, ils ne sont jamais que pendant six mois exclus de l'instruction des affaires criminelles, interstice peu considérable; et que de l'autre, leur ministère étant toujours provoqué ou surveillé par les magistrats de sûreté, ils ne peuvent guère errer dans leur marche!

On ne croit donc pas, même dans la supposition de l'établissement des préteurs, qu'il soit convenable de supprimer les juges criminels, quelque nouvelle dénomination qui leur soit donnée. On objecte que dans l'état actuel des choses, ils ne sont pas suffisamment occupés; mais on propose d'attribuer aux tribunaux criminels la connaissance des appels des jugemens de simple police, indépendamment de ceux des jugemens correctionnels. Les distances ne sont pas assez grandes pour qu'il en résulte des inconvéniens; et cette attribution aura l'avantage de faire aboutir à un centre unique et commun tout ce qui touche les matières criminelles.

Si, malgré cette augmentation de pouvoirs qui multipliera les occupations, on pensait encore que les juges criminels jouiraient de trop grands loisirs, le Gouvernement peut juger convenable qu'il y ait dans l'ordre judiciaire des places honorables qui puissent servir comme de retraite et de récompense à des juges de première instance qui, par de longs travaux, auraient bien mérité de la société.

Le Projet propose encore de cumuler les fonctions de commissaire du Gouvernement près le tribunal criminel, et celles de magistrat de sûreté de l'arrondissement du chef-lieu. Cette cumulation de pouvoirs dans la même main est-elle sans danger! Ces doubles fonctions ne se nuiraient-elles pas mutuellement! ne présentent-elles pas une incompatibilité réelle, puisque le commissaire du Gouvernement viendra devant le tribunal criminel avec les préventions qui auraient pu le faire agir dans la première instruction ! N'est-il pas convenable que le commissaire du Gouvernement ait, par son impartialité, une influence morale sur l'esprit des juges !

Organisation des Tribunaux de simple police.

Le Projet veut que tous les tribunaux de police d'un arrondissement soient présidés par un suppléant du tribunal de l'arrondissement, que ce président tienne l'audience de police dans les vingt premiers jours de chaque mois, et qu'il ait pour assesseurs le juge de paix et un citoyen du canton désigné par le sous-préfet.

Ainsi le président serait obligé, dans les vingt premiers jours de chaque mois, de parcourir tous les cantons de l'arrondissement. Il y a tel président qui, pour l'exercice de ses fonctions, aurait à faire plus de douze cents lieues par an. L'arrondissement de Nevers qui particulièrement n'est pas un des plus considérables de la République, comprend neuf cantons distincts, quoique le chef-lieu et les communes environnantes n'en forment qu'un seul. Dans cet arrondissement, le président aurait environ soixante-dix lieues à faire pour se transporter dans tous les cantons ; on ne parle pas des chemins de traverse qui, dans l'hiver sont souvent impraticables, ni du gonflement des petites rivières qui, une partie de l'année interceptent les communications. On croit qu'il est plus naturel et plus simple de confier aux juges de paix et à leurs suppléans, le soin de rendre les jugemens de simple police. Les suppléans s'habitueraient par-là à l'exercice des fonctions dont ils ont l'expectative ; cela semble préférable au choix de simples citoyens formés par le sous-préfet ou par le maire de la commune. L'appel étant ouvert contre les jugemens de police, ce mode ne pourrait pas entraîner d'inconvéniens réels.

D'ailleurs dans ce cas, les audiences seraient plus rapprochées, et ce serait peut-être un mal que de n'en tenir qu'une seule par mois, car ce sont principalement les délits légers qui doivent être réprimés sur-le-champ, parce que la trace s'en efface promptement, et que, si la peine ne suit pas sur-le-champ la faute, elle ne paraît plus qu'une injustice aux yeux de la multitude.

Voilà les observations principales que les membres du tribunal criminel de Nevers croient devoir soumettre au Gouvernement sur le Projet de code : il leur reste quelques remarques particulières à présenter, mais elles seront en petit nombre.

REMARQUES DÉTACHÉES.

Partie de la procédure.

La quatrième partie de l'article 467 porte que les maires seront tenus de donner main-forte aux gardes champêtres et forestiers.

Il serait peut-être convenable d'ajoûter : « à peine de suspension de
» leurs fonctions. »

Art. 468. La rédaction des procès-verbaux des gardes champêtres et
forestiers est attribuée aux maires, adjoints et commissaires de police : il
semble qu'elle devrait l'être de préférence aux greffiers des juges de paix ;
ces premiers fonctionnaires, dans les campagnes, n'ayant point l'habitude
de la rédaction des procès-verbaux, il peut en résulter beaucoup d'actes
vicieux ; on devrait au moins attribuer la concurrence aux greffiers.

Le délai dans lequel se fera l'affirmation des procès-verbaux n'est point
indiqué ; n'est-ce pas là une lacune !

Art. 474. Ne devrait-il pas être fixé un délai dans lequel les plaintes,
dénonciations ou procès-verbaux seraient envoyés au magistrat de sûreté?

Art. 501. Il n'est point indiqué de moyen coercitif contre le magistrat
de sûreté qui ne voudrait pas poursuivre sur la plainte ou dénonciation de
la partie civile.

Art. 505. Cet article oblige le magistrat de sûreté de se transporter sur
les lieux, pour y constater les délits ; comme il en sera souvent très-éloigné,
qu'il ne sera averti que lorsque les traces en auront disparu, on préférerait d'imposer cette obligation aux fonctionnaires mentionnés en l'art. 546,
à l'exception des délits commis dans un certain rayon de la résidence du
magistrat de sûreté dont la constatation serait exclusivement attribuée au
magistrat seulement ; il devrait être permis à celui-ci, ainsi qu'au directeur du jury, de se transporter sur le local, quand les procès-verbaux
relatifs à un délit leur paraîtraient ne pas contenir les explications nécessaires, et qu'ils penseraient que de nouveaux procès-verbaux pourraient
rectifier les omissions commises ; mais alors on pense qu'il faudrait leur
attribuer une indemnité supérieure à celle fixée par l'art. 566. Elle est
évidemment trop modique, et sa modicité empêche souvent des transports qui procureraient de grandes lumières.

Art. 515. Il serait très-utile que les originaux de citations fussent visés
par le maire du domicile des témoins, ou, en son absence, par l'adjoint ; il y aurait alors certitude du transport de l'huissier.

Art. 519. On croit qu'il serait convenable de donner au magistrat de
sûreté la faculté de déléguer aux juges de paix le soin d'entendre les témoins empêchés de se présenter devant lui. Peut-être même conviendrait-il
d'étendre cette faculté de manière que lorsque les témoins sont à de grandes
distances, il pût faire recevoir leurs dépositions par le juge de paix de leur
canton.

Art. 528 et 529. Ces articles supposent que l'ordonnance portant qu'il
sera fait une visite domiciliaire, sera préalablement signifiée au prévenu
en arrestation. Ainsi averti par avance, il aura le temps de faire soustraire les papiers ou autres effets capables d'éclairer sur son crime. Il serait

préférable de ne point l'appeler aux visites et perquisitions, sauf à lui représenter et à lui faire reconnaître les papiers et autres pièces de conviction.

Art. 557. Cet article, en établissant le concours des directeurs de jury et des magistrats de sûreté pour les actes et poursuites de police judiciaire, laisse à douter si les directeurs de jury ne pourront pas prendre l'initiative d'une poursuite ; on ne croit pas qu'ils doivent s'en saisir, s'ils n'ont été provoqués par les magistrats de sûreté; il en est autrement s'il ne s'agit que d'une partie d'instruction sur une procédure commencée, et alors le directeur du jury doit pouvoir agir de lui-même, quand bien même son ministère n'aurait pas été stimulé par la partie publique. Il est même convenable qu'il puisse requérir l'assistance de la force publique pour l'exécution de ses ordonnances : car c'est un point sur lequel se tait le Projet.

Art. 563. Le bref délai dans lequel les témoins condamnés doivent former opposition à la condamnation, justifie la nécessité d'obliger les huissiers à faire viser les originaux de leurs notifications aux maires ou adjoints des communes.

Art. 571. Il n'est pas suffisamment expliqué si les témoins déjà entendus par le magistrat de sûreté, le seront de nouveau par le directeur du jury ou le propréteur.

Dernière partie de l'art. 576. On ne croit pas que l'illégalité du mandat d'arrêt, émané d'ailleurs d'un fonctionnaire qui a un caractère pour le décerner, doive frapper sur le gardien ou concierge de la maison d'arrêt. Non-seulement c'est lui imposer une responsabilité trop grande, mais c'est en quelque sorte le rendre le surveillant et le contrôleur des opérations du propréteur.

Art. 681. Il porte que l'opposition à une condamnation par défaut, emportera de droit citation à la première audience. Il peut ne pas se trouver de délai suffisant entre le jour de l'opposition et celui de l'audience prochaine ; il serait convenable d'ordonner que l'opposition ne sera valable qu'autant qu'elle indiquera l'audience la plus prochaine, après le délai de cinq jours après l'opposition.

Art. 684. Au lieu d'établir la place du magistrat de sûreté au-dessous de celle du commissaire du Gouvernement, ce qui serait un signe d'infériorité, il serait à préférer que son siége se trouvât vis-à-vis.

Art. 697. Il est impossible, en nombre de cas, que les jugemens soient signés en vingt-quatre heures. L'audience peut être chargée; d'autre part, les jugemens devant être motivés, il faut les rédiger, et cette rédaction ne peut avoir lieu qu'après l'audience et dans le silence des affaires ; il devrait au moins être accordé cinq jours francs.

Art. 698. Cet article veut que les jugemens portant condamnation d'amende soient exécutés à la requête du magistrat de sûreté, ou, s'il s'agit de délits forestiers, par les agens forestiers. C'est établir les officiers du ministère public dépositaires des deniers publics et comptables envers la régie de l'enregistrement. On croit qu'il est préférable de laisser cette exécution à la régie elle-même; il faudrait seulement obliger, soit le magistrat de sûreté, soit les agens forestiers désignés en l'article..., à envoyer au receveur de l'enregistrement les extraits des jugemens portant condamnation d'amende, et obliger en conséquence ces receveurs à tenir un registre d'ordre pour enregistrer les jugemens à mesure qu'ils les recevraient.

Art. 700. Le commissaire du Gouvernement se trouve exclu de la faculté d'appeler; cette faculté est donnée au magistrat de sûreté, qui ne l'avait pas. Cependant, si celui-ci ne s'est pas trouvé à l'audience, si, les jours suivans, des travaux multipliés l'empêchent de prendre connaissance du jugement, le délai pour appeler s'écoulera : on pense qu'il est sans inconvénient de laisser au commissaire le droit de l'appel.

Art. 702 et 705. Il serait très-utile que l'appelant ne fût recevable dans son appel, qu'autant qu'il aurait fait au greffe, soit du tribunal correctionnel, soit du tribunal criminel, le dépôt des pièces et de l'expédition du jugement, dans un délai qui serait assigné.

Il ne serait pas moins utile que la déclaration d'appel fût notifiée à la partie adverse. Dans l'état actuel des choses, l'appelant n'est point assujetti à ce dépôt ni à cette notification, et c'est la partie publique qui en fait les frais ; mais c'est une charge que supporte le trésor public, sans qu'il y ait certitude que les frais soient recouvrés.

Art. 730 et 731. Ce concours entre le magistrat de sûreté et l'avoué de la partie civile, ne compromet-il pas la dignité du premier ! Pour conserver les intérêts de la partie civile, ne suffirait-il pas qu'elle eût la liberté de prendre communication de l'acte d'accusation dans un délai qui serait fixé, et de se pourvoir devant le tribunal criminel pour le faire rectifier, corriger ou amender !

Art. 744. L'accusation ne semble devoir être admise qu'à la majorité des voix : le doute doit être en faveur de l'innocence.

Art. 754. Cet article, en permettant qu'on puisse, sans nouvelles charges, dresser un nouvel acte d'accusation contre un individu, sur des faits déjà présentés inutilement à un jury, ne serait-il pas regardé comme inquisitorial et vexatoire ! Si un fait offre plusieurs délits différens, ne peuvent-ils pas être présentés dans un seul et même acte d'accusation ! Les articles 736, 737 et 738 donnent la faculté de diviser les différentes circonstances d'un délit.

Art. 792. Cet article devrait, ce semble, se trouver placé après l'art. 787.

La seconde partie du même article n'indique point si c'est pendant le débat même que le préteur peut faire la partie d'instruction qui y est désignée, ou si la nécessité de cette instruction obligera à envoyer l'affaire aux prochains grands-jours.

Art. 827. La simple communication des procédures sans déplacement, épargne des frais au trésor public. Mais n'est-il pas à craindre que les accusés ne soient pas défendus, au moins ceux qui ne seront pas favorisés des dons de la fortune, si les défenseurs sont obligés de prendre eux-mêmes des copies au greffe.

Art. 855. La défense de lire la déclaration écrite des témoins, ne devrait pas seulement contenir exception à l'égard de ceux qui ont commis depuis des variations ; elle devrait en contenir une seconde à l'égard des témoins qui sont décédés avant le débat ; et il devrait alors être permis au président de donner lecture aux jurés de leurs déclarations, pour qu'ils y eussent tel égard que de raison. Cette exception, qui peut être très-utile, ne paraît pas entraîner de danger réel.

2.ᵉ partie de l'art. 914. En cas d'absence de quelques-uns des jurés, ils devraient être remplacés par ceux de la liste précédente ; mais il peut se faire que dans cette liste il ne s'en trouve aucun de la ville qui ne soit valablement empêché : on croit qu'alors le directeur du jury devrait concurremment avec le magistrat, faire une liste particulière de citoyens de la ville, dans laquelle seraient tirés au sort ceux nécessaires au remplacement.

Art. 983 et 984. Dans l'institution des jurés, il ne paraît pas qu'on puisse suspecter un témoin de faux témoignage qu'au moment même de sa déposition et pendant le débat. Si le tribunal estime que le témoin a déposé contre la vérité, il est procédé sur-le-champ contre lui, et alors on ne peut pas dire que sa déposition ait fait au jury une impression défavorable à l'accusé. Il ne devrait donc pas y avoir lieu à aucun sursis.

7.ᵉ partie de l'art. 1030. Il est bien juste que des juges qui auraient prononcé par fraude, faveur, ou inimitié personnelle soient sujets à la prise à partie ; mais comme des plaideurs mécontens peuvent accuser faussement des juges de ce délit, la prudence paraît exiger que des renseignemens soient pris sur la vérité des inculpations avant que la requête soit admise par le tribunal de cassation. Il serait donc convenable que dans ce cas particulier, la requête fût adressée au chef suprême de la magistrature qui, d'après les éclaircissemens qu'il se serait procurés, pourrait transmettre la requête au tribunal de cassation, ou la laisser à l'écart, suivant les rapports qui lui auraient été faits, ou les lumières qu'il aurait acquises.

Partie Pénale.

Art. 8. N.ᵒˢ 2 et 3. D'après cet article, tout individu qui ne serait pas militaire, et qui ne ferait nullement partie de l'armée, pourrait être traduit devant les tribunaux militaires. Cependant on a toujours pensé que les délits qui consistent à violer immédiatement le devoir, la discipline ou la subordination militaire, ne pouvaient être commis que par ceux qui font partie de l'armée ; et c'est ce que décident les |anciennes lois et le Code pénal militaire. Il serait donc convenable de ne pas distraire de la juridiction des tribunaux ordinaires des citoyens qui, ne faisant pas partie de l'armée, et qui, étrangers au devoir, à la discipline et à la subordination militaire, ne peuvent réellement commettre des délits militaires. Il conviendrait même que la connaissance d'un délit commis par un individu non militaire, avec un ou plusieurs militaires, appartînt aux tribunaux ordinaires.

Art. 13. L'exposition des condamnés pour les crimes mentionnés dans cet article, serait un préliminaire plus terrible que la mort qu'ils attendraient, et présenterait au peuple un spectacle barbare. On peut en dire autant de la peine du poing coupé. Sans doute les crimes énoncés en l'article sont affreux ; mais la privation de la vie n'est-elle pas suffisante pour punir les attentats les plus graves, et inspirer la crainte qui empêche d'en commettre à l'avenir! oui, puisque suivant les observations de l'un des rédacteurs du Projet, cette crainte, qui est le seul objet que le législateur se propose en établissant des peines, *est proportionnée à la certitude et à la célérité de la peine plus qu'à sa sévérité; et que la douceur de cette peine ne nuirait guère à son efficacité, si l'expérience avait convaincu les coupables qu'ils ne peuvent l'éviter, et qu'elle les atteint d'un pas rapide.* Et d'ailleurs, est-ce le cas de songer à ajouter à la peine de mort, dans un temps où l'on a mis en question si cette peine serait conservée!

Art. 15. L'inhumation sur les grands chemins des corps des suppliciés pour les crimes mentionnés en l'art. 13, et l'érection sur leur sépulture d'un poteau, sur lequel serait écrite leur infamante épitaphe, ne seraient-elles pas des objets d'humiliation pour les familles des suppliciés, et ne tendraient-elles pas à faire renaître le préjugé, injuste et indigne d'un peuple libre, qui faisait rejaillir l'infamie du coupable sur sa famille! Quoique le nom du supplicié ne doive pas être inscrit sur le poteau, le peuple n'oubliera pas que c'est le poteau de tel....., parent de tels et tels....., et si les crimes, sur-tout l'assassinat, compris dans l'article 13, étaient dans la suite aussi multipliés qu'ils le sont aujourd'hui, combien, seulement dans l'espace de cinquante ans, ne verrait-on pas de pareils poteaux sur les grands chemins! Eh ! que pensera l'étranger de la moralité nationale, en voyant autant de monumens du crime!

Art. 21. Il conviendrait que le déporté rentré sur le territoire européen de la République, ne fût condamné qu'à la peine des travaux forcés à perpétuité. Sa rentrée sur le territoire ne pourrait guère être attribuée qu'au désir si naturel de vivre dans sa patrie. S'il n'y avait pas commis de nouveaux crimes, si ce désir a été la cause de l'infraction au jugement de déportation, la peine de mort serait trop sévère.

Art. 24. La peine de la marque ou de la flétrissure ne devrait être appliquée qu'aux condamnés aux travaux forcés à perpétuité ; elle déshonorerait à jamais un individu qui n'ayant pas commis un crime majeur, aurait l'espoir de rentrer dans la société, d'être réhabilité, et pourrait, après avoir subi sa peine, s'y conduire d'une manière irréprochable.

Art. 31. L'ordre que le préfet est autorisé à donner par cet article devrait être dans les attributions du tribunal criminel qui, suivant les circonstances que l'instruction le mettrait mieux à même de connaître que le préfet, ordonnerait que son jugement serait exécuté dans le lieu qu'il déterminerait.

Art. 60. L'humanité réclame contre les dispositions de cet article ; une année d'emprisonnement, dans le premier cas, et six mois dans le second, paraîtraient suffisans lorsque l'insolvabilité absolue du condamné est légalement établie.

Art. 63. Il conviendrait de réputer fait en fraude, non-seulement tout acte de disposition gratuite, mais même tout acte de disposition onéreuse faite par un coupable, depuis l'époque de son crime et de son délit.

Art. 66. Cet article met de plein droit, sous la surveillance spéciale du Gouvernement, pendant au moins cinq ans, les coupables condamnés *correctionnellement* pour récidive, et les interdit pendant le même nombre d'années de l'exercice des droits civils et de famille.

Il y a sans doute des délits correctionnels assez graves, et des délinquans assez immoraux pour mériter cette peine ; mais aussi n'est-elle pas trop sévère pour punir la récidive de délits correctionnels légers et dont les auteurs ne sont pas entièrement démoralisés ? Il conviendrait donc que les coupables condamnés pour récidive ne fussent pas de plein droit sous la surveillance spéciale du Gouvernement &c. ; mais que les tribunaux, suivant les circonstances qu'ils apprécieraient, fussent autorisés à prononcer cette peine.

Art. 98. La disposition de cet article ne devrait-elle pas se trouver au Code pénal militaire !

Art. 102. La fin de cet article met pour la vie sous la surveillance spéciale du Gouvernement ceux qui, auteurs de complots et crimes attentatoires à la sûreté intérieure et extérieure de l'État, auront été exemptés des peines dues à ces sortes de crimes pour avoir donné les premiers connaissance de ces complots ou de ces crimes &c.

Sans doute l'intérêt public exige vivement que ces complots, ces crimes, et leurs auteurs et complices soient connus ; mais en intimidant par une peine à vie ceux qui seraient dans l'intention de faire connaître des complots auxquels ils auraient participé, ne serait-ce pas un motif pour les décider à garder le silence !

Art. 158. Le secret des lettres venant de l'étranger devrait être inviolable comme celui des lettres de l'intérieur ; cependant la disposition de l'article semble excepter de la peine l'agent du Gouvernement ou de l'administration des postes qui violerait le sceau d'une lettre venant de l'étranger, ou la supprimerait.

Art. 245. Cet article fait une distinction entre les principes de la morale naturelle et ceux de la morale publique. Il conviendrait qu'en écartant la distinction, l'article ne parlât que *des principes de la morale.*

Art. 262. Devrait-être réputée nécessité actuelle de défense, celle de repousser l'escalade ou l'effraction des clôtures, &c.., lors même qu'elles sont commises *par une seule personne pendant la nuit.* Il ne paraît pas convenable, pour caractériser la nécessité actuelle de se défendre, d'assujettir celui qui repousse l'escalade ou l'effraction, à calculer pendant la nuit le nombre des malfaiteurs qui viennent l'attaquer dans sa personne ou dans ses biens ; un seul peut d'ailleurs lui ôter la vie ou s'emparer de sa propriété.

Art. 289, 290 et 291. Les peines prononcées par ces articles contre le crime de viol paraissent trop faibles.

Art. 296. Il serait à desirer que la peine ne fût pas prononcée par la disposition de l'article contre ceux à qui les parens de l'enfant n'auraient pas donné les moyens de procurer à cet enfant la nourriture et le vêtement.

Art. 306 et 307. Les peines prononcées par cet article à cause de l'homicide et des blessures involontaires peuvent être trop sévères suivant les circonstances ; au lieu de la détention de trois mois à deux ans, il serait bon qu'elle fût de onze jours à deux ans.

Art. 325, 326 et 327. Il conviendrait encore, pour prévenir les délits en matière de faux témoignage, qu'il fût ajouté aux dispositions de ces trois articles, qu'ils seraient imprimés et affichés dans les salles des audiences des tribunaux, et qu'ils seraient lus aux témoins avant leurs dépositions.

Art. 383. Dans les cas prévus par cet article contre les fournisseurs, entrepreneurs ou régisseurs, &c., la dénonciation du Gouvernement remplacera-t elle la preuve !

Art. 398. Le vol de poisson en étang, vivier ou réservoir est puni par la disposition de l'article 362 ; mais le fait de soulèvement de la pelle d'un étang, pour faire écouler les eaux et faire périr le poisson, dans le seul esprit de la malignité et de la vengeance, ne paraît pas prévu par le Projet ; une disposition à cet égard pourrait être ajoutée ou à l'article 398 ou à l'article 362.

Nevers, ce 30 floréal an XII.

Signé Laurent, *président ;* P. F. Rabuteau, Jacquand, *juges ;* Blandin-Valière, *commissaire du Gouvernement.*

OBSERVATIONS

DE LA COUR DE JUSTICE CRIMINELLE

DU NORD,

SUR

LE PROJET DE CODE CRIMINEL.

OBSERVATIONS

DE LA COUR DE JUSTICE CRIMINELLE

DU NORD ,

SUR

LE PROJET DE CODE CRIMINEL.

LAISSANT à l'écart tout préambule inutile , nous prenons le projet de ce Code aux observations de M. *Oudart,* l'un des membres de la commission , et nous examinons :

1.° S'il est convenable et utile de conserver, telle qu'elle est, l'institution du jury;

2.° Si , dans le cas de l'affirmative , les changemens qu'apporte le Projet à cette institution peuvent l'améliorer, et faire espérer qu'elle s'aclimatera parmi nous ;

3.° Au cas que l'institution du jury ne puisse se soutenir , quel mode de législation criminelle et de police il convient d'adopter.

PREMIÈRE PROPOSITION.

Est-il convenable et utile de conserver , telle qu'elle est , l'institution du jury ?

D'abord , nous n'examinons cette question qu'en ce qui concerne le jury de jugement, et nous disons qu'il n'est ni convenable ni utile d'en conserver l'institution.

Nous savons qu'en 1791 elle a été généralement bien reçue : n'accueille-t-on pas toujours avidement ce qui est nouveau ! Mais, il faut le dire, l'illusion n'a pas duré long-temps, et les amis de l'ordre, appréciateurs éclairés de ce qui établit la confiance, n'ont pas trouvé de justes motifs de s'y livrer , soit qu'ils aient vu dans la composition du jury, des ignorans qui n'avaient d'opinion que celle qu'on leur donnait, ou des hommes instruits, mais qui ne s'étaient pas dépouillés de leurs antiques préjugés, et qui s'écartaient également des sentiers de la justice.

Ainsi, il a fallu depuis douze ans éprouver le tourment de l'inquiétude sur la justice des déclarations du jury de jugement , quelle qu'ait été sa composition; et on a vu, on voit encore trop souvent, que ce jury inspire plutôt l'effroi à certains accusés, que la douce espérance, plutôt la crainte, qu'une juste confiance.

Cela ne s'aperçoit pas dans cet amas de causes trop communes où le crime et son auteur se montrent avec évidence ; mais cela s'aperçoit dans les grandes causes , dans celles où l'intérêt est majeur, et devient plus vif en raison de ce que l'accusé a eu dans la société des avantages qui l'ont fait remarquer : c'est alors qu'un tel accusé craint le jury ; c'est alors que sa famille s'en alarme ; c'est alors qu'en certains cas le Gouvernement même le repousse ; c'est alors, enfin, que le magistrat, qui n'a que la direction de l'examen et du débat, et ses co-opérateurs qui le secondent, s'agitent et s'inquiètent ; parce qu'ils savent, parce qu'ils voient comment on circonvient les jurés, comment on les séduit, comment on les captive, comment on les entraîne, comment enfin chaque paquet arrive à son adresse, et fait son effet.

Ces dangers n'existeront pas avec des juges qui n'ont ni la pusillanimité que donne l'ignorance, ni la corruption aux reproches de laquelle ils ne sauraient se soustraire, ni enfin la faiblese qui sauve le coupable, ou la criminelle lâcheté qui fait périr l'innocent.

Ce n'est pas que nous voulions prétendre qu'on puisse craindre aujourd'hui qu'un jury sacrifie l'innocence ; mais il est arrivé, et il arrivera trop souvent, qu'il a fait et fera encore absoudre de grands coupables, parce que des jurés, en prenant momentanément la qualité de juges, n'en prendront jamais le caractère ; parce que leur institution ne s'acclimatera jamais parmi nous, et qu'elle sera toujours étrangère à nos mœurs, et en opposition avec nos habitudes ; enfin, parce que des jurés, toujours dirigés par des préjugés que leur cœur anoblit à leurs yeux, et justifie encore plus que leur esprit, porteront toujours dans l'exercice des fonctions que la loi les force à remplir malgré leur répugnance, une pusillanimité que produit la contrainte qu'ils éprouvent, et qui naît de leur respect pour l'humanité.

Ainsi donc, et sans prétendre qu'il n'y a pas d'esprit public en France, en avouant même qu'il y a tout l'esprit public que le Gouvernement peut desirer pour qu'il soit secondé dans ses efforts, nous dirons avec confiance que l'institution du jury résiste au caractère national ; que chaque citoyen appelé à le composer fait tout ce qu'il peut pour s'en affranchir, et qu'il va même jusqu'à solliciter avec instance le ministère public à le recuser. C'est ainsi qu'il préfère une espèce d'injure qu'il provoque et qu'il demande comme un bienfait, au malheur de juger des accusés ; et ce malheur est tel, aux yeux de certains jurés, qu'on en a vu menacer de ne jamais condamner, et tenir parole.

Et, ce qu'il y a de plus déplorable, c'est que cet éloignement pour ces terribles et délicates fonctions, est bien plus commun dans la classe du citoyen instruit et jouissant des avantages de la fortune ou d'une honnête aisance, que dans celle de l'homme ignorant et obligé de travailler péniblement pour assurer son existence. Celui-ci gémit d'un déplacement qui le fatigue et le dérange; remplissant ses fonctions comme on fait une corvée, et ne connaissant pas l'esprit ni les avantages de l'institution qui l'appèle et avec laquelle il ne veut pas s'identifier, il s'en éloigne dans l'opinion qu'il émet, lors même qu'il est assez heureux pour pouvoir la fixer; et soit qu'il suive le mouvement de son cœur, ou qu'il se laisse entraîner par l'opinion d'autrui, ce qui n'est que trop commun, il est rarement ce qu'il doit être.

Loin de sentir la grandeur de son être, et combien l'honore le grand caractère que la loi lui donne, le juré ne voit en lui que l'esclave d'une volonté à laquelle il obéit à regret; il porte sur le siége qu'il occupe tristement et sans dignité, l'ignorance qui l'accompagne, ignorance qui livre l'accusé à toutes les angoisses de la crainte, excite le mépris public pour celui qui devrait donner les plus justes motifs de confiance, et produit chez le juge éclairé, et dont l'opinion est formée inutilement, le tourment de l'inquiétude sur la justesse d'une déclaration qui peut compromettre l'innocence en péril ou la tranquillité de l'ordre social.

Et qu'on ne croie pas qu'on évitera ces maux, qui sont toujours accompagnés d'une espèce de scandale public, en choisissant pour jurés des hommes riches et instruits. L'énergie qu'a toujours le juge courageux, parce qu'il est toujours intègre, est rarement l'appanage du juré, qui est toujours sans expérience; et nous devons le dire, le juré riche et instruit a encore moins d'énergie que celui qui a moins de fortune et d'instruction, par ce qu'il est encore plus ennemi des fonctions qu'on lui fait remplir malgré lui, et qu'il les déteste encore plus.

Est-ce avec de pareilles dispositions qu'on peut porter la foudre, la retenir, ou la lancer à propos! Jamais on ne trouvera dans une réunion de douze jurés l'élévation du caractère qu'aura toujours un magistrat inamovible, et par cela même indépendant; et toujours les jurés, à chaque cession, seront des novices qui ne prononceront que par l'impulsion d'autrui. Et, dès-lors, où est la garantie de la sagesse de leurs délibérations! où est celle que la société a le droit d'en attendre! Allons plus loin, et disons avec confiance, à la vue des effets de l'institution des jurés en Angleterre où elle a une grande consistance, qu'elle y multiplie les brigands que des juges puniraient avec cette sévérité nécessaire à leur destruction.

Mais, dira-t-on, si l'institution des jurés ne contient pas le pouvoir judiciaire, lorsque son indépendance du pouvoir suprème sera établie, solidement établie par l'inamovibilité des juges, que deviendra la liberté des citoyens!

Nous répondrons que la sagesse et la justice des lois en seront toujours la sauve-garde, et que ce ne sera jamais avec des lois justes et sages, que des juges prononceront des jugemens absurdes et iniques.

Nous répondrons que la sauve-garde de cette liberté, dans ses rapports avec la législation criminelle , sera le résultat infaillible de la publicité de l'instruction criminelle , lors du jugement d'un accusé ; qu'elle aura son principe et sa fin dans le droit qu'il aura de se défendre par lui-même , et par des conseils de son choix, ou , à défaut de son choix, nommés d'office.

Nous ajouterons que cette sauve-garde sera suffisamment établie **par** l'avantage qu'aura un accusé d'avoir une communication des charges , non cette communication ridicule qu'on lui donnait avant la révolution , par une lecture rapide , mais une communication suffisante pour qu'il connaisse les témoins qu'on lui opposera ; ce qui le mettra en état de produire ses reproches.

Et comptera-t-on pour rien le droit qu'aura toujours un accusé , de produire lui-même ses moyens justificatifs, et de ne jamais dépendre , comme autrefois, d'un juge qui ne pouvait les prendre que dans la procédure, et les lui indiquer.

Et, avec tous ces avantages, comment craindrait-on pour la liberté d'un citoyen qui , au lieu de ne voir dans ses juges que des mains acharnées à sa perte, n'en rencontrera que de zélés pour le soutenir dans sa défense , pour l'aider à réduire ses idées, à les rendre , et qui, au lieu de voir qu'on s'empresse à prononcer sur son sort , lorsqu'il n'aura pu rien éclaircir de ce qu'on lui impute, verra qu'on n'y prononcera, que lorsqu'il aura eu tout le temps de ne rien omettre, de ne rien négliger , de ne rien oublier de tout ce qui peut concourir à sa justification.

Osons le dire enfin ; si souvent des jurés s'élèvent au-dessus de l'opinion publique , s'ils la bravent, parce qu'ils lui échappent à l'instant où elle les poursuit , en sera-t-il de même d'un tribunal de juges qui sait la respecter sans faiblesse , mais qui attache un juste prix à la sanction qu'elle donne à ses arrêts.

Il est là ce public attentif et sévère qu'anime l'intérêt précieux de l'innocence , mais auprès de qui le coupable ne trouve jamais de grace ; il est là , il voit et entend tout ; il entend l'accusateur et l'accusé ; il a vu les témoins , il les a appréciés ; il a discuté, approfondi et jugé leurs témoignages , et ce que l'accusé y a opposé : et on pourrait craindre que des juges manquassent ou de l'énergie qu'ils doivent montrer dans leurs jugemens, ou des lumières qui peuvent les justifier, ou qu'enfin ils eussent la coupable lâcheté de sacrifier l'innocence au pouvoir, lors même qu'ils en seront indépendans, ou la faiblesse également criminelle de favoriser le crime.

Opposera-t-on quelque sexemples contraires, dans les temps de la monarchie française ?

Mais quelle comparaison peut-on faire entre une monarchie que tous les vices ont flétrie et dégradée, et dont aucune charte entre son chef et le peuple n'a jamais déterminé le pouvoir ni les devoirs réciproques , et n'a pu balancer le premier, que par une lutte scandaleuse de la part des grandes autorités judiciaires qui en avaient usurpé le droit pour leur intérêt particulier et non pour celui du peuple , et un superbe empire qui sera établi par un contrat solemnel qui reglera le pouvoir suprême sur des bases solides pour sa gloire , pour sa durée, pour la prospérité du peuple et pour sa liberté.

Dans l'ancien Gouvernement, tout devait être et tout a été arbitraire; le peuple était toujours la victime du pouvoir souverain , il l'était également par l'orgueil des grands magistrats qui voulaient opposer une barrière à ses entreprises ; et voilà ce qui a amené insensiblement l'anéantissement d'une monarchie qu'on a vue plus souvent dans des momens de faiblesse , que dans des instans de vigueur , et qui même , dans ses instans de force et de gloire , n'a jamais joui du bonheur de voir le peuple heureux.

C'est toujours le vice des institutions qui doivent soutenir les Empires, qui en a préparé la chûte et produit leur anéantissement ; et ce n'est pas hasarder témérairement une assertion , que de dire que l'influence des tribunaux anciens pour arrêter dans quelques circonstances l'action du pouvoir suprême , a établi un combat inégal entre ce pouvoir tyrannique et le magistrat chargé de l'exécution et de l'application des lois ; d'où il est résulté que même avec des lois justes on prononçait quelquefois des jugemens absurdes et iniques.

Ce malheur ne peut plus exister : ce n'est plus , ce ne sera plus le juge chargé de l'exécution et de l'application des lois , et de diriger ce qui produit leur action , qui opposera un vain et ridicule obstacle à la volonté du chef héréditaire de l'Empire ; parce que cette volonté aura été suffisamment balancée par un pouvoir intermédiaire , sous l'égide duquel reposera la garantie du contrat social dont les bases et les dispositions ne laisseront aux membres des premières autorités judiciaires , que l'heureuse et étroite obligation de se borner à être juges, et à maintenir le peuple, par l'exemple des vertus, par celui de la sévérité des mœurs les plus pures, dans le respect et la soumission qu'il doit aux lois.

Nous ne donnerons pas plus d'étendue à ces dernières réflexions; et si nous nous les sommes permises , c'est pour prouver que la théorie séduisante de l'institution du jury dans un temps où la révolution ne voulait rien conserver des anciennes maximes, a perdu tout le charme de l'illusion qui nous en a rendus nous-mêmes idolâtres.

Nous nous réunissons donc au vœu général qui en demande l'abolition, et nous disons au génie qui a sauvé la France, et à tous les citoyens éclairés et généreux qu'il consulte, qu'il fut un temps où la liberté civile a dû donner l'être, parmi nous, à l'institution du jury, mais que nous sommes arrivés à celui où l'intérêt de cette même liberté exige sa destruction.

Oui, l'intérêt de cette même liberté exige sa destruction. Nous ne sommes pas assez éloignés des momens douloureux où les factions s'agitaient, pour ne pas craindre d'en retrouver les partisans dans une assemblée de jurés ; et lorsqu'il est constant qu'elle est une puissance à qui tout cède, et que rien ne peut contenir ; lorsque c'est d'elle que sont émanées tant de déclarations scandaleuses de citoyens qui se sont élevés au-dessus des lois ; lorsque ce n'est que parmi des jurés, qu'on trouve des hommes qui ne voient de crime que dans ce qui blesse l'intérêt particulier, et jamais dans ce qui compromet et trouble l'ordre général, et expose le salut public ; quand on ne peut pas douter qu'à la différence d'un juge, des jurés calculeront dans une infinité de circonstances la durée ou la nature des peines, et sacrifieront à l'impression qu'elles feront sur leur esprit, l'obligation de reconnaître un coupable ; alors, nous dirons que c'est cette puissance qu'il faut détruire.

Et, qu'on ne s'y trompe pas, ce sont ces maux qui, depuis douze ans, ont forcé le Gouvernement à suspendre momentanément, dans certaines occasions et pour certains crimes, l'institution du jury ; c'est, comme nous venons de le dire, parce que l'intérêt de la liberté civile l'a exigé, que ces suspensions ont été ordonnées et subsistent encore : il a fallu mettre à l'écart, en faveur de la liberté, des maximes qui n'avaient été établies que pour la conserver ; et puisqu'elles sont insuffisantes, même dangereuses, il faut les anéantir et n'y plus penser.

Nous venons de prouver qu'il n'est ni convenable, ni utile de conserver, telle qu'elle est, l'institution du jury.

Maintenant, nous allons examiner si, dans le système contraire, les changemens qu'apporte le Projet qui nous occupe, peuvent faire croire qu'elle s'acclimatera dans l'Empire français, qu'elle y prospèrera, et y produira d'heureux effets.

En examinant la première question, sur laquelle nous venons de donner notre avis, nous avons déjà traité la seconde que nous venons de poser : et, en effet, s'il est vrai qu'en quelque condition qu'on choisisse les jurés, que, soit qu'on les prenne dans la généralité des citoyens, ou seulement parmi les hommes riches et instruits, on n'en fera jamais des juges en un seul instant ; s'il est vrai que ce ne sera jamais dans un choix formé par le sort, qu'on trouvera des hommes énergiques, vraiment incorruptibles, et qui se plaçant au-dessus des événemens, dégagés de toute crainte, de tout intérêt particulier, n'auront en vue que le bien public, alors il le sera également que ce ne sera pas dans douze jurés, qui auront même passé par le double creuset de la réjection et de l'épuration par le moyen des récusations que peuvent faire l'accusé et le ministère public, qu'on trouvera les hommes propres à remplir les sublimes et redoutables fonctions de juges en matière criminelle. Ce ne sera pas, non, ce ne sera pas dans ces choix du hasard, qu'on trouvera des magistrats qui auront la connaissance du cœur humain et l'expérience des lumières nécessaires à leurs fonctions ; et ce sera toujours parmi les jurés, qu'on trouvera des hommes qui connaîtront peu ce qu'inspire, ce qu'exige l'intérêt général de la société, et qui apportant avec eux des préjugés funestes à cet intérêt, ne monteront sur le siége où la loi les fait asseoir, qu'en tremblant, c'est-à-dire, avec l'imagination troublée par l'image des peines que nécessite leur déclaration.

Ainsi donc l'institution du jury sera encore, dans le plan du Projet que nous combattons, ce qu'elle est actuellement, ce qu'elle a été depuis le 1.er janvier 1792 ; elle produira les mêmes effets ; elle aura les mêmes résultats ; et la nouvelle épreuve qu'on voudrait en faire, malgré le vœu apparent du tribunal de cassation, régulateur de tous les autres, malgré le vœu prononcé du grand-juge ministre de la justice, interprète de celui de tous les tribunaux criminels, n'est encore enfantée que par le prestige d'une théorie brillante, dont l'éclat serait bientôt terni, si, au lieu de considérer l'établissement en lui-même, on calculait ses effets, et si on voulait profiter des leçons de l'expérience.

Et croira-t-on que l'essai qu'on en voudrait faire serait plus heureux, parce que les jurés seront pris dans la liste des douze cents citoyens les plus imposés dans chaque département, parce que cette liste sera d'abord réduite aux deux tiers par le sous-préfet, parce que ces deux tiers seront ensuite réduits par le préfet, en conseil de préfecture, en telle sorte que, pour la seconde réduction, un quart de la liste des deux tiers sera encore retranché par la voie du sort, et l'autre quart par délibération du conseil.

Et quoi, lorsqu'on convient qu'il y a des inconvéniens réels attachés à cette épuration, soit par la voie du sort, soit par la voie de délibération, on voudra faire croire que leur concours tempérera ces inconvéniens !

Mais si le sort retranche ce qu'il y aura de meilleur dans la liste, quelle ressource restera-t-il à la sagesse, et celle-ci n'aura-t-elle pas à son tour ses écarts et ses erreurs ; ses écarts produits par les sollicitations, par l'amitié, par la complaisance ; ses erreurs, parce que, dans l'obligation de retrancher une partie de ceux qui seront sur la liste, ce retranchement s'opérera toujours sans connaissance de la moralité, du caractère et de l'étendue des lumières des individus qui y seront placés.

Certes, nous ne hasardons rien en cela : on réduit aussi actuellement les listes qu'on présente pour la formation du jury, et Dieu sait comment se fait cette réduction, sur qui elle tombe, et quels sont presque toujours les hommes qu'on y conserve. Ceux que leurs places mettent à portée de faire cet examen, peuvent dire avec nous que rarement la justice et l'impartialité concourent au choix des jurés sur les listes qui servent à la composition du jury, et que s'il arrive que la sagesse y préside, elle a encore à gémir sur ses erreurs involontaires.

C'est ici où nous pouvons nous expliquer sur les avantages ou les inconvéniens du mode de récusation des jurés, et il ne nous sera pas difficile de démontrer combien, dans le système du Projet, il est vicieux. D'abord, ces récusations ne pourront s'exercer que sur quarante-huit jurés, parce qu'il n'y en aura que quarante-huit qui seront portés sur la liste des jurés de jugement, et que la présence de quarante au jour indiqué pour la composition du jury est indispensable; et on doit s'attendre que, malgré les précautions que prend le Projet, pour que les quarante-huit ou quarante jurés soient peu connus des accusés, ils seront toujours assez connus de certains d'entre eux et de ceux qui s'y intéressent (nous espérons qu'on nous comprend), pour qu'on ait la certitude que les jurés les plus intègres, les plus impartiaux, les plus énergiques seront toujours ceux sur qui ces accusés auront exercé leurs récusations; d'où il suit que le ministère public, qui a un droit égal à celui de l'accusé, ne sera embarrassé que du choix de ceux sur lesquels il aura à exercer ses récusations, parce que les accusés ne lui auront laissé que ce qu'il y aura de moins bon parmi les jurés.

Certes, la situation du ministère public en cette occasion n'est ni brillante, ni heureuse: obligé de récuser en face, et ne voyant que du médiocre ou du mauvais dans ce qui reste, il aura la certitude que les récusations qu'il fera, humilieront ceux qui en seront les objets; et il lui faudra plus que du courage pour s'y décider, non pas seulement relativement à ceux qu'il écartera, mais relativement au public qui ne connaîtra pas les motifs secrets qui le feront agir, qui ne les pénétrera pas, qui, peut-être, s'il les connaissait ou s'il les devinait, se croirait en droit de n'y pas applaudir.

Il y a plus, c'est que l'accusé qui, lorsqu'il rejète un tel juré, et en conserve un autre, sur lequel il fonde quelqu'espérance, ne fût-ce que parce que son air, son aspect, l'excitent en lui, éprouve le tourment de l'inquiétude et de la crainte, lorsqu'il voit qu'on lui enlève ce qui produisait en lui quelque confiance.

Qu'on ne dise donc pas après tout cela que la récusation en présence est la seule véritable; qu'on ne dise pas non plus que *quand les jurés sont bien choisis , quelque réjection qui puisse être faite , il n'en demeurera que de notables!* c'est encore la séduction d'une théorie brillante qui fait tenir ce langage. Nous avons prouvé que la répugnance des Français pour les fonctions de jurés rendait impossible la bonté de leur choix; et nous ajoutons que l'effet des rejections par le sort et par la voie des délibérations , ainsi que par celle des récusations, sera souvent de ne laisser sur la liste des jurés que ce qu'il serait heureux de n'y pas rencontrer. Croira-t-on encore affectionner les citoyens français à l'institution du jury, et parvenir à l'acclimater en France par le prestige du témoignage formel de satisfaction qu'on donnera aux jurés récusés ou non récusés, lorsqu'ils se seront rendus à deux sessions d'un tribunal criminel.

Certes, nous sommes loin de ne pas applaudir aux institutions que des marques d'honneur encouragent; mais il faut en cela, comme en toute chose,

considérer

considérer la nature de ces institutions, en quoi consistent les marques de satisfaction qu'on donne à leur objet.

Qu'un soldat ait obtenu, pour prix d'une action éclatante, un sabre
ou un fusil d'honneur; qu'un tambour, au milieu d'un torrent de fumée
et de feu, et environné de tous les périls, s'oublie lui-même, fasse
retentir sur sa caisse la baguette qui rappelle au combat, ramène à la
victoire une troupe qu'un premier échec a dispersée, et qu'alors sa baguette, anoblie par l'honneur de celle qu'il reçoit en témoignage de
son courage, vienne se montrer avec orgueil à côté des armes honorées
qui ont servi à écraser des phalanges ennemies; ah ! nous le concevons
aisément, de pareilles marques d'honneur, de pareils témoignages de satisfaction, élèvent l'ame, rappellent le souvenir d'une action héroïque, et
donnent à son auteur ce sentiment de grandeur qui accompagne avec
éclat celui qui a concouru puissamment et efficacement, en exposant sa
vie, à la gloire et au salut de son pays.

Mais mettez à côté de ce soldat, de ce tambour, un juré qui voulant rivaliser avec eux, et voulant les égaler en gloire et en sacrifice,
viendra mettre en face du fusil d'honneur et de l'honorable baguette, la
médaille qu'il aura obtenue pour avoir été juré dans le cours de deux
sessions, quand même il n'aurait pas servi en cette qualité, et demandez-
vous quel effet fera ce hochet dont la vanité même ne saurait tirer parti,
et qui, dans aucune situation de la vie, ne saurait être montré avec orgueil,
ni procurer aucune jouissance.

Nous sommes loin de jetter le même ridicule sur le témoignage d'honneur que recevrait un accusé acquitté. Le malheur d'une accusation, à
laquelle des apparences trompeuses ou de fâcheuses et injustes préventions ont donné lieu, est tel, que même après acquittement il reste contre
celui qui y a été en butte un préjugé défavorable : le témoignage d'honneur l'anéantit ; ce témoignage rétablit l'infortuné qui l'obtient dans toute
la dignité de l'homme; il lui rend toute sa vertu; il lui rend la probité;
il lui rend tous les biens dans un seul : l'honneur qu'on a voulu lui ravir,
l'honneur qu'on lui rend l'anoblit à tous les yeux, et en le consolant du
passé, l'encourage pour l'avenir.

Mais revenons à l'institution du jury, revenons à sa composition, et
répétons qu'en produisant à l'accusé et au ministère public, à l'ouverture
de chaque session, ou au moins peu de jours auparavant, les quarante-
huit jurés de jugement qui sont sur la liste, on déplace quarante-huit personnes, dont douze seulement pourront être employées, ou qui pourront
l'être tous pour une seule cause, ou pour très-peu de causes.

En effet, une session pourra exiger la mise en jugement de cinquante,
soixante quatre-vingt, cent accusés, dans autant d'affaires diverses; et
les récusations, tant par ces accusés, que par le ministère public, pourront

n'avoir pas les mêmes jurés pour objet, et dans toutes les causes ; et cependant, les jours pour l'examen de toutes ces causes seront déterminés de manière que tel juré, dans les quarante-huit jurés inscrits, sera récusé pour l'affaire qui sera fixée au 10, qui ne le sera pas pour celle du 15, puis pour celle du 18, ensuite pour celle du 22, sans qu'il le soit pour les jours intermédiaires.

Ce sera donc ainsi, qu'en ajoutant au chagrin de se voir déplacé pour des fonctions pour l'exercice desquelles la plupart des jurés ont de la répugnance, ils détesteront de plus en plus une institution qui les arrachera, sans dédommagement et presque sans utilité, à leurs affections, aux besoins de leurs familles, à la sollicitude qu'inspirent une épouse, un père, un enfant malades ; qui les arrachera encore à leurs ateliers, à leurs fabriques, à leurs manufactures, à la culture de leurs champs, ou les privera de l'occasion de saisir l'instant propice à une spéculation utile, et cela pour juger pendant l'espace de dix, quinze ou vingt jours, une affaire où il sera question d'un vol avoué. ou d'un assassinat affreux, dont les détails, quant à la conviction de la culpabilité, exigent souvent, pour qu'ils soient appréciés avec l'intérêt qu'inspire un accusé compromis par de fortes apparences, et l'intérêt également puissant de la société qui crie vengeance, un courage, une prudence, une sagacité, une expérience enfin, qu'on n'acquiert que par un long exercice des fonctions qu'un juré ne remplit que passagèrement, et dans l'exercice desquelles il apporte une disposition marquée à absoudre, pour n'avoir pas à être tourmenté d'avoir commandé la punition. Cette idée, disons mieux, son penchant le fatigue d'autant plus que la multiplicité des questions qu'on lui propose, et qui rentrent les unes dans les autres, l'embarrasse, et en le tourmentant le dispose à ne pas reconnaître l'existence du crime, ou la culpabilité de l'accusé. Cela est si vrai, qu'on voit des jurés qui, dans la crainte de ne pas produire l'absolution qu'ils desirent, n'attendent pas que la question intentionnelle vienne à leur secours, et prononcent que le fait n'est pas constant, ou que l'accusé n'est pas convaincu, lorsque l'existence du fait, et la conviction que l'accusé en est auteur, sont évidentes.

Objectera-t-on à cet égard que l'instruction par jurés se trouvera dégagée de la multiplicité des questions qu'on leur soumet aujourd'hui, et que n'ayant plus à prononcer que sur cette seule question : *l'accusé est-il coupable !* l'institution du jury aura plus de partisans, parce que les jurés éprouveront moins d'embarras !

Nous répondrons que si la vérité demeure ensevelie sous un amas énorme de questions oiseuses dont l'expérience prouve le vice et l'inanité, cet amas ne s'en présentera pas moins à l'esprit d'un juré ; parce que la reconnaissance de la culpabilité ou de l'innocence d'un accusé n'en devra pas moins être le résultat de l'opinion du jury sur toutes les questions qui font qu'un accusé est réellement innocent ou coupable. Le tribunal criminel ne lui proposera que cette seule question : *l'accusé est-il coupable!* mais l'accusé établira sa prétendue innocence sur tous les moyens qui font disparaître la culpabilité, sur toutes les circonstances qui atténuent un crime ; son défenseur ne fera grâce d'aucun de ses moyens , et la discussion polémique qui se sera élevée entr'eux et le ministère public fera toujours que les jurés éprouveront l'embarras de la multiplicité des questions , malgré qu'on ne leur en propose qu'une seule. L'erreur de ce nouveau mode vient encore de ce qu'on ne sent pas assez la différence qu'il y a entre un juge instruit par une longue expérience et par un travail assidu, et un juré qui n'a aucun de ces avantages : le juge embrassera aisément le fait et l'intention ; il saisira aisément les différens caractères , les divers degrés du crime et de ses circonstances, et c'est pour lui qu'il deviendrait inutile et presque injurieux de lui demander autre chose que de dire que l'accusé est coupable, ou qu'il ne l'est pas. L'abandon d'une foule d'autres questions ne sera pour lui d'aucun danger ; il ne le conduira à aucune erreur ; il ne lui accordera aucune latitude d'un pouvoir dont il pourrait abuser , parce qu'il ne se couvrirait jamais de la honte de rejeter un jugement scandaleux sur son imprévoyance d'une question qui aurait pu changer son opinion.

Il n'en sera pas de même d'un jury , et ce sera plus encore dans ce nouveau système que dans le système actuel ; parceque n'ayant plus sous les yeux toutes les questions qu'il doit saisir pour ne pas s'égarer , et dont néanmoins la discussion verbeuse du défenseur de l'accusé et du ministère public aura fatigué son esprit et tourmenté sa conscience , il délibérera dans le cahos de ses idées qu'il ne saura réduire , deviendra la proie de celui des jurés qui voudra qu'il condamne ou qu'il absolve , et, dans l'un comme dans l'autre parti , sera lâche ou cruel.

Croira-t-on avoir vaincu toutes ces difficultés , en substituant au tribunal chargé de l'application de la peine , et de la direction de l'examen et du débat, un préteur qui n'aura pour acolyte qu'un être nul, que la loi même ne jugera digne de le suppléer que pour les causes correctionnelles , et qui, à côté du préteur , lors des audiences criminelles , y sera sans fonctions , n'aura aucune influence ni dans l'examen, ni dans le débat, ni dans ses résultats , puisque le préteur pourra lui dire : « je rejette votre opinion ; je tiens à la mienne , et mon suffrage compte pour deux et l'emporte ! »

Ajoutera-t-on, pour rallier tous les esprits à l'institution que nous attaquons, que le préteur arrivera aux jours marqués , sous l'escorte d'une considération que donnera l'avantage de son traitement , peut-être sous celle d'une grande fortune , et, qui plus est, sous celle d'une grande considération personnelle qui lui attirera tous les hommages qu'on doit aux grands talens et aux vertus! Sa place et son mérite porteront tous les officiers de police à sa rencontre ; son arrivée sera annoncée avec éclat ; sa présence sera celle *de la justice même* qu'on verra en sa personne ; et elle sera *la justice* à tel point, qu'à l'exemple du grand-juge, en Angleterre, il indiquera aux jurés *le prononcé qu'ils auront à faire ;* et qu'ainsi qu'en Angleterre *il fera lui seul presque tous les jugemens.*

Eh bien ! si cela doit être, si ce préteur est la vivante image de la Divinité sur la terre, qu'on n'établisse ni jurés, ni juges, et qu'on le laisse seul l'arbitre de la liberté, de l'honneur et de la vie des hommes !

On frémit à cette idée douloureuse ! et si elle est offensante, si la théorie qui l'a créée, et qui heureusement n'a rien de séduisant, est en opposition avec l'institution du jury, telle qu'elle existe, et telle qu'elle doit être, telle que l'assemblée constituante l'a jugée nécessaire pour que les jurés ne soient pas circonvenus, et aient toute la liberté de conscience ; si l'influence qu'on donne au préteur peut être dangereuse ; si même en voulant l'exercer, il ne perdait pas celle à laquelle il pourrait prétendre en se circonscrivant dans ce qui s'observe aujourd'hui scrupuleusement par les présidens des tribunaux criminels ; en un mot, si par elle, il ne s'exposait pas à la perte de toute la confiance, disons plus, s'il ne devenait pas suspect aux jurés, au lieu de s'en faire honorer quand il serait dans cet état d'impassibilité dans lequel il faut que se tiennent les présidens des tribunaux criminels, qui peuvent faire tout ce qui peut diriger une déclaration négative ou affirmative, sans montrer leur opinion ; si le préteur comptait pouvoir captiver celle d'autrui, et l'enchaîner à la sienne, il verrait que celui qui lui a créé ce rôle séduisant n'a pas connu l'esprit des Français, ni senti que des jurés ne lui laisseraient pas le privilège d'en imposer à leur conscience, et qu'ils auraient peut-être moins de déférence pour son opinion, en raison de ce qu'il voudrait qu'on eût pour elle une déférence entière.

Et d'ailleurs, lorsque le projet du Code criminel lui donne un tel ascendant sur les jurés, ce Projet ne prouve-t-il pas plus que tout ce que nous venons de dire pour l'anéantir, qu'il reconnaît lui-même combien l'institution du jury est dangereuse ; parce que toujours elle sera composée d'hommes sans expérience, sans lumières ; parce que sans ces secours il manquera d'énergie ; parce que le courage que le préteur s'efforcera de lui donner, en tyrannisant, si nous pouvons parler ainsi, son opinion, il le dirigera vers l'opinion contraire, si elle est la sienne, et qu'il y tiendra d'autant plus, qu'il ne pourra pas, qu'il ne voudra pas souffrir qu'on s'efforce de ne l'en pas laisser le maître.

Et puisque les jurés en France sont tels que nous en faisons le tableau ; puisqu'ils sont nécessairement pusillanimes ; puisque le flambeau de l'expérience ne pourra jamais être leur guide ; puisque leurs lumières ne seront jamais que le produit momentané de celles d'autrui, le résultat du moment, d'un moment bien insuffisant à la confiance qu'elles doivent inspirer ; puisque le projet de Code criminel que nous attaquons convient de ces tristes vérités, lorsqu'il fait dépendre, en quelque sorte, l'opinion des jurés de l'opinion d'un seul homme ; puisque dans ce cas ce n'est plus un jury qui prononce, mais un seul homme qui juge ; pourquoi, oui pourquoi ne pas établir pour cela un tribunal majestueux, respectable par le nombre de ses membres, un tribunal qu'on peut investir de tout l'appareil qui le rendra imposant, et au-devant duquel la nouveauté et la curiosité ne se porteront pas, mais au-devant duquel se porteront tous les cœurs, parce que chaque citoyen trouvera le gage et la garantie de sa sûreté, de sa liberté, de son honneur, de sa vie, dans l'assemblage des lumières inséparables du juge, inséparables aussi de la réunion des vertus dont l'absence écartera nécessairement des fonctions de la justice criminelle, ceux qui n'auront pas en leur faveur l'infatigable amour du travail, l'extrême et exacte probité, une moralité à l'abri de tout reproche, de toute atteinte, et cette réserve circonspecte qui commande la considération, imprime le respect, et cimente une confiance qui a son appui dans la sainteté, si nous pouvons parler ainsi, d'une vie entière.

Qu'il nous soit donc permis de le dire : des avantages aussi précieux se rencontreront avec plus d'éclat dans une assemblée de plusieurs juges, dont nous croyons qu'il faudrait composer un tribunal criminel, que dans celle de douze jurés, sous l'influence d'un préteur, ayant pour acolytes, des propréteurs sans caractère, sans voix, sans pouvoir, sans suffrage, qui se métamorphoseront sous toutes les formes, et qui, nouveaux Protées, éternels caméléons, se montreront, sous diverses couleurs, tantôt en robe rouge, tantôt en robe noire, seront aujourd'hui les juges supérieurs de ceux dont hier ils étaient à peine les égaux, et redeviendront demain les égaux de ceux dont ils étaient hier les juges supérieurs.

Non, non ; ce ne sera pas à un tel magistrat que sera réservé l'avantage de faire prononcer des oracles infaillibles, et l'esprit national des Français est trop connu pour qu'on puisse croire que des jurés deviendraient les esclaves de son opinion : il n'y a qu'un seul homme qui ait pu et qui puisse encore avoir toute la confiance de la nation, comme il en a l'amour ; mais cet homme est un héros, mais ce héros est le libérateur de la nation, il en est le sauveur ; et c'est sur lui, et sur sa précieuse postérité, que reposent la gloire et le bonheur du peuple français.

Nous pourrions ajouter beaucoup de réflexions contre l'institution d'un préteur, et prouver que son choix, nécessairement fait hors du département où il serait né, où même il aurait eu son domicile, et cela pour que rien ne pût avoir sur lui de l'influence, aurait inévitablement l'effet de le faire circonvenir plus aisément que si on le choisissait dans le département où il serait connu, où il serait né, où il aurait des affections louables et naturelles, et son domicile : avec ce dernier avantage il saurait, sans avoir besoin de l'apprendre, tout ce qu'il devrait savoir ; personne n'aurait rien à lui apprendre ; dans le système contraire, il serait entouré, fatigué, circonvenu et trompé.

Nous pourrions dire encore que rien ne lierait, n'attacherait le préteur au ministère public ; ni le ministère au préteur, que celui-ci, sans les renseignemens de l'autre, sans une communication intime, réciproque, journalière, amicale, pourrait difficilement exercer sa surveillance sur les propréteurs, directeurs du jury ; que celle du ministère public sur les autres officiers de police judiciaire deviendrait plus embarrassante et presque nulle, parce que les rapports des substituts, magistrats de sûreté, avec les propréteurs, directeurs de jury, sont tels que souvent les torts des uns sont les torts des autres ; ensorte qu'il faudrait un concert entre le ministère public et le préteur, pour que la surveillance que l'on donne à chacun d'eux puisse être utile, efficace ; ce qui serait difficile, pour ne pas dire impossible, à cause du défaut de promptitude. Ajoutons que rien ne serait plus pénible ni plus humiliant pour le ministère public, que de devenir auprès du préteur une espèce de dénonciateur par qui, peut-être, il serait contrarié, au moins dans ses sujets de plaintes des propréteurs ; et s'il en résultait une division entre eux, si une entière confiance, une union parfaite, difficile à former, plus difficile encore à maintenir, à cause des longues et fréquentes absences du préteur, ne s'établissait pas, quel tourment pour le ministère public qui, dans le nouveau plan, encore plus que dans le système actuel, supporte un énorme fardeau, et a une immense responsabilité, que d'avoir à craindre l'influence du préteur auprès du Gouvernement, et d'être exposé à ne recueillir, pour prix de ses pénibles travaux, que chagrin, amertume et dégoût !

Nous pourrions dire encore qu'un des avantages de l'institution du jury, telle qu'elle existe, est de procurer à un accusé la certitude d'une courte captivité, à partir du moment de sa mise en accusation, tandis qu'avec l'établissement d'un préteur, un accusé sera souvent six mois et plus sans pouvoir être jugé ; ce qui arrivera inévitablement si, aux grands-jours, il est malade, ou si l'absence des témoinss nécessaires force à remettre son jugement à d'autres grands-jours.

Et, nous le demandons à tout homme dégagé de prévention, où est le moyen de donner son adhésion à un Projet qui expose un prévenu d'un délit correctionnel, pour la punition duquel il ne serait quelquefois condamnable qu'à un emprisonnement d'un mois, et qui en aurait souvent subi six avant d'être jugé ; et si ce malheureux était jugé innocent ! . . . .

Nous nous appésantirions sur tout cela et sur beaucoup d'autres points, si nous avions des vues à proposer pour l'amélioration de l'institution du jury ; mais comme elle ne nous en paraît pas susceptible, par cela seul que les Français ne s'y affectionneront jamais, nous nous bornons à solliciter fortement son abolition, et à exprimer notre vœu, conforme (nous pouvons l'assurer) à celui de la très-grande majorité des Français.

Mais si l'institution du jury ne trouve plus de grâce, si tout porte à croire qu'une nouvelle épreuve ne la fera pas plus aimer, si on doit être convaincu qu'elle ne produira pas de plus heureux fruits, nous avons à examiner par quelle voie arriveront aux cours de justice criminelle ceux qui auront commis des délits ou des crimes.

Dans cette hypothèse, que deviendra le jury d'accusation tel qu'on le compose aujourd'hui, tel que le propose le projet de Code criminel ?

Certes, nous ne pouvons pas dissimuler qu'il est encore plus mauvais que le jury de jugement, et plus dangereux encore : rien n'arrête ce jury dans ses écarts ; il est une puissance indépendante de toute autre , indépendante même de celle de l'opinion publique qui ne peut l'atteindre, et qu'il brave impunément; sans être investi du droit de faire grâce, il la fait quand il veut, et s'élève, sans rougir , au-dessus de toute considération. Nous examinerons ci-aprés si on ne peut pas le former dans le seul tribunal de première instance.

Il faut en effet, dans l'ordre des choses que nous proposons , déterminer la meilleure forme de procéder en matière de police et en matière criminelle : *hìc opus, hìc labor est.*

D'abord, nous croyons que les délits doivent se diviser en délits de simple police et de police correctionnelle ; que ceux qu'un Code de police simple déterminerait, seront jugés par le juge de paix du canton , en présence et sur les conclusions du commissaire de police dans les villes où il y en aurait, ou en la présence et sur les conclusions de l'adjoint de la commune où résiderait le juge de paix ; mais toutefois sauf l'appel au tribunal de première instance dans les trois jours de la prononciation du jugement, qui serait censé rendu en présence des parties duement et légalement citées dans les délais fixés par la loi, ce qui dispenserait de faire signifier le jugement pour qu'il fût exécutoire. L'acte d'appel devrait en contenir les moyens, à peine de déchéance; il devrait être signé de l'appelant ou d'un fondé de pouvoir spécial, à peine de déchéance ; il ne devrait être reçu qu'autant qu'il serait précédé ou accompagné du paiement d'une amende qui arrêterait le condamné : peut-être même serait-il avantageux d'établir que celui qui succomberait dans son appel subirait une augmentation de la peine à laquelle il aurait été condamné , et cela dans une proportion que la loi déterminerait et qui devrait être modérée, et seulement lorsque la peine n'aurait pas été celle du *maximum* déterminé par la loi. Nous croyons qu'il ne devrait pas y avoir de pourvoi en cassation des jugemens rendus en matière de simple police, si ce n'est dans l'intérêt de la loi.

Quant aux délits que le Code de police correctionnelle classerait comme délits correctionnels, nous pensons qu'ils devraient être jugés par le tribunal de première instance, en présence et sur les conclusions du substitut du procureur général impérial, sauf l'appel à la cour de justice criminelle, aux mêmes risques et conditions ci-dessus prescrites, avec cette différence, néanmoins, que l'amende de fol appel serait plus forte.

Relativement aux prévenus de tous ces délits, tout mandat de dépôt, tout mandat d'arrêt nous paraissent prématurés avant le jugement. En thèse générale, c'est une injustice que d'emprisonner celui qui, pouvant être innocent, ne peut être condamné qu'à un emprisonnement ; et on ne peut pas présumer que celui qui n'est exposé qu'à cette peine puisse se déterminer ou réussir efficacement à s'y soustraire.

Nous croyons cependant que les délits correctionnels dont la répression, soit pour vols, soit pour filouteries ou escroqueries, donnerait lieu à des restitutions importantes, ou à de forts dommages-intérêts, ou à de fortes amendes, devront donner lieu aux mandats de dépôt et d'arrêt, s'il y échoit, sauf la réception à caution de représenter le prévenu *toties quoties* : nous pensons de même à l'égard de ceux qui seraient vagabonds, sans aveu, sans domicile, ou mendians, lorsqu'ils seraient prévenus de délits correctionnels ; enfin nous pensons de même à l'égard de ceux qui seraient traduits à la police correctionnelle pour être dans le cas de la récidive.

Ce plan, comme on le voit, suppose qu'il y aura encore des juges de paix, officiers de police judiciaire ; et nous ne sommes pas du nombre de ceux qui desirent l'abolition de leur institution : mais si on conserve ces juges, nous desirons qu'ils ne soient plus à la nomination du peuple ; nous desirons qu'ils soient nommés par l'Empereur ; nous desirons que les juges de paix soient obligés de résider, ainsi que leurs greffiers et huissiers, au chef-lieu de canton, sans pouvoir éluder indirectement cette obligation qui serait prescrite rigoureusement ; nous desirons enfin, qu'on déclare incompatibles les fonctions de juge de paix, officier de police judiciaire, avec celles d'avoué, d'avocat et d'homme de loi, défenseur officieux, dans tel tribunal ou cour que ce soit. Tant et aussi long temps que ces juges seront nommés par le peuple, leur choix sera mauvais ; tant qu'ils résideront dans les campagnes, ils seront sans dignité, sans considération, parce qu'ils seront circonvenus, intimidés, et par conséquent sans énergie ; tant et aussi long-temps qu'ils pourront être en même temps avoués, avocats ou hommes de loi, et défenseurs des parties, ils seront dangereux dans les affaires civiles comme dans les affaires criminelles dont l'instruction dans son principe devra être dirigée contre des hommes opulens dont ils serviront, au mépris de leurs devoirs, les intérêts, dans l'espoir d'en augmenter leur clientelle : cela arrive très-souvent.

Toutefois nous ne comprenons point dans cette exclusion les hommes

de

de loi qui se livreront à la consultation, ou qui consentiront à être pris pour arbitres.

En parlant de l'obligation qui serait imposée aux juges de paix, de résider au chef-lieu de leur canton, nous avons oublié de faire sentir combien il y aurait en cela d'avantage, en ce que, soit le commissaire de police, soit l'adjoint du maire qui le supplée là où il n'y en a pas, seraient toujours suffisamment instruits, tandis que les adjoints, dans les communes rurales, ne le sont aucunement et le seront rarement : mais il serait bien avantageux qu'il y eût des commissaires de police dans chaque chef-lieu de canton.

Nous pouvons faire connaître ici notre opinion sur la manière dont s'engagerait, dans son principe, une affaire qui serait, soit du ressort de la police simple, soit de celui de la police correctionnelle, soit même du ressort de la justice criminelle.

Nous disons donc, relativement aux premières, que le juge de paix sera saisi de leur connaissance par une simple citation, à la requête de la partie lésée, ou à celle du commissaire de police ; nous disons que ces délits pourront être constatés, soit par ce dernier, soit par le juge de paix, soit par un nombre de témoins tel que la loi le déterminera, soit par les gardes champêtres ou forestiers, soit par les maires ou leurs adjoints, dans telle commune que ce puisse être, soit enfin par la gendarmerie ; que lorsque le juge de paix, ainsi que le commissaire de police, dans la commune où résiderait le juge de paix, verraient que le délit, au lieu d'être du ressort de la police simple, serait du ressort de la police correctionnelle ou de celui de la justice criminelle, ils devraient, à peine d'une amende déterminée par la loi et des frais de leur instruction qui serait déclarée nulle par le tribunal de première instance sur les conclusions du substitut du procureur-général impérial, se déclarer incompétens, et envoyer les pièces et le prévenu, en vertu d'un ordre de conduite, audit tribunal de première instance, qui agirait ainsi qu'il sera dit ci-après.

En attendant, nous allons proposer nos vues sur l'instruction que ferait le juge de paix relativement aux délits de police simple, de la connaissance desquels il serait saisi de la manière dont nous venons de parler : la même marche sera suivie relativement aux délits du ressort de la police correctionnelle, à cette différence près, que, quand le tribunal de police correctionnelle ne sera saisi de l'affaire que par le renvoi que fera le juge de paix du chef d'incompétence, et cela parce que mal-à-propos une partie lésée aurait fait citer devant lui, ce tribunal, sur la réquisition du substitut du procureur-général impérial, fera renouveler la citation qui aurait été donnée à la requête de la partie lésée.

Au jour d'audience déterminé, après la lecture de la citation, qui contiendra l'exposé des faits, le prévenu sera interrogé, les témoins seront entendus ; tout sera rédigé par écrit. Si le prévenu articule des faits contraires à ceux des procès-verbaux ou des dépositions, il sera admis par un jugement à la preuve de ces faits, dans un délai qui lui sera fixé pour l'audience suivante; le commissaire de police donnera ensuite des conclusions, qui seront rappelées dans le jugement, et même transcrites littéralement, ainsi que celles des parties, à peine de nullité.

Le jugement contiendra d'abord la fixation des faits, ensuite l'application de la peine , et le texte de la loi. L'appel sera toujours permis, dans le délai de trois jours, au prévenu, à la partie lésée, au commissaire de police ; et, dans le délai de quinzaine , au substitut du procureur-géneral impérial : il devra être notifié, tant à la partie lésée qu'au prévenu , savoir , dans le délai de huitaine, quant à l'appel dudit jugement rendu par le tribunal de police ; et dans la quinzaine de celui que le procureur impérial aurait interjeté du même jugement. Ces mêmes jugemens pourraient être attaqués par la voie d'opposition, dans les cas où cette voie est convenable; mais il faut fixer le terme dans lequel on pourrait la prendre.

Passsant à présent aux delits correctionnels, nous disons que le tribunal correctionnel pourra en être saisi, soit directement, à la requête d'une partie lésée, soit par le renvoi que lui en ferait le juge de paix incompétent pour en connaître; soit d'office, par le substitut du procureur-général impérial. La cause s'instruirait alors au tribunal de première instance, de la manière que celle ci-dessus déterminée pour les causes de simple police ; mais ce serait toujours le substitut du procureur-général impérial qui y ferait les fonctions du ministère public, et il y serait suppléé, en cas de maladie ou d'absence légitime , par le procureur impérial. Mais comme il pourrait arriver qu'une cause de police correctionnelle offrirait trop de difficultés, serait susceptible de trop de développemens, pour pouvoir être jugée dans une ou deux audiences du tribunal correctionnel ; alors le tribunal de cette police pourrait, soit d'office, soit sur l'observation dudit substitut, ordonner qu'à la diligence et poursuite de ce substitut, l'affaire serait instruite, par écrit, par un magistrat , qui remplacerait le directeur du jury actuel, sous le nom de questeur, ou de tout autre ; que ce ne serait qu'après que cette instruction aurait eu son complément, que le tribunal correctionnel procéderait au jugement.

L'appel en appartiendrait aussi au condamné , à la partie plaignante, au substitut du procureur-général impérial, dans le délai de trois jours, et sous l'obligation de le signifier dans la huitaine, à peine de déchéance; et au procureur-général impérial, dans le délai d'un mois , et sous les mêmes obligations et peines.

La voie d'opposition serait également ouverte dans les cas et dans un délai convenables.

Par ces différentes manières de saisir un tribunal correctionnel des causes de son ressort, on obtiendrait l'avantage de faire juger avec une extrême célérité une foule de causes peu compliquées de sa compétence, et on aurait toute la latitude qu'on peut desirer pour l'instruction de celles qui présentent des difficultés et exigent du temps. Ainsi donc, cette marche simplifierait considérablement la marche actuelle des affaires de ce genre; elle serait plus active : un prévenu condamné, mais appelant téméraire, serait puni de son audace; une surveillance graduelle aurait toute l'efficacité qu'elle doit avoir ; et tous les délits seraient connus de toutes les autorités, et appréciés.

A cet effet, il serait enjoint au commissaire de police près chaque tribunal de police, d'adresser dans trois jours, à dater de leur prononciation, un extrait de chaque jugement, au substitut du procureur-général impérial ; ce substitut ensuite en adresserait l'état, tous les dix jours, au procureur général impérial , et ce dernier en donnerait connaissance tous les mois à son excellence le Grand-juge ministre de la justice.

Nous passons actuellement aux délits qui emportent peine afflictive et infamante , et qui sont des crimes; et nous pensons que les juges de paix , les officiers de gendarmerie, les maires , leurs adjoints , les commissaires de police , devront recevoir les plaintes et les dénonciations de tous crimes et délits , et constater par des procès-verbaux ceux qui seront susceptibles de cette mesure; que même ils devront dénoncer d'office ceux qui seront à leur connaissance, et dont on ne leur aura point porté plainte, ou qu'on ne leur aura point dénoncés ; qu'ils devront, aussitôt qu'ils auront reçu les plaintes ou les dénonciations , et dressé les procès-verbaux , dans les cas qui exigeront cette mesure et que la loi devra indiquer, adresser ces plaintes , dénonciations et procès-verbaux aux juges de paix du canton , avec les indications des témoins à entendre ; que , faute par eux de donner ces indications, ou de les donner exactement, le juge de paix les fera citer devant lui pour en obtenir les renseignemens qu'ils auraient dû lui transmettre ; que pour leur peine d'avoir été lâches ou négligens à donner ces renseignemens, ils seront condamnés sur-le-champ par le juge de paix à une amende de......, et aux frais de leur citation , sans pouvoir exiger ni recevoir le montant d'aucune taxe pour leur voyage.

A la réception des plaintes , dénonciations , et des procès-verbaux , le juge de paix examinera si ces actes contiennent d'une manière claire et précise tout ce qui peut diriger utilement ses opérations : dans le cas de la négative, il recevrait une nouvelle plainte , une nouvelle dénonciation; il dresserait avec des gens de l'art un nouveau procès-verbal sur le lieu même du délit, où il ferait citer le plaignant ou le dénonciateur, qui, soit qu'ils se soient désistés de leur plainte ou dénonciation dans les vingt-quatre heures ou non , n'en devront pas moins dire tout ce qui pourra entrer avec vérité dans celle qu'actera le juge de paix, qui, même en cas de sistement en temps de son auteur, n'en devra pas moins instruire d'office, et recueillir sur les lieux tous les renseignemens nécessaires.

Lorsque ces renseignemens seront de nature à faire connaître un prévenu par des indices suffisans, si ces renseignemens ont été obtenus par tout autre que par le juge de paix, ou qu'il ait été saisi en flagrant délit, ou poursuivi par la clameur publique, celui des officiers de police judiciaire qui aura ces connaissances, ou devant qui le prévenu sera amené, l'adressera aussitôt avec les pièces, en vertu d'un ordre de conduite, au juge de paix du canton; auquel cas, et dans celui où cet ordre serait émané de ce juge, celui-ci donnerait un autre ordre de conduite de ce prévenu devant le substitut du procureur-général impérial, qui décernerait contre lui un mandat de dépôt s'il y avait lieu, ou, dans le cas contraire, provoquerait sa mise en liberté provisoire, par le juge qui serait chargé de l'instruction. Si le prévenu ne l'obtenait pas, alors lesdits substitut et juge, après avoir reconnu leur compétence, ou, en cas d'incompétence, renvoyé les pièces et le prévenu à qui de droit, achèveraient l'instruction commencée par le juge de paix, laquelle ne laisserait souvent rien à desirer, ou du moins que très-peu de chose; auquel cas, et sur la réquisition du substitut, le juge devrait la compléter; et après avoir provoqué et porté le mandat d'arrêt, précédé de l'ordonnance de traduction, au jury d'accusation, l'acte en serait dressé par le substitut, si ce magistrat était de l'avis de cette traduction, ou par le juge, si le substitut n'était pas de l'avis de la traduction : dans l'un comme dans l'autre de ces cas, le juge serait toujours dans l'obligation de décerner le mandat d'arrêt; et l'admission ou la rejection de l'accusation, par le jury, mettrait fin à tout, et obligerait le juge instructeur à ordonner sur-le-champ la mise en liberté du prévenu, ou à décerner dans les trois jours une ordonnance de prise-de-corps, et à l'adresser aussitôt, avec toutes les pièces, au greffier de la cour de justice criminelle, qui, après avoir vérifié l'inventaire des pièces, remettrait l'ordonnance de prise-de-corps aux gendarmes, pour que sur-le-champ ils missent l'accusé en maison de justice; et, en vertu de ladite ordonnance, qui serait transcrite en extrait sur le registre du concierge, ils en feront l'écrou.

Trois jours après la remise de l'accusé en maison de justice, l'accusé sera interrogé par le président de la cour de justice, ou par un juge délégué par lui ; le procureur-général impérial pourra assister à cet interrogatoire, et faire à l'accusé telle observation, telle question ou interpellation qu'il trouvera convenir ; et il en sera tenu note audit interrogatoire, qui sera signé du juge, du procureur-général impérial, s'il y est présent, du greffier, de l'accusé s'il sait écrire, et après lui en avoir donné lecture; s'il ne sait pas écrire, il en sera fait une mention expresse.

Nous avons oublié de dire que le procureur-général impérial pourra dénoncer d'office, soit à ses substituts près chaque tribunal de première instance , soit à chaque juge de paix du lieu du délit, tout crime ou délit qui viendra à sa connaissance; que ses substituts seront obligés de recevoir les plaintes et les dénonciations qu'on voudra leur adresser directement; qu'ils renverront celles qui n'auront lieu que pour des délits de la police simple, au juge de paix du canton; mais qu'à l'égard de celles qui auront pour objet des crimes, qu'ils poursuivront d'office, ou sur la dénonciation du procureur-général impérial, ou sur celle qui leur sera faite directement, par une partie, avant qu'aucun autre officier de police judiciaire ne l'ait reçue ou n'en ait été instruit, ils devront en requérir l'instruction par le questeur, sans qu'aucune délégation puisse en être faite à qui que ce soit.

Nous sommes encore d'avis que chaque officier de police judiciaire aura un registre, coté et paraphé, où il inscrira, jour par jour, que tel jour il a reçu plainte ou dénonciation de tel crime ou délit, que tel jour il l'a constatée par procès-verbal, que tel jour il a ordonné la conduite d'un tel prévenu à....., que tel jour il a été décerné contre lui mandat d'arrêt.

Le registre dont nous parlons, autre que celui du juge de paix, dans l'ordre de la hiérarchie des pouvoirs judiciaires, sera coté et paraphé par le juge de paix; celui de ce juge sera coté et paraphé par le questeur, et celui de ce juge et du substitut du procureur-général impérial, sera coté et paraphé par le président du même tribunal de première instance.

L'obligation de tenir un pareil registre, et de l'adresser, tous les trois mois, au procureur-général impérial, serait un moyen efficace d'empêcher qu'aucun délit reste sans poursuites, qu'aucune affaire soit étouffée dans son principe.

Peut-être arrivera-t-il que l'institution des justices de paix sera abolie; car ce n'est pas une idée malheureuse que celle qui porte à croire qu'elle ne convient pas plus à nos mœurs que l'institution du jury, et qu'elle est également en opposition avec nos habitudes. Si donc le Gouvernement a sur les effets de leur institution, des renseignemens qui prouvent son inutilité dans ses rapports avec la justice civile, nous disons que, dans ce cas, il devra toujours créer un officier de police judiciaire dans chaque chef-lieu de canton; auquel cas, le questeur pourrait avoir le nom du questeur de tel arrondissement.

Mais où prendra-t-on, dans quelle autorité choisira-t-on ce questeur ? Nous croyons que sa Majesté impériale le prendra parmi les citoyens de chaque arrondissement, qu'il le nommera à vie, mais destituable pour des cas jugés par la cour de cassation, soit sur la plainte du procureur-général impérial, soit d'après des motifs particuliers de cette cour, d'après la réquisition de son procureur-général impérial.

Quant à ces procureurs, l'influence que leur donneront leurs places est et sera toujours telle, qu'il est convenable et même indispensable qu'ils soient toujours dans une entière dépendance du Souverain, et révocables à sa volonté. Certes, ils n'en auront jamais rien à craindre, s'ils sont animés du zèle, de l'amour du bien public, s'ils sont laborieux, s'ils ont les lumières que demandent leurs places, si leur moralité les fait respecter, et s'ils sentent, avec tous les Français, tout ce qu'exige de peines, de sacrifices, de travaux, le Chef suprême du premier peuple du monde, pour en consolider la gloire et la prospérité.

Quant au jury qui pourra admettre ou rejeter l'accusation, nous le tirons, pour ainsi dire, d'un creuset efficacement épuratoire, parce que nous ne le composons que de six citoyens, qui seront pris parmi les juges les plus âgés, dans le tribunal de première instance, en y comprenant, en cas de besoin, les juges suppléans, dont le nombre, dans ceux de ces tribunaux qui ne sont que de quatre juges, devrait être de quatre, auquel cas les deux premiers nommés à la suppléance feraient partie du jury; et s'il arrivait qu'il y eût entre eux égalité de voix pour l'admission ou la rejection de l'accusation, alors le président du tribunal appellerait à la délibération les deux autres juges suppléans, dont le suffrage, réuni à une majorité de quatre voix, déciderait du sort du prévenu; et s'il arrivait que dans les deux suffrages des suppléans, il y en eût un en faveur du prévenu, c'est-à-dire, pour la rejection de l'accusation, et un autre contre lui, c'est-à-dire, pour l'admission d'icelle, dans ce cas·, et comme alors il y aurait eu deux fois égalité de voix, l'accusation serait rejetée.

Quant aux tribunaux où il y aurait, ou deux sections, ou plus de quatre juges, ce seraient toujours les plus anciens d'âge qui seraient appelés, avec le président, à la composition du jury; et jamais les juges suppléans n'y seraient appelés qu'au défaut des autres, en cas d'absence ou de maladie, sans que l'excuse fût admise si la maladie était feinte ou peu grave, ou si l'absence avait lieu pour se soustraire aux fonctions de jurés. Au surplus, nous laissons à la sagesse du législateur à juger lequel vaut mieux, dans notre plan, de prendre pour jurés les plus âgés d'entre les juges ou les plus jeunes.

Certes, avec un tel jury d'accusation, dont le président du tribunal de première instance sera toujours le chef, qui rappellera à ses collègues, en tant quede besoin, l'esprit que le jury d'accusation doit avoir, et qui fera remarquer la force des préventions, qui ne pourront se dissiper qu'à l'examen et aux débats devant la cour de justice criminelle; nous ne pouvons pas penser que le Gouvernement et les gouvernés puissent avoir une meilleure garantie, sous tous les rapports, que celle qui résultera d'une telle réunion de magistrats.

Néanmoins, on nous a fait craindre que les tribunaux de première instance ne seraient plus composés que d'un seul juge, sous un titre nouveau: mais comme nous ne croyons pas que des tribunaux, composés d'un seul homme, puissent tranquilliser le justiciable, qui verrait toute sa fortune à sa disposition, nous en rejetons l'idée ; nous abandonnons à la sagesse du législateur le soin de déterminer ce qui pourrait alors remplir le vide de notre cadre ; et nous avouons notre embarras.

Il nous semble cependant que, dans cette hypothèse, le jury pourrait se composer du juge, de son suppléant ou de ses suppléans, s'il en avait, du maire et de son adjoint ou de ses adjoints, et d'autant de membres dans le conseil municipal, pris parmi les plus âgés résidant dans la commune où siégerait le tribunal, à la concurrence de six personnes ; le même conseil municipal en donnerait encore deux autres, également pris parmi les plus âgés, de la même résidence, dans le cas d'une égalité de suffrages, en résultat d'une première déclaration, auquel cas, celui de la déclaration entre six aurait le même effet que celui dont il été parlé ci-dessus. Il serait bon qu'une telle assemblée commençât sa séance, en tout temps, à neuf heures du matin, et ne pût désemparer qu'après avoir porté sa déclaration définitive.

Si parmi les fonctionnaires publics que nous venons de désigner, autres que le juge et ses suppléans, il s'en trouvait qui, par la nature de leurs fonctions, seraient souvent embarrassés pour les remplir, lorsqu'ils feraient partie de ces assemblées de jury, ce qui paraît devoir arriver souvent, relativement aux maires et à leurs adjoints, et même aux membres du conseil municipal, sur-tout si la convocation avait lieu en même-temps que celle des assemblées de ce conseil ; alors, et dans l'embarras du choix des moyens, pour composer ce jury, nous proposerons (car nous croyons que ce serait le seul parti à prendre, et nous lui donnons la préférence sur le précédent) de composer une liste de jurés, au nombre de vingt-quatre seulement, laquelle serait choisie parmi les citoyens les plus notables de l'arrondissement, d'abord par leur probité, leur moralité, l'étendue de leurs lumières, et par une entière indépendance en raison de leur fortune, qui ne leur donnerait aucune gêne, pour leur déplacement : il faudrait que l'on portât, dans cette liste, huit citoyens sur ces vingt-quatre, qui seraient choisis parmi les citoyens de la commune où s'assemblerait le jury, afin de faciliter les remplacemens de ceux qui, tombés au sort, seraient légitimement empêchés.

La désignation de ces vingt-quatre citoyens serait faite par le sous-préfet, avec l'adjonction du maire et du président du tribunal de première instance ; elle serait soumise à l'approbation du préfet, et à celle du président de la cour de justice criminelle, et du procureur-général impérial près cette cour, qui pourraient ôter de cette liste, et y placer de préférence, ceux qu'ils trouveraient à-propos. S'il arrivait qu'on trouvât que le nombre de ces jurés fût trop peu considérable, on pourrait le porter aussi haut qu'on voudrait ; mais nous l'avons borné à vingt-quatre, afin de n'y placer que des citoyens à qui ces fonctions ne seraient ni onéreuses, ni répugnantes, et qui ne seraient renouvellés par quart, que tous les ans, par la voie du sort : ce serait encore le sort qui les ferait sortir, pour la composition de chaque assemblée du jury d'accusation ; et ce double tirage se ferait dans une des salles du tribunal de première instance, en présence du président, du maire et du procureur impérial. Le greffier en dresserait procès-verbal, dont il serait joint copie à chaque affaire soumise à ce jury.

Au surplus, si les tribunaux de première instance conservaient le nombre de juges qu'ils ont actuellement, et qu'on y prît, comme nous l'avons indiqué plus haut, le jury d'accusation, l'embarras de le former autrement, ne subsisterait pas.

Si l'un ou l'autre de ces modes de former un jury d'accusation, ne pouvait convenir, alors il y aura peut-être nécessité de revenir à l'ordonnance de 1670, modifiée par celle de 1789. Que de moyens n'a-t-on pas aujourd'hui de trouver dans l'ordonnance de 1670, et dans ce que l'expérience de douze années vient de nous apprendre, de quoi faire la loi la plus sage, et de sortir de l'embarras que nous éprouvons ici !

Voyons présentement quelle pourrait être la composition du tribunal criminel : nous proposons le nombre pair, afin d'avoir toujours, hors les cas d'égalité de voix, une majorité de deux voix, soit pour acquitter, soit pour condamner ; l'égalité produirait aussi l'acquittement.

Le nombre de huit juges, par chaque tribunal criminel, paraît convenable. L'intérêt de la société, celui de l'accusé, veulent qu'un tel tribunal soit imposant ; il manquerait de dignité, si le nombre de ceux qui le composeraient était trop circonscrit.

Il nous paraît au moins convenable qu'une cause une fois commencée fût, autant que possible, jugée sans désemparer ; il ne devra y avoir d'exception que pour les causes où il y aurait impossibilité d'en terminer l'examen et le débat dans un seul et même jour : un procès-verbal de toute la tenue de la séance et de toutes les réquisitions qui y auraient été faites, tant par le ministère public que par l'accusé ou par ses conseils, et de tout ce qui aurait été enjoint et ordonné par la cour, serait dressé et joint aux pièces de la procédure.

Nous avons dit, dans le cours de ces observations, que la publicité des séances, en matière criminelle, était au nombre des moyens qui garantissaient la liberté civile des citoyens ; mais elle est assurée sous tant d'autres rapports, que ce moyen est peut-être superflu.

Nous ne dissimulerons donc pas au Gouvernement les dangers, les inconvéniens de cette publicité. C'est à regret que nous le disons : la publicité des audiences, en matière criminelle, en fait une école du crime, où les méchans se rendent pour y apprendre jusqu'à quel point ils peuvent se hasarder à le commettre ; c'est-là qu'ils sont attentifs à saisir les moyens de défense que font valoir les défenseurs des accusés : les subtilités que ces défenseurs emploient, enhardissent les hommes qui courent la carrière du

crime ,

crime; et pour peu de dispositions qu'on ait à y entrer, ce qu'on entend pour en combattre l'existence ou pour en disculper un prévenu, donne l'envie de réaliser, à la première occasion, les projets les plus pervers.

Nous attribuons en partie l'augmentation du nombre des crimes à cette publicité. Le défenseur d'un accusé, qui ne parlera qu'à un tribunal qui commandera le respect; ce défenseur, qui n'aura pas d'admirateurs parmi ceux qui veulent devenir brigands ou augmenter en scélératesse, n'aura pas l'impudeur trop commune d'établir des maximes qui outragent les mœurs publiques, qui offensent la morale, qui brisent tous les liens de la société; il n'aura pas l'audace de provoquer, dans la salle d'audience, un combat scandaleux entre lui et le ministère public, combat dans lequel un public, toujours assez mal composé, et au milieu duquel se trouve ce qui en forme la lie, prend une part secrète, et encourage un défenseur téméraire que le ministère public ne peut arrêter dans ses écarts qu'en requérant le tribunal de consacrer hautement les principes sacrés dont il entend la violation. Cet objet (nous osons le dire) mérite une sérieuse attention; et nous soumettons à la sagesse des lois et du Gouvernement, la question de savoir si cette publicité doit être maintenue dans toutes les causes criminelles, ou si on doit la circonscrire et ne l'ordonner que dans telle affaire dont le Gouvernement pourrait déterminer la nature, ou la défendre pour quelque cause que ce soit.

Malgré la vérité de ce qui donne lieu à cette observation, nous verrions avec peine que les audiences criminelles ne fussent plus publiques : il vaut mieux que l'on cherche un moyen qui puisse donner un peu de pudeur aux défenseurs des accusés; et on peut le trouver dans le droit que devrait avoir le ministère public, de requérir le tribunal criminel d'avertir, par l'organe de son président, le défenseur d'un accusé qu'il s'écarte des principes, qu'il viole sa promesse, et que, s'il continue de les oublier, le tribunal délibérera sur-le-champ sur la nécessité de son interdiction, sur son époque et sur sa durée.

Ici finissent nos observations sur le projet de Code criminel, considéré dans son plan général et non dans tous ses détails.

Le temps que nous avons eu pour en faire l'examen, sur-tout si l'on considère celui que nous devons aux devoirs que nous imposent nos fonctions, a été trop court pour que nous ayons pu en embrasser toutes les dispositions.

Nous nous bornerons donc à quelques observations fugitives sur quelques articles qui ont le plus frappé notre pensée.

D'abord nous ne comprenons pas trop tout ce que contient le premier article des dispositions préliminaires, dont le §. 3 nous paraît en contradiction avec l'article premier. Nous ne voyons pas pourquoi on a imaginé la dénomination du mot *contravention*, pour établir que telle action est *délit*, telle autre *crime*, telle autre enfin, *contravention*. Selon nous, toute action que la loi punit de peine, est *délit* ou *crime :* tout ce qui est puni des peines de simple police ou de police correctionnelle, est *délit ;* ce qui est puni de peine afflictive ou infamante, est *crime.* Certes, il y a une contradiction entre ce que porte l'article 1.er et le §. 3 dudit article ; et elle devient plus frappante à la lecture du §. 4, où il est dit, *que les tentatives des simples délits ne sont considérées comme délits que dans les cas déterminés par une disposition spéciale de la loi.*

Comment se ferait-il donc qu'une tentative de simple délit serait considérée comme délit, lorsque le simple délit ne serait qu'une contravention !

Sans doute qu'il existe des contraventions que la loi punit d'amende et d'emprisonnement ; et c'est parce qu'elle les punit de ces peines, que ces contraventions sont des délits.

En parlant de ces contraventions, des contraventions aux lois sur les douanes, sur les taxes d'entretien, sur les octrois, &c. &c. &c., nous fixerons la pensée du Gouvernement sur la question de savoir si les actions auxquelles elles donnent lieu ne devraient pas être jugées par un tribunal d'exception, et dans ce cas, à quelle cour ou à quelle autorité il faudrait en porter l'appel.

Nous faisons la même observation pour les délits forestiers, qu'il serait convenable de faire juger sommairement par un officier de chaque conservation, sur la réquisition d'un procureur impérial forestier, sauf l'appel comme ci-dessus.

Art. 7 des mêmes dispositions préliminaires. Selon nous, il ne devrait y avoir de délits militaires que ceux qui sont tels par leur nature, ou qui ont été commis par des militaires envers d'autres militaires : encore si un militaire a un coprévenu non militaire ou non attaché aux armées, le militaire, comme le citoyen qui ne l'est pas, doit être justiciable des tribunaux ordinaires ; il ne doit pas y avoir d'exception même en faveur des militaires étrangers ; elle répugne à l'indivisibilité de l'instruction : nous convenons cependant qu'il faut une exception pour l'espionnage, l'embauchage, la désertion et le refus des réquisitionnaires ou des conscrits de joindre leurs drapeaux.

Art. 13. Livre Ier chapitre Ier des peines de la première classe. Il paraît inutile que l'exécuteur proclame à haute voix le crime et la peine du condamné : l'écriteau où ils sont inscrits est suffisant ; chaque citoyen le lit, ou se le fait lire, et cela vaut mieux que la proclamation dont nous parlons. Nous croyons encore que l'intervalle de dix minutes au plus doit également suffire pour l'exposition publique du condamné dans les cas de mort. L'intervalle qui prolonge sa vie, est un supplice qui affecte le public : pourquoi le lui faire partager, ou l'accoutumer à être insensible : ne serait-ce pas un bien que de ne pas ordonner un pareil spectacle ? l'homme aux approches de sa dernière heure a besoin de continuer le recueillement qui la précède : il est disposé au sacrifice! faut-il provoquer tout ce qui en augmente l'amertume! ah! persuadons-nous bien que rien n'affaiblit plus l'horreur qu'inspire un scélérat que les rigueurs inutiles auxquelles on l'expose.

Art. 14. *Ibidem.* La disposition de cet article fait revivre un préjugé qui est presque anéanti, celui de livrer à une espèce d'opprobre la famille d'un condamné : en vain dira-t-on que l'on tait son nom; la vue du poteau le rappellera; il sera prononcé chaque jour et à chaque instant : ce poteau sera un monument éternel de honte et de peine pour une famille innocente, et les parens infortunés d'un coupable supplicié contracteront plus difficilement des alliances convenables. Il faut achever d'anéantir un injuste préjugé en ne punissant que celui qui a commis un crime, sans rien ajouter qui puisse humilier le front de sa malheureuse postérité : qu'importe à un grand scélérat, que l'horreur d'un forfait exécrable n'a pas épouvanté, de savoir qu'on érigera sur sa tombe le hideux monument de son crime ; cette peine n'est rien pour lui, elle est toute entière pour des innocens déjà trop à plaindre de lui avoir appartenu; et c'est pour ceux-ci qu'il y a nécessité de ne laisser le souvenir du crime et celui du coupable, que dans les greffes des cours de justice criminelle. D'ailleurs croit-on que ce poteau résistera long-temps aux entreprises de ceux qui ne pourront en supporter la vue, et sa destruction fera-t-elle une nouvelle victime! ce poteau ne pourra-t-il pas être le principe d'une injure, d'une querelle, d'une vengeance! et faut-il, pour perpétuer le souvenir d'un crime dont il serait heureux de pouvoir perdre l'idée, courir le triste et affreux danger de le voir être l'occasion ou le prétexte d'un autre crime !

Nous avons vu avec peine que le projet de Code n'ait pas conservé relativement au parricide, la disposition qui voilait son visage d'un morceau de drap noir; c'est par cet emblème qu'on exprime, dans un majestueux et religieux silence, qu'un parricide n'est plus digne de partager la lumière des cieux : nous voudrions même qu'un pareil monstre ne pût être conduit au lieu du supplice que dans un état où son corps serait suspendu sans que ses pieds touchassent la terre qu'il épouvante; et ce serait par ces terribles leçons, par cette horreur profonde qu'inspirerait un parricide condamné dans la situation effroyable où nous le représentons, qu'on prouverait sans parole que le soleil lui refuse sa lumière, et que la terre voudrait se refuser même à lui ouvrir ses entrailles pour le recevoir : *ut omnium elementorum usu,* dit une loi romaine, *vivus, carere incipiat, et ci superstiti, terrâ cœloque, auferatur.*

Art. 36. Cet article nous paraît inhumain : dans les cas où le condamné laisse des revenus et a été accoutumé aux jouissances d'une bonne nourriture, ne lui laisser que celle qui est commune aux malheureux qui n'avaient rien, qui ne laissent rien au trésor public; n'est-ce pas affaiblir son tempérament, n'est-ce pas devancer l'instant de sa mort, n'est-ce pas le précipiter ! *Res sacra miser.*

Art. 63. Ne faudrait-il pas ajouter à la disposition de cet article une disposition pour ceux qui, étant prévenus, ou accusés, ou condamnés pour crimes, se pourvoient en cassation, et profitent de cet avantage pour disposer par vente, ou échange, de leurs propriétés!

Art. 64. Un second crime pourrait être suivi d'un troisième : dans ce cas, on ne doit plus compter sur un retour à la vertu ; et il nous semble que celui qui s'en rend coupable, et dont le crime n'emporte pas peine de mort, doit être, ou déporté, ou condamné à la peine des travaux forcés à perpétuité. S'il s'évade et qu'il commette un nouveau crime ou délit, il mérite la déportation.

Art. 67. On est surpris de ne trouver ici aucune disposition relative à ceux qui sont prévenus en même temps de divers délits, de divers crimes. Nous en avons vu ici qui étaient accusés par le même acte, de quatorze vols différens, et qualifiés. Son excellence le Grand-juge, dans son compte rendu, a fait sentir combien il était absurde que le prévenu de plusieurs crimes ne fût puni que de la peine du plus grave, quand elle n'est point la peine capitale, et qu'il reçût en quelque manière de la loi même une sorte d'amnistie pour tous les autres.

Art. 68. Ces mots, *des conseils positifs*, ont besoin d'être expliqués pour être bien entendus.

Évasion des Détenus.

Il faut prendre garde que la peine de ces évasions soit en telle disproportion avec les avantages qu'en retirent ceux qui les favorisent, ne fût-ce que par négligence, qu'elle soit alors insuffisante pour en prévenir l'abus ; et nous pensons que quand l'évasion a été favorisée par une connivence criminelle, quel qu'en soit l'auteur, il devrait être condamné à la peine du délit ou du crime, applicable à celui qui en serait prévenu : toutefois la peine capitale n'entrerait jamais dans cette disposition, si elle était applicable à l'accusé évadé ; celui qui aurait facilité son évasion, ne serait passible que de la peine des travaux forcés à perpétuité.

Art. 262. Il est difficile de concevoir la disposition de cet article : quoi! il faudra que celui qui aura tué un voleur, peut-être même celui qui tente un assassinat, ne puisse pas être réputé avoir été dans la nécessité de sa propre défense, dans sa maison, pendant la nuit, et lorsque le brigand l'a envahie, ou qu'il en tente l'invasion par escalade ou effraction, et cela parce que le crime médité et tenté ne l'aura été que par un seul. L'attaque que nous faisons de cette disposition n'a pas besoin que nous nous efforcions de la développer : jamais on ne pourra l'adopter. Qui donc pourra me garantir que si je laisse effectuer l'escalade ou l'effraction, je ne périrai pas victime de l'adresse ou de la force du brigand!

Art. 264. La disposition de cet article a trop de latitude ; rien de ce qui est seulement verbal , ne doit légitimer ou excuser des coups , encore moins des blessures : la justice est là ; on peut l'invoquer contre celui qui se permet des outrages , des injures, qu'aucune voie de fait n'accompagne : quand ils sont accompagnés de voies de fait, et que celui qui en est l'objet les repousse par des voies de fait , si on s'en plaint à la justice , elle a encore à examiner jusqu'où celui qu'on attaque a poussé sa vengeance , sans perdre de vue cependant qu'il n'a pas été l'agresseur.

Art. 272. Cet article ne paraît pas rédigé convenablement.

Le vol domestique est tellement fréquent aujourd'hui , qu'on en est effrayé : le domestique à gages devrait être puni sévèrement , quand il est convaincu d'avoir volé ses maîtres ; la peine de la flétrissure doit accompagner celle que la loi inflige à son crime.

Nous ne savons pas pourquoi le projet de Code a perdu tout-à-fait de vue l'amende honorable qui devrait accompagner la punition de certains crimes que la loi devrait désigner. Nous croyons que cette mesure aurait une grande efficacité.

La nécessité de fixer par une loi sage les caractères de la banqueroute se fait sentir impérieusement.

Le temps qu'on nous a fixé pour l'envoi de nos observations nous presse : des devoirs que nos fonctions nous forcent de remplir , prennent en ce moment tout notre temps , et nous forcent à terminer notre travail.

Nous ne dirons plus qu'un mot sur le paragraphe de l'article 28 ; et nous demanderons si c'est de la bouche de l'exécuteur des jugemens criminels qu'on doit tirer la proclamation d'une sentence morale , de cette terrible sentence : *Votre pays vous a trouvé coupable d'une action infame ; la loi et la cour de justice criminelle vous ont déclaré infame.*

Ah ! si cette mesure est trouvée utile (et nous le croyons) , que la loi en donne l'exécution à celui qu'elle trouvera le plus propre à produire , sur le condamné et sur le public, tout l'effet qu'on peut en attendre , et qu'elle l'environne d'un appareil imposant !

Qu'il nous soit encore permis d'exprimer notre vœu pour que la police et la surveillance, tant sur le concierge que sur les prisonniers, appartiennent à la partie publique et au juge instructeur , et nullement à l'autorité administrative.

Nous exprimons aussi celui qui a pour objet que dans chaque arrondissement il y ait deux officiers de santé , très-recommandables par leur science et par leur moralité, pour constater les causes d'une mort violente, la nature et l'état des blessures, et la durée qu'elles doivent avoir avant la guérison , qui ne pourrait permettre à celui qui les aurait reçues de pouvoir vaquer *aux travaux de son état,* s'il en a un , et dans le cas où il n'en aurait pas , *à aucun travail corporel.* C'est , selon nous , une mauvaise disposition que celle qui, au lieu de dire *aux travaux de son état*, lorsque le blessé en a un, dit *à aucun travail corporel :* cette distinction est nécessaire.

Combien ne serait-il pas utile que ces officiers de santé fussent appelés chaque fois qu'une mort imprévue, subite, et dont on ne connaîtrait pas la cause avec certitude, enlève un citoyen à la société ! Combien de crimes dont on aurait découvert l'existence par leurs traces, si on avait pris cette précaution que sollicite la morale, que commandent la nécessité de la répression des crimes, et plus que tout cela, l'avantage de les prévenir en les empêchant !

Il y a quelque temps que des enfans ayant trouvé une tête de mort, s'étant amusés à la nettoyer, ont trouvé dans son intérieur un morceau de plomb qu'on a jugé avoir été introduit par l'oreille.

Combien ne serait-il pas utile encore qu'une loi ordonnât l'exécution du condamné à une peine afflictive ou infamante, dans chaque ville où siégerait un tribunal de première instance! Deux motifs également pressans l'exigent ; 1.° la nécessité de répandre, de multiplier les avantages de l'exemple de la juste sévérité des lois ; 2.° celle de ne pas fatiguer les citoyens de la ville où siége la cour de justice, d'un tableau douloureux qui, exposé trop souvent, mène à l'insensibilité ceux qui ne le perdent jamais de vue, et les conduit à éprouver moins vivement l'horreur du crime.

Nous fixons encore la sagesse du Gouvernement sur la question de savoir s'il ne faut pas rendre le caractère de criminalité aux objets que la loi du 25 frimaire an 8 a mis dans la classe des délits correctionnels.

Nous desirons également que le Code pénal soit tellement rédigé, que l'on n'y trouve pas la peine due au crime à côté de celle due au délit de police simple, ou à celui de police correctionnelle ; il devrait y avoir un code des peines des délits de simple police, un code des peines des délits de police correctionnelle, un autre des peines dues au crime. Sans doute qu'il ne faut que des yeux pour appliquer justement la peine que la loi inflige ; mais quand des peines de trois genres différens sont établies en raison de trois différens genres de délits, il faut trouver celles de chaque genre à leur place, et non confondues et mêlées parmi celles de tous les genres.

Nous craignons que les peines que propose le projet de Code criminel ne consistent trop en amendes ; souvent ce genre de peine a son influence, autant et plus sur la famille d'un homme qu'on punit, que sur lui-même ; et puis, que de procès-verbaux de carence ! que de certificats d'indigence ! que de moyens employés pour constater l'insolvabilité d'un condamné ! et alors, que de prolongations de captivité, de détention, pour cause de non-paiement d'amende, &c. ; que de frais perdus pour le trésor public !

D'ailleurs, les peines pécuniaires ne sont pas égales pour tous. Si elles sont quelque chose pour celui qui a peu de moyens, elles deviennent nulles pour celui qui n'en a aucun, et presque nulles pour celui qui en a beaucoup.

Nous craignons enfin que les cas de mise en surveillance spéciale ne soient trop multipliés dans le projet de Code criminel; et il nous a paru bien étonnant que cette mise en surveillance spéciale eût lieu envers celui qui aurait eu le malheur d'être accusé deux fois, lorsque deux fois il aurait été acquitté : nous sentons qu'il peut exister des cas où une mise en surveillance spéciale, et à la disposition du Gouvernement, peut être utile, même nécessaire; mais il faut user sobrement de ce remède : le Gouvernement a présentement une attitude trop imposante, une force trop réelle, pour avoir besoin d'embastiller en plein air une foule de citoyens. C'est la force qui fait sa grandeur; c'est la confiance sans réserve qu'on a dans son auguste Chef, c'est l'amour des Français pour sa personne sacrée, qui le rend impénétrable; et rien, dans la législation qu'on doit, qu'on devra encore à sa sagesse, ne portera l'empreinte de la faiblesse.

Ici finit notre tâche : puissions-nous, par elle, avoir prouvé que la connaissance de la législation criminelle, des devoirs qu'elle impose aux magistrats qui sont revêtus des pouvoirs qu'elle fait instituer, des lumières qu'elle exige, ne nous sont pas étrangers! puissions-nous mériter par elle, et par nos travaux passés, et par nos longs et constans sacrifices pour assurer le repos de la société, la précieuse bienveillance de l'auguste NAPOLÉON, qui ne cessera jamais d'être l'objet de toutes nos espérances et celui de nos vœux, pour qu'il arrive au plus long terme de la vie, et qu'à cette époque, il voie encore tout l'éclat de sa gloire, et ses rayons se prolonger par son heureuse et illustre postérité dans l'immensité des siècles !

Au surplus, de quelque mérite que soit l'institution du jury, soit telle qu'elle est aujourd'hui dans son organisation, soit dans toute autre organisation, fut-ce même celle qui en ferait dépendre le succès de l'influence d'un seul homme, nous dirons au Gouvernement, que, de même que, depuis son principe, les magistrats n'ont rien négligé pour la faire aimer, pour y affectionner les citoyens, pour leur en montrer les avantages, pour en assurer le succès, de même ceux que le Gouvernement honorerait encore de sa confiance, regarderaient comme un devoir sacré de ne rien négliger pour qu'elle obtienne la confiance la plus universelle et la mieux méritée, si elle continuait d'avoir la sienne.

Nouvelle Observation.

Il nous est échappé de parler de l'infanticide: rien n'est plus commun que ce crime ; rien n'est plus rare que sa punition, sur-tout avec des jurés ; on les a vus souvent prononcer des déclarations négatives qui ont fait absoudre des mères coupables. Il faudrait faire revivre l'édit d'Henri II , mais établir une autre peine que celle de mort. Nous proposons celle de la reclusion dans une maison de force jusqu'à l'âge où cesserait la fécondité ; une pareille loi mettrait un frein à la corruption des mœurs : elle est à son comble.

OBSERVATIONS

DE LA COUR DE JUSTICE CRIMINELLE

DE L'OISE,

SUR

LE PROJET DE CODE CRIMINEL.

OBSERVATIONS
DE LA COUR DE JUSTICE CRIMINELLE
DE L'OISE,
SUR
LE PROJET DE CODE CRIMINEL.

Nous suivrons l'ordre établi par le Projet qui embrasse trois parties ; la pénalité, la procédure à suivre dans l'instruction, et l'organisation des juges criminels, correctionnels et de police.

Nous nous bornerons à présenter quelques observations isolées sur les articles qui nous en ont paru susceptibles.

PREMIÈRE PARTIE.
DÉLITS ET PEINES.

Art. 13. Nous avons pensé sur l'article 13 du Projet, qu'on devait réserver l'exposition des condamnés à mort, pour les crimes les plus atroces, tels que le parricide et le conjugicide ; dans les autres cas, nous craindrions que le but moral du législateur ne fût manqué, et que le peuple ne vînt à s'apitoyer sur le sort des condamnés.

Nous proposons aussi de réduire la durée de cette exposition à une demi-heure ; c'en est assez pour faire surgir dans l'ame des spectateurs les impressions de terreur que doit produire la vue du condamné jointe à l'idée de la peine qu'il va subir ; bientôt un autre sentiment pourrait y succéder, sur-tout s'il était amené par quelque circonstance, telle que celle d'un condamné qui ne pourrait supporter, une heure durant, l'idée d'être au pied du fatal instrument de son supplice.

Art. 15. Nous avons balancé, à l'égard de l'article 15, les inconvéniens qui peuvent en résulter, avec les avantages qu'on paraît en espérer pour la sûreté des grands chemins et pour l'effroi du crime ; nous craignons que les inconvéniens ne surpassent le bien qu'on attend des dispositions contenues en cet article.

Oise.   A

En effet, n'est-il pas à craindre que les poteaux qui se multiplieront par
par la suite des temps, le long des grandes routes, ne portent l'effroi
dans l'ame des voyageurs ! On ne traversera qu'en tremblant un bois dont
les arbres touffus laisseront entrevoir les indices des crimes commis dans
l'épaisseur de cette forêt : la crainte d'un danger imaginaire saisira la femme
timide et le voyageur isolé qui, sur le soir, appercevront entre deux
collines, près d'un pont abrité de saules caverneux, un poteau portant
cette inscription : *Là gît un assassin.*

L'étranger, en parcourant nos départemens, comptera ces tristes monumens des forfaits de scélérats dont l'infamie rejaillira sur la contrée ; et
quels préjugés s'éleveront dans son esprit contre une nation hospitalière
qui a tant de titres à la haute réputation dont elle jouit parmi les autres
peuples !

Art. 24. Nous avons vu avec peine, à l'article 24, la multiplicité des
lettres que dans certains cas il faudra imprimer sur les épaules des condamnés. Nous proposons de supprimer les lettres indicatives du genre de
peines, comme moins essentielles ; il suffira de connaître le délit dont
l'individu s'est rendu coupable.

Art. 29. Il serait à propos de déterminer quelle espèce de châtiment
l'exécuteur serait autorisé à infliger au condamné, dans le cas de l'art. 29,
afin d'éviter toute mesure arbitraire de sa part.

Art. 31. L'exécution des condamnés dans le lieu le plus voisin de celui
où le crime a été commis, est d'une utilité si importante, qu'il est à desirer
qu'on ne s'écarte de cette règle que pour des considérations d'une haute
importance.

Art. 49 et suiv. Les mesures que le Gouvernement sera autorisé à prendre
contre les individus qui seront renvoyés sous sa surveillance spéciale, nous
ont paru devoir être modifiées à quelques égards.

D'abord, nous desirerions que cette mise en surveillance ne pût jamais
être accordée sur la seule demande de la partie intéressée. Le Gouvernement
serait exposé à trop de surprises ; il deviendrait, sans s'en douter, l'instrument
des vengeances de quelques hommes puissans, contre des particuliers inconnus et sans appui : si c'est une peine, elle ne doit être appliquée que par les
tribunaux.

Art. 54. La mise en surveillance à l'égard des individus qui ont subi la
peine des travaux forcés, de la reclusion ou de la relégation à temps, quoiqu'elle aggrave leur peine, peut être admise par des considérations de bien
public, et pour garantie d'une meilleure conduite à l'avenir ; mais nous
nous élevons contre la mise en surveillance de ceux qui, ayant subi deux fois
l'épreuve d'un jury d'accusation, en ont obtenu leur mise en liberté : une
pareille mesure peut devenir trop arbitraire, si elle n'est point basée sur des
faits reconnus pour constans ; on doit respecter la liberté individuelle du

citoyen, et n'en gêner l'exercice que lorsque la nécessité en a été reconnue et déclarée suivant des formes légales.

Art. 127. N'aurait-on pas dû distinguer, dans le cas de l'article 127, ceux qui fabriquent de la fausse monnaie, d'avec ceux qui ne font que rogner ou altérer les monnaies nationales ! le premier de ces délits n'est-il pas bien plus grave que le second ? Si le crime de fabrication de fausse monnaie mérite la mort, il nous semble que la peine des fers suffit dans le cas de simple altération des monnaies ayant cours.

Art. 138 à 159. Ne faudrait-il pas une peine, au moins correctionnelle, contre le notaire qui, ayant reçu des parties l'avance des droits d'enregistrement, néanmoins ne fait pas enregistrer les actes ! On en a connu un dans ce cas, à qui on reprochait de n'avoir pas fait enregistrer quatre à cinq cents actes non délivrés, et on n'a pas trouvé de loi applicable à cet abus de confiance.

Art. 220 à 231. Les mendians et les vagabonds de *nuit* doivent être punis plus sévèrement : ils répandent l'alarme ; ils ont trop de facilité pour dévaster. Il faudrait aussi graduer les peines sur le nombre des attroupés.

Art. 234 et suiv. On a remarqué dans la section V du chapitre I.ᵉʳ une lacune importante touchant le crime de *sacrilège :* on ne proposera pas de rétablir toutes les idées que ce mot appelait, dans les anciennes lois, soit civiles, soit canoniques, et qu'elles avaient transformées en autant de délits ; il en est beaucoup qui ne sauraient trouver place dans une législation raisonnable, tel, par exemple, que le vol d'une chose profane dans une église.

Mais on accuserait sans doute d'imprévoyance la nouvelle législation qui se prépare, si on n'y retrouvait pas quelque disposition relative au crime appelé autrefois de *lèze-majesté divine au premier chef.* On rangeait dans cette classe la profanation des vases sacrés, celles des hosties consacrées, qui peut avoir lieu en cas de vol des calices, ciboires, custodes, &c. Ne serait-il pas choquant pour la morale publique, que de pareilles profanations ne fussent punies que des peines du vol, encore adoucies par la circonstance que l'édifice ne serait pas habité !

Mais quelle peine appliquer ? la mutilation d'un membre n'a été admise, dans le nouveau système pénal, qu'avec la mort ; il répugnerait de renvoyer dans la société un homme qui offrirait le spectacle hideux d'un membre amputé : on serait donc forcé d'adopter la peine des travaux forcés à perpétuité, pour le cas de la profanation des choses réputées sacrées par leur destination.

On sent, vu la multiplicité des calvaires et des images pieuses qui ont été rétablies sur les chemins et dans les rues, sans même consulter à cet égard les autorités civiles, combien il serait impolitique et dangereux de prononcer des peines trop sévères contre ceux qui seraient accusés de les avoir outragés, frappés, mutilés ou détruits; mais on pourrait y appliquer les dispositions de l'article 238, concernant ceux qui auront mutilé, dégradé ou détruit les statues, monumens et autres objets d'arts destinés à l'utilité publique.

Art. 261 et suiv. L'article 261 déclare qu'il n'y a point de crime, lorsque l'homicide est commandé par la nécessité actuelle de la légitime défense de soi-même ou d'autrui.

. L'article suivant propose divers cas où ce principe doit être appliqué. Sans doute on n'a pas eu l'intention de restreindre le principe à ces cas seulement; mais peut-être le prétendrait-on, et voudrait-on appliquer à ceux qui auraient commis un homicide dans toute autre occasion, les dispositions de l'article 263 concernant le meurtre excusable. L'inconvénient le moins grave qui en pourrait résulter, serait de faire subir une instruction à ceux qui seraient prévenus d'homicides reconnus ensuite légitimes.

L'article 261, bien entendu, peut suffire; néanmoins il aurait besoin de développemens, si l'on ne craint pas qu'on en abuse pour sauver des coupables.

Art. 285. L'infanticide est défini : l'homicide causé par une mère *non engagée dans les liens du mariage,* de son enfant nouveau-né : l'article ne pourra donc pas s'appliquer à une femme mariée qui se rendrait coupable de ce délit; mais si cela arrivait, quel parti prendre ?

Art. 286. L'article suivant parle de l'infanticide par omission des précautions, des soins et des secours sans lesquels l'enfant n'a pu vivre. Il aurait fallu ajouter, pour lever toute incertitude, que, lorsque l'infanticide se commet par action et par violence, il rentre dans la classe du meurtre ou de l'assassinat, suivant les circonstances.

Art. 296. L'article 296 porte des peines contre ceux qui exposeraient ou porteraient à l'hospice un enfant au-dessous de sept ans, qui aurait été confié à leurs soins ; mais si cela arrive parce qu'on aura cessé de leur payer quelque temps la rétribution convenue, seront-ils également répréhensibles ?

On a vu des enfans en nourrice, abandonnés par leurs parens, devenus hors d'état d'acquitter cette dette, et qui ont disparu. Peut-on exiger que ceux qui sont dépositaires de ces enfans les nourrissent gratuitement, et quelle autre ressource pour eux que celle de les remettre à l'hospice ?

Art. 308, 311 et suivans. Il y a des peines contre les adultères, contre ceux qui, étant engagés dans les liens d'un mariage, en auraient contracté un autre avant la dissolution du précédent ; mais on a omis de parler des liaisons incestueuses, soit dans la ligne directe, soit entre frère et sœur : ces crimes font horreur sans doute; mais malheureusement on ne peut se dissimuler qu'il existe de ces liaisons, au grand scandale du public à qui on ne peut pas toujours en dérober la connaissance : il serait donc nécessaire de les réprimer et d'en faire exemple.

Art. 317. Cet article prononce des peines contre ceux qui auront né-

gligé de faire la déclaration de la naissance ou du décès d'un individu , dans
le délai fixé ; on n'en trouve point contre ceux qui auront supprimé la
preuve de la naissance ou du décès , par lacération ou altération des registres. Les art. 132 et 133 ne concernent que les fonctionnaires ou
officiers publics qui auraient détruit , supprimé ou altéré les registres dont
ils étaient dépositaires à raison de leurs fonctions ; il faut aussi pourvoir au
cas où des particuliers se seraient rendus coupables de ces délits.

Art. 342. Nous observerons sur l'article 342 qui prononce la peine
de mort contre celui qui aura commis un vol avec violence , que , si les actes
de violence ont laissé des traces , cette disposition pourra exciter les voleurs à tuer , afin de détruire les témoins de leur crime. Il serait peut-être
plus avantageux à la société d'adoucir la peine en pareil cas.

Art. 343. En fait de vol , il est essentiel de déterminer ce qu'on entend par *la nuit :* on se divise aisément sur ce point , suivant la nature des
intérêts. Il semble qu'on devrait entendre le moment où le propriétaire
ne peut plus veiller , et où le brigand a tous les moyens d'échapper à
l'observation: on réglera tout , en fixant la nuit à une heure avant celle
du lever du soleil , et une heure après son coucher.

Art. 352. Il s'est glissé une erreur dans la rédaction de l'art. 352 : on
a dit , en parlant des parcs mobiles destinés à contenir du bétail dans la
campagne , que , si ces parcs tiennent aux cabanes mobiles , ils sont réputés
dépendans de maisons habitées ; mais , de fait , ils en sont toujours séparés
par un intervalle plus ou moins considérable , suivant que le berger dispose les claies pour changer la situation du parc.

Art. 361. On a prévu le cas où une signature a été extorquée par violence , sur un acte contenant obligation ou décharge ; mais ne faudrait-il
pas prévoir et punir correctionnellement l'obtention par surprise d'une pareille
signature sur un acte du même genre non consenti ! car ce n'est pas-là
précisément un crime de faux.

Art. 367. Il y a une faute d'impression dans l'art. 367 , en parlant de
l'amende , laquelle ne pourra jamais être *au-dessus* de 100 f. ; il faut sans-
doute lire *au-dessous* de 100 francs.

Art. 395. Nous observerons sur l'art. 395 , qu'il aurait peut-être fallu
distinguer l'incendie d'un bois ou d'une récolte en plein champ , d'avec un
feu mis méchamment à des bâtimens ou à des meules de grains dans un
village. La perte n'est-elle pas plus considérable , et les désastres du feu
plus funestes , dans ce cas-ci que dans l'autre ! Y a-t-il de la parité entre un
incendie qui consume quelques arpens de bois ou de grains sur pied , et
des flammes qui mettent en danger la vie des habitans d'une maison , qui
dévorent leurs propriétés mobiliaires et leurs bestiaux , qui ravagent un
village tout entier , et le réduisent en cendres !

Art. 400. Le pillage et le dégat de denrées ou marchandises ne sont réprimés qu'autant qu'ils sont commis en bande ou réunion et à force ouverte. Néanmoins ces délits peuvent se commettre par une personne seule, et n'en sont pas moins punissables. Citons un exemple : un homme, par vengeance, avait jeté dans la cave de son voisin une mixtion capable de faire tourner le vin qui y fermentait ; il lui a fait plus de tort que s'il l'eût volé : mais on n'a pu le poursuivre, parce qu'il n'y avait point de peine qui lui fût applicable.

Nous observerons enfin qu'on aurait dû, au chapitre *des contraventions et des peines de police*, prévoir qu'il pourrait se présenter nombre de petits faits de malice, comme d'infecter l'eau d'un puits, de faire perdre une source, et autres de cette nature qu'on ne peut pas préciser, et qui ne seraient pas assez punis par des peines pécuniaires, et à l'égard desquels il est utile de sévir.

DEUXIÈME PARTIE.

POLICE ET JUSTICE.

Instruction et Procédure criminelle.

Art. 444 à 451. On aurait desiré que dans les *dispositions préliminaires* on eût défini précisément les objets à l'égard desquels l'exercice de la police judiciaire serait facultatif de la part du magistrat chargé d'intenter l'action publique.

Dans la série des articles 444 à 480, on n'a point déterminé les contraventions ou délits sur lesquels la loi n'a refusé ni limité l'exercice de la police judiciaire. Dans le cas d'une simple querelle où quelques coups auront été portés (art. 280 à 281), on prétendra qu'il est du devoir du magistrat de sûreté d'agir ; et quand l'intérêt du trésor public aura enchaîné son action, on accusera son zèle.

Art. 449. Les termes de cet article ne semblent pas assez rappeler le principe auquel il ne paraît pas qu'on puisse ou qu'on veuille déroger, savoir, que lorsqu'une fois l'action privée a été intentée par la partie civile, elle ne peut plus entamer l'action criminelle qui n'appartient plus alors qu'à la partie publique.

Parmi ces dispositions préliminaires, il paraîtrait convenable d'expliquer positivement qu'il n'y a pas de cumul de peines pour les délits antérieurs à la condamnation, et que la punition est seulement celle applicable au crime le plus grave.

Art. 456. Cet article déclare que les officiers de gendarmerie sont compétens pour exercer la police judiciaire: nous desirerions que cette attribution fût étendue aux maréchaux-de-logis et aux brigadiers, dans le cours de leurs tournées.

Art. 469. L'art. 469 ne dit point dans quel délai les procès-verbaux des gardes champêtres et forestiers seront affirmés : nous pensons qu'il convient de dire qu'ils pourront l'être *dans toute la journée* qui suit celle où le délit a été reconnu. Cela évitera les débats, qui pourraient naître sur le moment où le délai est expiré, si l'on disait dans les vingt-quatre heures ; car il faudrait savoir alors à quelle heure on aurait verbalisé.

Art. 522. Dans le cas prévu par l'art. 522, ne serait-il pas à-propos que le magistrat de sûreté, avant d'exercer aucunes poursuites contre le témoin, le fît visiter par un officier de santé, autre que celui qui aurait délivré le certificat mentionné en cet article, afin de constater légalement la situation du témoin, et s'il a été véritablement dans l'impossibilité de comparaître sur la citation ?

Art. 525 et suivans. Nous avons pensé sur les articles 525 et suivans, qu'il serait convenable que les opérations prescrites se fissent en présence du commissaire de police, s'il y en a un, ou de l'adjoint de la commune du prévenu : cette formalité est prescrite par l'article 507, dans d'autres cas analogues à celui-ci ; il y a donc parité de raison pour l'exiger.

Section II du chapitre V du livre I.ᵉʳ Dans le cas où il n'y a pas de plainte de la partie civile ni de dénonciation civique, il faudrait obliger le magistrat de sûreté à rendre plainte sur-le-champ , afin de préciser et de caractériser le délit dès les premiers pas de l'instruction , si toutefois les éclaircissemens préliminaires lui font connaître la nécessité d'une instruction ultérieure.

Peut-être aussi serait-il à propos d'autoriser le directeur de jury à donner au prévenu connaissance de cette plainte, immédiatement après ses réponses, au premier interrogatoire et avant de terminer celui-ci : cette lecture suffirait pour donner au prévenu l'idée du délit qu'on lui impute. Quant aux charges , il est bon et c'est un point démontré par l'expérience , de ne lui en donner connaissance qu'après le complément de l'instruction.

Même chapitre, section II, paragraphe 3. Enfin il serait indispensable de régler le cas du concours des plaintes, et de déterminer sur quelles bases et suivant quelles formes on déciderait lequel des plaignans doit être préféré, s'il s'agit de ces rixes entre particuliers, où chacun d'eux, pour diminuer ses torts personnels , s'empresse de saisir le rôle de plaignant, et prétend avoir été provoqué et maltraité par son adversaire.

Art. 558. Dans le cas de l'article 558, on aurait dû ajouter à ses dispositions, que le magistrat de sûreté, lors du dépôt des pièces à faire au greffe du tribunal compétent suivant la nature du délit, serait tenu d'y joindre son réquisitoire contenant ses conclusions. Il faut que l'instruction en général ait une marche rapide, et éviter toute perte de temps.

Art. 576. Nous demanderons, au sujet de l'article 576, ce que l'on doit entendre par ces mots : le mandat *énoncera la loi qui autorise le pro-*

préteur à l'ordonner? Est-ce l'article pénal applicable au délit qui fait le sujet de l'arrestation, comme semble le dire l'article 6 t 3 ? Ou cela s'entend-il des articles 574 et 575 qui règlent la conduite du propréteur, ou seulement de l'article 575 qui prescrit le mandat d'arrêt dans les cas qu'il détermine. Cet article 576 est obscur, il exige une interprétation.

Art. 581 et suivans. Nous présenterons une observation générale concernant l'article 581 et ceux qui suivent jusqu'à l'article 587. On a voulu sans doute accorder au prévenu quelque faveur, en évitant de le renvoyer devant l'officier qui aura délivré le mandat d'amener ; mais les lenteurs de l'instruction lui seront encore plus préjudiciables, et l'instruction de son côté pourra y perdre beaucoup, soit à charge, soit à décharge : il serait donc préférable sous divers rapports, de renvoyer le prévenu devant le magistrat qui aurait délivré le mandat d'amener.

Art. 613. A l'égard de l'art. 613, le délai de dix jours pour appeler de l'ordonnance du propréteur, nous a paru insuffisant; comme rien ne constate le moment de la réception de ces ordonnances, il conviendrait d'étendre le délai à trente jours, à compter de leur date.

Art. 650. Nous desirerions que l'instruction des affaires de police, réglée par l'art. 650, le fût dans l'ordre qui suit. D'abord le ministère public ferait un exposé suivi de la lecture des procès-verbaux.

Ensuite il ferait entendre ses témoins, et ceux de la partie civile, si elle est appelée.

On entendrait les témoins produits par la partie citée, si elle en a.

La partie civile et la partie citée plaideraient respectivement : leurs conclusions seraient fixées par écrit, et si elles ne pouvaient le faire, il en serait tenu note par le greffier, pour les insérer dans le jugement.

Le ministère public résumerait l'affaire, et le tribunal prononcerait sur-le-champ, ou pourrait renvoyer à l'audience suivante, s'il ordonne un délibéré.

Art. 651. Nous présenterons deux observations sur cet article : s'il s'agit de faits personnels au garde-champêtre ou forestier, les juges seront tenus de le répéter sur son procès-verbal ; ils entendront aussi des témoins à charge et à décharge, pour constater la vérité des faits.

S'il s'agit de simple contravention, les juges pourront ordonner la comparution du garde, pour être entendu par forme de répétition en présence du prévenu.

Art. 653. Si en matière de police, la partie civile peut s'opposer à l'audition des ascendans, descendans, des frères et sœurs, ou de l'époux du prévenu, celui-ci doit avoir la même faculté à l'égard des parens aux mêmes degrés de la partie civile : il doit y avoir parité entière à cet égard.

Art. 665. Nous pensons sur l'art. 665, qu'il ne devrait point permettre d'entendre sur l'appel, d'autres témoins que ceux qui ont été produits devant les premiers juges; car le tribunal d'appel doit examiner si ceux-ci ont bien ou mal jugé dans l'état où l'affaire leur a été présentée; d'un autre côté, si l'on accorde la faculté de produire de nouveaux témoins sur l'appel, il arrivera qu'on négligera d'instruire l'affaire devant les juges de première instance.

Même observation par rapport à l'art. 708, concernant les appels des tribunaux de police correctionnelle.

Art. 682. Nous reproduirons sur cet article les observations présentées sur l'art. 651. C'est déjà bien assez que la preuve des délits puisse s'établir par un simple rapport de gardes-champêtres ou forestiers, et motiver des condamnations graves contre des particuliers à qui il ne reste de ressource pour écarter cette preuve, que l'inscription de faux, qui est une voie longue et dispendieuse : il aurait été à desirer qu'on pût les admettre à faire entendre des témoins à décharge, sauf aux juges à y avoir tel égard que de raison.

Art. 702 et 704. En cas d'appel, s'il est ordonné que le prévenu sera mis en liberté, il ne doit être relaché provisoirement qu'en donnant caution.

Art. 838. Nous demandons qu'on retranche de cet article les mots, *s'il est besoin;* autrement l'avis donné par le prêteur serait arbitraire de sa part et désobligeant pour le conseil de l'accusé.

Art. 862. Nous proposons aussi de retrancher de l'art. 862 les mots, *s'il en est besoin.* Les affaires soumises aux jurés de jugement présentent toujours de l'importance; les jurés ont, par conséquent, besoin de se réunir pour s'assurer respectivement de l'unanimité de leur délibération; ils ne peuvent le faire avec calme et avec décence que dans la chambre qui leur est destinée : l'article doit donc leur ordonner de s'y retirer, dans tous les cas, pour délibérer.

Art. 864. Cet article veut que la décision du jury ne puisse se former, pour ou contre l'accusé, qu'à l'unanimité. Nous pensons qu'on n'obtiendra souvent l'unanimité qu'au préjudice de l'intérêt de la société. On a de la peine à se persuader que la minorité qui se sera déclarée pour l'absolution, fasse le sacrifice de cette première opinion. Cette minorité entraînera toujours la majorité, qui se rendra par lassitude, si elle n'a pas cédé par faiblesse. Il nous paraît plus convenable de n'exiger l'unanimité que dans un délai qui serait fixé par le tribunal, suivant la nature de l'affaire, après l'expiration duquel délai la décision du jury se formerait à la majorité.

L'inconvénient le moins grave que présente cet article, serait de retarder successivement les autres affaires, et d'augmenter les frais de séjour des jurés et des témoins concernant les autres affaires à juger, venus de fort loin, abandonnant leurs affaires, quelquefois même leurs moissons, leurs vendanges ou d'autres travaux urgens, suivant la saison.

Les lenteurs et les embarras se multiplieraient bien plus encore, si les déclarations dont parlent les articles 867 et 870, doivent aussi être unanimes.

Art. 879 à 897? Il serait nécessaire de rappeler dans le Code criminel les dispositions de la loi du 22 germinal an 4, qui autorise le ministère public à requérir ou faire requérir des ouvriers pour les travaux nécessaires à l'exécution des jugemens criminels. Les exécutions peuvent se faire dans des lieux où on n'est pas dans l'usage d'en voir; il faut donc prévoir le cas de la résistance des ouvriers, et donner les moyens de la faire cesser.

Dans le cas des articles 881 et 897, nous proposons de renvoyer l'instruction au directeur du jury, au propréteur du lieu du délit. Il y a toujours de l'avantage à instruire sur les lieux; on le fait plus rapidement et à moindres frais.

Art. 1004. Nous proposerons un changement dans la rédaction de cet article, et qu'à ces mots : « Si la partie qui a argué de faux la pièce, sou- » tient que celui qui l'a produite est l'auteur ou le complice du faux ; » on substituât ceux-ci : *S'il paraît que celui qui a produit la pièce arguée de faux est auteur ou complice, &c.*

Presque toujours, en effet, celui qui argue de faux se borne à soutenir la fausseté de la pièce sans s'expliquer sur son auteur : alors ' et dans le sens de la rédaction de l'article, il n'y aurait pas lieu à poursuivre; ce qui favoriserait l'impunité du crime de faux dans bien des cas.

Nous terminerons cette partie par une observation concernant les personnes qui peuvent être appelées en témoignage.

Le Code civil déclare incapables de paraître en justice comme témoins, les condamnés morts civilement.

Il semble qu'on devrait faire exception à cette règle pour les matières criminelles, où il peut être souvent nécessaire d'entendre un condamné, pour confondre des complices qui n'auraient été arrêtés que dans l'intervalle de la condamnation à l'exécution.

Maintenant nous allons présenter quelques observations concernant l'organisation, telle qu'elle est conçue dans le projet de Code.

TROISIÈME PARTIE.

ORGANISATION.

Cette partie importante de l'ordre judiciaire sera améliorée, si dans le plan qui est projeté les tribunaux sont plus fortement constitués, si on y trouve plus de célérité dans l'expédition des affaires, et plus d'économie dans les frais de la justice criminelle.

Art. 771 et suiv. Nous aurions relevé ici en détail les inconvéniens nombreux qu'aurait entraînés l'établissement des préteurs ambulans, s'il ne paraissait pas qu'on y eût renoncé, d'après l'article   du Sénatus-consulte du 28 floréal dernier, qui institue à vie les présidens des cours criminelles.

Ainsi, sans nous appesantir sur cette partie du Projet, nous nous contenterons d'observer que cette institution n'offrait aucun avantage réel, ni pour accélérer l'expédition des affaires criminelles, ni pour économiser sur les frais ; que peut-être aurait-on obtenu ces avantages, si les préteurs eussent été chargés d'aller tenir leurs assises successivement dans chaque chef-lieu d'arrondissement communal, ce qui aurait évité le déplacement des jurés et des témoins.

Nous ajouterons qu'on y aurait gagné pour l'exemple et cette terreur salutaire que le jugement et la punition du crime doivent inspirer dans les lieux les plus voisins de celui où il a été commis. Si cette idée paraissait utile, elle pourrait être réalisée, en autorisant les cours de justice criminelle à se transporter dans les chefs-lieux d'arrondissement, pour y juger certaines affaires criminelles, lorsqu'elles croiraient ce déplacement nécessaire.

Art. 772. Nous pensons sur l'article 772, qu'il est indispensable de donner un substitut au procureur-général en chaque cour de justice criminelle, pour aider et suppléer au besoin ce magistrat dans ses importantes fonctions.

Vainement appellerait-on l'un des suppléans pour le remplacer dans les cas de nécessité. Ce suppléant, qui n'aurait aucune notion de l'état des affaires, ne pourrait ni suivre la correspondance, ni provoquer les actes d'instruction, ni faire lors des débats les observations et les réquisitions convenables ; tandis que le substitut qui partagerait dans le courant de l'année les travaux du commissariat, serait en état de les suivre en cas d'empêchement du commissaire ou procureur-général.

Combien ces motifs déjà si puissans auront plus de poids encore, si l'on adopte l'article 477 du Projet qui charge le commissaire du Gouvernement de remplir les fonctions de magistrat de sûreté dans l'arrondissement communal où est établi le tribunal criminel ; ce qui toutefois n'est point sans inconvénient.

Pourquoi en effet livrer à des détails aussi multipliés un magistrat dont la surveillance doit planer sur tous les officiers de police judiciaire du département, activer leurs poursuites, éclairer leurs démarches, redresser leurs erreurs, et faire réformer, s'il y a lieu, les jugemens des tribunaux correctionnels, dont il doit se faire rendre compte. Or, comment pourrait-il faire rectifier une instruction vicieuse à laquelle il aurait lui-même participé comme magistrat de sûreté dans l'arrondissement du chef-lieu ! Nous pensons donc qu'il est plus convenable de conserver le magistrat de sûreté établi dans l'arrondissement communal où siége la cour de justice criminelle.

Art. 898 et suivans. Nous avons vu avec satisfaction qu'on s'était occupé des moyens d'améliorer l'institution des jurés d'accusation et de jugement. Les précautions prises pour n'appeler à ces importantes fonctions que des hommes plus éclairés, peuvent faire espérer à l'avenir des listes de jurés mieux composées. Car on a eu souvent à gémir de la composition du jury d'accusation et de jugement, et l'on a vu des hommes qui savaient à peine lire et écrire, dans le cas de prononcer sur des questions ou dans des affaires délicates qui auraient pu embarrasser les juges les plus instruits : mais quoiqu'on ne puisse pas se dissimuler que jusqu'à-présent les inconvéniens ont surpassé les avantages, il faut attendre le résultat du perfectionnement d'une institution à laquelle on doit tenir, parce qu'elle est née avec la liberté, et qu'elle peut servir en plusieurs cas de bouclier pour assurer la tranquillité des citoyens.

Propréteurs.

Nous applaudissons à leur établissement à vie, comme directeurs du jury : l'expérience qu'ils acquerront par l'habitude des affaires, le zèle qu'ils apporteront à des fonctions qu'ils ne regarderont plus comme passagères, procureront une amélioration sensible dans cette partie bien essentielle; car c'est de l'instruction que dépend le succès d'une accusation qui prend quelquefois une fausse direction par l'effet des manœuvres secrettes des parties intéressées; et c'est sur-tout dès les premiers pas qu'il importe de rechercher les preuves tant à charge qu'à décharge, car souvent les traces s'en perdent peu après les délits. On ne saurait desirer trop de zèle, de surveillance et d'expérience de la part des magistrats de sûreté et des directeurs de jury, pour recueillir et constater les preuves des délits et des crimes qui viennent à leur connaissance.

Nous ne nous permettrons qu'une seule observation relativement à l'organisation des propréteurs.

Suivant l'article 771, les propréteurs sont membres du tribunal criminel du département.

L'article 557 accorde aux propréteurs séance et voix délibérative dans le tribunal de première instance auprès duquel ils sont établis, même pour les procès civils.

On a peine à concevoir comment le propréteur se trouve à la fois membre de deux juridictions dont l'une est supérieure à l'autre, dont l'une rend des jugemens susceptibles d'être réformés, par l'autre, en matière de police correctionnelle.

Peut-être eût-il été à desirer que le propréteur aggrégé aux fonctions des juges de première instance en matière civile, ce qui lui offre un moyen utile de se délasser des fonctions criminelles, ne fût point appelé à concourir au service du tribunal criminel dans aucun cas, et que ces magistrats eussent été assimilés aux lieutenans particuliers des anciens bailliages, qui étaient en même-temps assesseurs ou lieutenans criminels.

Passons maintenant à l'organisation des tribunaux de police.

Tribunaux de police.

Il semble qu'on ait voulu donner à ces tribunaux une constitution plus robuste, et plus d'énergie à leur action qui ne doit jamais éprouver de lenteur dans sa marche; car il importe que les contraventions dont le jugement appartient à la police, soient promptement réprimées.

Mais ce but sera-t-il atteint par l'organisation proposée par le projet? ne se rencontrera-t-il pas dans l'exécution des dispositions projettées quelque obstacle nuisible au succès de ces mesures? Oui, sans doute, si on y réfléchit bien.

Peut-on se flatter, en effet, qu'on trouvera facilement des citoyens disposés à remplir les fonctions d'assesseurs au tribunal de police? Les précautions prises par les articles 632 et 633, pour assurer le service, ne sont-elles pas même une preuve qu'on a prévu cette difficulté, et qu'on a essayé des mesures pour la surmonter? mais y parviendra-t-on par le moyen qu'on a pris, et n'est-il pas à craindre que beaucoup de citoyens ne préfèrent de payer les amendes plutôt que de se rendre au tribunal, afin de ne pas s'exposer au ressentiment des individus contre lesquels ils seraient dans le cas de sévir?

Nous pensons donc qu'on doit abandonner cette idée, et appeler un des suppléans du juge de paix pour concourir au jugement des affaires de police.

Nous adoptons volontiers la disposition de l'article 618, qui veut que l'un des suppléans du tribunal d'arrondissement soit désigné pour remplir, pendant une année, les fonctions de juge de police, et aller *tenir des assises* dans chaque chef-lieu de justice de paix, tous les mois.

Quoiqu'on puisse objecter contre ce plan, que dans certains arrondissemens communaux le grand nombre des justices de paix, leur éloignement, et les mauvais chemins pendant l'hiver, rendront cette tâche pénible et fatigante; néanmoins, ces inconvéniens ne nous ont point paru devoir l'emporter sur les avantages qui peuvent résulter de cette mesure : nous la regardons comme très-efficace pour en imposer à la malveillance, et pour assurer en général l'exécution des réglemens de police la présence de ce juge, en chaque canton successivement, y fera une impression salutaire et favorable au maintien du bon ordre; ce sera un moyen de ranimer et de soutenir le zèle et le courage des officiers de police judiciaire, et de les surveiller. Nous desirerions que pour donner au caractère de juge de police quelque chose de plus imposant, il fût escorté dans sa tournée par un ou deux gendarmes.

Il conviendra peut-être aussi de donner au juge de police un costume commode pour voyager et tenir les audiences de police en même temps. La présence d'un juge étranger suffira pour donner de l'énergie au juge de paix et à son suppléant; et qu'on ne craigne point que ceux-ci, par leur influence, ne nuisent à l'exemple que la sévérité des jugemens doit produire, pour réprimer les contraventions et en arrêter le cours.

Lorsque les juges de paix étaient à la nomination des justiciables, il était de leur intérêt de ne pas sévir contre eux, sur-tout aux approches des élections; mais dans le système actuel où les juges de paix sont nommés par le Gouvernement, ce motif n'existe plus : les juges de paix, comme leurs suppléans, n'ont pas d'autre titre à la confiance du Gouvernement, ni d'autre espoir pour être continués dans leurs fonctions, que d'y montrer du zèle, de la capacité et de la fermeté.

On n'aura donc point à appréhender que la répression des contraventions soit négligée ou entravée, sur-tout si on confie le soin de les poursuivre à des gens établis spécialement pour cet effet. Car nous ne pensons pas que cette importante mission puisse être bien remplie par les adjoints du maire de la commune où est le siége de la justice de paix; nous nous élevons à cet égard contre la disposition de l'article 638 du Projet, qui veut que les fonctions du ministère public auprès du tribunal de police soient exercées par l'adjoint du maire de la commune chef-lieu de la justice de paix. Souvent il en serait incapable par lui-même, si c'était un cultivateur ou un ouvrier, comme il arrive assez ordinairement; mais fût-ce même une personne d'un état plus relevé, et à qui l'on puisse supposer toute la capacité nécessaire, consentira-t-il à se dévouer à des fonctions qui le détourneront beaucoup de ses affaires, sans aucune indemnité, et qui l'exposeront d'ailleurs au ressentiment de ceux dont il aura fait punir les contraventions ! Ne sait-on pas que c'est à ce motif qu'il faut attribuer le défaut de police dans les communes rurales, parce que les maires et les adjoints craignent de se faire brûler, ou de voir leurs arbres et leurs plantations coupées et dévastées, vengeances si communes dans les campagnes, malgré toute la sévérité des tribunaux.

Eh ! pourquoi ne pas se rendre au vœu presque généralement formé par les administrations et par les tribunaux, pour l'établissement d'un commissaire de police en titre auprès de chaque justice de paix ; c'est le seul moyen de faire observer la police dans la campagne. En effet, ce n'est point aux tribunaux actuels qu'il faut s'en prendre du défaut de police, et de ce que la plupart des contraventions ne sont pas réprimées, car lorsqu'elles sont dénoncées à la justice, les juges ne manquent pas de les punir ; mais les délits demeurent impunis, parce qu'on ne s'occupe pas assez de les rechercher et de les poursuivre. Or, peut-on espérer des adjoints des communes assez d'énergie et de vigueur pour bien faire la police ? Non, l'expérience l'a démontré. Il y a donc nécessité de les remplacer efficacement ; et quel moyen plus sûr que de confier exclusivement la police à un agent qui sera chargé spécialement de rechercher, constater et poursuivre les contraventions dans son arrondissement.

Nous ajoutons qu'il sera indispensable d'allouer à ces fonctionnaires un traitement capable de les fixer sur les lieux, et qui soit tel que ces places soient recherchées par des hommes probes et éclairés.

Craindrait-on de trop multiplier les dépenses par un semblable établissement ! Mais qu'on veuille donc bien se persuader qu'il est aussi utile à la société de prévenir les délits que de les punir ; qu'une police exercée avec vigilance dans les campagnes est le moyen le plus sûr d'y faire cesser les occasions du crime, en extirpant la mendicité et le vagabondage qui en sont comme la pépinière. Qu'on calcule ce qu'il en coûte maintenant à la République en frais de jugement des procès criminels ; et si ce ne serait pas un moyen de réduire notablement cette dépense que d'adopter une institution propre à contenir et surveiller les vagabonds et les gens malintentionnés, et à assurer le bon ordre et la tranquillité dans les campagnes.

Enfin, nous proposerons de décréter que les appels des jugemens de police seraient dévolus aux cours de justice criminelle exclusivement ; il nous paraît convenable, en général, qu'un jugement ne puisse être réformé que par des juges d'un degré supérieur à ceux dont il est émané. Or, comme le juge délégué pour les affaires de police sera pris dans le tribunal de première instance, il semble que l'appel de ses jugemens doit ressortir naturellement au tribunal supérieur, et non pas au tribunal composé de juges égaux en dignité à celui dont est appel. Nous proposons en conséquence la cour de justice criminelle, afin de concentrer en même temps la surveillance sur tous les officiers de police judiciaire, dans la main du procureur général impérial qui doit éclairer leur conduite. On y trouvera, en outre, l'avantage d'uniformiser la jurisprudence, soit en ce qui concerne le mode et la régularité de l'instruction des procédures, soit même dans l'application des peines que le Projet permet aux juges de graduer suivant les circonstances ; afin que les mêmes fautes ne soient pas punies plus sévèrement ou plus doucement dans un arrondissement communal que dans un autre ; enfin, parce que les jugemens qui émanent d'un tribunal plus élevé, produisent des impressions plus fortes et plus durables dans la pensée des justiciables qui redoutent davantage des juges éloignés d'eux, à-peu-près comme l'idée d'un dieu invisible commande le respect et une obéissance sans bornes.

Telles sont les observations les plus essentielles que nous avons cru devoir proposer sur les différentes parties du projet de Code criminel. Nous les adressons au Gouvernement pour répondre à la confiance qu'il a daigné nous témoigner en nous consultant sur ce Projet. C'est de la sagesse et des lumières supérieures des premières autorités de l'État, qu'il recevra toute la perfection dont il est susceptible ; et leurs méditations profondes feront éclore un Code criminel digne de rivaliser avec le Code civil.

Fait à la chambre du conseil du palais de justice criminelle du département de l'Oise, le 29 prairial an 12.

Signé DEMOUCHY, *président ;* MELLIÉ, AUGERD, *juges,* DANJOU, *procureur général impérial.*

OBSERVATIONS

DU TRIBUNAL CRIMINEL

DE L'ORNE,

SUR

LE PROJET DE CODE CRIMINEL.

OBSERVATIONS

DU TRIBUNAL CRIMINEL

DE L'ORNE,

SUR

LE PROJET DE CODE CRIMINEL.

En cherchant à remplir la tâche honorable que le Gouvernement a départie aux tribunaux, les membres composant le tribunal criminel de l'Orne croient, au commencement de leur travail, devoir exprimer l'admiration et la reconnaissance dont ils sont pénétrés pour les chefs d'un Gouvernement fort, investi d'une confiance justement méritée, et qui malgré les grandes lumières dont il est immédiatement environné, ne dédaigne pas d'aller puiser, pour la confection des lois, jusques dans des sources inférieures, tout ce qu'il croit pouvoir contribuer au bonheur du peuple.

C'est alors que la loi qui devient le résultat de semblables élémens, peut, avec raison, être regardée comme contenant la véritable expression de la volonté générale, manifestée par la classe de citoyens que leur instruction et leur expérience ont rendus plus aptes à stipuler les intérêts de tous; c'est alors qu'on peut réellement espérer qu'elle offrira une juste garantie pour la sûreté des personnes et des propriétés, comme pour le maintien de l'ordre social.

Dans une circonstance aussi importante, les membres du tribunal criminel de l'Orne regrettent vivement que leurs connaissances soient aussi bornées qu'elles le sont; ils desireraient pouvoir seconder efficacement les vues bienfaisantes du Gouvernement. Qu'il leur serait agréable de pouvoir dire un jour, le Code criminel, cette partie si essentielle de la législation de notre pays, assure la tranquillité de nos concitoyens et contribue à la félicité dont ils jouissent; nous avons été assez heureux pour concourir en quelque chose à la rédaction d'un pareil Code. Cette jouissance, qui est véritablement celle de l'homme de bien, serait la plus douce que nous puissions jamais goûter!

Mais si le peu d'étendue de nos moyens ne nous laisse à cet égard qu'un bien faible espoir, nous avons au moins la satisfaction d'assurer que le Gouvernement ne trouvera dans aucun tribunal plus de zèle et plus de bonne volonté ; nous répondrons au témoignage de confiance qu'il a bien voulu nous donner, par la *franchise* et la *loyauté* qu'il desire ; nous lui dirons, avec autant de simplicité que de candeur , ce que l'expérience nous a appris dans l'exercice de nos fonctions habituelles.

Le Projet de code, à l'examen duquel nous nous sommes livrés, et dont nous avons médité toutes les dispositions, est digne des magistrats recommandables qui en sont les auteurs ; il contient de grandes vues d'ordre public ; il est rempli d'idées libérales qu'il serait à désirer de voir se réaliser avec succès dans la pratique. Tous les délits y sont prévus , bien classés, et les peines graduées avec autant de discernement que de justice. Le *maximum* et le *minimum* des peines laissés dans certains cas au pouvoir du juge, de même que l'etablissement sous la surveillance du Gouvernement d'un individu flétri par une condamnation, sont des innovations qui nous ont paru très-sages , et qui ne peuvent produire que d'excellens effets.

Il en est de même de la disposition qui porte que les tribunaux de police de chaque canton seront présidés par un suppléant du tribunal de première instance , auquel seront adjoints le juge de paix et l'un des notables habitans du canton. Ces tribunaux ainsi formés auront plus de consistance qu'ils n'en ont eu jusqu'à présent, et les jugemens qui en émaneront, seront nécessairement meilleurs.

On peut dire , en un mot, que toutes les parties du Projet de code criminel, correctionnel et de police , ont été travaillées avec soin ; qu'on s'y est particulièrement attaché à corriger les vices que renfermait l'ancienne législation criminelle, et que les nouvelles institutions qu'on propose ont toutes été dictées par des motifs d'intérêt public.

Cependant, les membres du tribunal criminel de l'Orne ont cru remarquer que dans ce grand ouvrage il était échappé à ses auteurs quelques légers vices de rédaction ; que quelques-unes des dispositions de leur Projet ne sont pas assez clairement exprimées, et que d'autres sont susceptibles de quelques changemens ou modifications. En parcourant les différens titres de ce Projet, ils feront successivement les observations auxquelles il leur a paru donner lieu , bien persuadés que le chef du Gouvernement dont le vaste génie sait tout apprécier, aidé de ses dignes collaborateurs et de son Conseil d'état, distinguera facilement s'il en est quelques-unes qu'il soit utile d'adopter , et perfectionnera les idées que nous n'aurons fait qu'esquisser.

Mais, avant de nous livrer à ces observations de détail, nous croyons nécessaire de traiter primitivement deux questions majeures, qui semblent devoir fixer essentiellement l'attention du Gouvernement.

La première est de savoir s'il est bon de conserver l'institution des jurés, et si les modifications qu'on se propose d'y apporter sont suffisantes pour garantir des dangers qu'elle a offerts jusqu'à ce jour ;

La seconde, de savoir si, au lieu des présidens des tribunaux actuels, il vaut mieux créer des préteurs ambulans pour l'administration de la justice criminelle.

Ire QUESTION.

L'institution des jurés compte parmi ses partisans des hommes si recommandables par l'étendue de leurs connaissances et les grandes vertus sociales dont ils sont doués, que ce n'est pas sans une sorte de défiance de nous-mêmes, que nous osons nous prononcer contre ; mais nous devons la vérité toute entière au Gouvernement ; nous ne pouvons étouffer le cri de notre conscience ; elle nous dit que l'expérience nous a malheureusement appris que cette institution, si belle en théorie, a, jusqu'à présent, été très-vicieuse dans la pratique.

L'impunité du crime en a trop souvent été le scandaleux résultat. Nous avons, entr'autres, vu au tribunal criminel de l'Orne un notaire accusé d'avoir commis une foule de faux dans l'exercice de ses fonctions publiques: tous ces faux, et sur-tout l'un d'eux, établissaient la préméditation la plus caractérisée dans la perpétration du crime ; on remarquait particulièrement un contrat de vente de 26,000 liv. Ce notaire fit payer aux parties contractantes le droit d'enregistrement de 26,000 ; mais avant de soumettre son acte à la formalité de l'enregistrement, il eut l'attention criminelle de de n'y employer que la somme de 6,000 livres, et de laisser assez de blanc . avant les mots *six mille* pour y ajouter ensuite le mot *vingt.*

Par ce moyen, le droit d'enregistrement ne fut perçu que sur un prix de 6,000 livres ; le notaire garda dans sa poche le droit d'enregistrement des autres 20,000 liv. qu'il avait fait payer aux parties ; et pour qu'elles ne s'aperçussent pas du vol par lui commis, il ajouta après coup le mot *vingt* dans son acte, falsifia la relation de l'enregistrement du receveur, et y éleva le droit comme s'il avait été perçu sur 26,000 livres, tandis qu'il ne l'avait été que sur 6,000 liv. Il était impossible que ces falsifications, ces ratures, ces blancs laissés à dessein, et ensuite remplis après coup, n'aient pas été imaginés avec réflexion et froidement effectués dans des momens différens, pour voler au Gouvernement le droit d'enregistrement de 20,000 l.

Cependant les jurés, en déclarant ce notaire convaincu de ces faux et de beaucoup d'autres, déclarèrent en même temps qu'il ne les avait pas faits *méchamment et dans l'intention du crime.*

A la vérité, le tribunal de cassation a, sur le pourvoi du commissaire du Gouvernement, fait justice de cette déclaration révoltante, comme incohérente et contradictoire en elle-même ; il l'a annullée, et a saisi de cette affaire le tribunal criminel du département d'Eure et-Loir : mais l'accusé avait été mis en liberté ; il avait profité de cet instant pour vendre tous ses biens et s'enfuir; on n'a pu le reprendre, et il n'a été condamné aux fers que par contumace; de sorte que, dans ce moment, on peut raisonnablement présumer qu'il fait partie des hordes de brigands qui désolent encore la société; ou au moins, n'étant pas connu dans le pays où il s'est retiré, il pourra facilement y faire de nouvelles victimes de sa perversité.

On pourrait citer une infinité d'autres exemples qui ne seraient pas moins frappans que le précédent ; mais ils se sont tellement multipliés, que nécessairement il en a été mis sous les yeux du Gouvernement un assez grand nombre pour lui faite sentir l'indispensable nécessité de supprimer ou au moins de corriger cette institution, dont on avait espéré des effets si heureux.

On a souvent vu, comme le dit le Grand-juge ministre de la justice, dans son compte du 3.e jour complémentaire an 11, exercer les fonctions de jurés, par des hommes d'une ignorance si crasse et si profonde qu'ils ne savaient ni lire ni écrire, n'avaient aucune opinion à eux, et qu'ils étaient à la merci du premier occupant.

Le C. Oudart, qui a défendu avec tant de force l'institution des jurés, dans ses observations sur le projet de Code que nous examinons, n'a pu lui-même dissimuler un trait remarquable rapporté par le C. Granger dans son *traité des abus en matière criminelle :* il en résulte que dans une accusation de meurtre où il y avait vingt-quatre personnes accusées, sur douze jurés qui vinrent successivement voter, il y en eut neuf qui, différemment, demandèrent ce que signifiaient ces trois mots, *volontairement, provocation,* et *préméditation.*

Le même exemple s'est plusieurs fois reproduit au tribunal criminel de l'Orne. Nous sommes bien persuadés qu'il est peu de tribunaux, s'il en existe, qui n'aient eu des preuves à-peu-près semblables de l'incapacité du plus grand nombre des jurés qu'ils ont vus en exercice. Et c'est à de pareils hommes, qu'on continuerait de confier le redoutable pouvoir de prononcer sur la vie et sur l'honneur de leurs concitoyens! Nous pensons que cela serait trop dangereux.

Mais, dira-t-on, comme on l'a tant de fois répété, ces traits, qu'on ne peut révoquer en doute, ne prouvent nullement que l'institution des jurés, en matière criminelle, soit mauvaise en elle-même; ils prouvent seulement qu'elle a été mal organisée, et que le choix des jurés a été mauvais jusqu'à ce jour: on en conclut qu'en faisant de meilleurs choix à l'avenir, la société n'aura plus à gémir sur des décisions aussi funestes.

Il nous semble qu'on peut répondre avec avantage : Qui garantira que les choix futurs seront assez bons pour ne pas voir se renouveler les abus que la sûreté publique commande impérieusement de détruire? Il est vrai qu'on propose de rendre les listes des jurés moins nombreuses, de ne les choisir que dans la classe aisée des citoyens, et d'exiger qu'un nombre déterminé de fonctionnaires publics entre nécessairement dans leur composition.

Si on conserve la procédure par jurés, ces précautions nous paraissent les plus sages qu'on puisse adopter, pour procurer dans cette partie l'amélioration reconnue nécessaire. D'un côté, en réduisant à quarante-huit les jurés à porter sur chaque liste, il sera infiniment plus facile de trouver, dans un département, ce petit nombre d'hommes propres à en remplir les fonctions, qu'il ne serait aisé d'en rencontrer deux ou trois cents, comme on est obligé de chercher à le faire aujourd'hui.

En ne les prenant, d'un autre côté, que parmi les citoyens aisés, c'est les prendre parmi les hommes les plus intéressés au maintien de l'ordre et de la tranquillité publique; on a d'ailleurs de justes motifs de croire qu'on trouvera chez eux plus d'éducation, et conséquemment plus d'instruction.

Enfin, en exigeant dans la composition des listes des jurés un certain nombre de fonctionnaires publics, on a lieu d'espérer qu'on rencontrera plus sûrement parmi eux des hommes qui auront plus de connaissances, plus de fermeté, et qui, en outre, ne seront pas totalement étrangers aux affaires ; car nous doutons, avec le tribunal de cassation, qu'il soit vrai *que pour prononcer sur un crime et sur toutes les circonstances qui le nuancent, il suffise d'avoir du sens commun et des lumières naturelles.*

Dans ce doute qui est véritablement raisonnable, peut-on bien assurer que les précautions qu'on propose sont suffisantes pour garantir des abus dont on veut prévenir la continuation ou le retour? Nous ne le croyons pas, et ce qui fixe notre opinion à cet égard, c'est que parmi les jurés qui nous ont fourni des preuves non équivoques de leur inaptitude, il s'en est trouvé un assez grand nombre qui étaient nés avec de la fortune, et qui ayant reçu de l'éducation devaient être supposés avoir plus de connaissances que le commun des citoyens.

Est-il donc vrai que le jugement par jury, en matière criminelle, soit une des plus belles conceptions qui aient paru dans le cours des siècles! Est-il bien vrai que ce soit cette institution qui assure l'indépendance des jugemens, la punition du crime et la protection que réclame l'innocence?

L'indépendance du pouvoir judiciaire n'est-elle pas consacrée par nos lois? Ne se propose-t-on pas de la consacrer de nouveau plus solennellement encore, en nous ramenant à la stabilité d'un pouvoir unique, qui va être fixé héréditairement dans la famille du Premier Consul que le vœu général des Français appelle à la dignité impériale? Les juges sont donc, aux yeux de la loi, indépendans dans leurs jugemens, aussi bien que les jurés?

L'exemple du passé prouve que l'institution des jurés est bien éloignée d'assurer la punition du crime, puisque depuis plus de douze années que nous en faisons en France la pénible épreuve, tout le monde est forcé d'avouer qu'elle a donné lieu à l'absolution des plus grands crimes.

Il est vrai que la protection due à l'innocence des accusés doit être comptée pour beaucoup dans l'ordre social ; mais la société doit-elle aussi n'être comptée pour rien ! Le publiciste, le législateur, ne doivent-ils s'apitoyer que sur le sort des individus que l'on met en jugement ! Doivent-ils rester indifférens sur celui de ces innocentes victimes que va moissonner de nouveau le fer meurtrier de l'assassin que la faiblesse ou la barbare indulgence des jurés aura mal-à-propos acquitté.

Nous porterons plus loin nos observations sur cet important objet. Nous ne croyons pas que la procédure par jurés soit la vraie garantie de l'innocence : c'est la publicité des débats, ce sont les déclarations orales des témoins entendus en présence de l'accusé et de tous les juges qui doivent prononcer sur son sort, qui sont sa véritable sauve-garde ; ces élémens de bonheur doivent être soigneusement conservés.

Répétons-le, avec le Grand-juge ministre de la justice, les juges ne sont-ils pas, comme les jurés, les vrais pairs des accusés, et n'ont-ils pas par-dessus les jurés, l'étude, l'instruction et l'expérience des affaires ! Pourquoi donc ne pas leur confier, de préférence aux jurés, le soin de juger leurs semblables !

Ah ! dira-t-on, les annales du barreau établissent que, dans le temps où ce redoutable ministère était dans les mains des juges, plusieurs innocens ont été envoyés à l'échafaud ; et il vaut mieux que les jurés laissent échapper quelques grands coupables, que de s'exposer à faire périr un innocent.

Ces faits sont vrais ; nous convenons que des arrêts sanglans ont quelquefois frappé de la peine capitale des têtes innocentes ; nous convenons également que ces erreurs judiciaires sont, avec raison, regardées comme de grandes calamités publiques : mais lorsqu'elles ont eu lieu, la publicité des débats n'existait point ; un seul juge entendait dans le secret les témoins qui étaient administrés, et c'était sur ces déclarations écrites que les autres juges étaient obligés de fixer leur opinion.

On ne peut se dissimuler qu'il est possible qu'un juge, même sans mauvaise intention, recueille mal la déclaration d'un témoin, qu'il ne saisisse pas bien l'esprit dans lequel il l'a faite, et que la rédaction qu'il y donne soit de nature à faire prendre, sur l'accusé, une opinion toute autre que celle que le témoin a eu l'intention de suggérer.

Mais on n'a plus à craindre aujourd'hui ces fatales erreurs ; tous les juges sont présens au débat, tous entendent les témoins, et sont à portée d'apprécier leurs dépositions ; ce qui peut n'être pas saisi par l'un avec assez de justesse, est rectifié par l'autre : non-seulement ils écoutent ce que dit le témoin, mais ils remarquent tous ses mouvemens extérieurs, sa contenance, le ton de sa voix, les impressions qui se manifestent sur sa figure, et une foule d'autres petites circonstances qui ne sont nullement indifférentes pour juger sûrement sa véracité, et le degré de certitude du témoin même sur les faits qu'il déclare.

L'accusé étant présent à tout ce que disent les témoins, s'il leur arrive d'attester quelques faits qui ne soient pas vrais ou qui manquent d'exactitude, il s'empresse de les combattre et de donner des explications plus ou moins satisfaisantes; il s'établit, alors, entre l'accusé et les témoins, un choc d'où sort nécessairement la lumière.

Le public est aussi présent à la discussion des affaires criminelles; ce qui, par le résultat du débat, reste démontré pour le juge l'est également pour les assistans, et dans ce cas le public est une sauve-garde de plus pour l'innonce; car s'il était possible de supposer qu'il est des magistrats assez pervers pour être capables de trahir leur conscience, s'ils pouvaient agir dans le secret, on sera au moins forcé de convenir qu'il n'en est pas d'assez déhontés pour le faire publiquement. Non, des hommes appelés à exercer des fonctions honorables, faits par état pour jouir d'une considération distinguée, ne se porteront jamais à ses honteux excès; ils n'ignorent pas, comme le dit encore le Grand-juge ministre de la justice, qu'il est des erreurs qu'à leur égard on distinguerait très-peu du crime, et pour lesquelles le public serait sans indulgence; tandis que les erreurs et les écarts des jurés trouveraient toujours une excuse dans leur inexpérience, dont on ne peut leur faire un crime.

Nous pouvons d'ailleurs assurer que si trop souvent on voit paraître dans les tribunaux criminels des témoins qui par intérêt, faiblesse, commisération, ou par tout autre motif, viennent déposer le faux sciemment, c'est presque toujours en faveur de l'accusé, et presque jamais contre lui : depuis quatre ans nous en avons fait arrêter et punir un assez grand nombre; tous avaient cherché à soustraire les accusés à la peine dont ils étaient menacés; pas un n'a été reconnu dans le cas contraire. En conservant la publicité des débats, on n'a donc réellement plus à craindre de voir couler de nouveau le sang innocent, ou de voir frappés de condamnations flétrissantes des citoyens qui ne l'auraient pas mérité.

Cependant la commission chargée par le Premier Consul, de la rédaction d'un projet d'un nouveau Code criminel, pense qu'on doit conserver en France la procédure par jurés. Le citoyen Oudart, l'un des membres de cette commission, cite, à l'appui de son opinion, l'exemple de l'Angleterre où il prétend que cette forme de procéder produit chaque jour des effets salutaires.

Comme aucun des membres du tribunal criminel de l'Orne n'est allé en Angleterre, et n'a été à portée de vérifier ce point de fait, ils s'abstiendront de faire aucune réflexion à cet égard ; mais une remarque qu'ils ne peuvent taire , et que leur suggèrent les observations même du citoyen Oudart, c'est que parmi les autorités qu'il invoque, se trouvent les citoyens de Lolme et Liancourt. On voit dans les passages qu'il rapporte de leurs ouvrages , page 45 de ses observations , que le citoyen Liancourt assure que « nulle » part en France, ni les magistrats, ni les avocats même n'apportent autant » de simplicité et de bonhommie dans leurs fonctions, dans leur manière de » juger, et dans la discussion des charges, que n'en apportent les grands- » juges d'Angleterre dans toute la marche des procès.

» Qu'ils vont jusqu'à indiquer presque formellement aux jurés le prononcé » *qu'ils vont faire, et qu'il a reconnu que le Grand-juge faisait à lui seul presque* » *tous les jugemens* » .

On y voit que Delolme avait observé avant ce voyageur, que dans le cours ordinaire des choses les jurés ont beaucoup d'égards aux directions du juge.

Si ces faits sont vrais , on ne peut refuser de convenir qu'ils attestent au moins l'inutilité des jurés ; car à quoi bon des jurés, s'ils ne font que céder à l'influence du juge, et si c'est le juge qui fait à lui seul les jugemens !

Rien n'est plus propre à établir la vérité de ce que dit encore le Grand-juge ministre de la justice , dans le compte qu'on a déjà plusieurs fois cité. « Les magistrats offrent nécessairement plus de garantie que les jurés contre » les diverses séductions de l'éloquence, de la pitié , de la faiblesse ou de » la peur, qui tour-à-tour , et souvent toutes ensemble, viennent assiéger » l'homme institué par la loi pour juger ses semblables » .

Nous pensons donc qu'on doit se hâter d'abandonner ces belles chimères théoriques qui nous ont trompés trop long-temps ; nous partageons l'opinion des magistrats qui croient qu'il serait préférable de ne conserver que le seul jury d'accusation , en s'appliquant à instituer le mode nécessaire pour parvenir à de meilleurs choix ; et le mode proposé par le projet de Code nous paraît bon.

Nous regardons que le jury d'accusation ne présente pas pour la société , à beaucoup près , les mêmes dangers que le jury de jugement. L'expérience a prouvé que les jurés se déterminent plus volontiers à accuser qu'à condamner : s'il arrivait que des jurés se portassent trop légèrement, ou par erreur, à mettre en accusation un individu qui ne l'aurait pas mérité , les juges criminels, plus éclairés, s'empresseraient de le rendre à la liberté et de proclamer son innocence.

D'un autre côté, en ne choisissant les jurés que parmi les deux cents plus imposés de chaque arrondissement , c'est-à-dire, parmi ceux qui ont le plus d'intérêt à la conservation de la tranquillité publique, on aura lieu d'espérer qu'on ne verra plus de ces absolutions trop fameuses, qui ont glacé d'épouvante tout ce qui est intéressé au maintien de l'ordre social.

Ainsi

Ainsi, en adoptant ce parti, on prendrait le milieu entre l'opinion de ceux qui voudraient conserver l'institution des jurés, et celle de ceux qui pensent qu'on doit la rejeter en entier : le juste milieu dans cette matière, comme dans beaucoup d'autres, pourrait bien être le point auquel il serait sage de se fixer; au moins il ne nous semble pas dangereux de faire à cet égard un dernier essai.

Dans le cas où on se déterminerait au contraire, dès ce moment, à rejeter tout-à-fait la procédure par jurés, il faudrait toujours conserver les magistrats de sûreté établis dans chaque arrondissement, pour la poursuite des délits et des crimes : il faudrait que ces magistrats restassent chargés de la rédaction des actes d'accusation ; qu'un juge du tribunal de première instance continuât, comme le fait aujourd'hui le directeur du jury, de faire prêter les interrogatoires, d'entendre les témoins et de prononcer l'ordonnance de compétence, parce que, dans les cas où le prévenu serait susceptible d'être accusé, ce serait le tribunal entier de première instance, qui déciderait s'il y aurait lieu ou non à l'accusation.

Lorsque la réponse du tribunal serait négative, le prévenu serait mis sur-le-champ en liberté : lorsqu'au contraire elle serait affirmative, le juge instructeur décernerait l'ordonnance de prise-de-corps, et ferait transférer le prévenu dans la maison de justice, en envoyant incontinent toutes les pièces de la procédure au commissaire du Gouvernement près le tribunal criminel; le président de ce tribunal, ou l'un des juges par lui délégué, interrogerait de nouveau le prévenu, et compléterait l'instruction, lorsqu'elle ne lui paraîtrait pas complète.

Le commissaire du Gouvernement soumettrait ensuite l'affaire à un débat public; les témoins seraient entendus de nouveau, en présence de tous les juges, aussi-bien que du public et de l'accusé, auquel on conserverait le droit de faire toutes les observations qu'il jugerait utiles à sa défense, soit par lui-même, soit par son défenseur; et immédiatement après le débat, il serait procédé au jugement définitif.

De cette manière l'instruction des procès criminels serait simple et rapide : elle serait dégagée des entraves qui l'ont embarrassée jusqu'à ce jour ; car la seule réunion d'un jury entraînait souvent la perte d'un jour entier, et quelquefois davantage, malgré toutes les précautions qu'il était possible de prendre. Les prévenus, mal-à-propos arrêtés, n'auraient pas la douleur de languir long-temps dans les horreurs d'une prison, et le coupable verrait la peine suivre de près son crime.

Il nous semble donc qu'on ne doit pas balancer à accueillir un mode de procéder qui, sans inconvéniens réels, présente d'aussi grands avantages.

Si on n'adopte pas ce dernier parti, et qu'on se porte à conserver le jury d'accusation, il serait peut-être bon d'ordonner que les membres du tribunal de première instance feraient, dans tous les cas, nécessairement partie de ce jury, et que l'excédant, pour atteindre le nombre de quinze ou de dix jurés au moins, serait pris parmi les deux cents plus imposés de l'arrondissement.

Il serait peut-être bon aussi que, lorsqu'une déclaration de jury, portant qu'il n'y a pas lieu à accusation, serait évidemment mauvaise et contraire aux charges existantes, le magistrat de sûreté fût tenu, dans le délai de trois jours, de la dénoncer au commissaire du Gouvernement près le tribunal criminel, qui, s'il partageait l'avis du magistrat de sûreté, pourrait, dans un autre délai de huitaine, se pourvoir au tribunal de cassation contre cette déclaration ; parce que, dans ce cas, la section criminelle serait autorisée à la casser, et à ordonner que l'affaire serait soumise de nouveau à un autre jury ; parce qu'aussi dans le cas où le commissaire du Gouvernement serait d'une opinion opposée à celle du magistrat de sûreté, les membres du tribunal décideraient si le commissaire doit, ou non, former son pourvoi.

Cette mesure dont l'application serait extrêmement rare, procurerait un recours assuré contre les absolutions révoltantes qui pourraient se renouveler.

DEUXIÈME QUESTION.

Est-il véritablement nécessaire de remplacer les présidens actuels des tribunaux criminels, par des préteurs ambulans, auxquels le Premier Consul assignerait chaque année une division, pour l'administration de la justice criminelle ?

C'est pour le bonheur des citoyens que doivent être formées toutes les institutions sociales ; celles qui sont les plus propres à atteindre ce but, sont celles que le Gouvernement doit s'attacher à créer ou à consolider : nous observons qu'il est presque toujours dangereux de changer celles existantes, lorsqu'elles produisent de bons effets, ou lorsque l'expérience n'en a pas démontré les vices.

Or, d'après ce principe constamment sage, pour résoudre la question proposée, on se demande naturellement quel a été l'effet de la loi du 27 ventôse an 8, qui confère au Premier Consul le droit de choisir, dans les tribunaux d'appel, autant de juges qu'il y a de départemens, et de les envoyer, pendant une année, présider les tribunaux criminels.

Qu'on lise le compte rendu au Gouvernement le troisième jour complémentaire an 11, par le grand-juge ministre de la justice, on y verra qu'après avoir assuré que les tribunaux d'appel sont généralement bien composés, et que tous remplissent leurs devoirs à la satisfaction des justiciables, ce chef suprême de l'ordre judiciaire s'exprime en ces termes :

« Les tribunaux criminels, à très-peu d'exceptions près, méritent les

» mêmes éloges; et si quelques-uns ont prononcé , en faveur de grands
» coupables , des absolutions inattendues , ils ont toujours soutenu qu'elles
» devaient être rejettées sur la pusillanimité, l'ignorance, ou même la
» prévarication du jury, à la déclaration duquel la loi les oblige impé-
» rieusement de se conformer. »

Personne n'est plus en état de prononcer sur la conduite des juges que
le ministre de la justice, puisque les commissaires lui rendent un compte
exact et détaillé de leurs opérations journalières.; et lorsqu'il assure au
Gouvernement que les tribunaux criminels méritent des éloges , et que si
quelques - uns d'entre eux ont prononcé des absolutions scandaleuses ,
c'est aux vices que nous avons précédemment démontrés de la procédure par jurés qu'on a dû les attribuer, on est forcé de convenir que les
présidens actuels des tribunaux criminels, de même que leurs collègues ,
se sont bien acquittés de leurs devoirs , et que l'exécution de la loi qui
les a institués, n'a , jusqu'à présent, à leur égard , offert aucun résultat
dangereux.

S'il en eût été autrement, le grand-juge n'aurait pas manqué d'en instruire le Gouvernement : dès-lors qu'il ne l'a pas fait, dès-lors qu'aucune
plainte n'a éclaté contre cette institution, on est autorisé à en conclure
qu'elle n'est pas vicieuse.

Cependant la commission chargée de la rédaction du nouveau projet de
Code criminel pense que cette institution ne doit point être conservée; et le
premier motif qu'elle en donne , c'est que les présidens actuels des tribunaux criminels ne sont pas suffisamment occupés : pour l'établir , elle fait
le calcul du nombre des jugemens rendus, dans le cours d'une année, par
les différens tribunaux criminels , et finit par dire qu'il en résulte qu'il est
des présidens qui en un an ont expédié , les uns , l'ouvrage d'un mois,
les autres , celui de quinze jours , ceux-ci de dix jours , ceux-là de quatre
jours , et moins encore.

En jugeant des autres tribunaux par celui de l'Orne , on reconnaîtra
aisément l'inexactitude de ce calcul. Que l'on compulse notre plumitif,
on verra que, depuis la loi du 27 ventôse an 8 , nous avons jugé chaque
année au moins de soixante à quatre-vingts affaires; on verra qu'il en est
dont le débat a duré deux , trois , quatre et même jusqu'à huit jours ;
à cet égard, il est bien évident que les présidens des tribunaux criminels
n'ont pas été aussi oisifs qu'on le suppose.

Il est vrai que leurs travaux sont très-irréguliers ; qu'il est des mois
entiers pendant lesquels les juges criminels , particulièrement les présidens
et les commissaires , sont excessivement occupés ; qu'il en est d'autres
où ils ont beaucoup plus d'instans libres , et où ils pourraient faire plus
d'ouvrage qu'il ne leur en est attribué.

Mais est-ce une raison pour changer l'organisation actuelle ! Nous ne le pensons pas. A toutes les époques de la révolution, où on s'est occupé de cette matière, on a généralement reconnu qu'il était indispensablement nécessaire de conserver un tribunal criminel par département ; parce que , si on en diminuait le nombre, et qu'on les établît à des distances très-éloignées les uns des autres, les affaires s'expédieraient avec moins de célérité , et le transport seul des témoins occasionnerait une dépense infiniment supérieure au traitement du tribunal entier : ainsi l'on tomberait dans des inconvéniens très-graves, sans qu'il en résultât aucune espèce d'avantage pour la chose publique.

Eh quoi ! est-ce donc un si grand malheur que tous les instans des présidens des tribunaux criminels ne soient pas complétement occupés? Loin de nous cette idée. Leurs fonctions sont extrèmement délicates et pénibles: lorsqu'ils se sont livrés pendant des semaines entières à l'examen d'affaires souvent très-épineuses et compliquées, leur moral comme leur physique a besoin d'un peu de relâche et de quelques instans de repos, pour se dégager des impressions profondément affligeantes que leur fait nécessairement éprouver la nature de leurs fonctions; il leur serait impossible d'être continuellement et sans aucune interruption occupés du redoutable ministère de juger les crimes de leurs semblables ; leur sensibilité perpétuellement froissée abrégerait inévitablement et d'une manière effrayante le terme de leur existence.

Quoi qu'il en soit, la perversité de l'espèce humaine est malheureusement si constante, qu'il a été reconnu , on le répète, par toutes les assemblées législatives qui se sont succédées, qu'un tribunal criminel par département était indispensable. S'il est des départemens où ce tribunal ait peu d'occupation, loin que ce soit une calamité , c'est un bonheur public; le désœuvrement des juges criminels prouve que dans ces lieux fortunés il y a peu de crimes commis, et conséquemment peu de coupables à juger. Il serait à desirer qu'il en fût de même par-tout, et que les tribunaux criminels imprimassent aux méchans une terreur tellement salutaire , qu'elle les empêchât de suivre leur penchant au crime, qu'elle en diminuât le nombre, et qu'on n'eût que rarement à le punir. Dans ce cas, les juges criminels seraient évidemment peu occupés : il n'en faudrait pas moins les conserver ; et les services qu'ils rendraient à la société n'en seraient pas moins essentiels : ils seraient seulement plus avantageux pour tous. Le premier motif invoqué par la commission ne nous paraît donc nullement concluant.

Le second motif ne nous semble pas plus plausible ; on craint que si le Premier Consul délègue un juge dans le département où il a son domicile, ce juge ne se conduise comme on l'a fait trop souvent depuis l'institution des jurés, qu'il prenne parti dans tous les événemens du pays, qu'il se plonge dans l'atmosphère départementale, qu'il accueille et recherche peut-être les hommes les plus accrédités, qu'il fléchisse dans l'exercice de ses fonctions sous le crédit et l'autorité d'autrui, et qu'il soit lui-même sans force, sans crédit et sans influence, &c.

Qu'ils seraient indignes de remplir les fonctions augustes de la magistrature les hommes capables de se porter aux honteux écarts prévus par la commission! Nous osons croire qu'ils sont de pure imagination, et que le Premier Consul n'a pas été assez cruellement trompé dans ses choix pour investir de l'autorité judiciaire de pareils hommes.

Il serait à desirer que le juge, et sur-tout le juge criminel, qui presque toujours est obligé de sonder les replis les plus cachés du cœur humain pour y découvrir l'innocence ou le crime, fût d'une espèce supérieure aux autres hommes, et qu'il eût, en quelque sorte, des talens surnaturels pour reconnaître sûrement et dans toutes les circonstances la vérité.

Mais, puisqu'il est impossible d'espérer ce degré de perfection, qu'au moins le Gouvernement ne choisisse ces juges que parmi les citoyens les plus probes, les plus éclairés et le plus fortement attachés à la prospérité de leur pays; de semblables magistrats sauront toujours, par leur conduite publique et privée, commander le respect, l'estime et la considération à leurs concitoyens, même à la famille de ceux qu'ils auraient été obligés de frapper.

Si dans les premiers momens de l'organisation des tribunaux, la multiplicité des places a occasionné quelques mauvais choix, cet inconvénient se réparera insensiblement, en n'en faisant que de bons à l'avenir, et à mesure que les places viendront à vaquer.

Il est au moins bien flateur pour le Premier Consul, d'avoir entendu le grand-juge ministre de la justice lui assurer que les tribunaux d'appel sont généralement bien composés, que tous méritent des éloges, et qu'il en est à-peu près de même des tribunaux criminels.

La loi voulant que les présidens de ces derniers tribunaux soient choisis parmi les membres des tribunaux d'appel, dont la composition est reconnue bonne, le Gouvernement a été bien moins exposé à se tromper dans les choix qu'il a faits à cet égard: comme d'ailleurs ils ne sont nommés que pour un an, si quelques-uns se trouvaient ne pas être propres à ce genre de fonctions, il serait très-facile de les remplacer convenablement. D'un autre côté, ces présidens étant pris dans une autorité supérieure, ils viennent investis d'une confiance capable d'en imposer au public, et de leur donner, sur leurs collègues, le degré d'influence qui leur est nécessaire pour bien diriger le corps qu'ils sont appelés à présider. Le Gouvernement pourrait peut-être leur donner plus de consistance encore, en leur accordant un traitement ue peu plus fort, qui les mettrait à même de se livrer à une représentation analogue à l'importance de leur place, et en donnant à ceux d'entre eux qui se seraient le plus signalés par leurs vertus, quelque témoignage public de satisfaction: ces moyens d'encouragement exciteraient

de plus en plus l'émulation des magistrats, les attacheraient plus étroitement encore au Gouvernement, et tourneraient, en définitif, à l'avantage
de la société.

Il en est de même du troisième motif invoqué par la commission; elle
a pensé qu'il est de l'essence de l'institution des jurés, que des citoyens
choisis dans la contrée jugent les accusés, mais sous la direction et l'autorité d'un magistrat élevé en dignité, appartenant à la nation entière, et qui
tende sans cesse à resserrer dans le lien commun, des parties qui tendent
toujours à s'en détacher.

Comme nous croyons avoir démontré, dans la première partie de notre
travail, combien il serait dangereux de conserver les jurés de jugement:
nous avons par cela même répondu d'avance à ce troisième motif de la
commission; et les préteurs ambulans qu'elle propose de créer pour la
direction de ces jurés, n'offriraient sans doute plus, en les supprimant, les
grands avantages qu'elle a cru apercevoir dans cette création.

Nous ne pouvons même nous persuader que, quand on conserverait la
procédure par jurés, ces avantages fussent tels que la commission l'a pensé.

1.º Il paraît extraordinaire de proposer que les préteurs ne puissent
exercer leurs fonctions plus d'une année dans la même division. Si un
préteur s'était bien acquitté de ses devoirs dans une division, que les services importans qu'il y aurait rendus lui eussent acquis l'estime et la confiance du pays, ne semblerait-il pas imprudent de l'en déplacer au bout
de l'année, pour y en envoyer un autre, qui pourrait ne pas y convenir,
et qui serait plus propre à faire beaucoup de bien dans une autre division!
Ne serait-ce pas d'ailleurs mettre les préteurs dans l'impossibilité de se fixer
nulle part, et rendre leur existence extrêmement désagréable, sans utilité
pour la chose publique!

2.º En donnant à un préteur les criminels de trois ou quatre départemens à juger, cela l'obligerait à des déplacemens continuels, qui lui feraient perdre en voyages une grande partie de son temps; l'administration
de la justice criminelle deviendrait nécessairement plus lente: les innocens
seraient souvent exposés à gémir long-temps dans le séjour du crime; et
les peines perdraient beaucoup de leur efficacité, par la lenteur qu'on appor-
terait à frapper le coupable.

3.º Ce mode d'administrer la justice serait infiniment plus dispendieux
que celui qui existe aujourd'hui, ou qu'il est très-possible d'établir sans
tous les inconvéniens que l'établissement des préteurs entraîne avec lui.
D'abord on serait forcé de donner aux préteurs un traitement très-considérable, pour les mettre à portée de faire face aux grandes dépenses auxquelles ils seraient assujettis: d'un autre côté, en proposant l'établissement
des préteurs, on est obligé de proposer de créer autant de propréteurs
qu'il y a d'arrondissemens dans chaque département, c'est-à-dire, au moins

quatre propréteurs par département ; ce qui augmente , sans nécessité , le nombre des places , et conséquemment celui des traitemens à payer. Cet établissement nous paraîtrait donc extrêmement vicieux sous beaucoup de rapports : on pourrait en déduire une infinité d'autres raisons ; mais celles que nous venons de donner nous paraissent suffisamment déterminantes , et le Gouvernement, dans sa sagesse , saura bien suppléer celles que nous aurons omises.

Nous croyons donc qu'il serait plus utile et plus convenable de laisser subsister les tribunaux criminels tels qu'ils existent actuellement, formés de deux juges , d'un président pris dans le tribunal d'appel , et d'un commissaire du Gouvernement , en conservant au Premier Consul la faculté de remplacer ce président , au bout de chaque année, lorsqu'il le jugerait nécessaire.

On donnerait à ces tribunaux deux ou trois suppléans : lorsqu'il ne s'agirait que de statuer sur les appels de police correctionnelle , ou sur des affaires qui seraient de nature à n'entraîner que la dégradation civique ou la détention , les trois juges criminels pourraient juger à eux seuls.

Lorsqu'il s'agirait de prononcer sur des délits emportant la peine des travaux publics , soit à perpétuité, soit à temps , la déportation ou la relégation , les trois membres du tribunal criminel seraient obligés de s'adjoindre deux de leurs suppléans , ou à leur défaut, deux licenciés ; et dans les cas où il pourrait y avoir lieu d'appliquer la peine capitale , ils s'en adjoindraient quatre ; de sorte que, toutes les fois qu'il serait question d'ordonner cette peine terrible, les juges ne pourraient, comme autrefois, la prononcer qu'au nombre de sept.

On pourrait accorder aux suppléans et aux licenciés qu'on appellerait, une indemnité par chaque jour de travail, égale au 360.ᵉ du traitement des juges criminels, ainsi que le propose le projet de Code.

Par ce moyen les tribunaux criminels ne seraient plus embarrassés de tous les rouages qui, jusqu'à présent, en ont rendu l'action plus lente, plus difficile et moins sûre ; ils prendraient une consistance proportionnée à la gravité des affaires qu'ils auraient à juger ; et leur composition, tout-à-la-fois simple et imposante, serait infiniment moins dispendieuse que celle qu'on propose d'organiser.

Telle est notre opinion sur les deux grandes questions que nous avons cru devoir préliminairement traiter ; nous allons maintenant passer aux observations de détail que nous avons annoncées au commencement de notre travail, en prévenant que, pour ne rien dire d'inutile, nous nous tairons sur tout ce qui nous a paru bon dans le Projet.

PREMIÈRE PARTIE.

DÉLITS ET PEINES.

LIVRE I.er

Des Peines et de leurs Effets.

CHAPITRE I.er

LES articles 24, 26 et 28 , nous ont paru susceptibles demodifications. Le rétablissement de la marque, qu'on propose par l'article 24, nous semble utile ; cette peine humilie beaucoup le coupable, et sert à le faire reconnaître lorsqu'il commet par la suite d'autres crimes : son utilité est donc évidente ; mais l'humanité exige qu'on n'établisse que les peines strictement nécessaires au maintien de l'ordre et de la tranquillité publique. D'après ce principe nous croyons qu'il ne serait pas nécessaire de marquer les coupables sur les deux épaules : l'empreinte appliquée sur une épaule seulement suffirait ; elle procurerait les mêmes avantages que si on l'appliquait sur toutes deux, et cela éviterait au coupable une souffrance qui ne serait nullement utile à la société.

Par les articles 26 et 28 on propose de faire attacher à un carcan, sur la place publique, les condamnés aux travaux publics soit à perpétuité soit à temps , à la déportation, à la reclusion, à la peine d'infamie et du carcan, et de les laisser exposés aux regards du peuple pendant une heure. Nous pensons que la durée de cette exposition devrait être proportionée à la gravité des délits, c'est-à-dire que les condamnés aux travaux publics et à la déportation devraient être exposés pendant trois heures, ceux condamnés à la reclusion pendant deux heures, et ceux condamnés à la peine d'infamie et du carcan, pendant une heure seulement. Cette disposition ainsi modifiée nous paraîtrait plus juste.

CHAPITRE III.

On propose, dans l'article 63, de déclarer que tout acte de disposition gratuite , fait par un coupable depuis l'époque de son crime ou de son délit, est réputé fait en fraude, et ne pourra être opposé ni à la République ni aux parties lésées.

Cette disposition est sage ; mais elle ne nous semble pas suffisante : on

devrait

devrait frapper de nullité, non seulement tous les actes de disposition gratuite, faits par un coupable depuis son crime, mais même ceux faits à titre onéreux, lorsqu'ils n'auraient pas de dates certaines antérieures à la signification du mandat de dépôt, ou au procès-verbal de perquisition fait au domicile du coupable. Ces actes, qui font toujours du bruit, seraient suffisans, pour avertir les tiers de ne pas traiter avec lui; et ceux qu'ils ne seraient pas capables d'arrêter, seraient évidemment de mauvaise foi, ou les prête-noms du coupable; à ce moyen ils ne mériteraient aucuns égards, et on ne devrait pas balancer à leur préférer l'État pour le recouvrement de ses frais de justice, ou les parties lésées pour la restitution du prix des objets volés, ou la réparation des torts qu'ils ont éprouvés; car par la perpétration du crime, le coupable se rend passible de tous les torts qu'il occasionne, et affecte de droit tout ce qu'il possède au dédommagement qui en résulte.

LIVRE II.

Des Personnes punissables ou responsables pour crimes ou pour délits.

CHAPITRE I.er

La rédaction de l'art. 68 de ce chapitre ne nous paraît pas suffisamment claire: on propose, au n.º 3 de cet article, de déclarer complices des auteurs de crimes et de délits, *ceux qui auront procuré des armes, des instrumens, ou tout autre moyen qui aura servi à l'action.* Nous croyons qu'il serait nécessaire d'ajouter à cette rédaction: *sachant que c'était pour commettre un crime.*

LIVRE III.

Des Crimes, des Délits et de leur Punition.

TITRE I.er

CHAPITRE II.

L'art. 106 de ce chapitre est incomplet; on y propose de punir d'interdiction des droits de citoyen, et de tout emploi public pendant un temps déterminé, ceux qui, dans les élections, auraient acheté ou vendu un suffrage, pour un prix quelconque; la même peine devrait être prononcée contre ceux qui seraient convaincus d'avoir, pendant la tenue d'une assemblée électorale, calomnié un citoyen pour écarter de lui les suffrages.

L'art. 112 du même chapitre ne nous paraît pas non plus suffisamment clair : pour lever toute incertitude, on devrait y ajouter le mot *sciemment,* pour celui qui a fait usage du faux dont il s'y agit.

Chapitre III. Section Ire

La même observation que sur l'article précédent, s'applique aux art. 129 et 134 de ce chapitre, à l'égard de ceux qui ont fait usage des faux que ces articles ont pour objet de réprimer.

TITRE II.

Chapitre Ier

Par l'article 262 de ce chapitre, on propose de réputer nécessité actuelle de défense, celle de repousser l'escalade ou l'effraction des clôtures, murs ou entrées d'une maison ou d'appartement habité, ou de leurs dépendances, *lorsqu'elles sont commises par deux ou plusieurs personnes, pendant la nuit.* Cette dernière partie de l'article nous paraît nuisible à l'intérêt de la société : toutes les fois que, pendant la nuit, on se permet d'escalader les clôtures d'une habitation, ou d'y faire des effractions, quand bien même ces escalades ou effractions ne seraient commises que par une seule personne, nous pensons que l'acte qui tend à les repousser est légitime, et doit être réputé nécessité actuelle de défense ; que conséquemment on doit supprimer de cet article les mots suivans : *lorsqu'elles sont commises par deux, ou plusieurs personnes.*

Les articles 285, 286 et 287 du même chapitre, sont relatifs au crime d'infanticide : ce crime affreux se reproduit journellement d'une manière effrayante ; dans le seul tribunal de l'Orne, nous avons, depuis quatre ans, vu quatre filles-mères, qui en ont été accusées ; et les papiers publics nous ont appris que beaucoup d'autres tribunaux ont été saisis d'accusations semblables. La peine de déportation, que le projet de Code propose d'appliquer à ce crime nous paraît préférable à celle portée par le Code pénal actuel ; mais ce projet de Code contient, à cet égard, une lacune qu'il nous paraît important de remplir. Depuis notre nouvelle législation criminelle, il n'existe plus de disposition de loi qui assujettisse les filles à passer, au magistrat, déclaration de leur grossesse ; nous sommes persuadés que l'absence de cette disposition législative a beaucop contribué à multiplier les crimes de cette nature. La peine que prononçait l'édit de *Henri II,* contre ce défaut de déclaration, était trop cruelle, il serait raisonnable de la modifier, en même temps qu'il serait utile de rétablir la nécessité de ces déclations, en ordonnant que les filles-mères, qui ne l'auraient pas faite, seraient condamnées à la déportation, lorsque leurs enfans seraient trouvés morts, et qu'elles ne seraient pas en état de prouver qu'ils seraient nés morts, ou qu'au moins ce ne serait pas le défaut de précautions, de secours, de soins, ou d'alimens qui les aurait fait périr; et que dans le cas même où elles ne feraient l'une ou l'autre de ces preuves, elles fussent susceptibles d'une peine de deux ou quatre années de reclusion, pour s'être abstenues de la déclaration à laquelle elles seraient assujetties. Nous savons que des hommes, autant estimables qu'éclarirés, se sont élevés, avec force, contre ces déclarations; mais nous croyons avec le Grand-juge ministre de la justice, qu'ils en ont exagéré les inconvéniens; et que les raisons qu'ils ont données sur cet important objet, belles en théorie, sont venues échouer contre les leçons de l'expérience.

L'article 323 du même chapitre, nous paraît aussi susceptible d'être modifié. On propose, par cet article, de prononcer la même peine contre les faux témoins, soit à charge, soit à décharge; cependant on ne peut se dissimuler que l'intention de celui qui vient déposer le faux, pour faire punir un innocent, est plus criminelle que celle du témoin qui trahit la vérité en faveur de l'accusé. Les faux témoins à décharge devraient donc être punis moins sévèrement que les faux témoins à charge. Or, dès-là que la commission a cru convenable d'appliquer la peine de déportation au faux témoin à charge, lorsque sa déclaration n'aurait pas entraîné la condamnation à mort de l'accusé ou des accusés, il semblerait raisonnable de n'appliquer au faux témoin à décharge, que la peine du degré immédiatement inférieur, c'est-à-dire, celle de la relégation : peut-être même celle de la réclusion pendant cinq ou dix années, serait-elle suffisante.

II.ᵉ PARTIE.

POLICE ET JUSTICE.

LIVRE I.ᵉʳ

De la Police.

CHAPITRE V. SECT. I.ʳᵉ

L'ART. 498 du projet de Code, ne nous paraît pas assez clairement rédigé : après avoir dit, dans l'art. 497, que la plainte ne serait considérée que comme dénonciation, si la personne lésée ne déclare qu'elle entend poursuivre la réparation du délit, comme partie civile; qu'il serait fait mention de cette déclaration dans le procès-verbal de remise de la plainte ; que cette déclaration pourrait être révoquée, *dans les vingt-quatre heures*, par un acte rédigé dans la même forme que la plainte ; et que, dans ce cas, la plainte serait considérée comme non avenue, on dit, dans l'art. 498, que la partie civile pourra se désister, en tout état de cause, de l'exercice de son action ; que les frais du procès cesseront d'être à sa charge, à compter du jour de son désistement, sans que ce désistement, lorsqu'il n'aura pas été fait *dans les vingt-quatre heures et avant l'audience, pour le jugement définitif, ou l'ouverture des débats*, puisse nuire aux dommages-intérêts qui pourraient être prétendus par le prévenu ou l'accusé, contre la partie civile.

Cette rédaction, suivant nous, n'explique pas assez clairement si le plaignant qui se sera désisté de son action avant l'audience pour le jugement définitif ou l'ouverture des débats, mais après le délai de vingt-quatre heures de sa déclaration, sera dégagé de toute demande en dommages-intérêts de la part du prévenu. Nous ne croyons pas que telle ait été l'intention de la commission ; parce que cette disposition impliquerait une sorte de contradiction avec l'art. 497 ; et dès-lors, pour lever toute équivoque, nous proposons de retrancher de l'art. 498 les mots, *avant l'audience pour le jugement définitif ou l'ouverture des débats ;* parce qu'au moyen du délai de vingt-quatre heures indiqué, ils sont complètement inutiles, et ne pourraient que contribuer à induire en erreur.

D'ailleurs la dernière partie de cet art. 498 laisse supposer que, lorsque le prévenu aurait été acquitté, le plaignant qui ne se serait pas désisté dans les ving-quatre heures de sa déclaration, serait toujours exposé à des dommages-intérêts envers le prévenu ou l'accusé.

Cela ne serait pas juste ; car si, au moment où la plainte a été donnée, il existait des présomptions graves de culpabilité ; qu'elles aient été telles, que le prévenu ait été mis en accusation, et qu'il soit évident que la plainte a été faite sans méchanceté, il ne devrait pas y avoir lieu à dommages-intérêts contre le plaignant. Il serait sage de conférer positivement au juge le pouvoir de décider, d'après les circonstances de chaque affaire, si le plaignant serait ou non susceptible de dommages-intérêts.

Chapitre VII.

L'indemnité de quatre francs par jour qu'on propose, par l'art. 566, d'accorder au magistrat qui sera chargé, dans chaque arrondissement, de l'instruction des affaires criminelles, lorsqu'il jugera convenable de se transporter sur les lieux du délit, est évidemment insuffisante. La justice et l'intérêt public exigent que cette indemnité soit fixée de manière à couvrir les frais que ces déplacemens occasionneront au juge. Le Ministre de la justice en a donné de très-bonnes raisons dans son compte du troisième jour complémentaire an 11. Nous nous y référons; et nous invitons le Gouvernement à vouloir bien les peser dans sa sagesse : mais nous pensons que cette indemnité ne peut être portée à une somme moindre de dix francs par jour.

LIVRE II.

De la Justice.

CHAPITRE Ier

Il en est de même du traitement proposé par l'article 620, pour le juge de police; ce traitement nous paraît trop faible; il nous semble d'ailleurs peu convenable de le payer par jour comme un mercenaire; nous croyons qu'il vaudrait infiniment mieux lui donner un traitement fixe, qui ne pourrait être moindre de 1,200 francs par an.

L'article 665 du même chapitre porte que, sur l'appel des jugemens de police correctionnelle, les témoins seront entendus de nouveau, si les parties ou le commissaire du Gouvernement le requièrent; cette disposition est sage, parce que des juges sont bien plus en état d'apprécier la déposition d'un témoin qu'ils ont eux-mêmes entendu, que de fixer leur opinion seulement sur sa déclaration écrite. Mais le même article propose de conférer au tribunal, s'il en est requis, soit par la partie publique, soit par l'une des parties civiles, la faculté d'entendre d'autres témoins que ceux qui auraient été produits en première instance : cette dernière partie de l'article ne nous semble pas bonne, parce qu'elle tendrait à rendre les tribunaux d'appel, tribunaux d'instruction, ce qui est contraire aux principes et à la saine raison, qui veulent que les juges d'appel n'aient à prononcer que sur le bien ou le mal jugé du tribunal de première instance, et parce qu'aussi cette disposition pourrait prêter à la corruption des témoins, et même en donner l'idée; une partie qui saurait que la preuve qu'elle a faite devant le premier juge, n'est pas complète, pourrait employer des moyens de séduction, pour se procurer des témoins en état de la compléter devant le tribunal d'appel.

CHAPITRE II.

Il ne nous paraît pas convenable non plus, en matière de police correctionnelle, d'assujettir, comme le propose l'article 686, les greffiers à tenir note des principales défenses des prévenus et des parties responsables du délit ; nous regardons que cette disposition est inutile ; qu'il serait quelquefois difficile de l'exécuter ; qu'elle le serait mal par beaucoup de greffiers , et que son objet est d'ailleurs suffisamment rempli par l'article 687 , qui leur ordonne de copier, dans le jugement , les conclusions qui contiennent toujours les moyens de défense des parties.

La peine de nullité que propose l'article 687 , contre les jugemens qui ne seraient pas signés , dans les vingt-quatre heures , par les juges qui les auraient rendus, nous semble dangereuse ; nous pensons qu'il devrait suffire , pour qu'il n'y eût pas de nullité , ni de prise à partie, que la minute des jugemens fût signée par le président, ou par un autre juge , en cas d'empêchement.

L'art. 698 charge le magistrat de sûreté de faire verser dans la caisse du receveur de l'enregistrement le montant des condamnations correctionnelles, autres que celles qui seraient adjugées à la partie civile. Cette disposition nous paraît confondre des fonctions judiciaires avec des fonctions en quelque sorte purement administratives et financières , ce qui est vicieux. Nous croyons que le magistrat de sûreté devrait seulement être assujetti à remettre au receveur un extrait du jugement , dans les trois jours après qu'il serait devenu exécutoire , sauf au receveur à poursuivre par lui-même , le recouvrement des condamnations : de cette manière , la limite des devoirs de chacun de ces fonctionnaires publics serait mieux fixée et plus convenable.

Sur l'art. 708 , nous pensons qu'on ne doit point entendre d'autre témoin que ceux qui ont été produits en première instance : les observations que nous avons faites à l'égard de l'article 665 s'appliquent parfaitement au 708.ᵉ : nous nous y référons.

Chapitre III.

L'art. 744 du Projet , porte que , si la majorité , *ou la moitié des jurés* , trouve que l'accusation doit être admise, leur chef mettra au bas de l'acte , la formule affirmative qui y est déterminée. Dans le cas où le Gouvernement se porterait à conserver le jury d'accusation, nous croyons que , pour que l'accusation fût admise contre un prévenu, il serait nécessaire que la majorité des jurés fût de cet avis; lorsqu'il n'y en aurait que la moitié , il nous semblerait dans les principes que le partage fût levé en faveur du prévenu.

Dans la même supposition que l'on conserverait les jurés d'accusation , nous pensons que les articles 744 et 745 , qui autorisent le magistrat de sûreté et le propréteur à exercer de nouvelles poursuites contre le prévenu à l'occasion duquel il aurait été déclaré qu'il n'y a pas lieu à accusation , ne sont pas sages, et exposent à l'action des passions : il nous paraîtrait juste qu'il ne pût être dressé un nouvel acte d'accusation, pour le même fait, sans de nouvelles charges.

CHAPITRE IV.

Des Tribunaux criminels.

Lors de la discussion de la seconde des questions que nous avons préliminairement traitées, nous avons combattu l'établissement des préteurs ; et, par une conséquence, en quelque sorte nécessaire, celui des propréteurs ; mais, si on n'avait pas d'égard à nos observations, et que le Gouvernement se déterminât à en adopter l'établissement, nous croyons, sur l'article 773 du Projet, que chaque préteur ne devrait pas avoir dans sa division plus de trois départemens ; et sur les articles 774 et 776, qu'on devrait seulement reserver au chef du Gouvernement, la faculté de changer chaque année la division des préteurs, mais ne pas prescrire impérieusement ce changement. Nous en avons donné les raisons, lorsque nous avons discuté cette question : nous ne les répéterons point ici ; nous nous bornerons à y persister.

Dans la même supposition encore, où les préteurs et le propréteurs viendraient à être établis, nous observerons, sur l'article 780, que le propréteur du chef-lieu du département et deux suppléans devraient composer le tribunal criminel jugeant correctionnellement; qu'on ne devrait point appeler, comme la commission le propose, les propréteurs des autres arrondissemens, et les distraire, par ces voyages inutiles, de leurs occupations habituelles. Nous pensons également que le propréteur du chef-lieu, assisté de deux suppléans, devrait pouvoir être délégué par le préteur, dans le cas où il le jugerait nécessaire à l'expédition des affaires, pour présider et diriger le jury, toutes les fois qu'il ne s'agirait que de délits emportant la peine de reclusion ou de dégradation civique. Sans cette mesure, qui nous paraîtrait essentielle et sans danger, dans le cas où les affaires se multiplieraient un peu plus qu'à l'ordinaire dans plusieurs départemens d'une même division, les prisons s'encombreraient, et les innocens seraient nécessairement exposés à se voir long-temps confondus avec les coupables, et à supporter les horreurs d'une longue captivité.

Nous observerons de même, sur l'article 786, que lorsque le préteur ne serait pas dans un département, il ne devrait pas y avoir besoin de délégation de sa part au propréteur pour interroger l'accusé et faire tous les actes d'instruction; la loi devrait, en ce cas, en conférer le droit au propréteur directement, en n'exigeant une délégation que lorsque le préteur serait présent. L'article 817 justifie cette observation, puisqu'il porte que vingt-quatre heures, au plus tard, après la remise des pièces au greffe et l'arrivée de l'accusé dans la maison de justice, celui-ci sera interrogé par le préteur ou par le propréteur ; ce qui implique une sorte de contradiction avec l'article 786, puisque cet article suppose la nécessité d'une délégation au propréteur pour interroger, et qu'il serait impossible d'avoir cette délégation dans les vingt-quatre heures, si le préteur était dans un autre département.

CHAPITRE V.

Procédure devant le Tribunal criminel.

Nous pensons, sur l'article 821, qu'il devrait porter que, dans le cas où le préteur serait absent, le tribunal chargé de prononcer sur les nullités, devrait être composé du propréteur du chef-lieu et de deux suppléans ; et si les actes nuls procédaient de ce propréteur, le tribunal devrait alors être composé de trois suppléans.

Sur l'article 822. Nous croyons que ce ne serait pas le tribunal qu'on devrait charger de substituer un acte régulier à celui annullé, mais il devrait seulement ordonner qu'il serait substitué par le propréteur, s'il procédait d'un propréteur, et par le commissaire du Gouvernement, s'il procédait d'un magistrat de sûreté. Le tribunal devrait aussi renvoyer devant les tribunaux correctionnels ou de police, si le délit n'était pas de nature à mériter peine afflictive ou infamante.

On devrait pareillement ajouter à l'article 824, que le nouvel acte d'accusation serait dressé par le commissaire près le tribunal, la commission ayant omis dans cet article de déterminer le fonctionnaire public à qui la rédaction de ce nouvel acte serait confiée.

Depuis la nouvelle législation criminelle, on a jusqu'à présent, cru, avec raison, devoir donner à la défense des accusés toute la latitude possible, pour leur fournir les moyens de repousser efficacement les accusations dirigées contre eux ; la loi du 3 brumaire an 4, et les précédentes, voulaient qu'il fût délivré à chaque accusé, aux frais du Gouvernement, copie de toutes les pièces de la procédure ; cette disposition était abusive, et très-onéreuse pour le trésor public : il eût suffi de délivrer une seule copie de la procédure pour tous les accusés, en les obligeant de s'entendre, et de se la communiquer pour leur défense respective. Cette mesure sage aurait évité beaucoup de frais au Gouvernement ; mais l'article 827 du projet de Code semble trop rigoureux, en privant tout à fait les accusés de la copie des pièces de la procédure dont ils sont l'objet ; il paraît d'un autre côté offrir des dangers, en permettant aux conseils des accusés, de prendre, *ou de faire prendre*, copie des pièces qu'ils jugeraient utiles à leur défense ; il en résulterait inévitablement que les conseils ne viendraient pas eux-mêmes au

greffe,

greffe, prendre ces copies, et qu'ils y enverraient leurs clercs ; ce sont presque toujours des jeunes gens auxquels il ne serait pas prudent de confier les originaux de pièces importantes, telles que celles qui sont journellement déposées dans les greffes criminels; la responsabilité des greffiers serait trop souvent exposée, et il leur serait très-difficile de veiller assez soigneusement pour empêcher les infidélités et les soustractions de pièces. Nous croyons qu'il vaudrait mieux assujettir les greffiers à délivrer *gratis*, aux accusés qui justifieraient d'un certificat d'indigence, les pièces que leur défenseur réclamerait, et qui seraient jugées, par le tribunal, utiles à la défense; parce que ceux qui ne produiraient pas un pareil certificat seraient obligés de faire délivrer les expéditions dont ils croiraient avoir besoin, par le greffier, auquel il paieraient un salaire fixé à cinquante centimes par rôle, sur papier libre. Cette mesure mettrait tous les accusés dans le cas de faire valoir les moyens propres à leur défense, et concilierait les intérêts du Gouvernement avec ceux des accusés. Si les greffiers se trouvaient obligés de délivrer quelques procédures *gratis*, ils ne seraient pas fort à plaindre ; parce que, d'une part, ils jouiraient d'un traitement honnête, et que, d'une autre part, les expéditions qu'ils délivreraient aux personnes aisées, les dédommageraient de celles qu'ils auraient été obligés de donner gratuitement aux indigens.

CHAPITRE VI.

La même loi du 3 brumaire an 4 défendait de donner lecture aux jurés des déclarations écrites des témoins et des interrogatoires des accusés, à moins que cela ne fût nécessaire pour faire observer, soit aux témoins, soit à l'accusé, les variations, les contrariétés et les différences qui pourraient s'y trouver avec ce qu'ils diraient devant les jurés. L'article 855 du nouveau projet de Code renouvelle la même défense, dans les mêmes termes. Dans le cas où on conserverait les jurés, nous pensons qu'on devrait autoriser la partie publique à leur lire et même à leur remettre, au moment de leur délibération, les interrogatoires des accusés ; c'est souvent dans ces pièces qu'on découvre la vérité, soit pour, soit contre l'accusé, et ce dernier ne pourrait raisonnablement se plaindre qu'on lui opposât des explications et des réponses qui seraient émanées de lui-même ; nous pensons aussi qu'on devrait permettre à la partie publique de lire et même de remettre aux jurés, dans la supposition de leur conservation, les déclarations écrites des témoins qui seraient morts depuis le commencement de l'instruction, ou qui se trouveraient dans l'impossibilité, constatée par un officier de santé, de se rendre au débat. L'intérêt de la société exigerait une disposition de cette nature dans la loi criminelle.

Nous avons vu au tribunal de l'Orne un accusé prévenu d'assassinat

Orne. D

prémédité ; beaucoup de circonstances réunies donnaient les plus fortes présomptions de sa culpabilité ; un témoin avait en outre déclaré, dans le commencement de la procédure, lui avoir vu commettre le crime dont il était accusé ; il fut en conséquence condamné à la peine de mort ; mais il se pourvut en cassation et fit casser son jugement. Un second jugement prononça contre lui la même peine : il le fit encore casser. Cet accusé fut renvoyé devant le tribunal de l'Orne pour être jugé une troisième fois ; mais dans l'intervalle qui s'était écoulé depuis la perpétration de son crime, le témoin qui le lui avait vu commettre était mort, et le Code de brumaire défendait de lire sa déposition aux jurés ; privés du secours de cette déclaration essentielle, nous eûmes infiniment de peine à le convaincre, et nous vîmes le moment où ce scélérat profond allait être remis dans la société. Cet exemple et beaucoup d'autres, qu'il est inutile de retracer, prouvent la nécessité de la mesure que nous proposons.

L'article 856 du nouveau Projet, en donnant au préteur ou au président du tribunal criminel, le droit de mettre en état d'arrestation le témoin dont la déposition paraît fausse, ne prescrit point de la recueillir par écrit ; on doit y ajouter cette disposition, et ordonner, comme l'a fait le Code de brumaire, que procès-verbal en soit sur-le-champ dressé pour servir de base à l'instruction sur le faux témoignage.

L'article 875 ne nous semble pas assez clairement redigé : par cet article on interdit, depuis le commencement du débat, jusqu'après la déclaration du jury de jugement, toute communication au dehors : l'intention des rédacteurs du Projet n'a, sans doute, été d'appliquer cette interdiction qu'aux jurés et non aux juges ; mais cet article ne le dit pas. Nous croyons qu'on devrait l'y exprimer positivement, dans le cas où on se porterait à conserver les jurés.

CHAPITRE VII.

L'article 879 laisse à l'accusé qui aura été acquitté, la faculté de poursuivre, *par la voie civile*, ses dénonciateurs pour ses dommages-intérêts. Cette disposition nous paraît contraire à l'intérêt bien entendu de toutes les parties. En leur ménageant un nouveau procès, on les expose à de nouveaux embarras et à de nouvelles dépenses ; il nous semblerait infiniment plus convenable d'ordonner que le tribunal qui aurait statué sur l'accusation statuerait en même temps, et par le même jugement, toutes les fois que cela serait possible, sur les dommages-intérêts des parties ; parce que, dans le cas où la liquidation de ces dommages ne pourrait se faire sur-le-champ, il y serait procédé dans la forme indiquée par l'article 884. Cette mesure offrirait l'avantage d'éviter aux parties un procès ultérieur, toujours dispendieux, et les mettrait dans le cas d'obtenir une justice plus éclairée; car il n'est point de tribunal autant en état d'apprécier s'il est dû des dommages-intérêts, et d'en fixer le *quantum*, que le tribunal même qui a statué sur l'accusation, et qui en a connu tous les détails.

L'exhortation à la fermeté, à la résignation ou à réformer sa conduite, qu'on charge, par l'article 891, le préteur de faire au condamné, nous paraît inconvenante : elle est plus du ressort du confesseur que de celui du juge ; elle semble d'ailleurs prématurée, puisque l'accusé aurait encore le droit de se pourvoir en cassation ; qu'il serait possible qu'il fît casser son jugement, et qu'il fût acquitté par un autre tribunal. Ce ne serait donc que dans les cas d'absolution, que le président du tribunal criminel devrait être chargé de faire à l'accusé absous les exhortations et les remontrances que la nature de chaque affaire pourrait lui suggérer, et lorsque l'accusé acquitté lui paraîtrait ne pas avoir été tout-à-fait exempt de reproche ; parce que si son innocence avait été complètement démontrée, il l'inviterait à oublier les peines qu'il aurait éprouvées, et à se garantir de tout acte de ressentiment ; ces sortes d'exhortations seraient quelquefois de nature à faire une salutaire impression, et pourraient produire de bons effets.

CHAPITRE X.

Dans le cas où l'établissement des préteurs serait adopté, et où les jurés seraient conservés, l'article 922 nous paraîtrait incomplet. Cet article dit bien que s'il y a, au jour indiqué pour le tirage, moins de quarante jurés présens, non excusés ou non dispensés, le nombre de quarante sera complété par le maire de la municipalité où siége le tribunal criminel, et qu'ils seront pris parmi les citoyens inscrits sur la liste des jurés de jugement, qui avait été faite pour les précédens grands-jours ; mais s'il n'y en a pas dans la ville un nombre suffisant qui soient portés sur cette liste, la conduite à tenir n'est pas tracée. Cependant comme le tirage ne doit se faire que la veille de l'ouverture de l'assise, on perdrait beaucoup de temps si on était obligé d'aller en chercher à des distances éloignées, et on manquerait le but qu'on s'est proposé, d'empêcher qu'on puisse séduire et même solliciter les jurés. Nous croyons que, dans ce cas, le maire devrait être chargé de remplacer les absens parmi les cent plus imposés de la même ville.

Les articles 928, 929, 930 et 931 nous semblent aussi, dans la même hypothèse, présenter une lacune, en ce qu'il n'y est pas dit s'il faudra autant de tableaux de jurés qu'il y aura d'affaires, ou si le tableau une fois formé concurremment avec les accusés des diverses affaires, il devra servir à toutes celles à juger dans la session, ce qui nous paraîtrait raisonnable : il serait donc nécessaire de mettre, à cet égard, dans la loi une disposition positive et claire.

CHAPITRE XII.

La déclaration de recours en cassation devrait, à notre avis, ne pouvoir être faite que par le condamné en personne, ou par un fondé de pouvoir spécial ; cependant l'art. 944 autorise un avoué, sans procuration, à passer cette déclaration : nous croyons que cette faculté doit être retranchée de l'article ; parce que les avoués ont presque toujours le desir de prolonger les procédures le plus qu'ils peuvent ; et une semblable disposition pourrait occasionner beaucoup de pourvois qui n'auraient pas eu lieu sans elle.

CHAPITRE XVI.

Procédure particulière sur le Faux.

L'obligation imposée par l'article 1000, de laisser dans les dépôts publics une copie collationnée de la pièce authentique, qu'il devient nécessaire d'en déplacer, ne devrait s'appliquer qu'aux actes qui sont sur des pièces volantes ; car, si la pièce arguée de faux fait partie d'un registre relié, comme le sont ordinairement les actes des notaires après l'année, ou les actes de l'état civil, on ne devrait pas, dans ce cas, être obligé d'en laisser une copie ; sans quoi il faudrait copier tout le registre, ce qui ne serait pas raisonnable : cet article nous paraît susceptible de modification.

CHAPITRE XIX.

Des Demandes en prise à partie.

Lorsqu'un juge, abusant de son autorité, occasionne des préjudices à un de ses justiciables, rien n'est plus juste que d'autoriser à le prendre à partie : l'article 1039 du Projet détermine les cas où cette prise à partie peut s'exercer ; mais il nous paraît dangereux d'admettre, comme on le fait par le n.° 7 de cet article, la faveur et l'inimitié au nombre des motifs qui y donnent lieu : cette disposition présente trop de vague, et prête trop à l'arbitraire.

CHAPITRE XXVII.

Des Prisons, Maisons d'arrêt et de justice.

L'article 1114 du Projet propose de charger le maire de chaque commune où il y a des prisons, maisons d'arrêt ou de justice, de les visiter une fois par mois : nous pensons que ce nombre de visites serait insuffisant, et qu'elles devraient se faire, au moins, tous les huit jours.

TELLES sont les diverses observations que nous a suggérées le projet de Code criminel, correctionnel et de police, à l'examen duquel nous nous sommes livrés. Nous sommes, sans doute, restés bien au-dessous de la tâche que nous avons entreprise ; nous osons cependant espérer que le Gouvernement verra au moins, dans nos efforts, les preuves de notre zèle et de notre dévouement.

Arrêté, à Alençon, le 24 floréal, an 12 de la République.

DELAUNAY, *président ;* LECLERC, DESPRÉS, *juges ;* LALLEMANT-PRÉBOIS, V. P. REVEL, *suppléans ;* LE ROYER-LATOURNERIE, *commissaire.*

OBSERVATIONS

DU TRIBUNAL CRIMINEL

DU PAS-DE-CALAIS,

SUR

LE PROJET DE CODE CRIMINEL.

OBSERVATIONS

DU TRIBUNAL CRIMINEL

DU PAS-DE-CALAIS,

SUR

LE PROJET DE CODE CRIMINEL.

Depuis long-temps la société et la justice réclament des règles uniformes dans l'instruction de la procédure criminelle, uniformes aussi dans l'application de la peine. Depuis long-temps la société et l'innocence réclament une garantie plus tutélaire que celle que leur présentent le Code de 1791, la loi du 3 brumaire an 4, et toutes les lois de circonstance publiées jusqu'à ce jour.

L'on doit espérer que la sagesse du législateur, éclairée par l'expérience, saura décréter ce qui convient le mieux à nos usages, à nos mœurs, à nos habitudes, dans les lois répressives des crimes.

Art. 13. La peine de mort ne doit être prononcée que pour punir les crimes extrêmement graves. L'assemblée constituante avait établi en principe, qu'elle ne devait consister que dans la simple privation de la vie. Cette heure qui précédera l'exécution, sera souvent employée à déclamer contre les juges ; et dans les affaires où le public prend un intérêt particulier, et lorsque l'opinion se trouvera partagée sur le jugement, n'est-il pas à craindre que les discours d'un coupable audacieux n'affaiblissent ce sentiment de confiance et de considération dont un tribunal criminel doit être environné ! Si le condamné, à la vue de l'instrument de son supplice, éprouve des convulsions ou des faiblesses, le peuple n'y verra plus qu'un malheureux sur le sort duquel il s'apitoiera.

Art. 15. On doit s'attendre que les parens ou amis du condamné ne laisseront pas subsister un monument public qui éterniserait la mémoire d'un membre de la famille frappé du glaive de la loi.

Art. 24. C'est une disposition bien rigoureuse que celle qui flétrit de plusieurs marques les condamnés à des travaux forcés à temps.

Art. 31. Le 2.ᵉ paragraphe de cet article laisse bien de l'arbitraire ; on ne pénètre pas la cause ni l'objet du retardement d'une disposition qui doit procurer un effet plus moral aux exécutions des jugemens criminels ; et pourquoi d'ailleurs l'intervention de l'autorité administrative !

Art. 54. L'accusé acquitté est légalement présumé innocent. La procédure par jurés ne peut se concilier avec un jugement qui prononcerait un *plus ample informé.* Pourquoi renverrait-on sous la surveillance du Gouvernement, surveillance qui peut devenir une véritable peine !

Art. 60. *Trois années* sont un terme bien long.

2.ᵉ paragraphe. *Une anné* est un terme bien long.

Art. 62. Cela paraît juste pour les restitutions, dommages - intérêts et frais ; mais l'amende est une peine qui devrait être uniquement personnelle.

Art. 64. Comment celui qui aurait été condamné pour crime, pourrait-il commettre un crime emportant la peine de forfaiture ! *Voyez* l'art. 39.

Art. 68, 7.ᵉ paragraphe. Les affections du cœur semblent souvent aussi excusables que les liens de la nature. Il faut sans doute l'avoir fait sciemment.

Art. 78. Même réflexion sur la demande.

Art. 139. Cet article ne semble-t-il pas inviter les comptables à l'agiotage !

Art. 323. Trop rigoureux pour les matières correctionnelles.

Art. 425. Il est dur de rester trois mois en prison parce qu'on se trouve dans l'impuissance de payer quelques francs d'amende.

Art. 428. Si l'amende est une peine, chacun doit la supporter personnellement. Si elle est solidaire, celui qui l'aura acquittée pour ses complices, pourra-t-il les retenir trois mois en prison !

Art. 469. On ne détermine pas le délai de sa rédaction. Quand le maire ou l'adjoint l'auront signé, devra-t-il être affirmé nécessairement pardevant le juge de paix ou un suppléant ?

Art. 564. Il conviendrait que l'on fût obligé de faire part au prévenu, qu'il a le droit de se faire interroger de nouveau.

Art. 566. Comme l'indemnité ne couvre pas la plus stricte et nécessaire dépense, on a pu se convaincre que les juges instructeurs se déplacent rarement, et l'on délègue.

Art. 595. Un homme opulent sacrifiera toujours une partie de sa fortune pour échapper au carcan.

Art. 618. La plupart des suppléans sont ou avoués ou défenseurs officieux. Qu'on ne se le dissimule pas, s'ils ont accepté des places de suppléans, c'est parce qu'à ce titre ils sont dispensés de l'exercice des fonctions de juré, qui leur pèsent, sur-tout dans les villes où siége le tribunal criminel. L'on doute qu'ils se livrent à des devoirs qui les tiendront les trois quarts de l'année en mouvement, hors de chez eux.

Art. 620. L'hiver, les dépenses du juge ne seront pas couvertes par une indemnité qui n'atteindra pas les salaires qu'on accorde à un huissier, quand il voyage.

Art. 671. Le propréteur près le tribunal criminel est nécessairement juge d'appel dans les affaires de police correctionnelle ; les autres pro-préteurs pourront se trouver siégeant au tribunal criminel, lors de l'appel des causes dans lesquelles ils auront présidé au tribunal de leur arrondisse-ment. Ainsi il arrivera assez souvent que le tribunal criminel ne sera com-posé que de suppléans.

Art. 683. Un seul jour d'audience par mois va prolonger la détention des prévenus hors d'état de donner caution.

Art. 697. S'il n'y a qu'une audience par mois, il sera impossible que tous les jugemens soient rédigés dans les vingt-quatre heures.

Art. 739. Le public desire que la solennité des débats soit conservée ; mais à la nouvelle que le Gouvernement avait adressé aux tribunaux cri-minels le projet d'un nouveau Code, la seule et unique question que l'on faisait aux juges, était celle de savoir s'il y aurait encore des jurés ; et sur la réponse affirmative : *Quoi ! encore des jurés !* le tribunal, d'après l'esprit public de ce département, et plus encore, d'après sa propre expé-rience sur la procédure par jurés, dit, pour l'intérêt de la justice et celui de l'innocence : *Plus de jurés.*

Art. 778. Tous les tribunaux criminels ne siégent pas dans le chef-lieu de leur département. Pour prévenir les déplacemens, les sous-préfets ne pourraient-ils pas suppléer le préfet dans la cérémonie du serment !

Art. 779. Sur quatre juges qui composent le tribunal criminel, deux seront étrangers aux séances les plus solennelles de ce tribunal.

Art. 780. Lorsqu'un préteur aura trois départemens dans sa division, il aura tous les trois mois quarante à cinquante affaires à examiner et juger. S'il survient un empêchement au préteur, dans un temps voisin des grands-jours d'un des départemens de sa division, il y aura impossibilité que le Premier Consul puisse déléguer à temps l'un des préteurs des départemens voisins. Les jurés auront été cités, les témoins dans dix ou douze affaires assignés et rendus au lieu où siége le tribunal, et cela inutilement; par consé-quent, dépenses considérables et retardement de plusieurs mois dans le jugement des procès.

2.ᵉ §. Ainsi, dans les départemens où il y aura cinq propréteurs, quatre seront obligés de se déplacer tous les trois mois pour venir faire le service au tribunal criminel: l'expérience a démontré que si les juges sont obligés à des déplacemens, on trouvera peu de sujets propres à remplir les fonc-tions de propréteurs.

Art. 786. Le besoin d'interroger les accusés est un besoin de tous momens. Ces devoirs seront ordinairement remplis par le propréteur en fonctions dans la ville où siége le tribunal: celui-ci peut être empêché.

Il conviendrait donc que les devoirs repris en l'article 786, pussent être aussi remplis par l'un des propréteurs de service près le tribunal criminel, pour ne pas interrompre le cours des affaires.

A 2

Art. 790. La censure est ce qu'il y a de plus humiliant pour un juge délicat : il y aurait peu de dignité à lui faire payer les frais de l'arrêté.

Art. 803. Même observation que sur l'article 790.

Art. 827. Celui qui a le moyen de payer son défenseur, trouve dans les dispositions de cet article, tout ce qu'il faut pour établir ses moyens de défense ; mais le malheureux sans ressources peut aussi être accusé injustement : seul avec le sentiment de son innocence et privé de secours, comment pourra-t-il repousser l'accusation ! Puisque le trésor public va être délivré des frais considérables des copies de pièces, ne conviendrait-il pas à la justice et à la générosité de la nation, que l'on passât un honoraire déterminé au défenseur du pauvre !

Art. 831. Un principe d'humanité a dicté cet article ; cependant il présente de grands inconvéniens dans la procédure par jurés. Avant la révolution l'on jugeait les femmes enceintes ; mais l'exécution était ajournée : le procès néanmoins était en état après le récolement et la confrontation. En remettant le jugement après la naissance de l'enfant, on prolonge la détention des coaccusés, quelquefois de six mois ; et dans cet intervalle les preuves peuvent s'affaiblir ou même s'éteindre.

Art. 842. Ne conviendrait-il pas que la liste des témoins fût présentée avant la lecture de l'acte d'accusation ! Puisque c'est sur cet acte qu'ils doivent déposer, il faut donc s'assurer qu'ils seront présens à sa lecture ; d'ailleurs la lecture de l'acte d'accusation et le dépouillement qu'en fait le commissaire du Gouvernement, deviennent absolument inutiles lorsque des témoins reconnus nécessaires font défaut, et qu'ils obligent à renvoyer l'affaire à une autre session.

Art. 843. Comment le préteur empêchera-t-il les témoins de conférer entre eux du délit et de l'accusé avant leur déposition, sur-tout si, comme cela arrive souvent, le tribunal est obligé de suspendre son audience avant que tous les témoins aient été entendus !

Art. 865. La loi a-t-elle le droit de faire violence à la conscience d'un citoyen, en le forçant de déclarer une opinion qui n'est pas dans son cœur ! Nous avons la triste expérience que ce qui se fait sans inconvéniens chez les Anglais, en éprouve de grands en France.

Art. 887. La faculté de ne donner sa déclaration sur le second délit qu'après la décision du premier, et de porter un jugement séparé sur chaque déclaration, devra nécessairement fatiguer le jury. Portera-t-il la même attention sur les derniers chefs d'accusation, sur-tout lorsqu'il y aura en condamnation sur les premiers ! Cependant ces derniers chefs d'accusation peuven t intéresser des parties civiles.

Art. 899. C'est une précaution qu'on aurait dû prendre plutôt : il est arrivé quelquefois que le chef d'un jury spécial, appelé pour se prononcer sur des pièces arguées de faux, déclarait ne savoir ni lire ni écrire. Ce scandale n'est pas particulier au département du Pas-de-Calais.

Art. 915. Le citoyen instruit et capable de rendre service dans le jury, ne manque jamais de moyens pour se dispenser de remplir des fonctions qu'il regarde comme une gêne et un fardeau. La répugnance est si grande, qu'on a l'exemple dans le département du Pas-de-Calais, d'un homme de loi qui a préféré payer cinquante francs et demeurer vingt jours en prison plutôt que de se rendre à la session.

Art. 922. Même observation que sur l'article 915. Quel zèle peut-on attendre, dans l'exercice de ces augustes fonctions, de personnes qui ne les exercent qu'à regret, et que pour éviter la peine prononcée par la loi!

Art. 1009. Les dispositions de cet article ont beaucoup de rapport avec l'article 488 de la loi du 3 brumaire an 4; mais la loi du 17 ventôse an 11 sur la privation des droits civils, (article 28, second paragraphe), veut que les biens des accusés contumax soient administrés, et leurs droits exercés, de même que ceux des absens. Le présent article, en révoquant les dispositions du Code civil, remet en vigueur la loi du 3 brumaire, par rapport au séquestre des biens.

Fait et arrêté au tribunal criminel du département du Pas-de-Calais.

A Saint-Omer, le 6 prairial an 12.

Signé F. BOUBERT, *président;* JACQUEMONT-DONJON, CACHE, *juges;* HACOT, *commissaire.*

OBSERVATIONS

DU TRIBUNAL CRIMINEL

DE PÔ ET DOIRE,

SUR

LE PROJET DE CODE CRIMINEL.

OBSERVATIONS

DU TRIBUNAL CRIMINEL

DE PÔ ET DOIRE,

SUR

LE PROJET DE CODE CRIMINEL.

A PEINE avons-nous eu le temps de lire, tant l'exercice continuel de nos fonctions nous occupe; et certes, une lecture rapide ne suffit pas pour juger des dispositions qui règlent la punition des délits et en établissent les juges; encore moins pour donner un long développement aux réflexions qu'un léger aperçu peut faire naître.

Un Code criminel est l'ouvrage le plus difficile qui puisse occuper les législateurs; il sera peut-être toujours leur écueil. Nous n'avons pu méditer celui que de savans jurisconsultes présentent aujourd'hui à la République française; nous n'aurons pas beaucoup à dire. Cependant, nous ne garderons pas un silence absolu; et en rendant hommage aux conceptions de ses auteurs, nous émettrons notre opinion avec brièveté, et dans les intentions les plus pures.

Délits et Peines.

Le vœu de l'abolition de la peine de mort n'a donc pu être rempli; et cette peine, au contraire, est multipliée. Est-ce qu'un supplice permanent ne serait pas plus redouté qu'un supplice momentané! N'a-t-on pas à craindre que l'atrocité des peines ne nuise à leur efficacité!

Invoquons l'expérience : elle nous dira que « l'admiration qu'inspire » aux sages le mépris de la mort que montre un héros expirant, un malfai- » teur souffrant avec courage l'inspire aux scélérats déterminés. » Tout le monde sait qu'au Japon, où les supplices sont toujours affreux, il faut, pour y retenir les hommes, en inventer de nouveaux; tout le monde sait que la Russie, le margrave de Bade, le roi de Suède, l'empereur Joseph II, et sur-tout le grand-duc de Toscane, se trouvèrent bien de la douceur de leurs lois criminelles.

Pô et Doire.   A

Nous ne prétendons pas, au reste, que la peine de mort ne doive jamais avoir lieu : l'expérience nous a dit aussi le contraire; mais il nous semble qu'elle aurait pu être appliquée à un moindre nombre de cas.

La surveillance du Gouvernement, c'est-à-dire de la police, pèse sur un trop grand nombre de personnes ; on ne voit point de motifs de les y assujettir, dès que la récidive entraîne des peines graves.

Que cette surveillance ne puisse donc être appliquée qu'aux crimes commis contre le Gouvernement ou son chef, qu'aux vagabonds, aux individus très-mal famés.

Art. 8. La seconde partie de cet article paraît, en ajoutant les mots , *ou en état de service militaire*, avoir trop d'extension. Tout militaire envers qui un manquement aura été commis par un citoyen , le fera toujours juger militairement , et le distraira de ses juges naturels.

Art. 13. Que le poing ne soit coupé qu'au coupable d'un crime capital contre le Gouvernement ou contre son chef ; la loi d'ailleurs ne punit pas pour faire souffrir , mais pour l'exemple.

Art. 21. Le déporté n'a pas en rentrant commis un nouveau crime : il n'a fait qu'obéir à une inclination irrésistible pour son pays. Qu'il soit renvoyé au lieu de sa déportation, avec moins de facilité pour la violer de nouveau.

Art. 24. La flétrissure imprimée sur le corps , flétrit l'ame , peut réduire le flétri au désespoir , lui fermer ainsi le retour à la vertu ; la flétrissure le condamne à être méchant à perpétuité.

Restreignons-en l'usage à la récidive.

Art. 27. Il conviendrait de faire courir le temps de la peine , du jour de la prononciation du jugement: ne le faire courir que du jour de l'exposition, c'est le prolonger sans nécessité , sans utilité.

Art. 29. On demande quel châtiment pourra infliger l'exécuteur !

Art. 31. Le préfet, avant de déterminer un autre lieu, devrait prendre l'avis du tribunal qui a rendu le jugement. Cet avis motivé , sans forcer sa détermination , pourrait l'éclairer.

Art. 38. Qu'il soit transporté de nouveau hors du territoire de la République ; et que , pour y être rentré , sa relégation soit prolongée de quelque temps.

Art. 60 et 425. Punir l'insolvabilité , c'est punir la misère. Laisser en prison celui qui n'a pas de quoi payer , élargir celui qui paye ; c'est dire , il est en liberté parce qu'il est riche, il ne jouit pas de sa liberté parce qu'il est pauvre.

Art. 64. Ces dispositions relatives à la récidive, sont sévères.

Art. 68, n.ᵒˢ 3, 5, 6 et 7 ; art. 69. Il serait bon d'ajouter *sciemment,* aux mots, *ceux qui auront procuré. . . . . . quiconque aura recélé.*

Art. 71. Les lois romaines distinguaient deux sortes d'ivresse, celle de l'homme ivre par hasard, par accident ; celle de l'homme adonné à l'ivrognerie.

L'état de l'homme ivre par hasard, par accident, ne pourrait-il pas être mis au rang des excuses?

Art. 78. La responsabilité civile ne devrait pas s'étendre à l'amende, mais se borner aux dommages et aux frais, excepté pour les aubergistes et les hôteliers.

Art. 102. Établir la surveillance, c'est rendre nulles les promesses d'exemption faites au commencement; personne ne voudra se soumettre à cette surveillance, et nul homme ne se déterminera à dévoiler un complot.

Art. 158. La violation du sceau, la suppression des lettres confiées à la poste, ne sont peut-être pas assez sévèrement punies.

L'exception des lettres venant de l'étranger peut nuire infiniment aux relations commerciales, en même temps qu'elle prive des citoyens éloignés, de la douceur de s'entretenir librement avec leurs amis, avec leurs parens.

Que cette exception soit restreinte aux États avec lesquels on est en guerre.

Art. 183. Combien de fois les dépositaires de la force publique ne se sont-ils pas permis des rigueurs et des excès! Combien de fois n'ont-ils pas tué des citoyens, sans causes! Si donc un accusé propose la preuve d'une défense légitime, d'une provocation violente, qu'elle ne soit point rejetée, ou du moins qu'il soit permis aux juges instructeurs de décider si cette preuve est admissible ou non.

Art. 257. La peine de celui qui fait l'usage dont il s'agit, paraît devoir être subordonnée aux circonstances qui peuvent manifester l'intention ; et l'article est trop sévèrement décisif.

Art. 268 et 277. Ne pourrait-on pas ajouter *de sang-froid,* après les mots *dans le dessein formé* ou *dans la résolution prise!*

Car sera-ce un attentat prémédité que l'action de celui qui, par exemple, irrité à la suite d'une rixe, revient contre quelqu'un et commet un homicide? Ce crime n'est-il pas plutôt l'effet d'une agitation violente, que de la préméditation!

Art. 312. Pourquoi ne pas laisser aux époux le pouvoir de se réconcilier? au mari la liberté de réclamer sa femme avant qu'elle ait subi toute la durée de la peine! La faveur due aux mariages ne semble-t-elle pas autoriser cette faculté!

Art. 323. Que le faux témoin soit puni toujours également ; ou, puisqu'on établit une différence pour le faux témoin en matière civile ou de police, qu'il y en ait une aussi entre le faux témoin en matière criminelle et le faux témoin en matière correctionnelle.

Art. 404, 405 et 406. En établissant la proportion de la peine sur le nombre des arbres abattus, coupés, mutilés ou écorcés, on peut arriver à un résultat inique et ridicule.

Le cas de l'homicide commis à la suite d'une rixe, ne paraît pas prévu.

Le Code ne dit pas comment doivent être punies la fabrication, la distribution de monnaies nationales ayant cours, non altérées, mais fabriquées ailleurs qu'aux hôtels des monnaies.

Comment seront punis ceux qui auront fait mauvais usage des véritables sceaux, des vrais timbres nationaux, des vraies marques destinées par le Gouvernement à être apposées sur les diverses espèces de denrées ou de marchandises !

Il ne parle pas de la mère, engagée dans les liens du mariage, qui se rendrait coupable d'infanticide.

Il ne serait pas mal-à-propos d'établir une peine particulière pour les vols commis dans les lieux destinés aux cérémonies des cultes, pour les vols des objets que leur destination rend sacrés.

On ne saurait inculquer assez la vénération pour ce qui tient à la religion, dont l'empire est universellement reconnu nécessaire au maintien des sociétés.

Un article particulier devrait déclarer expressément que la cumulation des peines ne peut avoir lieu, et que la peine la plus grave encourue doit seule être prononcée.

Une loi même très-détaillée relative au port d'armes serait nécessaire (1).

Police et Justice.

Art. 478. Des motifs au moins aussi puissans devaient en faire établir d'entrée de cause, deux à Turin.

Art. 617. Pourquoi le troisième juge du tribunal de police ne serait-il pas un suppléant des juges de paix, ou des tribunaux d'arrondissement, et non un citoyen pris parmi les cent citoyens plus imposés ?

Art. 636. Celui qui ne remplit des fonctions de juge qu'instantanément, pour qui ces fonctions sont étrangères, qui s'en acquitte sans goût, ne prend pas un grand intérêt aux affaires; et son opinion n'est presque toujours que celle des autres membres du tribunal ; il n'en a point à lui : s'il est contraint même par mainmise sur sa personne, comment portera-t-il sur les siéges de la justice le calme d'un magistrat ! L'avis de l'humeur sera-t-il celui de la raison !

Propréteur.

Art. 771. Il est membre du tribunal criminel. Il peut y exercer les fonctions de préteur quand il ne s'agit point de présider le jury de jugement : il peut donc présider un tribunal d'appel, et il est en même temps membre du tribunal de première instance, où il ne peut jamais présider qu'en matière correctionnelle, où il n'a que le rang de vice-président. Il fait donc

---

(1) La situation de la 27.ᶜ division militaire exige qu'une loi particulière maintienne à cet égard les dispositions des *Constitutions piémontaises.*

partie d'un tribunal inférieur et d'un tribunal supérieur. Tout cela joint à la distance qui existe d'ailleurs entre le préteur et le propréteur, semble faire de ce dernier trop et trop peu; et il se trouve ainsi chargé de fonctions pénibles, sans jouir d'une considération proportionnée, privation dont il ne sera probablement pas dédommagé par un fort traitement; ce qui n'est pas au reste un projet d'ambition pour les citoyens attachés à l'ordre judiciaire, qui font en y entrant preuve de désintéressement, et ne fixent leurs regards que sur l'estime publique.

Préteur.

Le préteur aura voix prépondérante. Voilà donc le magistrat unique. Nous parlons à des hommes instruits, qui savent mieux que nous ce que *Montesquieu* et d'autres écrivains célèbres ont écrit et pensé sur les magistrats uniques. L'histoire de *Jefferies*, en Angleterre, vous est connue.

A Athènes, les juges étaient en très-grand nombre.

Dans l'empire romain, le même préteur présidait différens tribunaux; mais il avait pour assesseurs un certain nombre de juges : c'était sur leurs suffrages recueillis par lui, qu'il prononçait la sentence de condamnation ou d'absolution.

Le magistrat unique ne laisse que la terreur au malheureux qui paraît devant lui; et la consolation que l'accusé trouverait dans les jurés lui est ôtée, parce qu'il sait que ces jurés seront déterminés par l'exposition que leur fera de l'affaire ce magistrat unique.

Si le préteur tient fréquemment de grands jours, ils perdront beaucoup de leur prix par cette fréquence.

S'il les tient rarement, et il y sera forcé, les jugemens seront retardés, la prison des prévenus sera prolongée.

Puisque nous n'avons plus besoin de ces antiques grands-jours institués « pour réprimer les abus, et subvenir aux opprimés en contenant les sei- » gneurs dans leur devoir », qu'on institue des préteurs qui viennent une ou deux fois l'année, tenir une séance extraordinaire auprès des tribunaux criminels, pour examiner si les juges s'acquittent de leur devoir, pour entendre les plaintes que l'on fera contre eux, et qu'ils rendent compte au Gouvernement de tout ce qu'ils auront observé.

Que les tribunaux criminels ne soient que des sections détachées des tribunaux d'appel.

Art. 827. Pour prévenir tout accident, il serait à propos de ne donner communication des pièces du procès qu'en expédition; et une seule copie n'entraîne pas de grands frais.

Jury d'accusation, Jury de jugement.

Nous nous sommes tus sur cette institution, parce que, si elle peut être bonne, nous avons encore besoin d'une nouvelle expérience pour savoir si ses avantages l'emporteront enfin, comme on doit l'espérer, sur ses inconvéniens.

OBSERVATIONS SPÉCIALES *relatives au Piémont.*

Si l'institution des jurés est un bienfait, nous ne craignons pas de dire que la 27.ᵉ division militaire ne peut encore être appelée à en jouir.

Les prévenus y sont en trop grand nombre pour que de grands jours suffisent à l'expédition des (1) procès criminels : nous l'assurons avec confiance, des tribunaux spéciaux sont encore ici nécessaires.

Mais qu'il nous soit permis d'émettre un vœu, celui d'une organisation différente.

Que le tribunal criminel et spécial soit composé de six juges civils ; que les trois juges, qui manquent pour le compléter, soient des membres du tribunal d'appel. Vous ne sauriez croire combien le tribunal criminel perd aux yeux du vulgaire, par l'admission des juges de première instance, quel que soit leur mérite.

Et si des affaires d'État commandent de revêtir le grand costume, ou il faut le laisser, ou il faut le prendre avec la bigarrure du costume ordinaire des juges empruntés ; bigarrure qui produirait un mauvais effet.

De petites choses en sont quelquefois de grandes pour le peuple ; et c'est principalement au peuple qu'il faut chercher à inspirer pour la magistrature un respect religieux.

La police de toutes les prisons est attribuée au commissaire général de police, et tous les préposés de ces maisons sont à sa nomination et à ses ordres. L'on a senti, dans plusieurs occasions, que la police des prisons du tribunal devait appartenir à ce tribunal.

Signé BERTOLOTTI, *président ;* GENEIX, SALVAGE, *juges ;*
BONNAULT, *commissaire ;* MASTELLONI, CLOCHAI, *substituts.*

---

(1) Le tribunal criminel de Turin a eu à s'occuper, dans l'espace de deux ans, du sort de plus de deux mille prisonniers.

OBSERVATIONS

DU TRIBUNAL CRIMINEL

DU PUY-DE-DÔME,

SUR

LE PROJET DE CODE CRIMINEL.

OBSERVATIONS

DU TRIBUNAL CRIMINEL

DU PUY-DE-DOME,

SUR

LE PROJET DE CODE CRIMINEL.

Cᴉᴛᴏʏᴇɴ ɢʀᴀɴᴅ-ᴊᴜɢᴇ ᴍɪɴɪsᴛʀᴇ ᴅᴇ ʟᴀ ᴊᴜsᴛɪᴄᴇ,

Lᴀ nation Française est arrivée à un si haut degré de civilisation et de lumières, qu'il semble au premier coup-d'œil que rien ne soit plus facile que la formation de son Code criminel : mais, lorsqu'on réfléchit à la nombreuse population de notre République, formée par l'agrégation de plusieurs peuples que la victoire a réunis sous une même loi, sans en changer les mœurs, les passions, les goûts et les préjugés, dont les degrés d'instruction et les formes d'éducation ne sont pas les mêmes ; à cette multiplicité, effrayante pour l'imagination, de cas divers qu'il faut prévoir, coordonner et graduer ; à l'influence salutaire ou funeste pour l'existence, la liberté et la tranquillité des citoyens, le bonheur social et les mœurs publiques, que peut avoir la moindre idée fausse en législation ou tout système basé sur des principes peu certains ; on s'arrête, on n'ose toucher à ce qui existe, dans la crainte de créer des abus nouveaux et inconnus en remplacement d'autres abus certains, connus et inévitables : il faut alors tout le génie et le grand caractère du chef d'un Gouvernement, et sa volonté bien prononcée, pour tenter de faire le mieux et y réussir. « Heureux les peuples dont les chefs sont philosophes ! » disait la savante antiquité. Nos destinées nous auraient-elles réservé l'avantage de voir réaliser ce souhait !

La réformation du Code criminel fut un des grands bienfaits de l'assemblée constituante, et par ses travaux en cette partie, elle mérite que son nom soit inscrit avec reconnaissance dans les fastes de l'humanité ; par elle l'innocence n'eut plus autant à craindre et à gémir, put se défendre et fut protégée, l'accusé ne fut déclaré coupable que par l'évidence des

Puy-de-Dôme.   A

preuves et la certitude des faits; dans le coupable lui-même elle vit et respecta encore le caractère de l'homme, et elle n'infligea que les peines les plus strictement nécessaires.

Après les travaux d'aussi grands hommes d'État on est étonné qu'il reste encore à faire, et que les temps et l'expérience aient à nous dévoiler des parties faibles; les Codes de 1791 et de l'an 4 en ont présenté beaucoup; le vœu national demandait une nouvelle réformation, des hommes instruits y ont travaillé, et par vos soins, Citoyen Grand-juge, un faisceau de lumières va se former de la réunion des observations que vous avez demandées aux divers tribunaux, sur le projet de Code criminel que vous nous avez adressé officiellement. Nous allons vous soumettre les nôtres; elles sont le fruit de notre expérience et de nos réflexions, mais nous sommes loin de penser qu'elles soient toutes vraies et fondées, ou qu'elles n'aient pas été prévues par les rédacteurs du Projet ou par nos collègues des autres tribunaux, et nous sommes bien convaincus que le désir ou la perception du mieux ne sont pas toujours accompagnés de la faculté de le découvrir ou de le faire connaître.

Le Projet nous a paru d'une conception vaste et hardie, on y reconnaît la touche d'une main habile et exercée, les rédacteurs ont fait beaucoup pour les progrès de notre législation criminelle, et justifié, sous bien des rapports, le choix du Gouvernement : nous leur offrons notre juste tribut d'éloges.

Ce n'est qu'après avoir long-temps étudié et réfléchi sur l'ensemble, les détails et les rapports du Projet que nous avons cru découvrir quelques imperfections échappées ou inaperçues, quelques idées nouvelles dont l'exécution serait impossible ou funeste; peut-être sommes nous nous-mêmes dans l'erreur; il est si facile d'y être entraîné dans une matière aussi délicate.

Nous ferons précéder nos observations particulières sur les divers articles du Projet de quelques idées générales.

1.° Sur la composition des diverses parties du Code.

2.° Sur l'ordre dans lequel les parties doivent être rangées.

3.° Sur la nécessité des définitions légales et leur importance en matière criminelle.

§. I.er Le projet de ce Code est divisé en deux parties; la première traite des crimes, des délits, des contraventions et de leur punition, des peines et des personnes punissables; la deuxième de la police et de la justice.

Pourquoi réunir en un Code criminel ces deux parties? Ne sont-elles pas de leur nature absolument distinctes et séparées? La première ne doit réellement se composer que du droit criminel français; la deuxième, qui n'est relative qu'à l'administration de la justice criminelle, à la procédure, doit en être détachée et faire l'objet d'une loi particulière; voici nos motifs :

Les législateurs ont pensé jusqu'à ce jour que l'homme vertueux trouvait, en faisant le bien, des jouissances assez grandes en son cœur, sans que la société s'occupât des moyens d'exciter, de constater et de décerner des récompenses aux grandes vertus, aussi n'a-t-il jamais existé de Code des bonnes actions ; on dirait qu'on ne sait que punir et non prévenir, et nous avons des Codes criminels ! C'est par les peines qu'on a voulu forcer l'homme au bien, et arrêter les progrès de la corruption ; ce système a eu des conséquences funestes en morale ; les hommes se sont peu-à-peu assourdis au cri de la loi naturelle ; ils n'ont consulté que le livre de la loi civile ; il s'est formé une conscience légale toute négative : c'est dans les Codes criminels qu'on a cru devoir puiser les idées de vice, de vertu, de bien et de mal ; ce qui n'était pas défendu, puni ou prévu, a paru permis, et a été entrepris.

Le Code criminel est devenu la source de la morale publique ; il faut donc apporter le plus grand soin à la rendre pure, et donner à ce Code un caractère de stabilité, de permanence dont ne peut être susceptible la forme de l'administration de la justice ; il devrait être invariable, comme la raison, dont il serait l'ouvrage le plus important et le plus respectable ; il est le principe et le lien de toute organisation sociale ; basé sur la nature de l'homme, il ne devrait recevoir aucune modification des formes ou des divers systèmes de Gouvernement.

Il n'en est pas de même de l'administration de la justice criminelle ; comme celle du civil, elle tient à l'organisation générale et politique de l'État ; elle en reçoit immédiatement l'influence ; les changemens de l'une en nécessitent dans l'autre, et ils n'ont pas de conséquences funestes pour la tranquillité publique ; on peut, sans danger, varier sur le nombre, le choix et le mode de nomination des fonctionnaires, sur leurs diverses attributions, et sur l'ordre hiérarchique à établir entre eux : les ministres, les organes de la loi sont des êtres variables, secondaires ; mais la loi doit être toujours la même, invariable et impassible.

Pourquoi ne pas imiter au criminel, l'organisation adoptée au civil, avec les changemens et modifications indispensables, en raison de la différence des parties ! Nous avons un Code civil français séparé de l'organisation judiciaire civile et de la procédure : nous pensons que le Code criminel ne devrait renfermer que la définition, la classification et subdivision des crimes, délits et contraventions ; la définition, la classification et la graduation des peines ; et que l'administration de la justice criminelle, la forme de procéder ou procédure criminelle, devraient être des lois ou réglemens particuliers, tels que l'ordonnance de 1670.

§. II. Si la vérité dans les idées, la clarté, la précision dans leur expression, la classification et la méthode dans leur exposition, sont le premier mérite d'un simple ouvrage littéraire ou scientifique ; elles sont d'une nécessité absolue dans un Code criminel ; et sans elles , qu'importent la beauté de quelques détails , et la perfection de certaines parties !

Sous ce rapport , le projet de Code ne doit-il pas être modifié ! La classification en est-elle faite dans l'ordre le plus naturel de la pensée !

Nous avons été amenés à l'examen de ces deux questions par les réflexions suivantes.

Qualifier (art. 2 et 3 du Projet) les actions de crimes , délits ou contraventions par la pénalité à laquelle elles donnent lieu , tandis que c'est par leur essence , leur nature , leurs effets , la volonté et l'intention qu'elles sont mauvaises ou bonnes , crimes ou vertus, défendues ou permises , n'est-ce pas prendre l'inverse des idées les plus simples ! L'action précède les résultats utiles ou dangereux qu'elle peut avoir ; elle est vertu ou délit par l'intention et ses effets ; il faut donc la définir , la caractériser de la manière la plus précise , avant d'armer l'autorité publique du glaive menaçant de la justice ; la loi ne les punit que parce qu'elles sont mal , mais elles ne sont pas mal , parce qu'elles sont punies. Il est plus essentiel qu'on ne pense, de ne donner aux hommes que les idées les plus vraies en législation ; le frein moral qu'on nomme loi naturelle ou conscience , a ses lois qu'il faut rappeler sans cesse et proclamer ; leur observance serait la source du bonheur public , et rendrait toutes les lois positives , inutiles.

Ne serait-il donc pas dans l'ordre que le Code criminel présentât, dès ses premiers articles, la définition, la série et la classification des diverses actions qui sont des violations , des inexécutions, contraventions ou omissions de la loi ! et encore de quelle loi ! Est-ce de la loi naturelle ! Chacun peut, suivant ses lumières, ses connaissances , ses goûts ou ses passions , l'interpréter différemment, et nous serions abandonnés à un arbitraire excessivement funeste. Est - ce de la loi positive (ce qu'on ne peut révoquer en doute) ! Alors il faut un livre préliminaire qui ne renferme que l'exposition de ces grands principes de morale, de justice, de raison éternelle et invariable, dont les articles des livres suivans ne doivent être que les développemens , les conséquences et l'application , et ce n'est qu'après ce livre préliminaire et celui relatif aux délits, à leurs nuances et aux personnes punissables, que devrait se trouver celui qui traite des peines : on prévient en instruisant, et on ne doit punir que parce qu'il y a impossibilité de faire autrement.

Le Code civil a son titre préliminaire, pourquoi le Code criminel n'aurait-il pas le sien ! Où il y a parité de raison , pourquoi des différences !

§. III. Le langage de la loi doit être le modèle de la pureté de la langue ; la lettre et l'esprit doivent s'y confondre pour ne présenter qu'un tout clair et précis. Livrée à l'étude de tous les hommes, la loi doit, par ses expressions, être à la portée de tous.

Le juge l'étudie pour l'appliquer;

Le jurisconsulte, pour en saisir les rapports et les conséquences;

Le défenseur, pour y puiser les moyens de sauver l'innocence ou d'affaiblir la culpabilité ;

L'accusé, pour y connaître ce qu'il a à craindre ou à espérer;

Le simple particulier, pour y trouver la règle de ses devoirs.

Il est donc de la dernière importance que le langage de la loi soit simple, mais exact; que tous les cas prévus soient définis avec cette précision rigoureuse qui repousse les commentaires, les interprétations et l'arbitraire: il faut que dans toutes les actions de sa vie, un citoyen puisse savoir en quel cas il est innocent ou en quel cas il est coupable. Une loi obscure, un cas mal défini, une circonstance aggravante ou atténuante, mal présentés, sont très-dangereux; l'innocence peut être sacrifiée, et la culpabilité soustraite à la peine due à ses forfaits.

Nous avons cru remarquer que les rédacteurs du Projet n'ont pas apporté une attention assez sévère sur cette partie de leur travail; leurs définitions sont souvent obscures ou irrégulières; tous les cas importans ne sont pas prévus, leur classification ou subdivision peu naturelles ou non achevées.

Après vous avoir exposé les aperçus généraux, nous allons vous offrir nos réflexions particulières sur chacun des articles qui nous en ont paru susceptibles.

PREMIÈRE PARTIE.

CRIMES ET DÉLITS.

Art. 1.er à 8. Les définitions paraissent incomplètes et inexactes. Pourquoi ne pas adopter la division des peines que renferme le livre II de la loi du 3 brumaire an 4, art. 555 à 560 inclusivement! Nous saurions ce qu'on doit entendre par peine afflictive ou infamante, dont il est parlé art. 2 du Projet, et dont on cherchera envain la définition et la série. N'était-il pas prudent de la donner, lorsque c'est par la nature de la peine afflictive ou infamante qu'on croyait devoir qualifier les actes de crime!

Comme nous avons attaqué plus haut le mode de qualifier l'acte de crime par la peine, tandis que ce doit être par sa nature et sa gravité, nous ne reviendrons pas sur cet objet, et nous nous bornerons à vous proposer la réunion des articles 1, 2, 3 en celui-ci :

« Faire ce que défendent ou ne pas faire ce qu'ordonnent les lois, qui
» ont pour objet le maintien de l'ordre social et la tranquillité publique, est
» un acte ou omission qualifié de crime, délit ou contravention, selon la
» nature, la gravité et les circonstances du fait, et puni de peines qui,

» prononcées par les tribunaux criminel, correctionnel ou de simple police ;
» en prennent le nom. »

LIVRE Ier *Des Peines criminelles, correctionnelles, et de leurs Effets.*

LIVRE II. *Des Personnes punissables ou responsables pour Crimes ou pour Délits.*

Ces deux livres, qui sont les premiers du Projet, ne doivent être placés dans le Code qu'après ceux qui traitent des divers genres de crimes, délits et contraventions.

Art. 11. « Les peines seront aussi, soit pour crimes, soit pour délits, le ren-
» voi sous la surveillance spéciale ou à la disposition du Gouvernement. »

Ces peines avaient été inconnues jusqu'à-présent dans notre législation ; on ne peut les adopter ou les rejeter sans de très-grandes considérations : nous avons par cela même cru devoir en examiner la nature, l'étendue et les effets avec la plus sérieuse attention.

Les articles 11, 49, 50, 51, 52, 53, 54, 55, 56, 66, 74, 75, 178, 208, 237, 248, 303, 305, 360, 374, 379, 383, 397, 403, 410, 606, 718 et 1161, sont relatifs à la peine du renvoi sous la surveillance spéciale du Gouvernement, au cas où elle peut être ou est de droit prononcée, au temps de sa durée, à ses effets, au cautionnement à fournir au Gouvernement et à la partie intéressée, à la pénalité qu'entraîne l'impossibilité ou le refus de fournir ce cautionnement.

En conférant ces divers articles, nous avons cherché vainement des notions précises sur ce nouveau genre de pénalité ; il n'est ni défini, ni précisé, on se demande où l'individu sera renvoyé ! devant quelle autorité administrative ou judiciaire, supérieure ou secondaire ! qui exercera cette surveillance ! quelles en seront les limites et les effets ! quelle atteinte ou modification elle apportera à l'exercice des droits naturels, civils ou politiques ! quels actes seront permis ou défendus ! quel sera le mode de constater les infractions ! quel livre, quel code traceront les droits, les devoirs des condamnés et des surveillans ! est-ce une nouvelle censure qu'on veut créer ! où en sont l'organisation et l'administration !

Dans le sens que présentent ces articles, quelle idée attacher à ce mot *Gouvernement!* sont-ce les chefs de l'État ! les ministres ! les commissaires près les tribunaux ! les autorités administratives ou judiciaires ! « On lui
» attribue le droit de fixer un cautionnement de bonne conduite, sans en
» déterminer les bases, le *minimum* ou le *maximum*, et le droit d'or-
» donner, à défaut de fournir ce cautionnement, l'éloignement d'un indi-
» vidu d'un lieu, et sa résidence continue dans un autre, en cas de dé-
» sobéissance ; ou si le Gouvernement juge que la liberté d'un individu est
» dangereuse, soit à la chose publique, soit à la partie intéressée, il aura
» le droit de faire arrêter l'individu, et de le détenir dans un atelier pendant
» la durée de l'état de surveillance. » A quels caractères ! par quels moyens !

suivant quelles formes ! sur quels dénonciations, procès-verbaux, déclarations, reconnaîtra-t-on que la liberté d'un individu est dangereuse !
L'entendra-t-ton ! le jugera-t-on ! Quels seront ses juges et ses moyens de
repousser les fausses accusations !

Rien de ceci n'est calculé ni prévu ; tout est abandonné à l'arbitraire,
tandis que ce mot devrait être rayé d'un Code criminel. Permettez-nous
encore quelques développemens.

Donner à une partie intéressée le droit d'exiger un cautionnement, c'est
ouvrir la carrière aux passions, à l'intérêt, créer un nouveau système de
spéculation, odieux par sa nature, dangereux par ses effets et ses conséquences.

Comment ! un individu puni correctionnellement pour récidive, sera de
plein droit mis sous la surveillance du Gouvernement pendant *cinq* ans, et
pourra l'être pendant *dix*, pour une insulte légère ou grave ! Pour un
simple délit, pour un mouvement de vivacité ou d'imprudence, un père
de famille sera renvoyé en surveillance spéciale ! Il faudra qu'il donne au
Gouvernement et à la partie intéressée un cautionnement dont on ignore
la quotité et la forme de le fixer, tandis que la moindre amende que doit
prononcer en connaissance de cause un tribunal, est fixée par *minimum*
ou *maximum* ! Faute de fournir ce cautionnement, le citoyen n'est plus
libre de se transporter où ses affaires, son commerce, son état l'appellent ;
il peut être arraché de sa famille ; le Gouvernement peut ordonner son
éloignement, ou sa résidence dans un lieu déterminé !

L'homme mis en accusation, mais acquitté, doit être renvoyé en liberté
(art. 880) ; son innocence a été reconnue, pourquoi donner aux tribunaux
le droit de le renvoyer en surveillance spéciale (art. 54) ! Pourquoi donner
à la haine un moyen sûr et facile de s'exercer ! On croit facilement le mal,
et rien n'est plus commun que de voir des jurés d'accusation voter légèrement, et laisser à ceux de jugement le soin d'examiner l'affaire. Un
infortuné, victime deux fois des trames de ses ennemis, aura été traduit
devant les tribunaux par suite d'accusation, et il a à craindre le renvoi
sous la surveillance spéciale ; mot vague non *défini* ni *compris.* Qui requerra
ce nouveau genre de peines ! Sera-t-il entendu cet accusé ! Pourra-t-il se
défendre ! produire des témoins ! &c., &c.

Quels sont les crimes de nature à mériter peine afflictive ! on ne le
dit nulle part ; nouvelle incertitude pour faire l'application de l'article 1161.

Pourquoi introduire ce nouveau genre de police qui, limité à un temps,
semble circonscrire un terme à la vertu ou au vice, et ravir l'espoir de
faire oublier des torts en les réparant de suite ! créer une nouvelle armée
de satellites intéressés à ne voir qu'en mal, vivans de délations, et glaçant
par leur présence l'épanouissement de l'amitié et de la confiance ! Les
peines doivent être nécessaires et justes, la surveillance spéciale ne serait

dans beaucoup de cas ni l'une ni l'autre ; l'idée peut en être utile, alors il faut l'expliquer plus clairement, et l'appliquer à des cas plus importans, tels que ceux prévus par l'article 55.

Quant au renvoi à la disposition du Gouvernement (art. 11 et 57), nous croyons qu'il est inutile, parce que le condamné, pendant toute la durée de sa peine, est de droit et de fait à la disposition du Gouvernement, qui peut l'occuper dans les ateliers, ou le retenir détenu dans les diverses prisons dont il a la haute administration et la police.

Art. 13. « Il demeurera exposé aux regards du peuple pendant une » heure. »

Nous croyons que les articles 2, 3 et 4 de la loi du 25 septembre 1791, sont préférables ; il y a plus de raison, de philosophie, de convenance avec nos mœurs.

Pourquoi multiplier les vexations et les tourmens ! pourquoi accoutumer les peuples à cette férocité de spectacle, qui tend à rendre cruel et atroce ! Que penser de cette torturation légale dans un siècle qui ose se dire civilisé ! Les crimes qu'on punit sont affreux ; mais donnent-ils le droit d'être aussi cruels, en s'abreuvant comme des cannibales, de douleur et de larmes ! la loi doit punir, mais non se venger.

Point de proclamation par l'exécuteur ; cet être est utile, mais ce n'est pas par son organe que la loi ou les tribunaux doivent se faire entendre ; le greffier ou un huissier pourraient faire cette proclamation.

Art. 14. Pourquoi faire une distinction entre des cadavres ! la mort, ce seul et véritable niveau pour tout ce qui eut vie, a tout effacé ; toutes distinctions ont disparu, une froide égalité plane sur les cadavres ; et tenons nous-en aux dispositions de l'article 4 de la loi de janvier 1790.

Art. 15. Cette mesure est inadmissible ; elle tend à perpétuer les haines dans les familles et entre les communes, à attrister, sans utilité, les yeux des voyageurs, à effrayer leur imagination ; couvrons du voile de la terre les crimes qui déshonorent sa surface, et tâchons de les faire oublier : ne perpétuons pas les annales du crime, créons-en plutôt pour la vertu.

Art. 17. L'entretien, la confection des routes, l'ouverture et le curement des canaux, devront être faits dans chaque préfecture par les condamnés à temps ; cette partie d'administration publique mérite d'être examinée.

Art. 22. « Néanmoins, le Gouvernement...... »

Ce paragraphe devrait être retiré du Code criminel, pour faire partie de celui du régime particulier et administratif des lieux fixés pour la déportation, ou abandonné à la prudence du Gouvernement.

Art. 25. « Dont le produit pourra être en partie...... »

Il paraîtrait convenable de s'en tenir aux dispositions de l'article 17 du titre I.ᵉʳ du Code pénal, qui détermine la quotité des portions qui doivent appartenir à la nation et à l'individu.

Art. 26.

Art. 26. « Sera attaché à un carcan...... »

Il faut substituer à ce mot celui de *poteau ;* le carcan est un genre de peine par lui-même , et dans ce cas , il ne faut qu'un moyen physique pour retenir le condamné exposé en spectacle public.

Art. 28. Mêmes observations que sur l'article 13 relatif à la proclamation ; par l'article 31 de la loi du 25 septembre 1791, cette proclamation devait être faite par le greffier ; on peut continuer cette mesure ou la faire faire par un huissier.

On penserait que la proclamation devrait être ainsi rédigée :

« Le tribunal, au nom de la loi, vous a déclaré infame &c. » ; car dans ces procédures le tribunal n'est que l'organe de la loi ; il ne joue pas un rôle séparé d'elle.

Art. 29. Cet article est trop vague, trop général ; il abandonne un droit de châtiment à un exécuteur, qui en devrait agir que dans les cas prévus et déterminés par la loi.

Art. 31. Ne serait-il pas plus conforme aux principes que ce fût le tribunal qui , sur la réquisition du commissaire, ordonnât l'exécution plutôt en un lieu qu'en un autre, et que le jugement en renfermât une disposition particulière et précise ?

Art. 41. « Affiché » Il conviendrait d'ajouter, « dans tous les chef-lieux de canton. »

Art. 42 , 43 et 44. *Voyez* l'article 3 de la loi du 25 septembre 1791.

La confiscation nous paraît en général odieuse et injuste ; admise un instant par la loi du 1.er brumaire an 2 , nous en avons fait , en révolution , une trop triste expérience ; et le législateur a été forcé de la rapporter , par la loi du 14 floréal an 3, en avouant les abus auxquels elle avait donné lieu.

La pensée d'enrichir un Gouvernement de la dépouille d'un criminel, est immorale ; punir le père de famille est souvent nécessaire ; mais enlever à ses enfans sa fortune , les moyens d'existence, c'est déverser sur l'innocence la pénalité due au crime seul ; c'est une injustice , les enfans sont assez malheureux ; laissons leur les moyens d'acquérir des talens qui fassent disparaître aux yeux de la société la tache dont le préjugé les couvre.

N'oublions pas qu'elle fut inventée par *Sylla,* proscripteur ; employée par *Tibère,* fauteur et provocateur des délations ; rejetée par *Trajan* et les *Antonins.*

Les frais seuls de la procédure sont dus , et la loi du 18 germinal an 7, renferme les dispositions à conserver. *Voyez* l'article 532 , où nous exprimons le vœu pour que cette mesure n'ait lieu qu'en cas d'émigration.

Art. 45. « Peines de détention. »

Ce mot n'est pas assez désignatif ; tout individu arrêté et mis sous la garde d'un autre est détenu ; il est trop vague, trop général : ne pourrait-on pas le remplacer par celui des travaux correctionnels forcés ?

« La durée de cette peine. . . . . »

Cet alinéa devrait être détaché de cet article , et renvoyé au titre particulier sur la durée des peines.

Art. 46. Même observation que sur l'article 25 , relative à la fixation des quotités du prix.

Art. 47. Cette innovation est remarquable ; elle est dangereuse, et il serait singulier d'abandonner aux tribunaux correctionnels le droit de ravir aux citoyens l'honneur, souvent plus cher que la vie ; tandis qu'ils ne peuvent prononcer sur les crimes qui peuvent la compromettre, ce serait leur donner une influence politique immense. A quels actes, d'après quels caractères connaîtra-t-on si un citoyen est indigne de la confiance du Gouvernement et des tribunaux ! Si l'exercice de ses droits politiques peut avoir des dangers ; si on doit briser les liens et l'isoler moralement de sa famille, suivant quelles formes pourra-t-on le juger ! La première, comme la plus légitime des puissances, est la paternelle : combien ne serait-il pas délicat d'aller toucher à son sceptre ! comment la remplacer ? S'il est nécessaire d'arrêter les progrès de la corruption descendant des pères aux enfans, les moyens qui sont proposés ne nous paraissent pas atteindre ce but , et nous ne pouvons y donner notre assentiment.

Art. 48. De quels tribunaux entend-on parler ! Cet article est mal placé ; il devrait être porté dans le paragraphe qui traite des délits contre la sûreté de l'État : les délits ne sont pas précisés assez clairement.

Art. 64. Cet article suffit à lui seul pour tout ce qui est proposé sous le nom de *renvoi en surveillance spéciale* ; il nous paraît excellent, et nous croyons qu'il en a tous les avantages, sans en avoir aucun des inconvéniens.

Art. 68. Cet article pourrait être subdivisé.

§. V. Ajouter : « sachant l'usage auquel ils étaient destinés ou connaissant la nature de l'action. »

§. VII. Pourquoi tendre, par une disposition aussi pénale, à fermer tous les cœurs, à les punir d'avoir exercé la plus belle des vertus, l'hospitalité. Le crime seul est coupable ; la société doit en solliciter la punition ; mais n'étouffons pas le germe des qualités les plus belles et les plus grandes, la sensibilité. Ne la mettons pas, par les peines, sur la même ligne que le crime : beaucoup de nations respectent les asiles de la religion ; soyons plus philosophes ; respectons ceux de la philantropie. Cette mesure serait presque nulle, et elle déshonorerait notre Code : distinguons les motifs de complicité de ceux d'hospitalité ; et si on persiste à infliger des peines, qu'elles soient légères, et dans le cas suivant seul, contre « ceux qui auraient donné asile » ou recelé, pour les soustraire à la justice, des individus qu'ils savaient » être condamnés. »

§. IX. Double emploi avec le paragraphe premier, à rayer.

Art. 69. « Connaissance…» Nous pensons qu'il faut ajouter: « con-
» naissance de participation ou de complicité de l'une ou de plusieurs des
» circonstances qui ont précédé, accompagné ou suivi le délit. »

Art. 70. Pourquoi ne pas donner les caractères légaux de la force! Puisque d'elle dépend la criminalité ou non criminalité de l'action, comment
prouver et constater ce degré irrésistible de force! La loi doit s'expliquer
plus clairement.

Art. 71. Quels sont encore les caractères légaux de l'excusabilité! Il eût
fallu les spécifier et les insérer ici.

Art. 72. Il semble qu'on pourrait devancer le terme par l'effet de la civilisation, du progrès des lumières et de la forme de l'éducation. Les enfans
sont, quant à leurs facultés morales et intellectuelles, trop précoces pour
les laisser jusqu'à seize ans dans cet état d'indiscernement présumé ; nous
proposerions de le reduire à quatorze ans.

Nous placerons ici une réflexion qui nous a toujours suivis dans l'exercice
de nos fonctions. On laisse les enfans dans la même prison avec les hommes
condamnés pour crime : l'exemple, les conseils, le crime, se glissent, s'insinuent
dans ces ames encore tendres. On voulait punir une première faute, et on place
ces infortunés dans les sentiers du vice, à l'école de la perversité ; et ils sortent
moins corrigés, plus corrompus et plus dangereux. Evitons ces inconvéniens ;
qu'une prison isolée, administrée sévèrement, renferme cette jeunesse in-
considérée ; qu'elle soit un séminaire de vertus, et qu'ils n'en sortent que
pour faire oublier, par leur bonne conduite, des torts expiés et réparés.

Art. 77. On pourrait à la suite ajouter l'article 7 du titre V du Code
pénal de 1791, relatif aux octogénaires.

Art. 84. Cette peine n'est pas suffisante ; c'est le cas où il faut effrayer
et punir : nous votons pour la peine de mort.

Art. 87. Mêmes peines contre les fonctionnaires publics, leurs secrétaires
ou agens.

§. II. « La flétrissure et la déportation, » au lieu de « la relégation ».

Art. 89. « Quiconque, &c. sera condamné à la peine de reclusion, &c. »

Pendant combien de temps ! Pourquoi ne pas déterminer un *minimum*
et un *maximum !*

Art. 90. Nous persistons dans nos observations sur l'article 42 ; et sur
le 532.ᵉ

Art. 91. « Il y a complot, &c. » Ajoutez: « mais dont les effets n'ont été
» suspendus que par des circonstances indépendantes de leur volonté. »

Art. 92. Mêmes observations que sur les articles 42, 43, 44, 532,
relatifs à la confiscation.

Art. 97. Nous proposons la rédaction suivante au lieu de celle du Projet:
« Les auteurs, rédacteurs, distributeurs de bulletins, placards et affiches,
» distribués publiquement, dont le but était de provoquer à la révolte et

» à la sédition, dont l'effet s'en serait suivi ou n'aurait été empéché que par
» des circonstances indépendantes de leur volonté ; ceux qui, par leurs dis-
» cours publics, auraient eu l'intention de produire les mêmes effets, seront
» réputés coupables des mêmes crimes. »

Art. 98. Point de confiscation. *Voyez* l'article 42 et 532.

Art. 99, 100, 101 et 102. Ordonner la délation, en la couvrant du nom de *réticence civique*, c'est outrager la morale et proposer une mesure inutile, impolitique, corruptrice, d'une exécution difficile et dangereuse pour la tranquillité des citoyens, en les abreuvant d'inquiétudes et de soupçons : une invitation est préférable, et fera tout sur les cœurs honnêtes ; les autres ne méritent pas la confiance du Gouvernement.

Art. 112. Ajouter les mots : *sciemment fait usage*.

Art. 116. Point d'amende envers un fonctionnaire public ; c'est avilir son caractère, porter atteinte au respect qui lui est dû, le punir d'une erreur, et faire payer de sa bourse une erreur ou un oubli de sa plume ; il peut y avoir nullité de l'acte, avertissement, censure, destitution ou forfaiture contre le fonctionnaire, suivant les cas.

Art. 122. Point d'amende (*Voyez* nos réflexions sur l'article 116.); mais un avertissement ou censure verbale ; en cas de récidive, censure écrite, prononcée par le tribunal même, sur le réquisitoire du commissaire du Gouvernement, les parties intéressées, citées et entendues.

Art. 123. Il faut que la réclamation soit écrite et notifiée.

Art. 124. Point d'amende (*Voyez* l'article 116) ; mais avertissement ou censure comme à l'article 122 : point d'interdiction, mais destitution en cas de récidive ; il ne faut pas de demi-mesures vis-à-vis des fonctionnaires publics ; ils n'ont de force que par la confiance et l'opinion ; il faut la leur laisser ou les destituer.

Art 126. On propose ce changement :

« Si les actes ont été faits postérieurement à la déclaration de leur incons-
» titutionnalité, les auteurs seront de droit, et sans qu'il soit besoin d'auto-
» risation du Gouvernement, ou de renvoi à un tribunal, poursuivis et punis
» comme coupables, s'il y a lieu. »

Art. 127. Pas de confiscation des biens, mais confiscation spéciale des outils, instrumens, matières ouvrées et premières.

Peine de la déportation ou de la relégation, au lieu de la peine de mort. Le Code pénal de 1791, section VI, article 1.er était bien moins rigoureux : il ne condamnait les coupables qu'à quinze ans de fers.

Art. 128. Le distributeur condamné à la restitution, à une amende triple, à un emprisonnement d'un à six mois, prononcé par le tribunal correctionnel.

Art. 129. Point de confiscation générale, mais la spéciale, comme en l'article 127 ; condamnation à la restitution ou remboursement , aux dommages - intérêts envers l'État et la partie lésée.

§. I , II et III. Après le mot *usage*, il faut ajouter ,*sciemment et volontairement.*

Art. 130 et 131. A rayer, par les raisons développées sur les art. 99 , 100, &c.

Art. 132. Insérer la question intentionnelle, en l'expliquant par les mots *sciemment et volontairement.*

Art. 133. Ils devraient en outre être condamnés à l'indemnité ou dommages-intérêts envers la partie lésée.

Art. 134. On propose la peine des travaux à temps , et la condamnation à l'indemnité ou dommages-intérêts envers la partie.

Art. 136. Quelle sera la durée de ce temps de reclusion ! pourquoi ne pas le fixer !

Art. 137. Inutile, parce qu'il vaut mieux , à la suite de chaque article, ajouter la totalité des dispositions ; cela est plus régulier et plus complet.

Art. 141. Interdiction non limitée, mais perpétuelle: point de transaction avec l'honneur national , qui repose dans la moralité des fonctionnaires publics.

Art. 152. Puni de la forfaiture ; l'amende est aussi insuffisante qu'inconvenante.

Art. 153. Il faut que la réquisition soit constatée, et le coupable destitué et condamné aux dommages-intérêts de la partie lésée.

Art. 154. Qu'entendra-t-on par *motif légitime!* Quel vague! quel arbitraire ! que de dangers pour l'innocence ! que de moyens évasifs pour la culpabilité puissante ou favorisée ! Nous ne cesserons de dire au législateur: définissez, précisez , et que chaque citoyen sache dans quel cas il est innocent ou coupable ; c'est l'axiome le plus vrai en législation criminelle, et auquel il n'y a pas d'exception, suivant tous les meilleurs auteurs qui ont traité les matières criminelles.

Le porteur d'ordre devrait , en le notifiant, sommer de s'y soumettre, avec déclaration qu'en cas de refus , les moyens légaux seront employés pour que force reste à la loi ; et ce ne serait qu'après cette sommation , et en cas de résistance , qu'il y aurait lieu à l'emploi de ces moyens.

Art. 155. Puni de destitution et de forfaiture ; suivant la gravité , condamner à l'indemnité et aux dommages-intérêts des parties.

Art. 156. Cet article paraît obscur et ne présente pas de sens ; on propose cette rédaction :

« Tout citoyen appelé à une fonction publique, qui l'aurait exercée » sans avoir prêté serment ou fait les promesses prescrites par la consti-» tution , est coupable d'excès de pouvoir, et , comme tel , inhabile à

» exercer ces fonctions ; il doit être condamné aux dommages-intérêts des
» parties, à l'amende, et à la destitution s'il y a lieu. »

Art. 157. Interdiction perpétuelle, au lieu de passagère.

Art. 158. L'auteur des ordres illégaux, celui qui sciemment y a obéi,
puni de destitution et de la flétrissure, amende et dommages-intérêts
envers la partie. Celui qui aurait commis le délit sans ordre, soit chef,
agent ou subalterne, puni de la même peine.

Art. 159. Cet article est à revoir. Pourquoi ne pas indiquer les délits
et les pénalités ? On ne dit pas quels ils sont, comment ils seront punis.
On ne peut livrer le sort des individus à l'incertitude de la mémoire des
fonctionnaires qui, forcés de chercher des dispositions éparses, peuvent
plus facilement commettre une erreur.

Art. 160. « Agissant pour l'exécution des lois, » *ajoutez :* « et suivant
» les formes légales. »

Art. 174, §. III. S'ils ont plus de quatorze ans, au lieu de seize, par
les raisons déduites sur l'article 72.

Art. 177. Tout condamné qui s'évaderait, par ce fait seul, condamné
au double des condamnations primitives.

Art. 178. Point de surveillance (*Voyez* art. 11). Amende et condamnation aux travaux correctionnels, de six mois à deux ans.

Art. 184. *Idem.* Condamnation de deux mois à un an.

Art. 187. Il faut que la désobéissance soit légalement constatée.

Art. 189. Pas de punition de détention contre les fonctionnaires publics
et les agens du Gouvernement ; mais avertissement, censure, destitution ou
forfaiture, s'il y a lieu (*Voyez* les articles 116, 122, 124).

Art. 198, 199. Poursuivi et puni comme faussaire; il y a eu jusqu'à ce
jour trop d'abus en cette partie ; on se joue des dispositions de la loi ; il
faut des exemples pour la faire respecter.

Art. 200. « Aura, sans excuses suffisantes, démontrées et jugées telles… » Destitution ou forfaiture, point d'amende, mais condamné aux frais.

Art. 208. Rayé (*Voyez* article 11).

Art. 245. Inadmissible sous cette rédaction, attendu l'indéfinition des
mots, *morale naturelle et publique.*

Art. 248. Rayer la surveillance. (*Voyez* article 11).

Art. 249, §. VI. Aucun costume particulier aux eclésiastique, exécuter
ponctuellement le concordat.

Art. 257, 259. Ces mots ne paraissent pas assez clairs et précis :
« Usage homicide. Instrument destiné à donner la mort. Armes meur-
» trières. »

Il faudrait s'expliquer plus précisément dans une matière aussi grave ;
ces deux articles doivent être revus, et remplacés par d'autres où les idées

soient présentées d'une manière moins sujette à commentaire ou interprétation.

Art. 261. Expliquer ce qu'on doit légalement entendre par *légitime défence de soi ou d'autrui.*

On propose d'ajouter qu'il y a légitime défense de soi ou d'autrui, lorsque les coups ou violences ont mis ou allaient inévitablement mettre en péril actuel de la vie (*Voyez* l'article 266 du Projet).

Art. 262. « Commises par deux ou plusieurs personnes. » On croit qu'on peut mettre « par une, deux ou plusieurs personnes. »

Art. 272. Ajouter, « avec connaissance des effets qui peuvent s'en suivre.»

Art. 276. Limiter le terme de quarante jours à un an.

Art. 285. Rayer les mots, *non engagée dans les liens du mariage.* Ils sont inutiles ; que la mère soit ou non mariée, le crime est le même.

Art. 286. Ajouter, « ou par suite des violences volontairement exercées dans l'intention de le faire périr. »

Art. 287 *bis.* On propose l'article suivant :

« Le filicide et le fratricide , assimilés et punis comme le parricide. »

Art. 288. Après les mots, *dénonciation et plainte de famille* , il faudrait ajouter , *légalement vérifiées.*

Art. 289. Condamner aux travaux correctionnels forcés , à perpétuité , au lieu de la reclusion.

Art. 290. Peine de mort pour un crime pareil, qui suppose une grande perversité.

Art. 295. Ajouter, « à moins de déclaration dans les vingt-quatre heures » à l'officier public de la mairie la plus voisine. »

Art. 303 , 304. Point de surveillance (*Voyez* article 11).

Art. 308. On propose de modifier cet article.

Le sciemment bigame condamné : l'homme aux travaux forcés à perpétuité ; la femme à la détention ;

Le mari ou la femme complice de la bigamie , condamné aux travaux et détention à temps ;

Officier public sciemment complice , déporté.

Art. 312. La peine n'est pas suffisante ; le repos des familles , la conservation des mœurs, le respect dû au lien conjugal, nous font proposer la reclusion jusqu'à l'âge de *cinquante ans,* à moins de réclamation de l'époux , ou, après sa mort, sur celle de la famille.

Art. 313 , 314. Laisser à l'arbitrage des juges le temps de la détention du complice de la femme adultère ; rayer les dommages-intérêts en faveur du mari, il serait inconvenable, immoral et ridicule d'en attribuer en pareil cas ; payer le déshonneur ! c'est un genre de prostitution légale qu'il faut supprimer.

Art. 315. Rayer cet article, attendu l'impossibilité de le prouver, et que c'est confier au magistrat de sûreté, un rôle indigne de ses fonctions ; c'est créer un genre d'inquisition plus immoral par son essence et ses effets que le mal lui-même.

Art. 316. Fixer le temps de la reclusion, par *maximum* et *minimum* ; condamner aux dommages-intérêts des parties.

Art. 322. Rayé (*Voyez* l'article 13).

Art. 324. Rédigé ainsi : « Mais s'il est intervenu condamnation à mort » contre l'accusé ou les accusés, par suite du faux témoignage, le faux té- » moin, en ce cas, sera condamné à la même peine. »

Art. 325, 326. Ajouter, « les dommages-intérêts des parties. »

Art. 332. On propose de laisser à la prudence des juges l'appréciation des motifs d'excusabilité qui varient suivant les individus, les faits et les circonstances de l'affaire.

Art. 334. Point d'interdiction des droits énoncés en l'article 47 ; une calomnie a pu échapper par inconséquence et non par perversité ; tel homme est bon citoyen, bon père, fonctionnaire public habile et intègre, auquel un mouvement de vivacité fait commettre une imprudence ; ce serait une punition trop grave (*Voyez* nos observations sur l'art. 47). On pourrait y substituer les dommages-intérêts des parties.

Art. 341. Adopté avec l'addition que les complices de ces vols, agissant sciemment et volontairement, seront punis de quatre à huit mois de travaux correctionnels forcés.

Art. 342. La peine des travaux à perpétuité paraît suffisante ; mais s'il a fait ces blessures ou contusions avec armes, s'il apparaît qu'il voulait donner la mort, et qu'il n'en a été empêché que par des circonstances indépendantes de sa volonté, en ce cas condamné à mort.

Art. 343, §. IV. « Ou en prenant » , ajouter, « quelque déguisement que ce soit. »

Art. 359. Après *tous*, ajouter, *instrumens*.

Art. 360. Rayer : « suspension des droits (*Voyez* art. 47) : renvoi en » surveillance » (*Voyez* art. 11) ; condamner aux dommages-intérêts, resti- tutions, &c.

Art. 367. Après « fausse qualité » , ajouter, « soit sous ses vrais noms et signatures, »

Art. 369. Pourquoi attribuer aux autres tribunaux le droit d'infliger des peines ! Il serait plus dans l'ordre de la séparation des pouvoirs, que le tribunal saisi de la contestation dressât le procès-verbal et renvoyât par- devant les tribunaux criminels pour poursuivre et statuer sur ce délit, dont les peines seraient les travaux correctionnels forcés, la restitution, les dommages-intérêts.

Art. 374, 379, 383. Surveillance rayée (*Voyez* l'art. 11).

Art. 378. Condamner en outre aux dommages-intérêts des fabricans.

Art. 382.

Art. 382. « Obscur, attentatoire à la liberté du commerce », ne paraît pas devoir être conservé.

Art. 383. Après ces mots : « sur la dénonciation du Gouvernement » ; ajouter, « poursuivis et jugés en les formes légales, et en cas de conviction. »

Art. 385. Après « quiconque aura », ajouter, « sciemment, sera con-» damné aux travaux à temps, *au lieu de* la détention. »

Art. 387. Ajouter, « le contrefacteur, l'introducteur, condamnés à une » détention, travaux correctionnels forcés, de six mois à deux ans; le dé-» bitant, de trois mois à un an; le colporteur, d'un à six mois. »

Art. 393. On propose d'ajouter, « une détention de trois à six mois contre » le directeur. » Et pour faciliter l'exécution de la confiscation, ordonner que les recettes se feront ès-mains d'un receveur nommé par l'administration , qui ne pourra les verser ès-mains du directeur ou des associés que vingt-quatre heures après le spectacle, afin de laisser le temps aux fonctionnaires publics chargés de la réparation de ce délit, de faire saisir les recettes ; car dans l'état actuel il y a impossibilité de confisquer des recettes dont le montant est distribué le soir même entre des associés qui n'offrent aucune solvabilité, et en hiver il y a impossibilité de les saisir, parce que les recettes se font la nuit.

Art. 395. Rayer la partie finale (*Voyez* les observations sur les articles 13 et 15).

Art. 385, 397, 483. Surveillance rayée (*Voyez* l'art. 11).

Art. 398. Peine des travaux forcés, *au lieu* de la reclusion.

Art. 400, 402. Ajouter, « dommages-intérêts envers les parties intéressées. »

Art. 404. Pour encourager l'agriculture et faire respecter les propriétés, il convient de punir ce délit de trois mois à un an de travaux correctionnels forcés.

Art. 407. Par les mêmes raisons, même peine.

Art. 412. Rayer les mots, *sans nécessité;* ils sont inutiles.

Art. 413, §. dern. A rayer ; en contradiction avec l'art 412.

Art. 415. Après « avoir déplacé ou supprimé des bornes » , ajouter, « ou » placé de fausses bornes. »

Art. 418. Condamner aux dommages-intérêts , et pourront l'être à une détention ou travaux correctionnels forcés d'un à huit mois.

Art. 419. Rayer. Les officiers de police sont-ils coupables ! La des-titution ou la forfaiture doit être prononcée.

Art. 421. *Voyez* les articles 11 et 47.

Art. 425, deuxième *alinea.* Un mois suffit ; en voici la preuve : la journée est évaluée communément en France à un franc cinquante cent. ; trente jours font quarante-cinq fr. ; l'amende prononcée par l'article 424 , et pour le non paiement de laquelle on retient le condamné, n'est que de un à cinquante fr. ; s'il est retenu pendant trois mois, on fait un tort de quatre-vingt-dix fois un fr. cinquante centimes , ou de cent trente-cinq fr. , à la société , à sa famille , qui sont privés de son travail ; et le Gouvernement y perd plus qu'il n'y gagne : la pauvreté n'étant pas un crime par elle-même , pourquoi toujours la punir !

Art. 427. Un mois suffit , par les raisons déduites en l'article 425.

Art. 428. Il faut peut-être ajouter aussi, que « le condamné, qui aurait » acquitté la totalité ou partie excédant sa portion, serait de droit subrogé » jusqu'à concurrence , à toutes les actions de la République , au droit de » la contrainte par corps , contre ses coobligés primitifs , et que la solidarité » continuerait entre ces derniers. »

Art. 430. Ajouter le paragraphe suivant :

§. 16. « Ceux qui n'auraient pas enfoui, dans les lieux déterminés par » les administrateurs , les bestiaux morts dans leur propriété. » .

Art. 433. Au lieu du ressort du même tribunal. On propose : « dans » l'étendue du département. »

Ajouter *sciemment* , après *vendu ou débité*.

Art. 439, §. 6. Même observation. Ajouter : *sciemment,* après ces mots : *qui auraient.*

§. 13. Abusant de la crédulité , de la confiance des citoyens , ils devraient être punis de la reclusion.

Art. 443. Il faut absolument éviter un des plus grand abus que présente actuellement notre législation ; les lois , les réglemens , les arrêtés sont disséminés dans les diverses collections ; partie des mêmes lois , arrêtés et réglemens sont abrogés ou conservés. C'est un dédale : il faudrait une vaste bibliothèque , beaucoup de temps et d'étude, et sur-tout se condamner à beaucoup apprendre pour beaucoup oublier , pour savoir ce qu'il est nécessaire de connaître et de faire exécuter ; le Gouvernement n'a jamais envoyé aux archives des tribunaux les différens Codes cités , et auxquels le juge est renvoyé. On a voulu un Code criminel , pour éviter ces inconvéniens; il doit seul rendre toutes les autres collections inutiles; et l'on doit y puiser tout ce qu'il est nécessaire de faire exécuter , et ne pas renvoyer le fonctionnaire à d'autres lois. Nous votons donc pour que les rédacteurs nous donnent enfin un Code complet par lui-même , et qui empêche d'errer ou d'oublier.

DEUXIÈME PARTIE.

POLICE ET JUSTICE.

Comme nous avons proposé de séparer cette partie, du Code criminel , nous nous serions déterminés à ne faire , sur les articles dont elle se compose, aucune observation, si nous n'avions pensé que, pour répondre à votre invitation, nous vous les devions sur la totalité d'un Projet que vous nous avez adressé.

Art. 444. Pourquoi parler toujours de peines afflictives ou infamantes, et oublier de les définir ?

Art. 448. Mais il faut qu'il ait existé contre le défunt une condamnation ou un commencement d'action civile.

Art. 454. Nous proposons cette rédaction : « Prévenir, rechercher, cons- » tater et punir les crimes, délits et contraventions, sont le but de la police et » de la justice : d'où il suit que l'action de la police doit précéder celle de » la justice. »

Art. 467, 3.ᵉ alinéa. Après ces mots *deux citoyens*, ajouter : « domiciliés » dans la même commune, chefs de famille et signataires autant que faire se » pourra. »

Art. 468. Ajouter à la fin : « et par ceux qui les auraient assistés dans les » cas prévus par l'article 467. »

Art. 469. Affirmé dans les vingt-quatre heures.

Les Art. 58, 72, 471, 475, 480, 491, 510, 523, 539, 562, 654, 660, 681, 706, 717, 733, 739, 751, 758, 808, 809, &c., renfer- ment des renvois à d'autres sous les expositions générales *ci-après, ci-dessus, ci-avant*. Pourquoi ne pas citer le numero de l'article auquel on renvoie ! il n'est pas dans l'ordre que le législateur s'explique en ces termes, et que le fonctionnaire public soit obligé de chercher sans souvent pouvoir trouver un article si mal désigné ; il serait plus convenable et plus simple de rap- porter la disposition pénale et le numéro s'il y a lieu.

Art. 477. « Fonctions de commissaire et de magistrat de sûreté. » Ces fonctions sont de nature différentes ; il ne faut pas les cumuler dans la même personne qui serait en même-temps le surveillant et le surveillé ; d'après l'article 479 il y aurait même inconvenance et impossibilité que le commissaire en chef exerçât les fonctions près un tribunal d'arrondisse- ment, et que suivant l'article 733 il se réformât lui-même dans la rédaction des actes d'accusation, et il serait aux ordres du directeur du jury pour les transports sur les lieux dans les cas prévus par l'article 566.

Art. 497. Nous serions d'avis que cet article fût retranché : nous pen- sons qu'il ne faut pas admettre ces espèces d'actes de regrets qui entre- tiennent la faiblesse ou l'inconséquence ; il faut qu'un homme soit mu par la raison et soutienne sa conduite.

Art. 506. Au lieu de deux officiers de santé, il nous a paru qu'il serait très-convenable de créer, par arrondissement communal, une com- mission composée de quatre officiers de santé, dont deux docteurs en mé- decine, deux docteurs en chirurgie, tous nommés par le Gouvernement, sur la présentation du tribunal, et assermentés, lesquels feraient toutes les visites , transports , procès-verbaux , et donneraient tous renseignemens et observations aux cas requis.

Art. 507. Même observation que sur l'article 467.

Art. 522. L'officier de santé puni comme faussaire , si , après l'instruction légalement faite relativement à ce délit , et les officiers de santé jurés entendus , il y a lieu à condamnation ; et le témoin qui aurait supposé une fausse maladie , serait poursuivi et assimilé aux faux témoins.

Art. 523. Il y a plusieurs cas à prévoir. S'il ne comparaît pas , il doit être condamné aux frais et à l'amende , à moins qu'il ne justifie d'empêchement légitime , légalement constaté , et en cas de refus de comparaître , il pourra être contraint à venir déposer.

Si comparaissant il ne veut rien dire , il serait condamné à l'amende , s'il est constaté légalement qu'il était présent ou s'il a une connaissance physique et certaine du fait sur lequel il est interpellé.

Art. 532. Inutile , attendu la suppression de la confiscation (*Voyez art. 42*) : conservé dans le seul cas de l'émigration ; l'intérêt national , la sûreté publique , l'intention du coupable , le plaçant dans une situation où il ne mérite aucun égard.

Art. 525. Ajouter à la fin : « S'il ne peut se transporter à cause d'indispo-
» sition légalement constatée , alors il pourra , comme en l'article 529 ,
» comparoir au procès-verbal par un avoué ou par un fondé de pouvoirs.

» S'il n'est pas arrêté , le procès-verbal sera rédigé en présence du maire
» ou des adjoints , du commissaire de police ; en leur absence , de deux
» citoyens , chefs de famille domiciliés , et signataires autant que faire se
» pourra. »

Art. 542. Rayer le dernier alinéa , parce que nous avons pensé , sur l'article 477 , que les fonctions de commissaire et de magistrat de sûreté ne peuvent être réunis.

Art. 548. Ajouter , « deux citoyens , chefs de famille , domiciliés , signa-
» taires. »

Art. 551 à 556. Sur les articles 551 , 620 , 771 , nous émettrons une opinion sur les motifs de laquelle nous aurions à craindre qu'on ne pensât que nous sommes suspects , si nous n'étions rassurés par le sentiment de la pureté de nos intentions et la force des raisons qui nous y ont déterminés.

L'institution des jurés a été conservée ; un fonctionnaire doit préparer leurs opérations ; pourquoi ne pas lui conserver la dénomination de *directeur de jury !* Nous y sommes accoutumés ; ce mot indique et rappelle ses fonctions , tandis que celui de *propréteur* ne caractérise que l'infériorité d'un fonctionnaire comparativement à un autre dont les fonctions sont bien différentes ; en plaçant le propréteur membre du tribunal criminel , on le fait juge de ses propres actes ; annullera-t-il les procédures par lui faites dans l'instruction ! Pourra-t-il , voudra-t-il se réformer lui-même !

La délégation d'un lieu à un autre présente beaucoup d'inconvéniens ; un fonctionnaire public tient à une famille , à des propriétés qui ne peuvent le suivre par-tout, il ne peut dépendre du caprice ou de la volonté d'un chef dont il serait trop porté à être le complaisant ou l'esclave ; le fonctionnaire doit être indépendant, et pour qu'il se dévoue en entier à ses fonctions , qu'il y acquierre les connaissances nécessaires, il lui faut une stabilité dans les idées, les goûts , les habitudes et les études, qui est diamétralement opposée à cette proposition.

Nous pensons que le directeur du jury doit être nommé pour un arrondissement déterminé , faire partie des fonctionnaires criminels , mais ne pas être membre siégeant du tribunal ; la loi du 3 brumaire an 4 nous parait fort bonne en cette partie.

Art. 557. Il faut établir la ligne de démarcation des fonctions de magistrat de sûreté et de directeur de jury , et voici ce que nous proposons :

« L'instruction criminelle sera divisée en deux parties, la première appar
» tient aux seuls magistrats de sûreté jusqu'au mandat d'amener et de dépôt,
» inclusivement jusqu'à la fin ; le magistrat de sûreté n'aurait que la voie
» des réquisitoires et conclusions, motivés et écrits, à prendre. »

Art. 558. Point au greffe du tribunal criminel , attendu ce qui est dit sur l'art. 477.

Art. 566. Quinze francs au lieu de quatre lorsqu'ils sortiront du canton de leur résidence.

Art. 567. Le directeur du jury ne pouvant jamais se déplacer sans être assisté du magistrat de sûreté, il faut le concours de ces fonctionnaires pour adopter ou rejeter cette mesure que nous croyons dangereuse, et dont nous voterions plutôt la radiation.

Art. 568. Le directeur du jury doit être complétement libre dans l'instruction et la poursuite des délits ; le magistrat de sûreté aura cependant le droit d'indiquer des témoins que le directeur du jury sera tenu d'entendre, comme de faire tous réquisitoires et prendre toutes conclusions écrites et motivées qu'il croira convenables (*Voyez* l'art. 557).

Art. 572. L'ordonnance de mise en liberté sera précédée des conclusions préalables et écrites du commissaire.

En cas d'avis unanime, l'individu sera mis en liberté sur-le-champ ; en cas de discordance d'opinions, l'individu continuera d'être détenu, les pièces , conclusions et ordonnances seront envoyées , dans les vingt-quatre heures, au commissaire en chef qui sera tenu d'en référer dans les vingt-heures de la réception au tribunal criminel, lequel prononcera dans les trois jours en la forme ordinaire de ces jugemens ; cette marche et cette procédure seront suivies dans tous les cas de discordance d'avis entre les magistrats de sûreté et le directeur du jury.

Art. 576. Le gardien poursuivi et puni seulement dans les cas où le mandat d'arrêt ne serait ni scellé ni signé du sceau et de la main du direc-teur du jury.

Art. 582, 590, 592. Point de dépôt au greffe du tribunal criminel, par les raisons énoncées en l'art. 477.

Art. 594. Mêmes observations que sur l'art. 576.

Art. 599. Point de cautionnement à admettre pour vols et filouteries ; c'est la personne qui est dangereuse, en lui laissant la liberté vous lui laissez la possibilité de récupérer sur le public ce qu'elle verse ou consigne dans la caisse nationale.

Art. 600. Il n'est ni convenable, ni prudent d'en admettre pour crime. *Voyez* les raisons sur l'article 599.

Art. 603. Après « les actes de la justice », on propose d'ajouter : « ou par » le jugement de l'affaire au tribunal de première instance»; parce que dans le cas où l'individu comparaît, il est de nouveau mis sous la main de la justice ; le mandat d'arrêt est ravivé, le cautionnement doit cesser. Il ne paraît pas prudent d'admettre des cautionnemens après jugement ; il faut que le juge-ment soit exécuté, et que la peine soit subie : avec un cautionnement, on pourrait l'éviter.

Art. 606. Article inutile si l'on raie la surveillance spéciale.

Art. 608. Les mots *tribunal criminel* inutiles d'après les observations faites sur les art. 477, 599 et 600.

Art. 620 à 636. On n'a jusqu'à présent rien eu à reprocher à l'institution des juges de paix, et comme juges de police, ils ont bien rempli des fonc-tions : on propose de les leur conserver, et on pense qu'il conviendrait de composer le tribunal de police, du juge de paix, de deux membres du conseil général, pris dans l'ordre du tableau, d'un commissaire de police qui y ferait les fonctions de commissaire, et d'un greffier.

Le juge de paix est toujours sur les lieux, connaît les justiciables, leur conduite, leurs goûts, leurs habitudes, entend et parle leur langue: toujours présent, il arrête ou prévient les délits.

Créer des juges ambulans, c'est oublier ce qu'il faut d'étude continuelle pour former un bon fonctionnaire; l'arracher de son siège, de son cabinet pour le faire voyager sans pompe, sans dignité, c'est avilir ses fonctions, le livrer à l'intrigue de ceux qui le préviendront, et qu'il ne connaîtra pas. Quelle décence, qu'un juge aille s'établir dans une auberge de campagne, ou devienne le parasite de l'homme riche, qui se croira par cela sûr de l'impunité, et deviendra le vexateur de sa localité ! Ce juge ambulant ne connaîtra ni les mœurs, ni les usages, ni les individus, ni les idiomes de chaque endroit; il faudra qu'il s'en rapporte à d'autres, et alors ce n'est plus lui qui juge. Ne pouvant être par-tout, il y aura stagnation dans les affaires, la justice sera plus lentement et plus mal rendue. S'élève-t-il des difficultés sérieuses! où seront ses livres, sa bibliothèque, ses amis plus instruits que lui, ses chefs dans la partie pour les consulter! La justice est comme la raison, il lui faut du repos, du calme; elle est ennemie des agitations, des mouvemens, des intrigues; elle doit être précédée de la réflexion, de l'instruction, accompagnée de la dignité et de la décence, et suivie d'une exécution aussi prompte que sévère. Le Projet renverse tout en cette partie.

L'activité physique est nécessaire à l'homme de guerre; le jurisconsulte ne doit connaître que l'activité morale qui ne se développe que dans le silence, le recueillement et l'immobilité.

Cette ambulance fut adoptée autrefois, on y renonça bien vîte; profitons de l'expérience de nos aïeux, n'allons pas reparcourir un cercle pour arriver au point de départ.

Art. 623. N'y a-t-il pas d'inconvénient que les fonctions du ministère public soient exercées par des officiers de l'administration forestière?

Ils réclament la réparation d'un délit qu'ils sont intéressés à présenter comme tel; ils ne peuvent être entendus que contradictoirement, et fournir tous mémoires et renseignemens.

Art. 644. On propose le délai de trois jours francs au lieu de vingt-quatre heures, entre la notification de la citation et l'audience, et un jour de plus à raison de cinq myriamètres de distance; la difficulté des transports, l'intempérie des saisons rendent ce délai nécessaire, il est même proposé à l'article 647.

Art. 645. Dresser procès-verbaux, parties intéressées présentes ou dûment appelées.

Art. 647. Frais à la charge de l'opposant, s'il ne justifie d'empêchement légitime; dans ce cas, réservé pour y être fait droit en définitif.

Art. 652. L'expérience nous a appris qu'il fallait prendre en cette partie les plus grandes précautions, et nous proposons cette disposition.

« Le greffier sera tenu de relire les notes qui seront de suite signées par » le juge, le greffier et par le témoin, s'il sait le faire, ou de la mention de » la réquisition à lui faite, dans le cas où il ne sait ou ne veut signer. »

Art. 660. Après les mots *y seront insérées*, ajouter : « après avoir été » lues par le président. »

Art. 661. Signé par le juge de paix, ou par le suppléant qui l'aurait remplacé.

Art. 663. Pas « à la requête des officiers forestiers. » (*Voyez* l'art. 623.)

Art. 665. Entendre de nouveaux témoins, ne peut avoir lieu au tribunal d'appel, chargé de prononcer sur le *benè aut malè* du 1.er jugement; l'affaire ne serait plus dans le même état; il faut rayer cette disposition.

Art. 668. Le trente de chaque mois, le juge de paix adressera au commissaire du Gouvernement, l'extrait des jugemens rendus.

Art. 670. On propose de ne pas créer de juge de police ; il faut rayer sa présence en cet article.

Art. 671. Le directeur du jury ne devrait assister qu'au jugement des affaires civiles.

Art. 672. Les officiers forestiers ne peuvent avoir ce pouvoir ; ils seraient juges et parties.

Art. 676. Les gardes sont officiers de police, rédigent des procès-verbaux, ne peuvent exercer les fonctions d'huissier.

Art. 677. Il faudrait un délai de cinq jours au lieu de trois, par les raisons énoncées sur l'article.

Art. 678. Il faut que les parties soient toujours présentes ; c'est de leur bouche que le tribunal doit recevoir les faits, les renseignemens ou observations ; il y a nécessité pour la justice, et utilité pour elle.

Art. 679. Il faudrait rayer les mots, *s'il y a lieu, par le ministère d'un avoué,* en adoptant les idées sur l'article 678.

Art. 680. Même observation que sur l'article 647.

Art. 683. Il paraît convenable de laisser la fixation des audiences de police à chaque tribunal ;

De rayer la partie relative aux officiers forestiers, par les motifs déjà développés.

Art. 684. A rayer ; la place de ce fonctionnaire n'est pas à l'audience ; il ne peut venir influencer pour ou contre, volontairement ou involontairement, dans une affaire dont il a fait l'instruction.

Art. 686. Doit faire partie de l'article 683. Notes des dispositions, lues et signées, sur-le-champ, par le président, le greffier et les témoins, ou mention du réquisitoire.

Art. 689. (*Voyez* l'article 523.)

Art. 691. Il faut distinguer le cas où l'individu est traduit devant les tribunaux par le magistrat de sûreté, de celui où il l'est directement par la partie civile ; dans ce dernier cas seulement, il y a lieu à l'application de l'article.

Art. 692. *Idem.*

Art. 695. Condamnera, par corps, aux frais.

Art. 698. Rayer les mots *conservateur, inspecteur, &c.*

Art. 704. Cet article ne peut subsister ainsi, si on pense que le commissaire ne peut cumuler les deux fonctions ; il est même une preuve des inconvéniens qui résulteraient de cette réunion.

Art. 708. Pas d'audition de nouveaux témoins ; nous nous en référons à ce qui a été dit sur l'article 665.

Art. 711. Distinguer le cas comme en l'article 691.

Art. 712. *Idem.*

Art. 715. Ne pourrait-on pas décider que les frais de la procédure
annullée

annullée seront à la charge du trésor public, dans le seul cas où les nullités seraient du fait des fonctionnaires publics!

Art. 718. Point de surveillance. (*Voyez* l'article 11.)

Art. 719. (*Voyez* nos observations sur le cautionnement.)

Art. 728. (*Voyez* article 523.)

Art. 733. Par qui sera faite cette nouvelle rédaction de l'acte d'accusation ! Le commissaire ne pourrait conclure lui-même à la réformation d'un acte d'accusation qu'il aurait rédigé ; il y a donc inconvénient qu'il soit magistrat de sûreté.

Art. 738. La définition de la connexité des délits devrait se trouver au livre *des Délits*, et il ne devrait y avoir ici que le numéro de l'article qui y renverrait.

Art. 740. Après ces mots, *ni du prévenu*, ajouter, *ni de la partie civile.*

Art. 751. « Datée, signée par le chef, à peine de nullité, et remise en » leur présence au directeur du jury, qui ne peut en recevoir d'autres : » avec ces changemens, conserver le surplus de l'article.

Art. 761. Inutile, attendu l'inadmission de la caution.

Art. 764. Rayer la caution.

Art. 771 à 782. Nos observations sur l'ambulance, la délégation et l'inconvenance qu'un propréteur ou directeur du jury soit en même temps membre du tribunal criminel, énoncées sur les articles 551 et 620, se reproduisent sur ceux-ci et se réunissent aux considérations suivantes pour nous empêcher d'adopter la formation proposée des tribunaux criminels.

D'après les articles 779 et 783, les jugemens du tribunal criminel sont rendus par le préteur et le propréteur, le premier à voix prépondérante : ils sont en dernier ressort.

Un tribunal formé seulement de deux fonctionnaires, dont l'un, sous la surveillance de l'autre (art. 788), semble être condamné par son institution même à ne jouer qu'un rôle passif, n'offre pas une garantie sociale de lumières, d'indépendance de discussions ou d'examens suffisante.

Si c'est du choc des opinions que naît la lumière, il n'en sortira jamais une étincelle dans la discussion particulière entre le préteur et le propréteur ; quel intérêt assez puissant porterait ce dernier à donner à l'instruction de l'affaire et aux débats, cette force, cette continuité d'attention que tout juge probe et honnête doit apporter dans les affaires soumises à son jugement ! Ce n'est pas lui qui juge, il ne peut balancer l'opinion ou la volonté du préteur, il doit s'y soumettre, il ne peut offrir que ses aperçus ou ses conseils, et on se lasse bien vite d'en donner dès qu'ils sont sans effet ; car le préteur, à peine contredit, n'a qu'à rappeler que, seul, il a voix prépondérante, et toute discussion devient inutile et cesse ; le tribunal ne sera donc réellement formé que du seul préteur.

L'art de rendre justice a ses principes et ses difficultés que l'étude et le temps parviennent seuls à faire connaître ou à vaincre. Il n'en est pas en jurisprudence comme en administration; il ne suffit pas de vouloir le bien, il faut savoir le discerner. Le concours des lumières est donc nécessaire, et nul homme ne peut se flatter d'en réunir une assez grande masse pour que celles de ses semblables lui soient inutiles.

D'une autre part, la loi énoncée simplement sans ces formes graves et d'appareil, sans cet ensemble de pompe et de majesté que doivent présenter les tribunaux nombreux, perd de son influence morale et salutaire sur l'esprit du vulgaire.

Comment! au civil, trois juges en première instance, sept et même quatorze dans les cas difficiles sur l'appel, prononceraient sur de simples intérêts! et la vie de l'homme, son honneur, sa fortune, tout serait abandonné à un seul jugement, et livré à l'examen et à la conscience d'un seul juge! qui oserait se charger d'un pareille fonction?

La fixation de la peine par *minimum* ou *maximum* n'était pas abandonnée aux tribunaux, et cependant ils étaient formés de trois juges; si on persiste à leur laisser ce droit, c'est une raison de plus pour composer les tribunaux différemment.

Les bases de la loi du 3 brumaire an 4 ont été démontrées bonnes par l'expérience; en y apportant quelques modifications absolument nécessaires, on pourrait se promettre d'atteindre au bien; en s'en écartant pour courir au mieux, ne peut-on pas rencontrer le pire!

Nous proposons, en conséquence, que les tribunaux criminels soient formés d'un président nommé pour cinq ans, de quatre juges dont le premier nommé serait vice-président de droit, de deux suppléans avec la moitié du traitement du juge, d'un commissaire avec un ou plusieurs substituts, suivant les localités, et d'un greffier.

Il y aurait plus de dignité, d'ensemble de lumières, de sûreté pour l'innocence et la société, plus de rapidité dans l'administration de la justice; et on ne pense pas qu'on puisse contrebalancer de pareils avantages par des considérations du plus ou moins de dépenses pour le trésor national.

. Le président conserverait tous les pouvoirs attribués au préteur; il serait tenu, en outre, de rendre, par semestre, un compte des jugemens au Conseil d'état, tandis que le commissaire le rendrait tous les mois au Grand-juge.

Art. 788. Les directeurs de jury seraient sous la surveillance du tribunal criminel; mais cette surveillance ne serait exercée que sur la réquisition et dénonciation du commissaire.

Art. 799. *Le tribunal*, au lieu de *préteur*.

Art. 803. Le tribunal leur enjoindra s'il y a lieu.

En cas de non comparution, défaut sera prononcé; mais le défaillant aura le droit de former opposition dans les cinq jours de la notification, et un jour pour cinq myriamètres de distance, et il supportera les frais en cas de non empêchement légitime ou iceux réservés en définitif.

Art. 804. Même observation sur l'opposition.

Art. 806 et 807. Au lieu de *préteur,* « si le président, les juges, leurs » suppléans ou les commissaires ou leurs substituts. »

Art. 817. L'accusé sera interrogé par le président ou par un juge délégué, qui le préviendra que, dans les cinq jours du bail de copie des pièces collationnées, certifiées et signées du greffier pour faire foi en justice, il sera tenu de proposer ses moyens de nullité, de requérir tous transports sur les lieux, procès-verbaux, vérifications utiles, et ses moyens de justification qui nécessiteraient transport, appel de nouveaux témoins, autres que ceux qui pourraient attester sa moralité.

Art. 818. Même proposition et réquisition de procès-verbal et vérification.

Art. 819. Le bail de copie semblerait rendre cet article inutile : il faut laisser au tribunal le droit de l'accorder ou refuser.

Art. 823. Il y a recours en cassation pour ce jugement ; mais il ne retarderait pas la décision de l'affaire, et ne ferait que suspendre l'exécution en cas de condamnation.

Art. 824. Toute procédure annullée, depuis et compris l'acte d'accusation, doit être renvoyée ainsi que l'accusé devant un autre magistrat de sûreté ou fonctionnaire public, que celui qui a rédigé l'acte d'accusation annullé.

Art. 826. (*Voyez* article 523.)

Art. 827. Il y aurait de grands dangers à permettre à l'accusé de prendre lui-même communication des pièces, qu'il peut soustraire ou dénaturer, malgré toutes les précautions d'un greffier responsable ; il faudrait donc avoir continuellement à sa disposition des gendarmes pour extraire ou conduire de la prison au greffe des accusés, ce serait fournir des moyens d'évasion ou d'enlévement qu'il convient d'éviter.

Art. 831. Si, sur l'interpellation qui lui est faite lors de son interrogatoire, elle déclare être enceinte, il sera sursis de six mois à sa mise en jugement. Le président la préviendra que, si elle fait une fausse déclaration et qu'elle ne la rétracte ou n'en prévienne, et qu'elle soit renvoyée de l'accusation principale, elle sera condamnée à six mois de détention ou de travaux correctionnels forcés, pour en avoir imposé à la justice : cette mesure paraît plus conforme à nos mœurs, et s'accorde davantage à la faiblesse de nos connaissances des lois de la nature, qui rarement nous permet de juger, avant quatre ou cinq mois de la conception, si la femme est enceinte.

Il ne pourrait y avoir lieu à visite que dans le seul cas où il apparaîtrait que la femme est enceinte, et qu'elle ne voudrait pas en faire l'aveu.

Art. 832. Le *préteur ;* il faut substituer à ce mot le *tribunal.*

Art. 833. Le 15 de chaque mois, comme dans l'état actuel.

Art. 834, 835. Inutiles, à rayer.

Art. 836. Ouverture des sessions.

Art. 839. Le tribunal, par l'organe du président.

La formule de l'article 343 du Code de brumaire an 4, suffit ; elle est plus simple, par conséquent plus convenable; l'homme emphatique dans ses sermens est le plus près de les trahir.

Art. 864. Donc, par conviction, délicatesse ou entêtement, s'il y a discordance d'opinions, les jurés resteront assemblés toute leur vie, sans qu'il soit possible de faire terminer l'affaire, puisqu'on n'a pas fixé le terme de la durée de la délibération.

Cette conséquence forcée de cette disposition prouve qu'elle doit être changée.

Le mode actuel n'a pas ces inconvéniens; il ne nous en a présenté aucun d'essentiel ; il laisse aux jurés le temps suffisant pour délibérer ; et après vingt-quatre heures de discussion particulière sur une affaire déjà connue par la lecture des pièces, les débats publiés, les discours des commissaires, des accusés ou de ses conseils, le résumé du président, on doit être en état de se former une opinion de laquelle on ne doit plus s'écarter sans légèreté ou inconséquence.

Nous sommes donc d'avis de conserver les dispositions combinées des lois du 3 brumaire an 4, art. 385, du 19 fructidor an 5, art. 33, et du 8 frimaire, art. 1.er, en y ajoutant que, dans le cas où l'on procéderait par vote après les vingt-quatre heures, il faudrait les deux tiers des voix pour condamner.

Art. 855. Après « contrariétés différentes », ajouter, « et omissions. »

Art. 857. Renvoyé à la première session.

Art. 858. Cette mesure est une nouvelle preuve de nos observations sur les articles 551 et 620.

Rien n'a été prévu sur la conduite à tenir vis-à vis des témoins ou accusés sourds et muets, naturels ou volontaires. *Voyez* le tit. 18, art. 1.er et suivant de l'ordonnance de 1670 ; elle a des dispositions qui peuvent être insérées dans le Code, ou il faut en créer de nouvelles ; mais ces cas sont trop importans pour les passer sous silence.

Art. 862 à 870. D'après l'art. 21 du tit. VII du Code criminel de 1791, et le 373e du Code des délits et des peines, des questions étaient faites aux jurés sur la constance ou la non constance du fait, sur la culpabilité directe ou de complicité de l'accusé, et sur la moralité du fait, sur l'intention, les circonstances atténuantes, les tentatives, &c. ;

Les questions se subdivisaient en diverses séries.

Les rédacteurs ont cru devoir supprimer toutes les questions ; ils se sont fondés sur ce que le mode actuel présente des inconvéniens, des longueurs, des abus. Mais, d'abord, quelle institution humaine est assez parfaite pour ne pas en offrir ! Croit-on qu'en adoptant le mode proposé , il ne s'en découvrira pas de plus dangereux ?

On ne fait aux jurés que cette seule question : *l'accusé est - il ou non coupable du crime exprimé dans l'acte d'accusation !*

Culpabilité ou innocence est le double rapport sous lequel ils doivent envisager la conduite d'un homme qu'un acte d'accusation désigne comme auteur ou complice.

Mais ces idées de culpabilité ou d'innocence ne sont pas simples : elles sont plus ou moins complexes , suivant la nature des affaires; et l'art de les découvrir à ses règles, ses combinaisons et ses difficultés, qui exigent souvent beaucoup plus de travail et de perspicacité qu'on ne peut s'en promettre d'une réunion d'hommes pris au hasard dans la société , et qui ne se sont pas livrés par goût ou par état à l'étude des lois.

La conviction que doit se former un juré est pour lui la perception et la certitude de la vérité dans un fait soumis à son examen ; et qui ignore combien il est difficile de la découvrir dans les matières les plus simples ? Quelle suite de réflexions, quel ordre analytique dans les pensées pour arriver du connu à l'inconnu , pour descendre des idées générales aux parculières, il faut avoir pour y atteindre , et quelle habitude de discussion pour le démontrer !

Ne faudrait-il pas que le jury, réuni dans sa chambre des délibérations, examinât si réellement le fait est constant, quelles en sont les circonstances et nuances, quel rôle y a joué l'accusé , s'il y était volontairement ou involontairement, activement ou passivement, quel motif , quelle intention l'animaient ! car c'est de cet ensemble que se compose l'idée de culpabilité ou d'innocence. Mais quel guide dans cette discussion auront les jurés ! les supposera-t-on assez éclairés pour ne pas se livrer à la divagation comme à l'incertitude de leurs idées ! Verront-ils les objets sous leur véritable point de vue ! En leur enlevant les questions , on leur ravit le fil d'Ariadne qui les conduirait dans le labyrinthe souvent inextricable des affaires, où les intérêts sont majeurs et que tant de passions cherchent à voiler.

Il en résultera des longueurs, des incertitudes, et peut-être un plus grand mal encore, celui de commettre le sort d'un accusé innocent ou coupable au résultat d'une discussion faite sans ordre , sans méthode et sans calcul.

On croit qu'une seule question simplifie tout, et on se trompe; la réponse à y faire suppose un examen , une suite d'opérations très-compliquées, qu'il faut préparer et guider : et puisqu'on convient que l'exposé des questions est très-difficile , qu'il faut souvent de l'habileté, des connaissances et de la profondeur pour le faire, on avoue alors qu'il ne faut pas l'abandonner à des jurés.

En adoptant le mode proposé, on se refuse beaucoup de moyens de prouver la culpabilité d'un accusé : la décision du jury ne doit porter que sur la culpabilité du crime exprimé dans l'acte d'accusation, tandis que par les Codes de 1791 et de l'an 4 on doit poser les questions qui résultent tant de l'acte d'accusation que des débats. Qui ignore que très-souvent les débats font changer l'affaire de nature, et qu'ils ont découvert des faits ou des circonstances inconnues ou modificatives de l'accusation, et ont servi de base à la décision du jury !

Nous croyons que le mode proposé ne suffit pas, et jusqu'à ce qu'on nous en ait offert un meilleur, nous nous référerons à celui de la loi du 3 brumaire an 4 ; nous ne nous en dissimulons parles défauts, mais nous le croyons préférable : il a l'avantage que l'accusé a le droit d'être, pour ainsi dire, présent à la discussion du jury, puisqu'il a pû être entendu et faire ses observations sur le posé des questions.

Art. 871. La formule de l'article 397. (*Voyez* article 385.)

Art. 873. Laisser à un seul homme un pareil droit, tandis que les tribunaux ne l'eurent jamais, serait, en cas qu'on voulût conserver cette disposition, un des motifs les plus puissans pour rejeter l'institution des préteurs ; le sort d'un accusé dépendrait-il de la volonté et du caprice d'un seul individu ! L'accusé avait été jugé, et si le jugement ne plaît pas, il sera soumis à une nouvelle instruction ! quelle effrayante perspective pour l'innocence, d'être le jouet ou la victime des passions !

Dès qu'un jury a prononcé tout est consommé, et l'on pourrait tout au plus conserver les articles 415 et 416 du Code des délits et des peines sur les adjoints, &c.

Art. 877 et 878. (*Voyez* l'article 523.)

Art. 887. Cet article est inutile d'après nos observations.

Art. 891. La dernière partie de cet article ne nous paraît pas devoir être conservée ; nous pensons qu'il n'est pas dans les convenances de majesté et de dignité d'un tribunal, que son président fasse l'étalage de la manière dont le procès a été instruit et jugé, ou qu'il parle le langage d'un consolateur ou d'un pédagogue.

Organe de la loi, son ministère est rempli dés qu'elle est prononcée ; il doit laisser à la conscience du condamné, aux consolations de sa famille ou aux secours religieux, le rôle qu'on veut lui faire jouer.

Mais l'alinéa est utile, légal, et mérite d'être conservé.

Art. 892. Rayé ; cet appel à la commisération du Gouvernement est un aveu tacite d'injustice ou de faiblesse qu'une autorité ne doit pas se permettre de faire.

Art. 894. En contradiction avec l'article 880.

Il ne faut pas admettre de pourvoi en cassation contre les jugemens de mise en liberté. *Causa libertatis semper favorabilior sit.*

Art. 895. A modifier par les observations sur les articles 892, 894.

Art. 901. Exception en faveur de tous les juges et suppléans des divers tribunaux civils, criminels et de commerce.

Art. 904. Nous ne pouvons être, sur la formation des listes de jury, du même avis que les rédacteurs.

Nous croyons qu'il serait plus utile de combiner les dispositions existantes avec celles-ci ; tous les trois mois une liste de jurés d'accusation de cinquante par arrondissement communal, et de jurés de jugement de cent par département, serait formée par le préfet sur la présentation et l'avis des sous-préfets, qui devraient les prendre parmi les citoyens les plus imposés, les plus éclairés et les plus présumés aptes à des fonctions aussi délicates.

On passerait aux jurés dix francs par jour et deux francs cinquante centimes par myriamètre de distance de leur demeure au chef-lieu du tribunal criminel.

Art. 921. Conserver les dispositions de la loi du 3 brumaire.

Art. 1005. Il n'est pas raisonnable de prescrire un pareil devoir ; *nemo tenetur edere contra se,* sur-tout en se rappelant cet ancien principe : *nemo creditur perire volens.*

Il paraît prudent de ne pas offrir aux jurés les réponses écrites des autres accusés, parce que celui qui est présent rejette sur l'absent, comme on ne manque pas de le faire lorsqu'un accusé n'est plus.

Il faut seulement lire les dépositions des témoins décédés ou qui sont aux armées.

Nous revenons encore à la loi du 3 brumaire.

Art. 1032. Pas d'admission de caution, nous en avons démontré les dangers.

Art. 1034. Si la balance est fixe, la faveur la fait pencher pour l'accusé ; la présomption est toujours pour l'innocence.

Art. 1035. Les plaideurs sont déjà trop portés à supposer aux juges qui les condamnent, mille motifs plus ou moins absurdes ou ridicules, sans aller ouvrir cette carrière à leurs passions : nous votons pour la radiation.

Art. 1079 et suivans. Ces articles tendent à établir des tribunaux d'exception et à jeter sur les juges et suppléans une défaveur qui diminuerait la confiance, et aurait des effets funestes : n'ont-ils pas de trop graves conséquences !

Nous croyons que ce chapitre entier est à revoir.

Art. 1095. *Le tribunal,* &c.

Art. 1096. Le père ou l'époux semblent être les dénonciateurs ; comme tels, ils ne devraient pas avoir voix opinative, ils ont le droit d'exposer

leurs griefs ou plaintes, d'assister à la discussion; mais ils doivent se retirer lors de la délibération , ils seraient juges et parties.

Art. 1099. *Le tribunal , &c.*

Nous sommes étonnés qu'on n'ait encore rien changé au régime intérieur
des prisons , à leurs construction et distribution. Howard les aurait-il envain parcourues ! L'exemple que nous donnent les Américains serait-il perdu
pour nous !

Nous appelons la surveillance du Gouvernement sur cette partie de
l'administration , et nous desirons qu'on ne rejette pas l'idée d'ordonner
la formation d'une commission de sûreté près le tribunal criminel , qui
fera chaque jour la visite des prisons , sera consultée dans toutes les réparations ou constructions ; qu'une pharmacie soit formée auprès de la commission de sûreté , dans les villes où sont les prisons , et qu'une surveillance
sévère soit exercée sur ses fournitures et composition.

Art. 1113. La partie administrative doit concerner les seuls corps admi-
nistratifs ; mais la police des prisons doit appartenir aux seuls tribunaux.

Art. 1116. Si les gardiens , guichetiers et subordonnés se permettent
des vexations , insultent ou frappent, sans nécessité , sans provocation excusable , les détenus , ils sont coupables , ils méritent une peine : il faut
la calculer et la prescrire.

Art. 1126. Tous les jugemens, mandats d'arrêt, doivent être envoyés
aux mairies, et leur être transmis par la voix administrative; mais cette
mesure serait inutilement ordonnée, si on n'y joignait pas l'injonction au
maire de les rendre publics par affiches, &c, et la pénalité de l'avertissement, censure verbale, écrite, et destitution en cas de récidive.

Art. 1127. Les lettres de grâce ont pour but de faire remise de la
peine. En les demandant avant le jugement, on s'avoue coupable ; et si
on ne les obtient pas, la demande devient une présomption défavorable.
Il nous paraîtrait convenable qu'elles ne pussent être demandées qu'après
jugement, accordées qu'après débats contradictoires; et nous proposons la
radiation des articles 1138 à 1148.

Art. 1129. Le juré, en faisant sa déclaration; le juge, en expliquant la
loi, ont consommé leur ministère. (*Voyez* art. 892).

Art. 1149 et 1150. « La réhabilitation. » Mesure utile, avantageuse ,
morale et philosophique, adoptée comme un stimulant précieux de retour
au bien. Tant que l'individu n'est pas réhabilité , il est dans un état de privation de tous les avantages sociaux, qui le punit et le met dans un isolé-
ment qui doit produire sur lui tous les effets de la surveillance spéciale.

Nous croyons qu'il serait prudent d'ordonner que le condamné aux travaux forcés à temps, ne pût être réhabilité que dix ans après ; et celui con-

damné

damné au carcan ou à l'infamie, que cinq ans après, à partir du jour où le jugement aurait été exécuté.

Art. 1162. Nous adoptons la prescription de l'action publique par le laps de quinze ans. Mais quant à l'action civile, nous croyons qu'on peut la proroger jusqu'à trente années. *Voyez* la disposition du Code civil, qui admet la prescription trentenaire pour l'exercice de tous les droits et actions; et celle qui résulte d'un délit ne mérite pas une exception.

En terminant nos observations, Citoyen Grand-juge, nous osons vous assurer que le seul desir d'être utiles les dicta, et que nous nous croirons heureux si nous avons atteint ce but.

Fait et arrêté par le tribunal criminel du département du Puy-de-Dôme, le 28 floréal an 12.

PREVOST, *président;* GODEMEL, G. BEAULATON, *juges*; BORDES, *commissaire;* J.B. TAILLEAUD, *suppléant juge.* Par le tribunal, J. ALLARY, *greffier.*

OBSERVATIONS

DU TRIBUNAL CRIMINEL

DES BASSES-PYRÉNÉES,

SUR

LE PROJET DE CODE CRIMINEL.

OBSERVATIONS
DU TRIBUNAL CRIMINEL
DES BASSES-PYRÉNÉES,

SUR

LE PROJET DE CODE CRIMINEL.

PLUS d'un genre de gloire, inconnu jusqu'à nos jours, est déja devenu l'apanage de la nation française. Parviendra-t-elle encore à celui de se donner un bon Code pénal !

Rien n'est négligé dans cet objet ; et après avoir donné l'essor aux plus hautes conceptions du génie, pour en consigner le résultat dans un plan profondément médité, on appelle et l'on daigne leur associer l'humble, mais souvent utile leçon de l'expérience.

C'est en quelque manière le seul guide dont le tribunal criminel des Basses-Pyrénées puisse emprunter le flambeau. L'amour du vrai, le desir du bien, seront ses mobiles dans les réflexions qu'il doit présenter. La franchise la plus confiante les soumet à la raison la plus éclairée.

Le Projet à examiner traite d'abord des délits et des peines : il passe ensuite à ce qui concerne la police et la justice. On suivra cette première et principale division. Mais le travail ultérieur et de détail ne comporte pas assez de développemens, pour qu'il puisse se coordonner avec toutes les subdivisions que présente le modèle.

PREMIÈRE PARTIE.

DES DÉLITS ET DES PEINES.

EN général, on ne peut pas se dispenser d'y reconnaître des vues grandes, étendues et fortes, accompagnées des moyens d'exécution les plus assurés pour en retirer le plus grand bien dans l'intérêt de la société.

D'importantes et nombreuses lacunes, qu'on reprochait avec raison à la réunion, également trop imparfaite par elle-même, des précédentes lois, ont été heureusement remplies.

Basses-Pyrénées,   **A**

Les peines s'y trouvent presque par-tout habilement graduées. Un *maximum* et un *minimum* admis pour chaque genre de délit, fournissent le meilleur moyen de ne plus manquer, presque habituellement, le vrai but de la justice.

Si l'on ne se prononce pas autant en faveur de quelques autres dispositions du Projet, c'est l'effet du desir qu'il inspire de le voir se rapprocher davantage de la perfection pour laquelle il semble déjà fait.

Parmi les points qu'on ne peut pas aussi facilement se décider à adopter, il en est qui tiennent à des vues générales; d'autres qui se rapportent à des dispositions particulières.

Premièrement, pour la classification des matières, afin d'en rendre l'intelligence plus facile, aider la mémoire, et prévenir les embarras et distractions qu'un vaste corps de lois peut entraîner, on aurait desiré la distribution de l'ouvrage en autant de livres ou parties qu'il y a de différens ordres de crimes ou délits, et qui formassent ainsi autant de Codes distincts et particuliers, l'un criminel, l'autre correctionnel, et le troisième de police, sous chacun desquels on aurait rangé leur caractère, la peine qui leur est propre, et la manière d'en connaître et d'en juger.

On craint aussi qu'à quelques exceptions près, et qui se déterminent précisément en sens contraire, les peines ne soient en général excessives. Les mises en surveillance et les interdictions de divers droits paraissent trop multipliées; et le système des amendes devient effrayant, notamment en police correctionnelle, tant le taux en est élevé relativement à la modicité des fortunes particulières dans ce département.

Deuxièmement, les autres observations relatives à cette première partie, paraissent pouvoir être proposées dans l'ordre progressif des articles du Projet, auxquels elles se rapportent, malgré le défaut d'analogie qui existera souvent alors de l'une à l'autre.

Art. 8, n.° 3. N'est-ce pas trop étendre la juridiction militaire, que d'y assujettir par le lieu celui qui n'y serait pas naturellement soumis?

Dans tous les cas, l'article ne devrait-il pas au moins contenir l'énumération exacte de ceux susceptibles de produire cet effet?

Art. 13. Malgré l'énormité des crimes que cet article a pour objet de punir, on croit néanmoins entrevoir une espèce de barbarie dans les peines accessoires à celle de mort qui y est infligée, dans l'exposition pendant une heure au pied et sans doute en vue de l'échafaud, et dans la mutilation ou le retranchement du poing droit.

L'humanité paraît se soulever contre ces peines évidemment inutiles : la religion, aux impulsions de laquelle on a tant d'intérêt à en revenir, semble aussi les condamner; car elle veut qu'on sauve le désespoir à un mourant.

N'atteindrait-on pas aussi bien, en tout conciliant, le but qu'on se propose, par ces amendes honorables proposées par le grand-juge, dans son compte rendu (page 227 du Projet) sur-tout lorsqu'on leur donnerait plus ou moins d'éclat et de solennité, suivant l'exigence des cas !

Art. 15. Les promenades et places publiques, les routes et rues les plus fréquentées, les quartiers et maisons à grand concours, peuvent être le théâtre des plus grands crimes. Veut-on en rendre l'accès odieux et sinistre ! Veut-on tourmenter par des frayeurs et des images funèbres, et ceux qui y passeraient avec répugnance, et ceux encore que cette répugnance en écarterait ! Il semble qu'il n'y aurait pas de moyen plus assuré d'y parvenir, que d'adopter les inhumations et les poteaux que cet article propose.

Si l'on en attendait néanmoins un degré d'utilité assez marqué pour ne pas y renoncer entièrement; toujours paraîtrait-il convenable de réserver cet épouvantable appareil pour des cas extrêmement rares, dans lesquels le tribunal verrait qu'il est nécessaire d'abonder en sévérité, qu'on le peut aussi sans des inconvéniens majeurs : alors on devrait par conséquent les laisser à sa prudence.

Art. 24. L'application d'un fer brûlant sur les deux épaules, pour y graver dans certains cas jusqu'à huit ou dix caractères divers, et même en plus grand nombre, présente une étendue et une complication vraiment désespérantes.

Puisque le rétablissement de la flétrissure a paru et est réellement nécessaire, pourquoi ne substituerait-on pas à une gravure aussi chargée et faite en plusieurs temps, des signes extrêmement simples, qui, selon qu'ils se répéteraient par une seule et unique empreinte, indiqueraient tout aussi bien la nature de la peine et sa cause, toutes les fois qu'on conviendrait d'y attacher ce sens !

Art. 60. Trois ans, et sur-tout une année d'emprisonnement par suite de délits correctionnels, paraissent un moyen bien rigoureux d'expier un défaut de fortune qui n'a pas permis d'acquitter des amendes ou des restitutions auxquelles on aurait été condamné.

Art. 68, n.° 7. La punition du recélé des personnes coupables de crimes, manquait à la législation : mais en l'établissant, on doit éviter qu'elle s'étende trop loin. Il est assez évident qu'on n'a eu en vue que le recéleur instruit du crime commis par la personne recélée, ou du moins de ses habitudes d'en commettre. Cependant alors même il serait utile et satisfaisant que l'article s'en expliquât.

Art. 70. Quoique la démence actuelle ou même survenue assure l'impunité à l'auteur d'un délit, il s'entend qu'il ne doit pas en être de même de l'instigateur, recéleur ou autre complice ; mais il vaudrait mieux que l'article le déclarât en termes exprès. Il en est de même pour des étrangers complices des délits de famille auxquels se rapporte l'article 1039.

Art. 74. On ne ferait point d'observation sur cet article, malgré la longueur possible de la détention, si l'on avait la certitude que dans chaque maison de correction se trouveraient des moyens d'instruction ou de perfectionnement dans quelque art ou métier, dont on ferait profiter l'adolescent détenu.

Mais autrement, on ne songe pas sans frémir que la peine d'emprisonnement, abstraction faite de ces avantages, ne serait propre qu'à achever de corrompre et démoraliser celui qui la subit, tandis qu'en même temps elle est par elle-même trop obscure pour servir d'exemple.

Art. 107. On desirerait une autre rédaction. En général on a été très-soigneux dans toute celle du Projet, pour énumérer, fixer et définir ce qui en faisait la matière. On aurait à regretter que les mêmes précautions n'eussent pas été mises en usage pour régler ce qui forme des actes arbitraires ou attentatoires à la liberté, aux droits et propriétés, aux droits civiques, ainsi que ceux contraires à la Constitution. Ce n'est pas sur des intérêts aussi majeurs qu'on doit être exposé à errer dans le vague.

Art. 113. L'observation précédente reçoit encore son application aux refus et négligences que cet article se propose de prévenir. Il faut aux fonctionnaires publics une sauve-garde contre les passions des hommes ; et alors il devrait être formellement déclaré que ces prétendus oublis de leurs devoirs ne sont punissables, ni même susceptibles de recherches, qu'autant qu'ils auraient eu lieu sans motifs ni obstacles légitimes ou seulement graves.

Art. 116. Pour prévenir les manquemens dont il y est question, il serait utile d'imprimer, à la suite de la loi, ou dans l'article même, la formule du mandat conforme à ce qu'en a prescrit l'arrêté du Gouvernement du 27 pluviôse an 12, n.° 340 de la dernière série du Bulletin.

Art. 127. Est-ce à dessein qu'on ne parle que des monnaies nationales, et nullement des monnaies étrangères, comme l'avaient fait les lois antérieures qui y attachaient même un grand caractère de loyauté, indépendamment de l'utilité qu'il y aurait à continuer d'en user ainsi dans les départemens frontières ?

Si c'est au contraire une simple omission, ne faudrait-il pas la réparer, en y étendant la même peine, ou dans tous les cas en en décernant une moindre relativement aux monnaies étrangères ?

Art. 128. C'est la suite du précédent ; et sa trop grande indulgence pourrait favoriser la distribution de la fausse monnaie, dont il serait facile de faire habituellement dégénérer la punition en une simple amende.

En effet, qu'un fabricateur ou un distributeur en première main veuille s'assurer du succès de son crime, ou, dans tous les cas, de cette espèce d'impunité ; en restant inconnus eux-mêmes ou se montrant sous des faux noms, ils n'ont qu'à remettre en public par prétexte de vente ou autrement, et de manière que le fait puisse être établi au besoin, leurs espèces de mauvais aloi à un de leurs complices distributeurs en sous-ordre : dès-lors celui-ci , même avec la connaissance avérée de leur vice, pourra hardiment en entreprendre l'émission sans autre risque que celui de l'amende. Il est sans doute indispensable de se prémunir contre un calcul aussi dangereux et contre tout autre semblable.

Toujours faudrait-il encore qu'à peine d'une forte amende , quiconque aurait reconnu le faux d'une pièce de monnaie, de quelque manière qu'il l'eût reçue, fût au moins tenu de la briser ; disposition qui devrait être particulièrement étendue aux orfèvres, essayeurs et autres, auxquels elle serait représentée dans l'objet d'une vérification.

Art. 132. Il serait bon que l'article fût rédigé de manière à éclaircir un doute qui s'est élevé sur la question de savoir si une fausse mention d'enregistrement par un notaire ou autre fonctionnaire, dans l'expédition ou copie d'un acte vrai d'ailleurs, rentre dans la catégorie des faux prévus et punis par cet article.

L'art. 154 paraît vague sous bien des rapports, et il semblerait exiger plus de précision dans ses divers sens. Mais sur-tout, les circonstances d'une arrestation ne sont pas celles où il peut y avoir lieu à des ménagemens excessifs, trop favorables à l'évasion ou à la révolte. Il ne faut donc pas proscrire au moins les rigueurs nécessaires, ni celles autorisées par les lois, comme s'en explique l'article 82 de la Constitution de l'an 8.

Art. 257. L'expression, *usage homicide,* qui y est employée, paraît obscure et tout au moins rédondante. Peut-être que le sens naturel se rétablirait suffisamment, en retranchant le dernier de ces deux mots.

Art. 285 , 286 et 287. La définition de l'infanticide, que contient le premier, est incomplète, puisque ce crime peut être commis par une femme mariée, au lieu que cette définition l'exclut.

Il peut y avoir des cas où la manière de commettre ce crime ferait qu'il ne différerait en rien d'un véritable assassinat; et alors la peine de la déportation ne serait pas suffisante.

Elle deviendrait sur-tout presque nulle pour des femmes étrangères, qui n'ont, pour ainsi dire, ni famille ni patrie, et à qui il est à-peu-près indifférent quel soit le sol qu'elles habitent.

Art. 289, 290 et 291. Un crime aussi grave que le viol, très-atroce en soi, et dont les conséquences sont incalculables, ne paraît pas, en général, assez puni par la réclusion, ni même par les travaux forcés à temps, lorsqu'il est commis sur la personne d'un enfant au-dessous de l'âge de quinze ans. La déportation, dans le cas d'abus d'autorité, soit civile, soit religieuse, paraît être le seul point où la peine soit au niveau du crime ; les autres, d'une gravité inférieure, paraîtraient devoir être rehaussées au moins d'un degré chacune.

Art. 293. La réclusion qu'il prononce ne paraît pas non plus punir suffisamment le crime infame et pernicieux d'avortement; et s'il ne fallait pas

aller plus loin contre la personne qui le souffre , qui a des motifs puissans, et qui court d'autres dangers, du moins faudrait-il redoubler de sévérité contre l'être abject et barbare qui le procure.

Art. 308. Pour les crimes qui offensent les mœurs et sapent les bases
de la société, comme quelques-uns de ceux qui ont donné lieu à une partie
des observations qui précèdent , on desirerait sur-tout que l'opprobre et des
condamnations humiliantes fissent accessoirement partie de la peine. On le
dira plus particulièrement de la bigamie, pour laquelle les travaux forcés à
temps ne sembleraient pas d'ailleurs aller trop loin comme peine principale.

Art. 323, 324 et 325. Les peines qu'ils contiennent, relativement au faux
témoignage, paraissent d'un autre côté trop fortes , sur-tout lorsque l'usage
en a eu lieu en matière correctionnelle. Il suffirait peut-être par-tout de
celle la plus analogue au titre de l'accusation ou à l'intérêt de la cause; et
l'on inclinerait à croire que le mieux serait de s'en remettre à la prudence
du tribunal devant lequel la fausse déposition aurait été faite , en ajoutant
seulement les modifications qui paraîtraient les plus propres à prévenir
l'absolu arbitraire.

Art. 335. Il serait indispensable de fixer ce qu'on y entend par un fait
légalement prouvé ; et si pour cela, la preuve testimoniale , déjà acquise
ou à acquérir prochainement, peut servir à cet égard de base.

Art. 341..Le cas auquel il se rapporte se rapproche, beaucoup de celui
prévu par l'article 70, et donne lieu aux mêmes observations.

En général, il paraît essentiel d'exprimer que le complice étranger par
instigation, provocation, secours effectif, ou recélé avec connaissance du
vice, doit être jugé séparément , et poursuivi et puni suivant les formes
ordinaires.

Art. 343, 344, 345 et 346. Par leur rédaction ils paraissent très-vagues
et très-difficiles à suivre dans leurs diverses distinctions. Il serait tout aussi
commode, et en même temps plus sûr, d'assigner à chacun des vols qui y
sont compris, la peine qui lui est propre, selon le plus ou moins grand
nombre de circonstances dont ils se trouvent accompagnés.

Art. 347. La série dont il se compose, ne paraît pas convenablement
graduée. Elle présente une identité de.peines pour des délits qui n'offrent
pas assurément le même degré de gravité.

Par cet ordre , les uns se trouveraient trop punis , et les autres ne le
seraient pas assez.

Il y a, d'ailleurs, omission, au moins d'un délit identique ; c'est celui où
l'auteur du vol se trouvait admis dans la maison pour un service momentané, et à raison de quelque travail salarié. C'est toujours abus de confiance,
qui rend le délit qualifié.

Enfin, pareille omission existerait encore dans les articles 343 et suivans
dont on vient de parler, relativement au cas où l'on se serait introduit dans

la maison par perfidie ou trahison , dans l'objet du vol , et qui semble pouvoir être assimilé à l'usage en semblable circonstance , ou de violence ou de menaces.

Art. 362. Ce ne serait pas seulement pour un meilleur ordre, mais encore pour une différence sensible relativement aux peines, qu'on le diviserait , comme il l'est , en plusieurs numéros.

Art. 363 et suivans. Un genre de délits que plusieurs dispositions du Code des délits et des peines , et notamment l'art. 140, avaient, en quelque manière, accolé à celui-là , et soumis également à des jurés spéciaux , est le vol d'associés en matière de commerce ; mais , par une fâcheuse bizarrerie, les autres lois pénales se taisent sur la punition à infliger à ce délit grave, qu'on ne risque assurément rien à assimiler , sous ce rapport, à la banqueroute frauduleuse.

Art. 443 , formant supplément. Il énonce dans le détail un grand nombre d'objets, au sujet desquels il se contente de se référer aux dispositions des lois et réglemens qui y sont relatifs , et dont il prescrit tant l'observation que l'exécution.

Mais , toujours aurait-il convenu d'indiquer , au moins la date et l'autorité de laquelle émanent ces réglemens et lois qu'on entend ainsi adopter ; autrement on reste exposé à des incertitudes et des contestations sans nombre , pour distinguer ce qui s'est réellement conservé , ou qui aurait été , dans tous les cas, rétabli en vigueur , de ce qui aurait été abrogé ou serait tombé en désuétude , d'autant mieux que cela porte sur des parties de législation où les réglemens se sont excessivement multipliés.

A cela se bornent les observations dont la première partie du Projet a paru susceptible. Tout ce qu'on a laissé sans annotation , on l'a regardé comme marqué au coin des bonnes lois. Jamais sur-tout il n'y eut de corps d'ouvrage plus complet sur cette matière ; et si l'on n'y trouve pas des dispositions sur le suïcide, le duel, le stellionat et le monstre dévorant de l'usure , on croit entrevoir les raisons pour lesquelles on s'en est abstenu.

DEUXIÈME PARTIE.

POLICE ET JUSTICE.

La nature des objets qu'elle comprend, exige qu'on les traite dans un ordre différent de celui qu'on a suivi sur la première partie ; et il a paru plus convenable de rapprocher et réunir, sur chaque matière dont on aurait à s'occuper, toutes les observations corrélatives ou analogues.

Cela même n'exclut pas quelques remarques préliminaires et générales avant de passer à celles plus directes qui peuvent porter sur le détail.

En premier lieu , dans l'un des discours en tête du Projet, on a donné des aperçus sur la masse du travail commun aux tribunaux criminels, et sur la part pour laquelle chacun y contribue.

Celui des Basses-Pyrénées qui, d'après les derniers recensemens et mesurages, exerce sa juridiction sur 3 5 5,5 7 3 individus répandus sur une surface de 7,202,598,695 mètres carrés , ignore quel est le contingent qu'on lui accorde. Mais il a relevé sur ses registres l'état des jugemens qu'il a rendus dans le courant des deux époques indiquées dans le discours, et encore dans l'année qui précéda immédiatement la première.

Il a trouvé que, sans y comprendre les jugemens interlocutoires et d'instruction, et en se bornant aux jugemens définitifs, tant au criminel, que sur des appels de police correctionnelle , il en a rendu, savoir ;

Depuis le 1.er nivôse an 6 jusqu'au 1.er nivôse an 7, 1 1 8 au criminel, et 5 6 au correctionnel ;

Depuis le 1.er nivôse an 7 jusqu'au 30 frimaire an 8, 98 de la première espèce , et 5 6 de la seconde ;

Et depuis le 1.er germinal an 9 jusqu'au 1.er germinal an 10, 6 1 seulement au criminel, et 2 5 au correctionnel.

Il en résulterait 1.° que dans les calculs du discours, ce tribunal se trouverait toujours en première et tout au moins en seconde ligne.

Il en résulterait 2.° que les délits ont diminué graduellement ; d'où il semblerait d'abord se former matière à cette question , si après avoir obtenu d'aussi bons effets de l'ancien système de législation criminelle, il peut être utile de penser à un changement.

Mais, à cet égard aussi, il est essentiel de ne pas trop tôt se décider sur les apparences.

La loi du 2 5 frimaire an 8 renvoya en police correctionnelle plusieurs des délits qui se trouvaient auparavant classés sous le Code pénal, notamment les vols de bestiaux et autres, commis contre la foi publique , qui sont les plus communs dans ce département. Il devait donc en résulter dans les derniers temps diminution de jugemens criminels, sans qu'il y eût pour cela diminution de délits.

D'un autre côté, avec le même nombre de délits, il ne se formait pas néanmoins compensation, quant aux jugemens, par un plus grand nombre de ceux sur appel en police correctionnelle , parce que dans les matières distraites de l'ancien Code pénal il est bien rare qu'on appelle.

Enfin il faut bien se garder de juger , par ce qui a été dans le dernier état, de ce qui sera dans le nouveau plan : car il fera cesser, et avec raison, les ménagemens excessifs introduits par la loi de frimaire an 8 , en faisant rentrer les délits qui en furent l'objet dans la classe de ceux susceptibles de peine afflictive; et alors le nombre des jugemens criminels reprendra à-coup-sûr son premier niveau.

En

En deuxième lieu, on a encore parlé dans le même discours de la manière dont les fonctions de président du tribunal criminel auraient été quelquefois remplies, et des abus qui y auraient été portés jusqu'au ridicule et à l'oubli des premières bienséances.

D'abord, le tribunal criminel des Basses - Pyrénées , loin de trouver l'exemple d'aucun des abus relevés dans la manière dont la justice y a été constamment administrée, n'en aurait pas même eu l'idée, ni conçu la possibilité.

D'autre part, et pour le compte d'autrui, il aime à croire que bien des irrégularités qu'il est très - commode d'imputer aux tribunaux , doivent être attribuées à la mauvaise composition des jurés, dont il a eu lui-même à se ressentir , et contre laquelle on est forcé de lutter sans cesse.

En troisième lieu, on doit, sur cette deuxième partie comme sur la première, rendre hommage à beaucoup de vues sages et lumineuses qui s'y font remarquer.

Les nullités qui souvent avaient pour dernier effet le triste résultat de l'impunité , devaient être et ont été considérablement réduites; elles se couvrent ou se réparent avec la facilité convenable.

L'exercice de l'utile et beau droit de grâce a été organisé de la manière la plus conforme aux règles de la justice.

La licence et l'inconsidération des défenseurs seraient efficacement réprimées.

L'usage du serment rétabli ramenerait plus étroitement les témoins à la vérité et à leur devoir.

Les exécutions des jugemens criminels distribuées et plus rapprochées des lieux où les crimes auraient été commis, étendraient l'utilité de l'exemple.

Toutes les fois aussi qu'on persistera à entretenir l'institution des jurés , la plupart des changemens proposés à cet égard sont extrêmement judicieux, et présentent une bien plus grande mesure d'utilité à en retirer.

Un jury d'accusation mieux composé et plus nombreux offrirait une bien puissante garantie dans ce point le plus intéressant de la procédure préparatoire.

Les questions à présenter au jury de jugement seraient ramenées à leur état de simplicité , aussi naturel que nécessaire.

La question intentionnelle moins influente ne reproduira plus ses scandaleux résultats.

On secoue avec raison toute crainte sur les dangers chimériques et dans tous les cas exagérés de la complexité.

En quatrième lieu , il s'agit à présent de considérer, par leur nature et par l'effet dont elles paraissent susceptibles , les diverses pièces qu'on met en action, dans le nouveau système, pour imprimer à la marche de la législation criminelle un mouvement utile et salutaire. On suivra cet examen d'après le degré d'importance qu'elles présentent.

De la Préture.

Il semble qu'on en ait fait la clef de la voûte, ou, sous d'autres rapports, le ressort principal des nouvelles institutions.

Mais d'abord, et à la lecture de l'article 76, on a été frappé de l'exclusion des naturels du pays pour les fonctions de préteur, ainsi que de leur grande mobilité, d'après les graves inconvéniens que ces deux circonstances peuvent présenter dans le département des Basses-Pyrénées. On l'a encore été des réputations anticipées de sévérité qu'on a dit d'ailleurs pouvoir influer sur le choix et placement : à cet égard on croit que ce ne serait jamais d'une manière à pouvoir alarmer les hommes sans reproche, ni à imprimer une espèce de tache à tout un pays.

Pour tout le reste, on voit bien qu'on a eu pour objet de prévenir les influences locales : mais là dessus il se présente de deux choses l'une.

Ou bien un fonctionnaire est assez fort de ses propres principes, pour n'agir que d'après lui-même ; et alors des parens ne sont pas plus à ses yeux que des amis, ni les amis que de simples connaissances.

Dans le cas contraire, le défaut de liaisons antérieures n'empêche pas qu'il ne s'en établisse de nouvelles, souvent même avec d'autant plus de rapidité, qu'il resterait moins de temps pour les cimenter. La confiance est alors plutôt enlevée qu'accordée, et expose à plus de méprises que si l'on avait les secours de l'expérience et de ses propres réflexions.

On a dit que les mêmes précautions avaient été employées en Angleterre : mais on convient avec Blackstone qu'elles ne s'observent plus. Ce n'est donc pas le cas de s'affectionner à une mesure abandonnée, lorsque des raisons majeures n'en établissent pas l'utilité, et qu'on y voit des inconvéniens.

Ceux annoncés pour le département des Basses-Pyrénées consistent en ce que, dans une partie de ce pays, les artisans, les laboureurs, les habitans de la campagne, classes desquelles se tirent communément tous les témoins, ne parlent dans une partie que l'idiome béarnois, et dans l'autre l'idiome basque. L'ignorance présumable de l'un et l'autre à-la-fois exigera constamment la continuelle intervention aux débats et ailleurs d'un interprète dans l'une ou l'autre langue ; et alors ce n'est plus d'une manière accidentelle, et pour quelques cas seulement, que l'art. 858 aura dû introduire ce secours. On pense que le même inconvénient devra se reproduire dans l'ancienne Basse-Bretagne et dans bien des pays.

De là, néanmoins, bien plus de longueurs dans l'instruction, et les difficultés également multipliées dans l'expédition des causes.

D'un autre côté, l'art. 780 en présente de nouvelles infiniment plus graves, et celles-là pour tous les pays, par la manière dont il règle le remplacement du préteur, en cas d'absence ou empêchement. En effet, s'il ne pouvait être remplacé que par un autre préteur délégué par le Premier Consul, voici le cas qui pourrait souvent se présenter :

Tout est préparé pour une tenue de grands-jours ; les jurés de jugement appelés, souvent à de grandes distances, se sont rendus, ou sont en voyage ; des témoins nombreux sont assignés pour dix ou douze causes ; le préteur essuie la veille un accident en route, ou tombe malade dans la ville même : cependant le préteur de la division la plus voisine fût-il délégué d'avance pour le remplacer, peut se trouver empêché de la même manière, ou encore occupé à la tenue de ses propres grands-jours.

Que de frais, que de mouvemens en pure perte ! quelle fâcheuse suspension dans l'administration de la justice ! et quel encombrement ne pourrait-il pas en résulter pour les grands-jours suivans !

Tout cela pourrait néanmoins s'éviter, si l'on consentait qu'un des propréteurs, désigné d'avance, si l'on veut, à cet effet, remplaçât le préteur dans des circonstances semblables.

Il est dans la nature des choses et dans l'ordre habituel des tribunaux, que le chef en soit remplacé par celui qui le suit immédiatement dans l'exercice des mêmes fonctions.

L'art. 780 admet même ce remplacement du préteur par le propréteur, dans les affaires correctionnelles, ce qui présente néanmoins en soi ses difficultés à part, afin qu'on pût recourir, en cause d'appel, au même propréteur qui aurait connu de la cause en cette qualité, en première instance. Mais au moins l'aptitude étant une fois reconnue sur ce point, pourquoi la rejeter et l'exclure dans les affaires criminelles ?

Également, d'autres raisons du plus grand poids appellent encore quelqu'un des propréteurs à ce remplacement.

Dans les affaires criminelles elles-mêmes, l'article 786 permet que le préteur délègue au propréteur, résidant dans le chef-lieu, tout ce qui tient à l'instruction. Pourquoi l'analogie ne serait-elle pas suivie jusqu'à son dernier terme !

. Ce n'est pas tout : par l'art. 957, lorsque, dans les circonstances d'une cassation, un jugement aurait été rendu avec le concours du préteur, comme ce serait toujours le cas pour ceux qui auraient été vendus sur la déclaration d'un jury de jugement et pour quelques autres, le tribunal voisin, auquel serait fait le renvoi du procès, ne pourrait plus être aucun de ceux compris dans sa division ; car il le présiderait également.

Il faudrait donc que le renvoi se fît devant un tribunal d'une autre division. Mais alors il en résulterait des frais immenses, et divers inconvéniens portés jusqu'à l'impossibilité aux témoins de se rendre et à l'impunité des plus grands crimes : cependant on les éviterait, si l'on accordait aux pro-préteurs l'aptitude de remplacer le préteur dans toute l'étendue de ses fonc-tions.

Au reste, les articles 1009 et 1011, relatifs aux contumaces, présup-posent encore qu'elles peuvent être jugées sous la direction d'un propiéteur ou même d'un suppléant : car, autrement, le dernier de ces articles serait inexécutable, le délai de dix jours, dont il est parlé dans le dernier, ne paraissant pas susceptible de se concilier avec les courses qu'un préteur est tenu de faire dans trois ou quatre départemens, ni avec les occupations sui-vies que chacun d'eux lui fournit.

Ce ne sont pas les seuls vices qui paraissent se présenter dans l'orga-nisation de la préture. La progression en est telle, que l'étendue de ses pou-voirs, en les concentrant ainsi sur une seule tête, semblerait formidable pour les autres ; et qu'encore, avec le même caractère pour lui-même, elle pour-rait également lui devenir incommode.

Par l'article 779, il se trouverait juge unique, puisqu'il réduirait à la voix consultative le propréteur, pareillement unique, qui l'assisterait dans ses ju-gemens. Mais de combien d'erreurs et de distractions cette manière de com-poser le tribunal ne pourrait-elle pas devenir la source !

A la bonne heure qu'une pareille méthode pût être adoptée en admi-nistration ! mais comme on l'a quelquefois dit d'après un ancien, il ne suffit pas qu'un juge ait le savoir, il faut encore qu'il l'ait dans l'ordre et suivant les règles établis dans la matière sur laquelle ce savoir doit s'exercer.

Or, on ne conçoit que le concours, soit des connaissances de plusieurs, soit de leur opinion active, qui puisse procurer cette dernière espèce de garantie.

C'est sur ce motif et plusieurs autres que la pluralité dans les suffrages a toujours été regardée comme nécessaire pour les jugemens criminels, sur-tout s'ils doivent entraîner une condamnation quelconque. On a aussi observé que les hommes sont jugés par des hommes, que des juges éga-lement honnêtes, également instruits, diffèrent quelquefois dans leur avis ; que c'est pour cette raison que dans les tribunaux les voix se comptent, et que la pluralité l'emporte.

Pourquoi donc le préteur ne serait-il pas assisté de deux propréteurs, ou de deux suppléans en même nombre ? Pourquoi, sinon dans tous les cas, du moins dans quelques-uns très-importans et infiniment délicats, tous n'auraient-ils pas également voix active, de manière que sans trop d'égards pour la dignité de l'un, il pût être évincé par les deux autres ?

Il est d'ailleurs des circonstances dans lesquelles rentre cette étendue de pouvoirs, excessive en apparence, et où le préteur se sentirait plus fort, soit par l'assentiment de ses coopinans, soit par la prépondérance que leurs suffrages réunis prendraient sur le sien.

S'agirait-il de réduire , par exemple , en vertu de l'article 863 , un jury entier à l'état de gêne la plus absolue? l'humanité du préteur, plus facilement provoquée ou surprise, lorsqu'il agirait seul , sur des motifs justes en apparence, pourrait faire manquer le but de cette disposition. S'il se roidissait au contraire mal-à-propos, et si sa rigueur n'était point tempérée par la délibération et son vrai résultat, il pourrait s'ensuivre des inconvéniens d'une gravité marquée, même majeure.

L'autorisation portée par l'article 867 , et que le tribunal pourrait accorder au jury de jugement, de déclarer que l'accusé est excusable ou ne l'est pas , après s'être assuré que la loi admet pour excuse le fait allégué, paraît encore d'une bien grande importance , et ne pas devoir être l'ouvrage d'un seul juge à voix active, sur-tout lorsqu'il est aussi facile d'en faire concourir plusieurs.

Ce qui est bien plus fort, c'est que par l'art. 873 , le tribunal, pour ne pas dire le préteur, peut rejeter la déclaration d'un jury de jugement comme irrégulière ou comme contradictoire, et que par une seconde disposition du même article, le préteur lui-même peut, d'office, dissoudre le jury à cet égard, et renvoyer l'affaire à un autre.

Il paraît bien difficile de concevoir comment on remettrait à un seul homme une telle étendue de pouvoirs qui, à certains égards , semblent tenir de l'arbitraire, et dont, ainsi qu'on l'a remarqué, il pourrait lui-même se trouver embarrassé s'il n'en partageait le poids avec d'autres juges.

Les mêmes observations se reproduisent sur l'art. 874 , et lorsqu'il s'agirait de déclarer qu'il est sursis au jugement, d'après l'opinion que les jurés se sont trompés au fond.

Elles doivent également produire leur effet dans le cas de l'art. 887 , et relativement à la faculté attribuée au préteur dans les accusations compliquées de plusieurs délits, de prendre la réponse du jury sur le premier, et de renvoyer l'examen des autres délits aux prochains grands-jours.

Enfin , non-seulement par son esprit, mais par son texte même, qui veut délibération et opinion pour le jugement, l'article 889 paraîtrait ramener à la nécessité de faire concourir plusieurs juges à voix active. Et certes, dans les cas même les plus ordinaires , ce n'est pas sur de médiocres intérêts qu'il s'agit de délibérer et d'opiner d'une manière effective, puisqu'il n'y est question de rien moins que d'étendre certaines peines de cinq à dix ans, d'autres de dix à vingt, de prononcer des mises en surveillance, des interdictions de droits, des amendes, dommages-intérêts, &c. &c.

On sait bien qu'il a été dit qu'en Angleterre le grand-juge, qui serait en France le préteur, va jusqu'à dicter en quelque manière au jury les réponses qu'il va donner. Mais on doute, d'après l'expérience, et sans vouloir manquer à aucun des égards qu'on pourrait lui devoir, qu'il trouvât la même docilité en-deçà de l'Océan.

D'ailleurs, en anticipant sur ce qu'on devra en dire ailleurs, pourquoi aurait-on cette profonde vénération pour les institutions anglaises en cette matière ! Elles sont si notoirement défectueuses dans la manière elle-même de punir les délits, qu'il ne serait pas étonnant qu'elles méritassent le même reproche dans celle de les poursuivre et de les instruire.

La machination du crime d'assassinat éprouve de leur part une telle tolérance, que, par cela même que l'attentat n'a pas été consommé, on ne le punit que de la prison.

L'assassinat quelquefois le plus hideux de tous, celui qui se commet par le faux témoignage, n'y subit non plus que la même peine.

Elles contiennent cet outrage aux mœurs, que celle du parricide n'y est pas distinguée de celle de tout autre meurtre.

Enfin, par un nouvel outrage du même genre, ces institutions et ces mœurs sont en général si manifestement écartées du but de tout supplice, qu'elles le dépouillent de l'infamie, de cette horreur qui en forme la véritable utilité, et dont il faut bien se garder de se défaire. Aussi le scélérat au gibet n'y diffère guère, dans ses derniers momens, du vertueux père de famille expirant au milieu des parens et des amis qui entourent son lit de mort, et qui en adoucissent l'amertume.

Tout se coordonne ; et avec ces ménagemens excessifs ou même trop affectés pour le crime reconnu, peut-on se flatter que, dans la même législation, l'accusé non encore convaincu n'en aura pas éprouvé de semblables dans le cours de l'instruction, et dans tout ce qui a trait au jugement lui-même !

Aussi, également, on n'a rien dit de trop, lorsqu'on a observé que l'instruction criminelle en Angleterre procurait au coupable plus de facilités qu'il ne convenait pour échapper soit à la conviction, soit à la peine, et qu'elle est réellement vicieuse en ce qu'elle porte la déférence pour les droits de l'homme au point de nuire aux intérêts de l'ordre social.

Les rédacteurs du Projet en ont été eux-mêmes bien pénétrés, lorsqu'ils n'ont pas voulu admettre qu'une accusation une fois rejetée, sur quelque mauvais motif que ce fût, ne pourrait plus être renouvelée ; lorsqu'ils n'ont pas non plus consenti à rendre irrévocable une absolution qui aurait eu une opinion manifestement erronée pour base, et qu'ils ont tâché, au contraire, d'établir un plus parfait équilibre entre les égards dus à l'homme et la protection due à la société, par les modifications qu'ils ont apportées à des principes si outrés dans le pays qui les adopta.

Que ce ne soit donc qu'avec la plus grande réserve qu'on emprunte de cette théorie étrangère trop vantée les autres conceptions elles-mêmes, qui, au premier aspect, paraîtraient le mieux nous convenir ! On l'observe en ce moment pour l'organisation de la préture : on devra répéter l'observation ailleurs sur d'autres objets non moins importans.

On allait s'occuper ensuite de ce qui est proposé pour compléter l'organisation du tribunal criminel. Mais on est distrait de ce soin par un autre plus impérieux, et qui entraîne préférablement l'attention sur celle des jurés, base fondamentale du nouvel édifice.

Des Jurés.

Les observations présentées par le tribunal de cassation dans la séance du 3.ᵉ jour complémentaire de l'an 11 ont bien pour but apparent d'en régler la composition : mais les objections qu'elles contiennent en même temps contre l'institution elle-même, paraissent assez graves, pour qu'on puisse encore mettre en question si l'on doit la laisser subsister.

A son tour, le Grand-juge, par son compte rendu, et dans la partie où il en discute l'organisation, semble pareillement tendre à l'anéantir. C'est sur-tout ce qui devient plus saillant aux pages 214 et 215, relativement à l'opinion qui ne conserverait que le seul jury d'accusation, idée lumineuse, et qui sagement ménagée, deviendrait peut-être le meilleur terme de conciliation de tous les systèmes en cette partie.

Avec de tels garans on sera plus libre dans l'examen de la partie du Projet, d'après laquelle les jurés devraient d'abord se former, ensuite opérer.

En premier lieu, d'après les articles 902 et 903, c'est par la différence des fortunes, et par une imposition plus ou moins forte aux rôles des contributions, que sera déterminée l'inscription sur les listes des jurés, ou l'exclusion de ces mêmes listes.

Après avoir fait sagement disparaître beaucoup d'incompatibilités qui privaient d'excellens choix, par la manière dont l'art. 901 les a réduites, il fallait bien se fixer sur une base quelconque par laquelle se déterminât l'aptitude à devenir juré. Mais on n'en doit pas moins faire connaître les résultats les plus apparens que produirait dans les départemens des Basses-Pyrénées celle qui a été préférée.

Il est de fait que dans ce pays où les propriétés étaient de tous les temps très-divisées, et où le nouvel ordre des successions les divisera encore davantage, les trois quarts des citoyens au moins qui réunissent l'instruction à la moralité, ne sont pas imposés à 100 francs. D'un autre côté, beaucoup de cultivateurs, déjà assez à plaindre de n'avoir reçu aucune éducation, pour qu'on n'insulte pas encore à leurs principes, sont précisément ceux qui atteignent ou dépassent le plus habituellement le montant nécessaire pour être admis.

N'affaiblirait-on pas le concours de ceux-ci, et n'éviterait-on pas qu'ils n'entrassent en majorité dans la composition des jurys, en admettant et associant à la première une seconde base d'éligibilité, fondée sur l'exercice acquis de certaines fonctions qui présupposeraient un cours d'études , et par cela même des lumières et de la moralité !

Il est vrai que ce nouveau motif d'admission par les moyens moraux, qui ne sont pas toujours des garans de la fortune, rendrait plus sensibles des difficultés qui restent encore à relever. Mais elles n'en subsisteraient pas moins, quand même on ne prendrait pas en considération cette circonstance particulière.

La pièce d'argent, annoncée par l'article 911, paraîtra toujours insuffisante à ceux qui devront l'obtenir, si elle ne couvre pas les frais de déplacement, qui, dans ce département, ne sont pas modiques.

Il est sur-tout difficile de lui faire attribuer cet effet, si l'indemnité n'est pas actuelle , et du moment même où on supporte la dépense ; et alors ce n'est pas le moyen de la faire adopter , si l'on renvoie cette récompense après la seconde ou troisième session à laquelle les jurés auront concouru.

C'est, au reste, une nécessité d'observer que ce n'est point-là un mouvement d'avidité ; mais c'est l'effet naturel du sentiment auquel les neuf dixièmes des habitans du département sont ramenés malgré eux sur la médiocrité de leurs fortunes , dont la plupart ne se soutiennent qu'à force de travail et d'une industrie journalière.

Dans la ville même où le tribunal criminel tient ses séances, les remplacemens ne font éprouver tant d'embarras , que parce qu'il n'y en a pas pour l'indemnité comme pour les fonctions.

C'est principalement lorsqu'en vertu des articles 905 et 922, quarante ou quarante-huit jurés devront se rendre, à grands frais, des divers points du département très-éloignés pour la plupart, que les embarras et les difficultés qu'on vient de relever se développeront dans toute leur force.

Par les articles suivans sur les récusations, et plus particulièrement par le 932, qui, exigeant la formation d'un tableau particulier pour chaque cause , fait que ce tableau peut se modifier autrement que pour la précédente ou pour la suivante , tous les jurés seraient tenus de résider dans le chef-lieu , jusqu'à la dernière des causes qui seraient portées aux mêmes grands-jours. Elles peuvent néanmoins être longues et nombreuses : alors , et si l'indemnité n'est ni entière, ni prochaine, les jurés débuteront dans leurs fonctions par les sacrifices , les répugnances et les murmures. Quel fâcheux préjugé pour la manière dont ensuite ils les rempliront !

En deuxième lieu , lorsqu'on en vient là, on a d'abord une partie des droits attribués au préteur, et dont il a été déjà question, qui deviennent bien pénibles et bien incommodes pour eux, au point qu'on doute que le plus grand zèle et le dévouement le plus marqué puissent les rendre supportables.

Il faut néanmoins éviter d'exagérer les inconvéniens de leur situation ; et alors, au lieu de lire dans la formule du serment portée par l'art. 839,

de

de ne communiquer, il faudrait peut-être y voir, *de n'en communiquer,* c'est-à-dire, de l'affaire.

Ce n'est pas tout, et ici se rencontre peut-être le point le plus délicat de tous. L'article 864 veut qu'à peine de nullité, la décision du jury ne puisse se former, pour ou contre l'accusé, qu'à l'unanimité; et il ne s'agit plus alors, comme auparavant, d'un terme limité à vingt-quatre heures pour y parvenir. Cette disposition du Projet ouvre et laisse aux jurés un espace de temps indéfini afin qu'elle se forme.

Jamais théorie ne fut plus spécieuse, ni par elle-même, ni par la manière heureuse dont elle a été présentée dans l'un des discours préliminaires.

Cependant, pour la faire évanouir, il semble qu'il n'y a qu'à observer que la vraie unanimité est trop difficile à se former, par cela même que la volonté d'un seul juré pourrait alors balancer la volonté de tous les autres, et qu'indépendamment d'un assez grand nombre très-favorable au dissentiment, il suffit que l'assemblée soit composée des égaux de l'accusé, qu'il a lui-même choisis en grande partie, par les récusations exercées contre d'autres, pour que la dissidence doive tout naturellement en être le résultat.

Que s'il s'agit d'une unanimité formée par l'effet d'une convention faite à l'avance, comme on dit que cela se pratique en Angleterre, si elle n'est ainsi que fictive, et n'en a que l'extérieur, alors autant et mieux vaut-il s'en passer; d'autant plus que la dissimulation dont une partie des jurés devrait user, s'y trouverait de moins, et que de pareilles fictions ne prouvent pas pour les mœurs d'un peuple qui non-seulement s'en contente, mais qui a besoin d'admettre dans sa législation un tel prestige.

On ne peut et on ne veut donc accepter qu'une unanimité effective autant de conviction que de déclaration. On ne la cherchera pas même dans des extrêmes, tels que celui d'un temps indéfini, ou seulement encore de vingt-quatre heures, malgré cette heureuse faculté d'expédition attribuée aux jurys britanniques, qui ferait regarder comme un phénomène la durée de sept heures employée en délibération dans une affaire extraordinaire.

La raison semblerait bien plus s'accommoder de ce terme moyen proposé dans le compte rendu par le Grand-juge (pages 224 et 225), et d'après lequel on ne pourrait pas plus se dispenser de rechercher l'unanimité au-dessous de six heures, qu'il ne serait permis de s'y obstiner au delà de douze.

Autrement l'unanimité, telle qu'elle est desirée par le Projet, présentera toujours des inconvéniens sans nombre. L'opiniâtreté peut s'introduire dans l'assemblée et livrer les jurés à un assaut, non de raison, mais de moyens physiques qui ne l'accompagnent pas toujours. Le temps se perd, quoique la plupart des membres du tribunal n'en aient pas à perdre pour parcourir et pour remplir le cercle de leurs autres devoirs. L'incertitude se répand sur l'époque assignée à l'expédition d'autres causes qui se trouve ainsi absorbée;

Basses-Pyrénées. C

et les fonds du trésor public y sont essentiellement compromis. La situation de tous devient pénible, du préteur, de ses coopérateurs dans le tribunal, des jurés récalcitrans et égarés, comme de ceux que la raison dirige, de l'accusé pour lequel l'anxiété de son sort forme déjà un grand supplice, sans savoir s'il l'a mérité ; enfin, du public qui a pris quelque part aux débats. On ajoutera, si l'on veut, que les exemples tirés d'ailleurs sont peu rassurans, lorsque nous en avons, plus près de nous, de tout opposés.

Mais exige-t-on toujours l'unanimité ! Qu'on la demande donc à une réunion de juges, de trois, de quatre ou de cinq au plus. Ceux-là ont au moins des règles assez certaines de crédibilité, et une méthode raisonnée pour parvenir à la conviction ; au lieu que ces avantages ne se rencontrent pas communément dans une association fortuite et trop nombreuse de jurés.

Peut-être qu'en transportant ainsi la loi de l'unanimité sur la tête des juges, on serait préservé des craintes plus au moins fondées qu'on n'a cessé de mettre en avant sur l'endurcissement qu'on suppose qu'ils auraient contracté par l'habitude de juger des crimes : car il n'est pas concevable qu'avec une raison éclairée et mûrie par la connaissance des lois et par l'expérience, la sensibilité nécessaire fût tellement effacée du cœur de tous, qu'ils pussent se réunir entièrement pour une condamnation injuste, seul résultat qu'on se propose d'éviter.

Et qu'on veuille bien observer qu'à une semblable institution pourrait s'adapter sans inconvénient la conservation d'un jury d'accusation et la preuve préalable qu'elle produit : elle est indépendante de l'autorité judiciaire, et affaiblirait d'autant les pouvoirs de ceux qui en sont revêtus. Alors donc aussi on aurait l'intervention du peuple ou du pays, suivant l'expression anglaise ; et il semble que ce serait un assez beau spectacle que de voir un accusé qui n'aurait pu être constitué en prévention que par ses concitoyens, introduit par eux dans le sanctuaire de la justice et devant ses vrais ministres. Toutes les garanties, tous les contre-poids possibles, paraîtraient dès-lors exister.

On éviterait du moins toujours la très-grande partie des inconvéniens relevés, et auxquels il est difficile de faire plier sa raison. C'est-là principalement qu'on voulait en venir.

Si même en employant soit des jurés, soit des juges, il arrivait qu'on épuisât trois tours d'opinions, ou un espace moral de temps qui serait déterminé, sans parvenir à l'unanimité ou à une majorité assez prononcée afin qu'on crût pouvoir lui en attribuer les effets ; et si néanmoins il s'était formé dans ce cas une majorité simple qui tendît à la condamnation, on pourrait rétablir une manière de procéder que la dernière législation française avait négligée, et dont l'ancienne faisait usage à l'exemple de la Grèce et de Rome.

C'est le *non liquet* des latins : c'est notre *plus amplement informé* jamais indéfini, mais seulement pendant un an ou six mois, et qui, ne survenant pas de nouvelles preuves, conduirait bien au renvoi de l'accusé, mais par un simple *hors d'instance.* Il n'en résulterait point d'infamie, mais uniquement un avertissement de surveiller la conduite ultérieure de l'accusé, et à lui-même de se tenir sur ses gardes ; ce qui ne serait pas sans utilité, et rendrait aux affaires criminelles un aspect sous lequel elles méritent souvent d'être envisagées.

Qu'à ce qui précède on ne cesse jamais de joindre les droits sacrés de la défense et de la publicité de l'instruction, il semble qu'il y aura infiniment moins de difficulté à trouver les règles d'une juste proportion entre l'intérêt sociale et la conservation individuelle.

Du complément du Tribunal criminel.

D'abord, et en général, on desirerait qu'on eût fixé d'une manière plus claire ce qui le constitue, et dans quel ordre il doit agir.

Aux articles 707 et 708, on voit un rapporteur et des juges qui émettent leur opinion dans les affaires sur appel de la police correctionnelle. L'art. 771 paraît ensuite dire quels seront ces divers magistrats, et les suppose successivement appelés à remplir ces fonctions chacun dans son ordre. Cependant lorsqu'on parvient à l'article 780, on en infère que le préteur absorbe encore principalement cette partie de la juridiction, et que ce n'est qu'en son absence que le tribunal prend une organisation susceptible des formes introduites par les articles 707 et 708, bien naturelle sans doute, lorsque plusieurs juges ont déjà statué sur la même affaire en première instance.

Passons à présent au détail des fonctions que chacun est appelé à remplir.

1.° Qu'on nomme propréteurs ceux qui doivent le plus essentiellement concourir avec le préteur, rien n'y fait obstacle. Au contraire, et par cela même il semble qu'ils sont plus particulièrement appelés, soit à le remplacer en toute occasion, soit à exercer la même nature de fonctions lorsqu'ils l'assistent, de manière que ce soit pour eux non-seulement un droit, mais encore un devoir de juger comme lui, sans lui et même avec lui, néanmoins sous sa direction.

Par l'article 551 l'on n'attribuerait qu'un propréteur à chaque arrondissement ; et ce n'est que par exception qu'en cas de besoin il en serait établi un second, d'après l'article 552, dans celui des arrondissemens où il paraîtrait nécessaire.

Il semble qu'on puisse dire sans hésiter qu'il l'est dans tous les arrondissemens où siége un tribunal criminel ; car son concours aux jugemens de police correctionnelle et à l'instruction des délits qualifiés, produirait, lorsqu'il serait seul, des incompatibilités journalières et fréquentes qui ne permettraient pas qu'on le retrouvât dans la même cause, soit au degré inférieur, soit au degré supérieur. La pluralité seule ferait cesser cette étrange reproduction du même fonctionnaire, soit en instruction, soit en jugement, soit en première instance, soit en cause d'appel.

L'abondance même du travail dans de pareils arrondissemens, serait encore une raison de plus, pour qu'on ne se contentât pas d'un seul propréteur. Cela est sur-tout sensible dans celui de Pau, qui a beaucoup plus de population et d'étendue qu'aucun des quatre autres du département; ce qui se vérifie sous le premier rapport, en ce qu'il contribue de 93,226 individus à un total de 355,573. La différence pour l'étendue est au moins proportionnellement aussi forte.

Les observations sur l'article 566, relatives aux déplacemens auxquels le propréteur est exposé, de même qu'à leurs conséquences, deviennent communes à plusieurs autres fonctionnaires, et paraissent même plus intéressantes pour ceux-ci, puisque ce qui serait faculté pour lui, deviendrait nécessité pour eux.

Cependant tous ont, par l'article 567 et autres, les mêmes auxiliaires, tant les juges de paix et les officiers de gendarmerie, que les autres fonctionnaires locaux auxquels on donne plus particulièrement ce nom. Pourquoi donc le droit de déléguer, admis pour le propréteur, ne leur serait-il point également accordé!

Il est d'autant plus essentiel pour tous de pouvoir l'exercer, qu'au-delà de ce que des occupations suivies et habituelles pour la plupart d'entr'eux leur en imposeraient toujours la nécessité, leur intérêt en souffrirait trop notablement, s'ils étaient assujétis d'une manière absolue à cette mobilité.

Le préteur est lui-même engagé dans de bien forts déplacemens ; et sans doute qu'on entend qu'il puisse s'y livrer d'une manière non - seulement décente, mais même honorable.

Une décence au moins corrélative devrait toujours se retrouver dans les déplacemens à degré inférieur. Mais peut-on l'attendre, depuis le principal propréteur jusqu'au dernier suppléant du moindre tribunal de première instance, lorsqu'on ne leur alloue que quatre francs par jour , et un tiers moins au greffier! Encore, pour obtenir cette indemnité, devraient-ils s'être éloignés à une distance de plus de quinze kilomètres ou quatre lieues communes.

Cependant, comme le Grand-juge avait eu le soin de le remarquer dans son compte rendu (page 211), cette rétribution était excessivement modique, et il paraissait déjà convenable de l'augmenter.

D'autre part, qu'importe que la distance soit à moins de quinze kilomètres, si, comme cela se trouve habituellement lorsque le déplacement est jugé nécessaire, la nature et la longueur des opérations font obstacle à ce qu'on rentre le soir dans ses foyers! on n'en supporte pas moins pour cela de fortes dépenses, dont il serait au moins juste qu'on fût dans tous les cas complétement défrayé.

Il n'est pas au reste indifférent qu'on sache d'une manière bien positive, non-seulement quand on peut se transporter au-dehors du siége, mais bien plus particulièrement dans quels cas on en est tenu, et où l'on ne peut s'en dispenser sans danger.

En effet les articles 789 et 790 d'un côté, et 802 et 803 d'un autre, introduisent, dans le cas de la négligence, qui est un terme vague et uniquement relatif, un genre de note qui se montre sous un caractère d'autant plus fâcheux, qu'on ne laisse pas même à l'arbitrage du préteur et du commissaire qui l'imprimeraient aux fonctionnaires mis sous leur surveillance respective, de distinguer, d'après la connaissance qu'ils peuvent avoir des individus, de leurs habitudes, de leurs moyens et de leurs principes, dans quelles circonstances doit échapper la redoutable admonition à consigner officiellement sur des registres, et suivie d'une punition presque infamante si la prétendue négligence se renouvelait.

Un retardement peut avoir souvent les couleurs de la négligence, sans en mériter la qualification. C'est ce qui se vérifierait dans bien des cas par une exhortation paternelle de vive voix, ou par une correspondance amicale, qui peuvent être aussi efficaces que la note officielle, sans en avoir les inconvéniens. Faut-il donc enlever la satisfaction d'en user, autant à ceux par qui le prétendu tort devrait être relevé, qu'à ceux qui auraient le malheur d'y tomber !

2.° Ce qu'il peut y avoir à observer relativement aux suppléans du tribunal criminel, et même à celui du tribunal de première instance qui irait présider dans les cantons les tribunaux de police judiciaire, résulte déjà suffisamment en partie de ce qui a été remarqué au sujet du propréteur, et continuera à se développer en parlant du commissaire.

3.° Par les articles 477 et 479, ce fonctionnaire aurait pour substituts les magistrats de sûreté, et serait néanmoins lui-même aussi le magistrat de sûreté de l'arrondissement communal où siége le tribunal criminel, à moins que par une exception le Gouvernement n'y établit aussi un magistrat de sûreté spécial, de manière que l'exception cessant, le commissaire devrait remplir, indépendamment des fonctions à lui propres, celles du ministère public près le propréteur et le tribunal d'arrondissement, sans y comprendre encore celles attribuées également aux magistrats de sûreté par l'article 480 et autres.

On ne s'occupera pas encore de la surcharge manifeste qu'éprouverait, en s'en tenant à ces termes, l'individu chargé du commissariat, et qui rendrait ce ministère impraticable. Mais en parlant du propréteur, il a été déjà question d'incompatibilité : il s'est aussi agi des besoins locaux et même généraux, ainsi que de la nécessité qu'on divisât sur deux têtes dans les arrondissemens communaux où siége le tribunal criminel, les fonctions qu'on cumule au contraire sur la sienne.

Ici encore, d'un côté, les incompatibilités prendraient un caractère bien plus saillant, et d'un intérêt supérieur. Lorsque, comme magistrat de sûreté, il aurait fait ses réquisitions auprès du propréteur et du tribunal d'arrondissement, il est évident qu'il n'en aurait plus d'autres à proposer d'une manière utile au tribunal criminel lorsque ces mêmes causes y seraient portées ; ou bien ayant son propre ouvrage à réviser, il faudrait qu'il eût le rare courage de se mettre, dans plus d'une occasion, en contradiction avec lui-même, ce qui ne se suppose pas facilement. Cependant s'il n'agissait pas ainsi, le bien qu'on attend de cette cumulation de fonctions ne s'opérerait pas ; ce seraient tout au plus de vaines formes qui se trouveraient remplies par son nouveau concours.

On verrait donc aussi dans l'espèce proposée le commissaire distrait de ses attributions naturelles par l'obligation de donner ses réquisitions par écrit, d'après l'article 558, dans les affaires qui ne se trouveraient ultérieurement susceptibles que d'une instruction correctionnelle, et nullement d'un acte d'accusation.

Par l'article 611, en variant seulement les aspects, il se transmettrait à lui-même les ordonnances du propréteur, comme aux articles 752 et 755 il donnerait et recevrait en même temps les avis et les notifications qu'ils prescrivent.

Par l'article 701, il aura un double droit d'appel ; et comme par l'article 702 les délais sont différens ainsi que les formes pour l'émettre suivant l'une ou l'autre de ces qualités, il arrivera par l'article 704 que, tandis que dans les autres arrondissemens le ministère public aurait deux mois pour appeler, il serait réduit, dans celui du chef-lieu, à dix jours, encore sous des formes plus gênantes : cette diversité de droits sur un même sujet ne peut pas facilement se faire adopter.

Comment dans les fonctions à lui propres le commissaire sera-t-il remplacé par son substitut, en conséquence de l'article 784, si en effet il n'en a pas ! Comment concilier la surveillance qui lui est attribuée par les articles 802 et suivans, sur tous les officiers de police autres que le propréteur, et notamment sur les magistrats de sûreté, avec l'identité de fonctions qu'il partagera avec eux, et qui les autorisera même à le déléguer pour la continuation des instructions qu'ils auraient commencées dans leurs propres arrondissemens, et qui auraient besoin d'être suivies dans celui laissé à ses soins !

On ne conciliera pas davantage les droits de citation et de poursuite que lui confèrent les articles 805 et 806 à l'égard du propréteur, tandis que sa subordination envers celui-ci, en le considérant comme magistrat de sûreté, est si marquée par tant d'autres endroits, particulièrement par les courses auxquelles le propréteur aurait la faculté de l'assujettir, d'après l'article 566, lorsqu'il voudrait s'y livrer lui-même.

Enfin il paraît peu convenable que, dans l'exécution de l'article 998 et autres du même chapitre relatifs à la procédure de faux, le commissaire remplisse les fonctions de magistrat de sûreté auprès du propréteur, et qu'ensuite il en ait d'autres à lui propres, à remplir auprès du tribunal criminel. C'est la même contradiction qui se rencontre du plus au moins, à-peu-près pour tous les délits majeurs : elle a été déjà remarquée ; et elle pourrait donner lieu à ce qu'une erreur qui se serait glissée dans la première instruction, ne fût plus ensuite ni reconnue ni réparée.

Il est bien vrai qu'on obvie jusqu'à un certain point à ce concours de fonctions incompatibles sur la même tête, lorsque par les articles 480 et 484 on accorde au commissaire, et même au magistrat spécial de sûreté de l'arrondissement du chef-lieu, lorsqu'il y en a un, un remplaçant pour les fonctions de la police judiciaire dans la personne du premier suppléant du tribunal criminel. Mais d'abord ce sont jusqu'à un certain point les mêmes incompatibilités ; et ce n'est pas la peine d'en pallier quelques-unes, en donnant ouverture à d'autres.

Ce n'est d'ailleurs qu'en cas d'empêchement, que ce remplacement est admis ; ce qui ferait supposer que, dans l'état naturel et constant des droits et des devoirs respectifs, il ne devrait pas être reçu : dès-lors la première incompatibilité remarquée au sujet du commissaire, ne formerait point, comme il le faudrait, un empêchement par elle-même.

Autrement il paraît bien que rien ne ferait obstacle à ce que le magistrat de sûreté spécial, lorsqu'il y en a un, fît dans son arrondissement ce que ses collègues feraient dans les autres. Mais alors encore ce ne serait plus le premier suppléant du tribunal criminel qui devrait remplacer ce magistrat : ce soin regarderait, d'après l'article 483, le commissaire de l'arrondissement ; et de cette manière, ce suppléant se trouverait plus particulièrement ramené à ses vraies fonctions.

On observe pareillement qu'une partie des inconvéniens relevés dans ce paragraphe, et de ceux que pourraient faire naître encore les opérations prescrites par les articles 519, 525, 540 et autres à ce relatifs, pourraient être considérablement diminués par l'institution des officiers de police auxiliaires que contiennent les articles 545 et suivans. Mais afin que ce fût avec effet et d'une manière satisfaisante, soit pour le commissaire, soit pour tout autre magistrat de sûreté, il semble qu'on devrait nettement consacrer la faculté qu'auraient ceux-ci de déléguer un ou plusieurs de ces officiers, et tracer en même temps une forme simple, facile et efficace, suivant laquelle ils pourraient le faire.

Cependant les délégations elles-mêmes ne sont pas, à leur tour, exemptes d'autres inconvéniens ; elles entraînent des circuits dans lesquels se perd quelquefois sans retour le moment utile. En général, il vaudrait donc mieux qu'on n'assignât à chacun que les fonctions qui lui sont propres, qui rentrent dans l'ordre naturel de ses attributions, et qu'il aurait réellement les moyens de remplir, sans que d'autres et souvent les plus essentielles fussent exposées à en souffrir.

D'autre part, et en ce qui concerne soit les besoins locaux, soit ceux de la place, et de l'individu qui serait appelé à la remplir, l'art. 897 distingue d'une manière absolue, et non pas par simple voie d'exception, comme l'article 457, le magistrat de sûreté du lieu où siége le tribunal criminel, du commissaire du Gouvernement près ce tribunal; et il faudrait qu'il y eût en tout et pour tout, matière à cette distinction. L'article 772 conduisait même déjà assez aux mêmes conséquences.

Ainsi qu'on l'a fait remarquer ailleurs, l'arrondissement de Pau pour lequel on imposerait au commissaire des obligations qui lui seraient naturellement étrangères et d'ailleurs incompatibles, comme on l'a dit aussi, au-delà des siennes propres, comprend, soit en population, soit en territoire, au-delà du quart du département.

Mais alors, qu'on considère combien les opérations portées par l'art. 491 sur les dénonciations et sur leurs suites, par l'article 505 et suivans sur la rédaction des procès-verbaux, par l'article 513 relativement à la transmission et retour des pièces, exigent de promptitude et de célérité, ainsi que tant d'autres, et combien peu néanmoins on devrait l'attendre du commissaire, si les soins en demeuraient à sa charge.

N'est-il pas encore plus particulièrement appelé à préparer les causes pour les débats à des jours déterminés, à concourir aux assises et aux grands-jours qui peuvent prendre une étendue considérable de temps, et y exercer sans interruption son ministère, à apporter le même concours aux jugemens et instructions sur appel de la police correctionnelle, à surveiller, dans les courts intervalles qui peuvent lui rester, la régularité des formes, à provoquer les divers jugemens interlocutoires, et à se livrer à tous les détails d'ordre et de correspondance essentiellement attachés à ses fonctions !

Quel autre résultat peut-on se flatter d'obtenir de ce croisement, de cette complication d'autres occupations, si ce n'est que la plupart, quelquefois même les plus intéressantes, seront mal remplies ! Les modifications déjà admises dans le Projet, donnassent-elles encore ouverture à d'autres, n'écarteraient pas suffisamment ces embarras et ces dangers : il n'y a qu'une division bien prononcée, au moins sur deux têtes, de fonctions inconciliables et propres à opérer surcharge, qui puissent absolument les faire cesser.

Des Officiers de Police.

On a dû beaucoup étendre cette qualité, relativement au droit de dresser

des

des procès-verbaux ; l'article 651 l'accorde pour les contraventions, et l'article 682 pour les délits, à tous officiers de police, agens, préposés ou autres officiers ayant reçu de la loi le pouvoir de les constater.

Il est à craindre que dans le grand nombre d'hommes employés dans cette partie, il s'en rencontre plusieurs qui ne soient pas doués d'un degré de moralité suffisant pour inspirer la confiance nécessaire. Cependant ces articles accordent la foi à leurs procès-verbaux et rapports jusqu'à inscription de faux.

Afin qu'il pût en être ainsi, deux sortes de garantie paraîtront au moins bien nécessaires : l'une, que ces procès-verbaux et rapports eussent été faits en présence de deux citoyens domiciliés dans le lieu, et signés par eux ; l'autre, que soit le rédacteur, soit les témoins signataires, fussent récollés dans ces actes, par voie de déposition, devant le tribunal.

Pour d'autres procès-verbaux bien essentiels, qui sont ceux de visite des individus tués, blessés, ou autrement mutilés ou maltraités, on a regret à ne pas voir adoptée, dans le Projet, une mesure suggérée par le Grand-juge dans son compte rendu, pages 211 et suivantes :

C'est l'établissement d'un ou deux officiers de santé par arrondissement, avec les précautions convenables, et chargés de porter jusqu'au dernier degré de développement, par l'inspection, tant au-dehors qu'à l'intérieur, lorsque le cas en serait susceptible, toutes les circonstances propres à caractériser le délit.

Des Tribunaux de Police.

En premier lieu, on redoute que, tandis que les tribunaux d'arrondissement, principalement institués pour les affaires civiles, demeureront chargés de l'instruction et jugement des matières correctionnelles, d'après leur organisation actuelle ou autre approchante, leurs succès dans une partie ne nuisent à ceux de l'autre, ou plutôt qu'il n'y ait encombrement pour tout.

Le seul moyen d'y obvier assez dans ce même état de choses, serait peut-être la formation de deux sections avec les agens déjà existans ou proposés, dont l'une, composée des juges en titre et du commissaire, s'occuperait habituellement des affaires civiles, et dont l'autre, ayant le propréteur à sa tète, secondé de deux suppléans et du substitut, vaquerait à l'expédition des affaires correctionnelles.

Il y aurait matière à cette division ; car il a été vérifié qu'au tribunal de l'arrondissement de Pau ; il a été jugé quatre-vingt-sept causes de cette nature, depuis le 1.ᵉʳ ventôse an 11 jusqu'au 23 ventôse an 12 ; et qu'à cette époque il en demeurait cent cinquante-six encore pendantes. La même proportion existe à-peu-près dans les autres arrondissemens. Il est vrai qu'il

y aurait diminution par la nouvelle organisation du tribunal de simple police, et par le rétablissement dans la classe des délits méritant peine afflictive, d'un grand nombre de ceux que la loi du 25 frimaire an 8 avait
correctionnalisés.

Mais malgré cela, on ne croit pas que, conformément à l'article 683,
un des cinq derniers jours de chaque mois puisse jamais suffire à l'expédition des causes à juger correctionnellement.

Il ne paraît pas non plus que, pouvant au contraire y avoir suite d'audiences pendant plusieurs jours pour diverses affaires de cette nature, il
convienne de n'accorder que vingt-quatre heures, conformément à l'article
697, pour la signature de la minute de chaque jugement qui y intervien-
drait, sur-tout lorsqu'il en résulterait matière au terrible avertissement officiel.

On pense aussi qu'au-delà des obligations prescrites par l'article 696,
pour la rédaction des jugemens de cette espèce, il faudrait ajouter expressément celle de les motiver ; car il suffit que ces jugemens soient susceptibles d'appel, pour que si une pareille formalité n'est pas indispensable,
elle soit du moins très-utile.

En deuxième lieu, quant aux tribunaux de simple police, on doute
encore que dans l'application de l'article 635, une seule audience par mois
dans l'un des vingt premiers jours pour chacun de ces tribunaux, et alternativement dans chaque canton, soit suffisante pour l'expédition des causes.

Ainsi les audiences se prorogeant dans certains cantons aux jours suivans,
les sessions des autres cantons sont reculées d'autant ; ce qui peut rendre
inutiles les préparatifs, quelquefois assez dispendieux, formés d'avance pour
l'expédition d'une cause à un jour déterminé.

Plus d'une cause et plus d'un canton peuvent souffrir d'une semblable
prorogation, lorsqu'il y a dans l'arrondissement un grand nombre de cantons, comme dans celui de Pau, où il y en a onze assez dispersés.

On doit répéter, à l'égard de ces tribunaux de simple police, les mêmes
observations déjà faites d'un côté sur la dispense à accorder quant à la
signature de la minute des jugemens dans les vingt-quatre heures, et d'autre
part sur l'obligation à imposer de motiver les jugemens, au moins lorsqu'ils
sont susceptibles d'appel.

Ce qui a été dit sur les déplacemens et sur une indemnité plus consé-
quente à accorder, est encore du plus grand intérêt pour le suppléant de
l'arrondissement, qui sera juge de police, et qui présidera ces tribunaux ;
car il sera, dans l'an, plus de quatre mois en tournée : et l'on n'est pas
exposé à ces courses journalières et répétées, sans beaucoup dépenser. Il
n'en est pas d'un département où les communes rurales, très-peu réunies
par elles-mêmes, sont d'ailleurs disséminées dans un grand espace de terrain,
comme de Paris ou de quelques autres grandes cités, où tout se trouve à-
peu-près rassemblé sous la main. Cette observation, quoique proposée sur

un point particulier, et d'un modique intérêt en apparence, est néanmoins d'une telle importance, qu'elle reçoit son application presqu'au Projet en entier.

Des Prisons.

Les art. 1105, 1106 et suivans, semblent enfin garantir qu'il y aura des prisons distinctes et avec différentes destinations : mais tous les Codes antérieurs l'avaient pareillement annoncé ; et néanmoins, de semblables établissemens n'existent encore que sur le papier.

Il conviendra sans doute aujourd'hui de s'assurer qu'en même temps que la loi sera mise en vigueur, tout soit disposé à ce qu'elle reçoive son exécution à cet égard.

Sur divers points d'exécution, ou autrement isolés par eux-mêmes.

1.° L'article 451 s'occupe des délits commis par des Français en pays étranger ; mais ce n'est que de ceux qui blessent l'intérêt national, pour les punir en France.

Par les lois antérieures, on jugeait et l'on punissait aussi en France les délits commis ailleurs par les Français, quand même ils n'auraient attenté qu'à la sûreté publique ou individuelle dans les pays où ils vivaient. Cette mesure était utile et honorable ; et l'on en éprouvait principalement les bons effets dans les départemens placés à l'extrême frontière.

On ignore si l'on a eu néanmoins en vue de la supprimer, et si l'on a eu pour motif les traités faits et à faire relativement aux extraditions respectives.

2.° Lorsque l'article 589 veut que la force, pour l'exécution d'un mandat, soit prise dans le lieu le plus à portée de celui où le mandat devra s'exécuter, il laisse subsister ou fait même naître les inconvéniens suivans :

L'huissier, porteur d'ordre, partant du chef-lieu, pourra trouver cette force absente, et employée à d'autres destinations : s'il ne peut pas emmener la force qui devrait opérer avec lui, il manquera souvent les expéditions les plus importantes, ne fût-ce que par des indiscrétions ou par d'autres influences locales.

3.° Il ne paraît pas suffire qu'en vertu de l'article 699, le substitut envoie au commissaire un extrait du jugement correctionnel, dans les trois jours de la prononciation. C'est une expédition fidèle et complète qui serait au contraire nécessaire, pour vérifier s'il y aura matière à appel, et même pour juger au besoin.

4.° Le nouvel acte d'accusation à ordonner et à notifier par le commissaire, d'après l'article 824, ajoute encore aux incompatibilités remarquées sur sa tête, lorsque lui-même aurait rédigé, comme magistrat de sûreté, le premier acte mis à l'écart.

5.° L'article 838 conduit à la nécessité de remarquer combien il serait utile de mettre le tribunal en situation de procurer à l'accusé un conseil, et à celui-ci une récompense, lorsque ce double moyen manque à l'accusé.

6.° Il conviendrait peut-être que l'article 895 ordonnât, comme cela se pratiquait déjà, l'exécution des jugemens de condamnation en jour de marché, pour la plus grande utilité de l'exemple.

7.° Les articles 904 et 905 attribuent au préfet du département seul, la formation des listes des jurés, malgré qu'étant habituellement étranger, on doive moins lui supposer la connaissance personnelle des lieux et des hommes. Ce point paraît extrêmement délicat; et il semblerait bien convenable de lui adjoindre, pour une semblable opération, quelques magistrats du pays; qu'on mît même à faire ces choix une solennité et un scrupule qui en garantissent la bonté, autant que les individus et les localités le permettraient.

8.° On ne peut pas se dissimuler que, tant au criminel qu'au civil, la jurisprudence du tribunal de cassation n'ait quelquefois varié sur le même moyen de nullité. Avant donc d'admettre, en vertu de l'art. 942, une répétition de frais que ce tribunal pourrait prononcer contre ceux qui auraient concouru à la prétendue nullité, il faudrait que la loi eût précisé en termes exprès les cas pour lesquels il y aurait lieu. Alors, et si le cas pour lequel une pareille condamnation serait prononcée, ne se trouvait pas réellement compris dans cette précision, il faudrait réserver le droit d'en réclamer, et en indiquer le mode.

9.° Il est dans l'ordre, qu'ainsi que le règle l'article 943, l'exécution des jugemens préparatoires n'exclue pas le recours en cassation jusqu'après le jugement définitif, pour ce qui tient au fond : mais pour ce qui se réduit aux formes, les irrégularités paraîtraient devoir être couvertes par les mêmes moyens qui opéreraient cet effet à l'égard d'un jugement définitif.

10.° L'article 1008, en parlant de la fabrication et distribution de fausse monnaie, conduit à demander si c'est volontairement qu'on a négligé l'impunité antérieurement accordée au complice de ce crime, qui le dénonçait à temps et avec effet.

11.° On peut sans doute faire, dans les vingt-quatre heures, les diligences tendant à ce que le jugement reçoive son exécution; mais qu'elles aient leur effet dans le même délai, comme le voudrait l'article 1017, c'est ce qui est souvent impossible. Il n'en est pas dans ce département comme à Paris et ailleurs, puisqu'il y a même des cas où les vingt-quatre heures ne seraient pas suffisantes pour parvenir au chef-lieu de l'arrondissement où doit se faire l'exécution.

12.° Au lieu d'une généralité telle que l'offre l'article 1039, n.° 4, au sujet des prises-à-partie, il serait peut-être intéressant d'y préciser les cas où il serait permis de s'introduire dans la maison d'un citoyen, soit de jour, soit de nuit, et réserver la punition pour ceux qui ne se trouveraient pas ainsi déterminés.

13.ᵉ Enfin, pour dernière remarque, on se permettra d'observer que, pour un ouvrage qui a autant d'étendue que le Projet, et qui la conserverait toujours étant converti en loi, il paraîtrait indispensable qu'après son adoption, on y ajoutât une table alphabétique et raisonnée, qui en rendrait l'observation plus sûre et plus facile.

En mettant la dernière main à ce corps d'observations, le tribunal criminel a la satisfaction de se dire que, si la plupart des autres tribunaux pareillement consultés, ont eu sur lui, comme il le pense, la supériorité des talens, aucun ne s'en sera occupé avec plus de zèle et des vœux plus sincères pour la prospérité de la nation et du Gouvernement sous lequel elle a le bonheur de vivre.

Signé DUFAU jeune, *président ;* NOUSSITOU, MONDIET, *juges ;* CASEBONNE, *commissaire ;* MOUNOU, *greffier.*

OBSERVATIONS

SUR

LE PROJET DE CODE CRIMINEL,

PRÉSENTÉES

PAR M. J.-B.-M. FIGAROL,

Président de la Cour de justice criminelle du département des Hautes-Pyrénées, membre de la Légion d'honneur.

OBSERVATIONS

SUR

LE PROJET DE CODE CRIMINEL,

PRÉSENTÉES

PAR M. J.-B.-M. FIGAROL,

Président de la Cour de justice criminelle du département des *Hautes-Pyrénées*, membre de la Légion d'honneur.

PREMIÈRE PARTIE.

DÉLITS ET PEINES.

ON ne pourrait, sans injustice et sans ingratitude, refuser à l'assemblée constituante le tribut d'éloges qui lui est dû pour le Code criminel qu'elle a donné à la France. On peut le regarder comme un monument de sa sagesse, et le mettre au nombre de ses bienfaits. Mais, quel que soit le respect dont on est pénétré pour ces premiers législateurs, justement célèbres, on ne peut se dissimuler que ce Code doit être réformé dans une partie de ses dispositions, quand on considère que l'échelle des peines n'a pas été assez exactement réglée sur celle des délits, et que c'est cette exacte graduation qui fait le principal mérite, et doit être la première base du système pénal. C'est à rétablir cette proportion essentielle, que doivent particulièrement s'attacher les nouveaux législateurs qui vont s'occuper de cette utile réformation.

§. Ier Quand on porte ses regards sur la corruption presque générale des mœurs, sur les crimes nombreux et atroces dont elle est la source, on ne peut plus mettre en question si la peine de mort doit être maintenue. Plaçant l'intérêt social au-dessus de toutes les théories, de toutes

Hautes-Pyrénées, A

les considérations , on permettra à la philosophie de mettre la vie des hommes hors du poûvoir de la loi , lorsque la loi pourra mettre la vie des hommes hors du pouvoir du crime. Jusqu'alors on restera pénétré de la nécessité et de la justice de cette éternelle maxime , *que celui qui frappe du glaive , doit périr du glaive dont il a frappé.*

Le hommes habitués au crime ne savent pas rougir. Ils comptent pour rien l'infamie. La perte de leur liberté qu'ils espèrent recouvrer tôt ou tard ; la perspective d'un travail forcé auquel ils ont encore l'espoir de se soustraire , ne peuvent assez les intimider : ils ne craignent que la mort. Supprimer cette peine , c'est rompre le seul frein qui peut les contenir , et ouvrir la porte aux plus grands crimes.

Si cette peine doit être maintenue , doit-elle consister dans la simple privation de la vie? et l'article 3 du titre Ier de la Ire partie du Code pénal , qui porte que tous les condamnés à mort auront la tête tranchée , doit-il être maintenu? c'est ce qui mérite toute l'attention du législateur.

Le but de la loi n'est pas , sans doute , de faire souffrir un coupable. Sans le retrancher de la société , elle pourrait l'empêcher de lui nuire à l'avenir , en l'enfermant pour le reste de ses jours ; son véritable but est d'effrayer et de prévenir de nouveaux crimes par la terreur de l'exemple. Il faut donc, pour que la peine soit efficace , que l'exemple soit terrible ; son efficacité sera toujours en raison de la crainte qu'il inspirera aux malfaiteurs.

On voit chaque jour des malheureux , ne pouvant plus supporter le poids de la vie , ou cédant à un mouvement de désespoir , se donner eux-mêmes la mort pour mettre un terme à leur misère ou à leurs chagrins. Si des hommes doués d'un tel caractère , avaient du penchant pour le crime , que l'avidité les portât au vol, à la haine, à la vengeance, à l'assassinat, pense-t-on qu'ils fussent arrêtés par la crainte d'une mort qu'ils se donnent eux-mêmes? Mais s'ils l'envisagent de sang-froid lorsqu'elle n'est que l'ouvrage d'un instant , ils n'en supporteraient pas l'idée si elle devait être la suite d'une souffrance cruelle et prolongée. On en voit beaucoup qui se suicident ; mais on n'en voit pas qui se livrent à un long supplice. Il faut donc présenter aux coupables la mort environnée de douleurs un peu prolongées ; c'est le vrai moyen de la leur faire redouter ; en la rendant ainsi plus terrible , et, par conséquent plus efficace , on peut mieux la proportionner au plus ou au moins de gravité des crimes , par le plus ou le moins de souffrance qu'on y attache.

Le scélérat qui attente à la vie du chef d'un État, et qui peut ainsi bouleverser un empire , et le plonger dans un abyme de maux , est, sans doute plus coupable que celui qui a donné la mort à un simple citoyen. Le fils dénaturé qui aura plongé le poignard dans le sein de ceux qui lui ont donné le jour , l'époux qui aura assassiné son épouse, et qui ont ainsi violé les droits les plus sacrés de la nature, sont bien plus coupables que ceux qui auraient assassiné un étranger. L'empoisonneur, par la facilité de commettre son crime et la difficulté de l'atteindre ; l'incendiaire, par le danger auquel il expose une commune, une ville entière, ne doivent-ils pas aussi être mis dans la classe des plus grands coupables ! Tous ces condamnés sont cependant passibles de la même peine, et pour tous, la mort n'est que la douleur d'un instant.

Pour proportionner les peines à ces différens crimes, ne serait-il pas à propos de rétablir, je ne dis point le supplice de Chatel, de Ravaillac et de Damien, contre lequel l'humanité se soulève ; mais des peines qui, sans être aussi cruelles, seraient effrayantes, et qui avaient été si long-temps et si utilement appliquées par les anciennes cours souveraines ! Je n'ai pas besoin de les indiquer aux législateurs ; ils les trouveront dans les différentes ordonnances de nos rois.

Qu'on ne crie pas à la barbarie quand on propose de les rétablir : qu'on se dise plutôt, que cette sévérité tient à la justice, qui veut que les peines soient proportionnées aux délits. Qu'on réfléchisse qu'en se montrant plus sévère envers un coupable, on se montre plus humain envers la société, en lui épargnant de nouveaux crimes qui, quoi qu'on en puisse dire, seront plus rares quand les peines seront plus rigoureuses.

Les scélérats qui sont constamment en guerre avec la société, connaissent parfaitement les lois pénales ; ils en font une étude particulière. La loi du 29 nivôse an 6, leur imprima une terreur si salutaire, que les crimes par elle prévus, furent commis très-rarement ; qu'ils ne le furent même pas dans ce département où cette loi n'a jamais eu son application.

A côté de la peine de mort, qu'on est forcé de maintenir jusqu'à ce que des temps plus heureux ait amené des mœurs plus douces, on trouve, avec plaisir, le plus beau des droits que les nations puissent accorder à leurs souverains, celui de faire grâce. On l'y trouve, avec d'autant plus de satisfaction, que s'entourant de toutes les précautions que commande la sagesse, et accordant la grâce particulièrement sur la demande des magistrats ou des juges du fait, le Gouvernement se met à l'abri de toute surprise, et ne peut que se montrer juste, même en pardonnant.

§. II. C'est avec raison qu'on a proposé de rétablir les peines corporelles de travail et d'esclavage pendant la vie des coupables, pour des crimes d'un degré inférieur en gravité. La perspective d'un terme fixe, ne pouvait qu'affaiblir la crainte des châtimens dans l'ame des malfaiteurs, et nuire, par conséquent, à leur efficacité. Le repentir n'entre presque jamais dans leurs cœurs : rarement on les a vus faire un retour à la vertu qu'ils avaient abandonnée. Il y a eu dans ce département plusieurs évasions, occasionnées peut-être plus encore par le défaut de solidité des prisons, que par le défaut de surveillance des concierges ; mais presque tous les prisonniers évadés ou échappés des bagnes, ont marqué, par de nouveaux crimes, les premiers instans de leur liberté. Pour des hommes pareils, la peine doit durer autant que la vie. S'il s'en trouvait néanmoins quelqu'un qui, faisant exception à la règle ordinaire, pût mériter quelque intérêt par la sincérité de son repentir, et une conduite édifiante et soutenue, le Gouvernement pourrait marquer un terme à sa peine.

L'esclavage et les travaux forcés pendant toute la vie, paraissent une peine trop douce pour les récidives en crimes graves. Le coupable qui, après avoir été frappé une première fois par la justice, ne profite point de cette première leçon, se montre incorrigible, et ne mérite plus de faire partie de la société qu'il a deux fois troublée. La seconde peine qu'il pourrait encourir ne l'effraierait pas plus que la première, quoique plus rigoureuse. Il doit subir la mort lorsqu'il s'est rendu coupable d'un nouveau crime emportant peine afflictive : c'est le seul moyen de prévenir les récidives.

C'est dans cet objet principalement, qu'il est essentiel de rétablir la marque ou la flétrissure, et de l'attacher à toutes les peines afflictives, au lieu de l'infliger seulement aux coupables de récidive et aux faussaires ; c'est à ce signalement, qui n'aura d'ailleurs rien d'inconciliable avec la réhabilitation qui en effacera toute l'infamie, que la justice, dans tous les temps et dans tous les lieux, reconnaîtra les malfaiteurs qu'elle n'a pu corriger, pour les retrancher de la société à laquelle ils ne cesseraient d'être nuisibles.

§. III. La déportation à vie paraît convenir aux faux commis en matière importante, au péculat, à la concussion ; mais elle est trop douce pour le crime d'infanticide. On n'a point voulu lui appliquer la peine de mort, parce qu'il doit la naissance à des préjugés sociaux qui semblent le rendre excusable. Mais ce crime, de tous le plus lâche, le plus noir, que les bêtes les plus féroces semblent reprocher à l'espèce humaine, peut-il donc trouver quelque excuse ! La nature outragée, aura-t-elle donc moins de droits que de vains préjugés, et leur sacrifierait-on une partie de la vengeance qu'elle réclame ! peut-il exister quelque rapport entre le crime et l'honneur !

On ne peut qu'applaudir aux mesures qu'on a proposées pour prévenir ce crime ; mais, quand il sera commis, ce genre d'homicide ne doit pas trouver plus de grâce que les autres. Qu'on ne dise point que, plus la peine sera rigoureuse, moins elle sera appliquée : qu'on choisisse de bons jurés, qu'on fasse prononcer des pères de famille probes, sensibles et courageux, sur le sort de ces mères dénaturées, et on ne les verra plus obtenir une dangereuse impunité. Ce n'est pas de tels monstres que l'humanité se réjouira de voir soustraire au glaive vengeur de la loi.

§. IV. On s'est convaincu que la disproportion des peines avec les délits, avait, plus d'une fois, déterminé les jurés à donner des déclarations contraires à leur conviction ; ils aimaient mieux, manquant au devoir que leur imposait la loi, absoudre un coupable, que de lui voir infliger une peine trop rigoureuse. On préviendra de pareils inconvéniens en établissant, comme on l'a proposé, un *maximum* ou un *minimum* dans la graduation des peines temporaires, et en laissant aux juges le droit de les étendre ou de les modérer selon le plus ou le moins de gravité des délits. Les jurés n'étant plus effrayés par une peine disproportionnée, et comptant sur les lumières et la justice des magistrats, rendront hommage à la vérité, et acquitteront leur conscience.

§. V. Le renvoi sous la surveillance spéciale du Gouvernement, est une mesure qui pourrait produire des effets salutaires. On conçoit qu'elle serait propre à prévenir des délits ; mais peut-on facilement la concilier avec les droits de la liberté civile qu'on ne doit jamais perdre de vue ! Si on est forcé de convenir que les condamnés qui ont subi leur peine ont payé leur dette ; qu'ils sont quittes envers la société ; qu'ils ne leur doivent pas plus que tous les autres citoyens ; comment peut-on prétendre qu'il ne leur appartient pas de réclamer les avantages de la constitution qui, dit-on, ne fut pas faite pour eux ! Comment peut-on dire encore que l'infamie, ne cessant point par le cours du temps, ils ne peuvent plus recouvrer ni l'honneur ni les droits dont l'infamie les avait dépouillés ; une pareille idée peut-elle exister avec l'idée morale de la réhabilitation qu'on avait consacrée dans l'ancien Code, et qu'on propose de consacrer dans le nouveau !

Il est vrai qu'en rentrant dans le sein de la société, après l'expiration de leur peine, les condamnés ne peuvent point lui inspirer autant de confiance que s'ils eussent été toujours irréprochables : sous ce rapport, ils doivent être plus particulièrement surveillés par l'œil vigilant de la police ; mais cette surveillance doit-elle s'étendre, non-seulement jusqu'à la faculté de les transférer d'un lieu dans un autre où on les croirait moins dangereux, ou plus faciles, soit à contenir, soit à réprimer, mais jusqu'au droit de les détenir, toute la vie, dans des ateliers nationaux !

Qui ne voit point que l'autorité serait alors plus puissante que la justice elle-même ; qu'un individu serait exposé à être plus sévèrement puni pour des soupçons ou des craintes qu'il pourrait inspirer, que pour le crime dont il se serait rendu coupable, puisque déjà condamné à des travaux forcés, ou à une reclusion dont la durée était limitée, il pourrait être, sans jugement, condamné à une détention perpétuelle !

Sous le Gouvernement paternel de NAPOLÉON, on n'abuserait pas de cette mesure ; mais sous un Gouvernement moins juste que le sien, quel terrible usage ne pourrait-on pas en faire !

Si la constitution permet de placer, a-t-on dit, tout un département hors de son empire, lorsque la nécessité exige qu'il passe sous un régime plus ferme et plus expéditif, peut-on prétendre raisonnablement que ce qui est autorisé sans jugement, contre tout un pays, devienne illégitime contre un délinquant jugé ?

On s'aperçoit facilement qu'il n'y a point de parité dans ces deux espèces.

La sûreté de l'État exige qu'on place hors de la constitution un département où des symptômes d'insurrection se manifestent, où l'étendart de la révolte est levé ; c'est un mal violent qu'il faut guérir promptement par un remède violent et extraordinaire ; c'est un incendie qui pourrait se communiquer , et qu'il faut s'empresser d'éteindre par tous les moyens possibles. Mais cette mesure générale finit avec la circonstance qui l'a nécessitée, ne frappe point telle ou telle classe de citoyens ; elle s'étend indistinctement sur tous les turbulens, sur tous les rebelles. Ceux qui, au sein du désordre, restent calmes et tranquilles, lors même qu'ils auraient été jadis condamnés pour crime , n'en ressentent point les atteintes. S'ils pouvaient paraître plus dangereux que les autres citoyens, on pourrait , par mesure de sûreté , les détenir pendant la durée du trouble ; mais cette détention finirait aussitôt que la constitution aurait repris son empire bienfaisant.

La mesure , au contraire, qu'on propose contre les condamnés, est constante ; elle frappe pour toujours cette classe d'individus. En les privant de liberté , elle ne prévient pas seulement les délits, mais elle les punit déjà de ceux qu'il leur serait possible de commettre.

Leur situation serait encore bien plus malheureuse, si , en les livrant à la merci des parties intéressées, on accordait à celles-ci le droit d'exiger d'eux un cautionnement solvable de bonne conduite , jusqu'à une somme qui serait déterminée. Quel est le condamné insolvable , ou appartenant à des parens pauvres, qui pût espérer de rester sur ses foyers !

Il est peu d'hommes, sur-tout dans la classe qui n'est pas instruite, qui soient assez généreux pour pardonner à ceux qui ont attenté à leur vie ou à leur propriété. En vain la justice les a-t-elle punis, cette vengeance légale ne les a point encore satisfaits. La peine qu'ils ont subie leur paraît toujours au-dessous du délit dont ils ont été les victimes. Aussi verrait-on peu de parties intéressées qui, sous le prétexte d'un danger plus chimérique que réel, ne leur demandassent un cautionnement qu'ils seraient incapables de fournir , uniquement pour se débarrasser d'une présence qui leur serait toujours désagréable et importune, et leur faire trouver ainsi une seconde peine dans leur éloignement de leurs foyers.

Le Gouvernement seul doit avoir le droit d'exiger un pareil cautionnement quand il le juge nécessaire. Mais ne suffirait-il pas pour le maintien de l'ordre social, qu'il eût la faculté, sur la demande des autorités locales, de transférer un condamné d'un lieu dans un autre où il pourrait être moins dangereux, sans qu'il pût jamais être détenu qu'en vertu d'un jugement! Je livre ces réflexions à la sagesse éclairée des législateurs.

§. VI. Je n'ai pu lire certaines dispositions du projet du nouveau Code, sans être frappé, tantôt de l'extrême rigueur, tantôt de l'insuffisance des peines qu'elles prononcent.

L'art. 68 punit comme coupable d'un délit ou d'un crime, ceux qui ont recelé ou fait receler des coupables de crimes de nature à mériter la peine de mort, la déportation, les travaux forcés à perpétuité ou à temps, ou la reclusion. Je sens que de pareils receleurs cessent d'être bons citoyens, lorsqu'ils nuisent à la société en cherchant à soustraire au glaive de la loi des coupables qui peuvent la troubler encore par de nouveaux crimes. Mais ce délit, qui prend sa source dans des sentimens d'humanité et de pitié, dont il est souvent difficile à des hommes sensibles de se défendre envers des malheureux destinés au dernier supplice, et dont la vie est dans leurs mains, n'est-il pas plus excusable, que si la complicité des receleurs s'établissait par la part active qu'ils auraient prise à l'assassinat ou au meurtre, ou en fait de vol, par le recèlement des objets qu'ils savaient être volés, et dont ils voulaient faire leur propriété! Cette humanité même qui les a rendus coupables, ne sollicite-t-elle pas pour eux une peine moins rigoureuse! N'est-on pas homme avant d'être citoyen!

Un accusé, convaincu d'un fait qui est par lui-même un délit, peut être déclaré excusable. Mais peut-on le déclarer coupable et excusable à-la-fois! c'est ce qu'on ne peut pas bien facilement concilier. Si l'effet de l'excuse n'est pas d'effacer entièrement la culpabilité, elle doit du moins l'atténuer, et dès-lors il serait bien rigoureux de condamner à une détention de dix ans un individu déclaré excusable.

La responsabilité doit toujours être en raison des moyens qu'on a eus pour empêcher un délit, et de la négligence qu'on a mise à en faire usage. Il est juste, en partant de ce principe, que les chefs de famille ou de maison, les entrepreneurs, soient responsables des dommages que leurs subordonnés ont causé, à l'occasion seulement du genre de service auquel ils les emploient. N'étant pas forcés de les employer, et pouvant les choisir, ils ont dû s'assurer, avant de leur donner du service, qu'ils le feraient avec exactitude, et sans nuire à personne. S'ils causent du dommage, ils doivent supporter les suites de leurs mauvais choix.

Il est aussi juste que les pères, mères, tuteurs ou curateurs, et les gardiens des personnes en démence ou fureur, soient responsables du dommage causé par elles, parce qu'ils auraient pu l'empêcher s'ils n'avaient point manqué à cette vigilance sous laquelle ces personnes se trouvaient placées naturellement ou par l'autorité publique.

On peut encore étendre cette responsabilité sur les aubergistes et hôteliers, à l'égard des étrangers logés chez eux, dont ils n'ont pas inscrit les noms, profession et domicile sur leurs registres ; parce qu'ils ont contrevenu aux règlemens de la police, et qu'ils les ont ainsi soustraits à sa surveillance.

On peut enfin, sans injustice, rendre responsables les pères, à leur défaut, les mères tutrices, au défaut de celles-ci, les tuteurs ou tutrices, maîtres de pension, instituteurs des mineurs au-dessous de seize ans, des délits par eux commis pendant tous les momens où ils sont sous leur surveillance ; parce que, les ayant sous leurs yeux, ils peuvent les empêcher de les commettre, et qu'ils ont des moyens de repression relatifs à la faiblesse de leur âge.

Mais en est-il de même des maris à l'égard de leurs femmes ! sont-ils toujours les maîtres de régler leurs actions ? ont-ils, sur elles, cet empire que les pères et les tuteurs exercent sur des enfans ! ont-ils les mêmes moyens de repression ! leur sont-elles également subordonnées et soumises ! sont-elles, comme les insensés ou les furieux, placées sous une surveillance continuelle ! Lorsque les maris ont usé du seul droit qu'ils ont, celui de la représentation ; qu'ils ont fait tous leurs efforts pour corriger, par leurs bons conseils, l'irascibilité de leur caractère, ou les penchans honteux qu'elles pourraient avoir, n'ont-ils pas fait tout ce qu'ils pouvaient faire ! Forcés de s'absenter par état ou pour vaquer à leurs affaires, devront-ils être responsables des délits qu'elles commettront pendant leur absence ! Faudra-t-il ajouter à la douleur, à l'humiliation de les trouver coupables, la perte d'une jouissance acquise irrévocablement pour le support des charges du mariage, par ces actes solennels qui règlent le sort des familles ! leur condition serait trop malheureuse. Pour être juste, la responsabilité ne doit peser sur leur tête, qu'autant qu'il serait établi qu'ils ont été prévenus des délits que leurs femmes voulaient commettre, ou qu'ils auraient été commis en leur présence.

L'art. 138 prononce encore des peines disproportionnées. On y condamne les fonctionnaires publics qui ont détourné ou soustrait ou employé à un usage particulier, des deniers publics ou privés qui étaient entre leurs mains en vertu de leurs fonctions, à deux ans et cinq ans au plus de détention, si les choses soustraites sont d'une valeur au-dessous de 3,000 fr., et à la déportation, si elles sont au-dessus de cette somme. Si on considère l'action en elle-même, la peine devrait être égale dans les deux cas, parce que le vol présente toujours le même caractère d'infamie. Si on règle la peine sur le plus ou le moins de valeur des choses volées, la disproportion est choquante, puisque, pour un sou de plus, on passe d'une détention limitée à dix ans, à une déportation perpétuelle.

Le crime de viol n'est pas assez sévèrement puni. Les individus qui s'en sont rendus coupables, doivent être condamnés aux travaux forcés à temps ; à la déportation, si le crime a été commis sur la personne au-dessous de

l'âge

l'âge de quinze ans accomplis; aux travaux forcés à perpétuité, s'ils sont de la classe désignée dans l'article 291.

C'est ainsi qu'il faut punir ces hommes extrêmement corrompus qui, se livrant à toute la brutalité de leurs passions, et abusant de leur autorité, portent l'atteinte la plus cruelle aux mœurs, désolent des familles honnêtes, et laissent sur la vertu même qu'ils ont outragée, une espèce de tache que les préjugés sociaux trop injustes, mais plus puissans que la raison, semblent rendre indélébile.

L'article 293 n'inflige que la peine de la reclusion aux coupables qui ont procuré l'avortement des femmes enceintes. C'est aux travaux forcés à temps, qu'il faudrait condamner ces lâches destructeurs de l'espèce humaine. Ce crime est devenu si commun; il est si difficile de le découvrir, qu'on ne saurait le punir trop sévèrement.

On a appliqué la même peine, celle de la déportation, au faux témoignage en matière criminelle ou correctionnelle; on l'a réduite à deux, à cinq ans, quand il a été commis en matière civile ou de police. Si comme, on ne peut en douter, on a voulu punir le crime à raison du plus ou du moins de préjudice qui peut en résulter, il est certain qu'il devrait être moins puni en matière correctionnelle qu'en matière criminelle.

Le vol domestique, ce crime qu'il est si facile de commettre, qui joint un abus de confiance à la violation de la propriété, et que les lois anciennes punissaient de mort, n'est pas assez sévèrement puni par la reclusion. Il est infiniment plus grave que le vol des choses exposées sur la foi publique, et que le déplacement de bornes servant à la séparation des propriétés : et cependant il n'est puni que de la même peine. C'est aux travaux forcés à temps que les voleurs domestiques doivent être condamnés.

§. VII. Si l'efficacité des peines est en raison de la crainte qu'elles inspirent, cette crainte est en raison de leur sévérité, de leur célérité, de leur certitude. Les scélérats tremblaient sous l'empire de l'ancienne législation, lorsqu'ils pensaient que les arrêts des cours souveraines étaient exécutés le même jour qu'ils étaient rendus; et les crimes étaient plus rares. Aujourd'hui l'exécution est très-éloignée du jugement; dans cet intervalle, l'espérance de s'évader reste aux coupables; ils redoublent d'efforts pour se soustraire au châtiment qui les attend : et trop souvent ces efforts ne sont pas inutiles.

D'un autre côté, les exemples trop tardifs, donnés par la justice, perdent une partie de leur utilité. Le temps, qui détruit tout, efface cette indignation profonde que font naître les grands crimes dans les cœurs honnêtes; on les perd insensiblement de vue; ils sont presque oubliés le jour de l'exécution; et au lieu de voir dans les condamnés, des coupables justement punis, on n'y voit plus que des victimes qu'on doit plaindre.

Ces inconvéniens tiennent à la faculté qu'ont les condamnés de se pourvoir devant le tribunal de cassation. Ils en sont déjà privés envers les arrêts rendus par les tribunaux spéciaux ; faut-il leur enlever entièrement cette ressource ! c'est ce que je n'oserais proposer quand je considère d'un côté, que la sûreté individuelle est étroitement liée à l'observation des formalités prescrites par la loi, et que je considère de l'autre, que la prompte exécution des arrêts pourrait dans quelque circonstance, paralyser le droit si précieux de faire grâce.

Mais si on ne peut donner aux peines, cette célérité qui serait nécessaire pour qu'elles inspirassent plus de crainte, faut-il au moins que les coupables aient la certitude de ne pouvoir jamais s'y soustraire. Il est alors essentiel de donner aux prisons et maisons de justice, qui, en général, sont en mauvais état, et particulièrement dans le département des Hautes-Pyrénées, un tel degré de solidité, qu'elle ne leur laisse aucune espérance. Par ce moyen on rendra les peines plus efficaces, et la société ne sera plus alarmée par ces évasions trop fréquentes qui font rentrer dans son sein, des coupables si dangereux pour elle.

L'exécution des arrêts appartient naturellement et de plein droit, aux cours qui les ont rendus. C'est à elles qu'il appartient par conséquent, de désigner les lieux où elles croiront que l'exemple peut être plus nécessaire et plus utile.

On a proposé de donner un témoignage d'honneur et une indemnité aux innocens soumis aux rigueurs d'une procédure criminelle, et acquittés lorsque leur innocence sera démontrée. Cette idée est trop belle, trop touchante, et trop digne d'une nation juste et généreuse, pour ne pas être consacrée dans le Code des Français.

I I.ᵉ P A R T I E.

POLICE ET JUSTICE.

QUELS que soient les bruits qui se répandent, je ne crois point qu'il faille mettre en question si l'institution des jurés doit être conservée. Il n'est pas de bon Français, de véritable ami de son pays, qui puisse s'arrêter à l'idée de le priver de ce grand bienfait de la révolution, en détruisant la plus sûre garantie de sa liberté civile. Les auteurs du projet du nouveau Code, ont voté pour sa conservation ; il ne faut donc s'occuper que de la dégager des abus qui ont été signalés par l'expérience, et de la perfectionner au lieu de la détruire.

Des Juges du Droit et des Tribunaux criminels.

C'est avec raison qu'on a proposé de conserver une cour criminelle à chaque département. Cette distribution était inséparable de l'institution elle-même. L'inconvénient de plus grands ressorts était suffisamment démontré par les grandes distances que devraient parcourir les parties, les témoins et les jurés.

Si le nombre des tribunaux doit être maintenu, leur organisation actuelle doit-elle l'être ?

Le rédacteur des observations sur le projet du nouveau Code, l'a fortement combattue, et en a proposé une nouvelle. Il a cru la réduction des juges et des présidens nécessaire, et a proposé d'établir à leurs places des préteurs ambulans et des propréteurs.

Il s'est fondé, pour la réduction des juges, sur la facilité d'appliquer la loi. « Pour cela, a-t-il dit avec M. *de Montesquieu*, il ne faut que des » yeux. »

Cette raison eût été peut-être plus fondée sous l'empire de la législation qu'on propose de réformer. Mais aujourd'hui qu'on veut donner aux juges beaucoup plus de latitude ! qu'on veut leur accorder le droit de graduer les peines temporaires, suffira-t-il d'avoir des yeux, ou plutôt ne faudra-t-il pas des lumières et beaucoup de discernement pour distinguer les nuances des délits, pour y proportionner la durée des peines ? Les fonctions de juges ne peuvent-elles pas, dans ce cas, devenir difficiles et embarrassantes ! ne sont-ils pas d'ailleurs juges du fait et du droit en matière correctionnelle ! et dès-lors le concours de plusieurs, en devenant plus imposant et plus majestueux, n'est-il pas plus rassurant pour la société ! au lieu de réduire les juges, il serait peut être plus convenable de les porter au nombre fixé par l'assemblée constituante.

Le rédacteur des observations s'est déchaîné de la manière la plus forte contre les présidens actuels. S'ils étaient tels qu'il les a peints, il est certain qu'ils auraient été indignes de leurs fonctions, et le Gouvernement aurait à se reprocher de leur avoir conservé si long-temps une confiance qu'ils auraient aussi scandaleusement trahie. Il est satisfaisant pour eux de pouvoir opposer à de pareilles observations les éloges que le Grand-juge Ministre de la justice a donnés aux tribunaux criminels dans son compte rendu. Quant à moi qui ai l'honneur de remplir les fontions de président depuis le 15 prairial an 5, je dirai, avec la fierté qui convient à l'homme qui a fait son devoir, que je ne me reconnais point à ce tableau, et que je serais bien humilié si je pouvais y trouver quelque trait de ressemblance.

On a proposé de réduire les présidens, parce qu'après avoir fait l'énumération des jugemens rendus en l'an 7 et en l'an 9, on a trouvé que chacun d'eux n'en avait pas rendu plus de cinquante. Plût-à-Dieu, dans l'intérêt des mœurs, et pour le bonheur de la société, qu'on en eût trouvé un plus petit nombre ! Mais ne vaut il pas mieux qu'un président n'ait à prononcer que cinquante jugemens, que si le préteur qu'on propose d'établir, étant chargé d'un nombre très-considérable de procès, ne pouvait en juger qu'une

partie ! Ce qui ne manquerait pas d'arriver ainsi qu'on le démontrera
plus bas.

Cette magistrature attristante et pénible, qui n'ajoute rien à l'existence
politique, a été refusée, a-t-on dit, plusieurs fois dès les premièrs jours de
l'organisation de l'an 8, et n'a été acceptée que par des juges qui avaient
l'occasion de revenir au centre de leurs propriétés, de leurs familles, de leurs
habitudes.

Il est à présumer que les juges ont accepté avec plus de plaisir des fonctions qu'ils devaient remplir sur leurs foyers ; je l'ai éprouvé moi-même. Mais
est-il bien certain que tous les juges soient nés dans les départemens où ils
président, et qu'on ait été forcé de les y déléguer exclusivement ! Ce qu'il
y a de très-vrai, c'est qu'il n'y a pas eu de présidences vacantes ; dès-lors ce
n'est pas le refus de les accepter qu'il faut donner pour motif de les détruire.
Je connais des citoyens qui ont refusé des places de juges aux cours d'appel,
parce qu'ils ne voulaient pas s'éloigner de leurs foyers ; comme il y en a eu
beaucoup d'autres qui, plus dévoués à la chose publique, les ont acceptées ;
faudrait-il en conclure que ces cours doivent être supprimées !

Les fonctions de président, telles qu'elles sont aujourd'hui, sont assez
importantes, assez honorables, quoique pénibles et attristantes : elles ne
laissent pas les juges qui les remplissent dans un tel état de médiocrité
politique, qu'elles doivent être dédaignées, même par l'ambition.

« Un juge délégué dans le département où il a son domicile, a-t-on dit
» encore, se plongera dans l'atmosphère départementale ; il accueillera et
» recherchera les hommes les plus accrédités ; il fléchira peut-être dans
» l'exercice de ses fonctions sous le crédit et l'autorité d'autrui, et sera lui-
» même sans force et sans influence. N'a-t-on pas vu, quelques mois avant
» les élections, des jugemens empreints d'une partialité révoltante ! ne serait-
» on pas tenté de les attribuer à de pareils sacrifices ! La justice ne peut-elle
» pas être journellement offensée ! Elle ne sera plus une en France; il y
» aura autant de nuances que de départemens. »

Je ne conçois point la différence qui peut exister entre l'atmosphère
départementale et l'atmosphère générale de la France, si ce n'est celle qui
existe entre la partie et le tout. Je vois tous les départemens régis par les
mêmes principes, les mêmes lois ; le Code pénal est le même pour tous. Je
ne distingue pas les nuances qui peuvent dériver des localités, et rompre
l'unité de la justice. Si un juge, par intérêt ou par ambition, est capable de
trahir son devoir et de s'avilir, il n'est plus à sa place ; il sera aussi lâche,
aussi vil, aussi rampant dans un autre département que dans le sien. Ce ne
sont point les localités qui donnent ou font perdre les vertus.

Un président doit nécessairement connaître l'idiome du pays. Sans cela,
comment pourra-t-il entendre des témoins qui ne parlent souvent que le
patois ! Comment les témoins l'entendront-ils eux-mêmes ! Comment

pourra-t-il dès-lors diriger les débats sans le secours continuel d'un interprète qui en prolongerait infiniment la durée. Un magistrat du département de la Seine pourrait-il présider dans le département des Hautes-Pyrénées, et un magistrat de ce département dans celui du Finistère ou du Morbihan.

Du reste, le rédacteur des observations qui se montre le partisan du système anglais au point de proposer l'unanimité des suffrages pour la déclaration des jurés, a été forcé de convenir qu'autrefois en Angleterre, nul ne pouvait, ni en matière criminelle ni en matière civile, remplir les fonctions de grand-juge dans le comté où il habitait ou qui l'avait vu naître; mais qu'aujourd'hui on permettait à tout homme d'être évacuateur des prisons dans tous les comtés. Pourquoi n'adopterait-il pas, sur ce point, les idées anglaises ?

Il renoncera, dit-il, à ces précautions, lorsque l'institution des jurés aura pris de plus profondes racines. Mais cette institution n'est-elle pas déjà acclimatée ? n'existe-telle pas depuis treize ans en France ? Pense-t-il que l'esprit public ne soit pas aussi bon qu'en Angleterre ? Mais n'a-t-il pas reconnu le contraire à la douzième page de ses observations ?

Je n'ai pas remarqué que dans notre département, les élections aient eu la plus légère influence sur les jugemens criminels. Si, dans d'autres départemens, ils ont été empreints, à ces époques, d'une certaine partialité, peut-on l'attribuer aux présidens ? Leurs fonctions, comme celles des autres juges, ne se bornent-elles pas à appliquer les peines portées par la loi, et leurs jugemens ne sont-ils pas toujours la conséquence nécessaire des déclarations du jury ?

Il faut donc supposer que les présidens, en sortant de la ligne qui leur est tracée, ont influencé les jurés, et que ceux-ci ont été assez ineptes ou assez mal intentionnés pour faire le sacrifice de leur conscience. On voit donc que les présidens, lors même qu'ils le voudraient, ne pourraient pas faire tout le mal qu'on suppose, et qu'on ne peut même leur prêter de pareilles intentions, sans les vouer au plus profond mépris.

« Un président, a-t-on ajouté, placé pendant un an dans une ville » centrale, est là comme à poste fixe, et souvent au milieu de parens, » amis, créanciers, débiteurs, pour recevoir leurs sollicitations. Et les » vengeances ne pourront-elles pas l'atteindre ! »

Mais dans quels lieux les juges ne seront-ils pas sollicités, et ne pourront-ils pas être atteints par les vengeances ? Les preteurs n'y seraient-ils pas, eux-mêmes, également exposés ; et dans quels lieux mérite d'être placé celui qui, cédant à la crainte qu'elles lui inspirent, lui ferait lâchement le sacrifice de son devoir ?

De deux choses l'une : ou le juge ne mérite point la confiance du

Gouvernement, ou il la mérite. Dans ce premier cas, il ne doit point remplir de fonctions ; dans le second, il les remplira par-tout dignement.

« La justice, continue-t-on, est dépouillée de la moitié de sa force » et de sa solennité. Les affaires ont une marche uniforme et languissante » auprès d'un président sédentaire et qui a ses aises. La séance s'ouvre » tard ; on interrompt le service pour aller prendre un repas au dehors. » On rentre à cinq ou six heures, on se retire à neuf. On trouve les » moyens de concilier d'austères fonctions avec les douceurs de la vie » citadine, et l'administration de la justice n'est plus une chose extraor- » dinaire. Rien n'élève et ne fortifie l'ame du juré ; il connaît les mœurs » du prétoire, il prend aussi ses engagemens. Qu'arrive-t-il ! à l'instant » de la délibération, au moment décisif, il craint les retards, il se presse, » il compose, il cède. »

Les inconvéniens dont on se plaint, ne tiennent pas plus à la stabilité des présidens, que l'amour des devoirs, et la capacité de les remplir dignement, ne tiendraient à l'ambulance des préteurs. Le bien ou le mal dépendra toujours des qualités personnelles ou des défauts des uns ou des autres. Quand on supposera des magistrats négligens, sacrifiant leurs devoirs à leurs aises, à leurs plaisirs, on prouvera contre eux, et non contre leur institution ; et on ne fera qu'établir la nécessité de faire de meilleurs choix.

Je ne vois pas, d'ailleurs, quelle variété on voudrait trouver dans la marche des affaires criminelles, à moins qu'on ne varie le Code pénal, l'instruction de la procédure et les fonctions des jurés ; l'uniformité en sera toujours inséparable, et malheur au peuple pour qui la marche de la justice ne serait pas uniforme, et pourrait présenter quelque chose d'extraordinaire ; c'est alors qu'il se verrait livré à l'arbitraire le plus dangereux.

On a cité un passage d'un voyageur français, qui parle de la haute considération dont jouit le grand-juge en Angleterre, des honneurs qu'il y reçoit, de la grande influence qu'il y exerce sur les jurés, puisqu'il va jusqu'à leur indiquer presque formellement le prononcé qu'ils vont faire.

En faisant cette citation on n'a pas entendu sans doute que les préteurs qu'on propose d'établir pussent exercer une pareille influence sur les jurés que l'on veut conserver ; s'il en était autrement, et s'ils cessaient d'offrir à la justice le tribut de leur propre conscience, leur institution deviendrait parfaitement inutile. Un président ou un préteur ne doit ni accuser ni défendre ; écho fidèle des charges de la procédure, il doit se borner à les résumer, et à faire remarquer aux jurés les circonstances qu'elles présentent pour ou contre les accusés. La loi qui renferme dans ce cercle l'étendue de leurs fonctions, est trop sage pour n'être pas maintenue.

« On a proposé de donner aux préteurs plus de pouvoir, plus de » dignité, plus de crédit, plus de liberté ; en un mot, une constitution

» plus robuste. Dans un département où leur apparition fera seule évé-
» nement, ils seront grands sans effort, ils influeront sans y penser ;
» auprès d'eux les jurés respireront, dans une région plus élevée, un
» air plus pur. »

Si tant d'avantages devaient résulter de l'établissement des préteurs ;
si leur ombre seule devait faire justice comme celle du grand-juge en
Angleterre, ainsi que l'observe le voyageur français cité ; s'ils n'avaient
qu'à paraître pour perfectionner les jurés, et purifier cette atmosphère
départementale dans laquelle on suppose que se plongent les présidens
actuels ; qui pourrait ne pas voter pour cette organisation nouvelle ! qui
ne regretterait point qu'une si belle idée ne fût pas venue dans l'esprit
des membres de l'assemblée constituante ! Mais peut-on sérieusement
compter sur de pareils prodiges ! ne serait-ce pas trop hasarder ses
espérances ?

Quant à moi, dont l'intérêt personnel ne réglera jamais l'opinion, je
crois que l'ambulance ne peut point convenir à la justice ; que l'organisation qu'on propose n'est rien moins que propre à accélérer l'expédition des
affaires, et qu'elle n'est point économique pour l'État.

La justice est une, immuable : ces deux caractères semblent indiquer
assez qu'elle doit être stable et sédentaire. N'est-il pas plus grand, plus
noble, plus digne d'elle d'attendre dans son sanctuaire les accusés, sur le
sort desquels elle va prononcer, que de courir elle-même après les coupables ? Les anciens prévôts étaient aussi ambulans, ils appliquaient les
peines capitales. Que l'on compare la considération dont ils jouissaient avec
ce respect, cette vénération, cette terreur salutaire qu'inspiraient les cham-
bres tournelles des parlemens.

L'établissement des préteurs doit nécessairement nuire à la prompte expédition des affaires. On connaît des cours criminelles, telles que celles de
Paris, de Bordeaux, de Toulouse, &c. &c., où les sessions durent quinze
jours, quelquefois tout le mois : il en est d'autres où, soit à raison de
l'étendue du département, soit à raison de la plus grande corruption des
mœurs, les affaires sont très-multipliées. Pendant que les préteurs éva-
cueront les prisons dans de pareils départemens, elles s'encombreront dans
les autres ; les affaires s'accumuleront malgré tout leur zèle, et leur expédition sera considérablement retardée.

Ne pouvant point déterminer la durée des procédures qui devront les
occuper dans un département, ils ne pourront point fixer l'époque où
ils pourront se rendre dans un autre. Il faudra donc attendre qu'ils soient
arrivés avant de convoquer les jurés, parce qu'on voudra éviter l'inconvénient de les faire attendre plusieurs jours en pure perte. Dans le système
proposé, ils doivent être appelés cinq jours avant d'être employés : il
faut donc que les préteurs soient attendus, ou qu'ils perdent cinq jours à

attendre les jurés : on suppose qu'ils emploient deux jours pour se rendre d'un département dans un autre ; ils perdront, dans cette hypothèse, les deux tiers de chaque mois dans les trois départemens qui formeront leur ressort, si on ne leur donnait pas plus d'étendue.

L'arrivée des préteurs sera sans doute pour les accusés une terrible époque. Mais elle sera incertaine ; le crime ne la verra que dans le lointain ; il respirera dans cet intervalle ; l'espérance d'une évasion entrera dans le cœur des coupables, et se réalisera souvent avant qu'ils aient comparu devant leurs juges.

N'est-ce pas un spectacle plus utile et plus imposant, de voir, le même jour, à la même heure, dans tous les départemens de ce vaste empire, tous les malfaiteurs, en présence de la justice, attendre le châtiment dû à leurs forfaits ! la société n'est-elle pas ainsi plutôt vengée ! et cette manière prompte de juger tous les coupables, n'est-elle pas plus propre à les effrayer, et à prévenir les délits !

Avec une somme de 9000 francs on pourvoit au traitement de trois présidens de cours de justice criminelle ; si on forme le ressort des préteurs de trois départemens, il faudra leur donner un traitement bien plus considérable, parce que, étant obligés sans cesse de voyager, ils seront exposés à de grandes dépenses.

Les préteurs, a-t-on dit, iront rendre compte au Gouvernement, de ce qu'ils auront remarqué de bien ou de mal ; ils se communiqueront leurs vues, leurs observations, leurs méthodes ; ils se rectifieront par leurs mutuels avis, tandis que les présidens actuels, abandonnés à eux-mêmes, n'ont aucun moyen d'éviter les fautes dont ils ne s'aperçoivent pas.

Mais, est-il donc nécessaire de se rendre chaque année à Paris pour instruire le Gouvernement du bien ou du mal qu'on aura remarqué. Les présidens ne peuvent-ils pas lui rendre, par écrit, un compte aussi exact et aussi circonstancié que les préteurs le rendraient verbalement eux-mêmes ! et ne suffit-il pas de l'exiger d'eux, comme on l'exige aujourd'hui des procureurs généraux ! la loi n'est-elle donc pas un centre commun auquel se rallient tous les présidens ! sont-ils isolés autour d'elle ! lorsqu'elle est invariable, les méthodes peuvent-elles varier ! le bulletin du tribunal de cassation ne suffit-il pas pour faire remarquer les fautes qu'on aurait pu commettre, et pour les faire éviter ! ce tribunal régulateur répandrait-il moins de lumières que les préteurs réunis !

Le propréteur, considéré comme directeur de jury, serait, sans doute, un magistrat très-utile ; mais quel rôle jouerait-il dans les grands-jours ! Il ferait compagnie au préteur qui, ayant la voix prépondérante, appliquerait seul la loi, et rendrait ainsi sa présence fort inutile.

Que l'on considère l'établissement des préteurs ambulans, sous le rapport
de

de la dignité de la justice, de la plus prompte expédition des affaires, et de l'économie, il paraît qu'il ne doit pas être adopté.

On pourrait maintenir l'organisation actuelle des tribunaux criminels, réduire les tribunaux de 1.re instance ; les composer d'un plus grand nombre de juges ; les diviser en deux sections, dont l'une s'occuperait des affaires correctionnelles ; les juges passeraient alternativement de l'une à l'autre, à l'exception du président ; il y aurait autant de directeurs de jury, qu'il y aurait de tribunaux de 1.re instance ; ils seraient nommés à vie. On multiplierait les magistrats de sûreté ; ils seraient chargés de recevoir les plaintes, de recueillir les traces des délits, et de lancer les mandats de dépôt. Ils enverraient, ensuite, les pièces au directeur du jury, et le seul magistrat de sûreté, résidant dans la ville où siége le tribunal de 1.re instance, concourrait à l'instruction des procédures, et dresserait les actes d'accusation.

Des Jurés d'accusation et de jugement.

On est généralement convaincu que les jurés doivent être pris dans la classe des propriétaires. Ceux qui tiennent à la patrie par les liens de la propriété, lui offrent une garantie de plus que les autres. Plus intéressés au maintien de l'ordre social, ils sont aussi plus intéressés à punir le crime qui le trouble. C'est plus particulièrement dans la classe aisée qu'on trouve l'éducation, et, par conséquent, les lumières qu'elle seule peut donner. A Rome, on prenait les jurés dans la classe des sénateurs, des chevaliers ; et, en France, ces augustes fonctions sont confiées à des hommes qui, souvent, ne savent pas lire ! Combien de fois, et ce n'a jamais été sans en gémir, n'avons-nous pas été obligés d'appeler le second, quelquefois même le troisième juré, pour remplacer le chef qui ne savait pas lire la déclaration qu'il devait faire à la justice ! a-t-on besoin de dire que des hommes de cette espèce rendaient toujours de mauvaises décisions ! Mais ce que je ne dois pas taire, c'est que, lorsque la composition du jury a été bonne, les jugemens ont été marqués au coin de la sagesse et de la justice.

La formation du jury, telle qu'elle est proposée, paraît donner lieu à des inconvéniens qui doivent la faire rejeter.

On voudrait que les préfets, chaque fois qu'ils en seraient requis par les préteurs, formassent une liste de quarante-huit citoyens propres à remplir ces fonctions.

Sont-ce d'abord les préfets qui doivent être chargés de la formation de ces listes ! Nécessairement étrangers, par leur institution, aux départemens qu'ils doivent administrer, ils ne peuvent pas avoir cette connaissance des individus, qui ne s'acquiert que par une longue habitude, et qui seule peut les conduire à de bons choix. Ils ne peuvent se déterminer que d'après les rénseignemens qu'ils prennent, et ils peuvent être trompés.

Les membres des cours criminelles qui sont presque toujours pris parmi les habitans du département, connaissent mieux leurs concitoyens ; ils ont sous les yeux le tableau de leur vie ; ils les ont vus dans tous les temps. Plus particulièrement intéressés à rendre des jugemens qui honorent les tribunaux auxquels ils appartiennent ; devenus, en quelque sorte, solidaires avec les jurés, aux yeux de l'opinion publique, ils doivent choisir les hommes les plus capables de remplir de si importantes fonctions, et sans la justice desquels ils ne peuvent se montrer justes eux-mêmes, leurs jugemens n'étant que la conséquence des déclarations des jurés.

Craindrait-on de donner aux cours criminelles, une dangereuse influence, en leur donnant le droit de former le tableau des jurés ? Craindrait-on qu'animés par un esprit de parti, les juges ne cherchassent à composer le jury à leur guise, et que la liberté civile n'en reçut quelque atteinte ! Mais alors il faut dire que de tels hommes ne veulent pas être justes ; qu'ils ne sont plus dignes de juger.

D'ailleurs, ce qu'on craindrait dans les juges, ne pourrait-on pas le craindre dans les préfets ! ne serait-il pas possible aussi, qu'entraînés par un esprit de parti, ils formassent un jury favorable à leurs vues ! d'un autre côté, ne sont-ils pas les principaux agens du Gouvernement ! N'est-ce pas le Gouvernement qui accuse dans la personne des procureurs-généraux et des magistrats de sûreté ! les préfets ayant la haute police, n'ont-ils pas le droit de faire arrêter les citoyens prévenus d'un délit, et de les faire traduire devant l'autorité judiciaire ! ne serait-il pas dangereux qu'après avoir fait ce premier acte de haute police, ils ne pussent nommer les jurés qui devraient prononcer sur le sort de ces individus contre lesquels ils auraient pu concevoir quelques préventions !

Mais non, la confiance qu'on doit à des fonctionnaires élus par le Gouvernement, doit écarter de pareilles craintes, tant à l'égard des juges qu'à celui des préfets. Mais, présumant aussi favorablement des uns que des autres, il paraît plus convenable, pour ne pas amalgamer, sans nécessité, les fonctions administratives avec les fonctions judiciaires, de laisser aux cours criminelles le droit de former la liste des jurés.

Il paraît inconvenant de permettre aux accusés et aux procureurs-généraux de les récuser en face. Si de pareils récusations ne sont pas injurieuses, elles sont toujours très-désagréables et presque humiliantes, plus particulièrement encore quand elles partent du ministère public ; elles supposent une méfiance qu'il est toujours très-fâcheux d'inspirer. C'est par de pareils motifs que, de tous les temps, lorsqu'on a voulu récuser des juges, on a exigé que ces récusations fussent notifiées aux greffes des tribunaux, et jamais on n'a permis qu'elles fussent faites en leur présence. Pourquoi n'aurait - on pas les mêmes égards pour des jurés ! Tout ce qu'on peut demander dans l'intérêt des accusés, c'est qu'on leur donne un temps suffisant pour prendre les renseignemens qui leur sont nécessaires pour éclairer leurs récusations.

Il est dès-lors inutile de tripler des dépenses qui retombent presque toujours sur l'État par l'insolvabilité des condamnés, en appélant, chaque mois, quarante jurés, lorsqu'on n'en doit employer que douze.

Quoique, rigoureusement, on dût accorder le même avantage à l'attaque qu'à la défense, on croit que, pour conserver aux accusés une partie de cette faveur que la nouvelle législation criminelle leur avait accordée, on devrait leur donner plus de latitude pour les récusations, qu'aux procureurs-généraux. Mais, en la leur accordant, il ne faut plus laisser exister le droit d'option : rarement exercé par l'innocence, il ne sert qu'à dérober les coupables aux jugemens de leurs concitoyens, plus propres que des étrangers à leur rendre justice ; parce qu'ils connaissent mieux leurs habitudes et leur moralité : ce droit constitue d'ailleurs l'état en de plus fortes dépenses, par la translation des accusés d'un département dans un autre.

Je croirais donc convenable que, le premier de chaque mois, les membres de la cour criminelle, hors la présence du procureur-général, formassent une liste de soixante-quinze jurés pris dans la classe des plus haut taxés, et payant au moins cent cinquante francs d'imposition.

Cette liste serait notifiée, le même jour, aux accusés et au procureur-général.

Les accusés auraient trois jours pour faire leurs récusations ; le cinq du mois, ils les feraient connaître à la cour.

Ils auraient le droit de récuser quarante jurés.

Le même jour, le procureur-général, après avoir pris connaissance des récusations faites par les accusés, ferait les siennes. Il pourrait les étendre jusqu'à vingt. Les quinze citoyens non récusés par les accusés ni par le procureur-général, formeraient le jury.

Les récusations faites par le procureur-général n'étant point notifiées aux accusés, ils ne pourraient point connaître la formation du jury qui aurait lieu sur la liste des trente-cinq jurés qu'ils n'auraient pas récusés, et on préviendrait ainsi les sollicitations et tous les moyens de séduction qu'on pourrait mettre en usage.

Quinze jurés composeraient le jury. Sur ce nombre, il n'y en aurait que douze qui délibéreraient ; les trois autres ne seraient appelés que pour remplacer ceux qui, à la suite de quelque incommodité survenue depuis les débats, seraient hors d'état de continuer leurs fonctions.

Le 6, les jurés seraient convoqués pour le 15. Les jurés ne devant communiquer avec personne, depuis le commencement de l'examen, ils ne pourraient plus sortir, ainsi que les juges, du palais de justice, jusqu'à ce que l'affaire fût terminée. On ferait porter dans les salles à ce destinées, les alimens qui seraient nécessaires aux uns et aux autres ; on éviterait ainsi de grands abus que l'expérience a fait découvrir.

Si, cependant, l'examen d'une affaire était d'une telle longueur, qu'il ne pût pas être terminé dans vingt-quatre heures, la cour pourrait, dans ce cas extraordinaire, permettre aux jurés de sortir pour aller prendre du repos.

Les peines infligées aux jurés défaillans, doivent être maintenues : on pourrait même les contraindre, par main-mise sur leurs personnes, à se rendre au jour indiqué.

Si, au jour indiqué, tous les jurés convoqués ne se rendaient pas, le président, pour remplacer les absens, formerait une liste de vingt-quatre citoyens habitans de la ville où la cour tient ses séances, les plus propres à remplir ces fonctions. On n'a pas besoin de faire remarquer qu'il est plus convenable de confier cette opération au président de la cour, qu'au maire de la municipalité.

Tout le monde connaît la facilité avec laquelle les officiers de santé donnent des exoines. On a su très-souvent, après coup, que les citoyens qu'ils avaient déclarés dans leur rapport être malades, et être incapables d'assister aux débats, jouissaient de la meilleure santé, et vaquaient à leurs affaires. Il est essentiel de faire cesser les abus résultant de cette coupable officiosité. C'est avec raison que, pour y parvenir, on a proposé de leur infliger la même peine qu'aux témoins ou jurés défaillans, lorsque la fausseté de l'exoine serait établie.

On a cru qu'il fallait composer le jury d'accusation d'un plus grand nombre de personnes que le jury de jugement ; et pour motiver cette différence, on a dit qu'il fallait plus de force civique, et bien plus de lumières pour juger de l'état d'un prévenu sans solennité, et sur une instruction encore incomplète, qu'il n'en fallait pour juger un accusé après une instruction complète au milieu d'un appareil protecteur.

Pour moi, je pense que les fonctions de jury de jugement, sont infiniment plus délicates et plus importantes que celles de jury d'accusation ; qu'il faut plus de courage, plus de force civique, pour condamner un citoyen, que pour l'accuser. Je pense qu'en supposant un mérite égal aux jurés de jugement et d'accusation, on se procure un faisceau plus considérable de lumières, et on donne à la société une garantie plus sûre de la justice des jugemens qui doivent être rendus, lorsqu'on soumet à la décision d'un plus grand nombre, une accusation portée par un plus petit nombre de citoyens.

Si, comme le rédacteur des observations, je pensais que les fonctions de jury d'accusation exigeassent plus de lumières, convaincu comme il l'est qu'une lecture inanimée ne peut pas produire autant d'effet qu'une suite de dépositions orales, je voterais pour leur rétablissement, comme étant infiniment plus propres à les éclairer ; mais voyant la chose sous un autre point de vue, je pense que la loi du 7 pluviôse doit être maintenue, et que le nombre de huit citoyens suffit pour former le jury d'accusation, lorsque celui de jugement sera composé de douze.

Des formes de procéder.

La forme de procéder la plus facile, la moins compliquée, celle qui mettra les jurés à portée d'exprimer avec plus de liberté leur pensée toute entière, est celle qui leur conviendra le mieux et qu'il faut préférer. Voyons si, sous ces différens rapports, le nouveau mode de délibération qu'on propose est préférable à celui qu'on veut abolir.

On a cru qu'on s'éloignait de la simplicité qui devrait caractériser le mode de délibération des jurés, en raison du nombre des questions qu'on leur soumettait, d'abord sur l'existence du délit, ensuite sur la culpabilité, sur l'intention, et enfin, sur les circonstances aggravantes. On a trouvé plus simple et moins embarrassante cette seule question : *l'accusé est-il coupable!*

Je ne saurais partager cette opinion. Je crois que la seule question qu'on veut faire aux jurés, est la moins simple et la plus compliquée, puisqu'elle se compose nécessairement de toutes celles qu'on veut supprimer, et qu'elle doit, par conséquent, plus embarrasser les jurés qui doivent y répondre.

Si, comme on ne peut en disconvenir, il ne peut y avoir un coupable qu'autant qu'il existe un délit, et qu'on a eu l'intention de le commettre ; s'il ne peut exister un assassinat sans préméditation, les jurés ne peuvent prononcer sur la culpabilité, qu'autant qu'ils seront convaincus de tous ces faits ; mais, s'ils doivent nécessairement s'en occuper, pourquoi ne leur soumettrait-on pas les questions qui y sont relatives !

« Mais, a-t-on dit, ces questions deviennent souvent inutiles, et peuvent » donner lieu à de grands inconvéniens. La pensée ne sépare pas, autant » qu'on le croit, le fait commis, d'avec l'individu qui en est l'auteur. Ainsi, » tel Français est accusé d'avoir émigré ou porté les armes contre la patrie, » demandera-t-on vaguement s'il y a eu une émigration, et si on a porté les » armes contre la France ; si un tel est convaincu d'avoir porté les armes ou » d'avoir émigré ! »

J'avoue qu'on a choisi les deux espèces dans lesquelles la question sur l'existence du délit paraît le moins nécessaire, et qu'il serait plus à propos de demander uniquement, si un tel est convaincu d'avoir émigré, ou d'avoir porté les armes contre sa patrie ; mais tout ce qu'on peut dire de plus, c'est qu'il est moins nécessaire de faire une question sur des faits aussi clairement établis que l'existence de la France elle-même ; mais on sera forcé de convenir qu'il vaut toujours mieux faire une chose inutile que dangereuse.

S'il y a moins de nécessité, il n'y a point de danger à demander si on a émigré, ou si on a porté les armes contre la patrie; mais il serait infiniment dangereux, dans tous les autres cas, de chercher un coupable avant de s'être assuré de l'existence du délit. C'est ici qu'il faut rappeler à son souvenir les malheureuses victimes qui ont été condamnées pour des crimes qui n'avaient pas existé; et dire avec Mathieu Hale : *Qu'il ne faut jamais réputer un accusé convaincu de meurtre ou d'homicide, tant qu'on n'aura point représenté le cadavre de l'individu qu'on suppose avoir été tué.*

« Dans le plus grand nombre des affaires, a-t-on ajouté, le fait a été
» constaté par les officiers de police, avec la plus scrupuleuse attention;
» dans telle autre affaire, le fait est de notoriété publique : il est constant
» pour toute la France; c'est un des faits les plus avérés de l'histoire. Inter-
» rogerez-vous les jurés sur cette action! vous ferez une chose non-seule-
» ment inutile, mais dangereuse : le jury niera le fait, et ce résultat
» offensera la raison. »

Mais ce n'est pas le seul fait relatif à l'existence du délit, qui peut être de notoriété publique : la culpabilité d'un accusé peut être aussi bien établie. Une commune, une ville entière aura été le témoin de son crime; vous demanderez cependant, dans votre système, au jury, si cet accusé est coupable; s'il le nie, n'offensera-t-il pas également la vérité et la raison!

On serait, sans doute, exposé souvent à de pareils résultats si on appelait aux fonctions les plus importantes, des hommes aussi ineptes que ceux dont parle M. Granger, et qui demandaient ce que signifiaient ces trois mots : *volontairement, provocation, préméditation.* Ce ne serait pas alors le cas de dire, avec les Anglais, que les jurés sont censés être le peuple ou le pays; la société serait trop mal représentée. Mais quand on aura mieux choisi les jurés, qu'on les aura pris dans la classe éclairée, on n'aura point à craindre de pareils abus.

« Il arrive souvent, a-t-on dit encore, qu'il faut soumettre à deux épreuves
» successives les divers auteurs d'un même délit, lorsqu'ils ont été connus,
» poursuivis ou arrêtés successivement. Demanderez-vous aux deux jurys de
» jugement si le fait est constant! mais vous vous exposez à deux réponses
» contradictoires : le premier aura affirmé le fait, et le second le niera; et
» alors, quel scandale, quel effroi! »

J'aime à croire qu'on ne pourrait citer aucun exemple d'une pareille contradiction. Notre cour n'en a jamais été affligée. Sans chercher à influencer les jurés, et à gêner la liberté de leur opinion, on les a toujours prévenus qu'il existait déjà une déclaration de jury qui avait affirmé l'existence du délit; et cet avertissement n'a jamais été inutile.

On ne peut point supposer que, guidés par un esprit de contradiction , des jurés cherchent à contrarier l'opinion de ceux qui les ont précédés , et qu'ils se plaisent à donner à la justice un pareil scandale. Auraient-ils l'intention de sauver un accusé coupable, ils pourraient également l'absoudre en ne niant pas l'existence du délit.

Il serait sans doute bien affligeant de voir deux jurys donner deux déclarations différentes sur un même fait ; mais la justice n'at-t-elle pas été souvent aussi affligée, lorsque, reconnaissant l'innocence des individus qu'elle avait condamnés pour des crimes réellement commis , mais dont ils n'étaient pas les auteurs, elle n'a pu offrir à leurs familles désolées , pour toute consolation et tout dédommagement , que la réhabilitation de leur mémoire !

Que conclure de tout cela ! que l'infaillibilité n'a pas été donnée aux hommes ; qu'ils sont sujets à l'erreur, et qu'ils ont fait tout ce qu'on peut exiger d'eux, lorsque, pour s'en garantir , ils ont pris toutes les précautions que la prudence et la sagesse peuvent leur inspirer.

« Il est un grand nombre de crimes, a dit le rédacteur des observations,
» dont le nom exprime un point de droit, et suppose un ou plusieurs délits,
» tels que le faux , la banqueroute. Le mot *faux*, qualifie, d'après la loi ,
» un ou plusieurs faits sous-entendus. En faisant cette question aux jurés :
» *y a-t-il un faux ; le fait est-il constant !* on leur demande ce qu'ils ne sont
» pas censés savoir, et on ne leur demande pas ce qu'ils pourraient dire. »

Mais d'abord évite-t-on , par la seule question qu'on propose , l'inconvénient qu'on voudrait éviter et qu'on croit trouver dans la manière actuelle d'interroger les jurés !

Peuvent-ils déclarer qu'un accusé est coupable du faux qui fait l'objet de l'accusation , sans décider en même-temps que les faits ramenés dans cet acte, sont de nature à constituer un faux ! ne jugeront-ils pas toujours , en ce cas, la question de droit !

Faut-il, du reste, avoir un grand discernement pour savoir que le notaire qui, au lieu de rédiger le bail consenti par tel propriétaire, lui a fait signer un contrat de vente, a commis un faux ! c'est-à-dire qu'il a attesté , contre la vérité, qu'un tel a fait ce qu'il n'a point fait ; qu'il a vendu lorsqu'il n'a qu'affermé : la raison la plus commune peut-elle séparer l'idée du faux, de faits de cette espèce !

Est-ce donc bien embarrasser le jury , même le moins éclairé, que de lui demander , non comme on l'a dit , s'il y a un faux dans cet acte (cette question serait trop vague (mais bien s'il a été commis un faux en y apposant la signature d'une personne à qui elle n'appartenait pas, ou en substituant une personne à une autre, et en la faisant comparaître quand elle n'avait pas comparu ! Faut-il être jurisconsulte pour répondre à une pareille question, et pour déclarer qu'on a trahi la vérité quand on a dit

un mensonge! une pareille opération est-elle donc si abstraite, si logogri-
phique! présente-t-elle les traits de la métaphysique la plus subtile!

« S'il faut, continue-t-on, autant de questions que de faits de nature à
» constituer un faux; que chacune de ces questions soit la première d'autant
» de séries différentes; s'il y a sept ou huit faits et sept à huit accusés; s'il
» faut demander aux jurés quels sont les auteurs, et quels sont les compli-
» ces, comment pourra-t-on voyager sur cette mer sans rive et sans fond! »

En multipliant ainsi les faits et les accusés, il est certain qu'on parvient
à présenter une masse effrayante de questions. Mais des procédures où
on a dû en poser 3600 occupent rarement les tribunaux, et on n'argu-
mente point d'un cas extrêmement rare.

Il y a plus : c'est dans des cas semblables, et lorsqu'il s'agit de prononcer sur le sort de vingt ou trente individus, accusés de différens délits
accompagnés de plusieurs circonstances, qu'on sent plus que jamais la
nécessité de multiplier les questions. Sans cela, comment les jurés pourraient-ils sortir de ce labyrinthe! c'est alors qu'on les ferait voyager sur une
mer sans rive et sans fond.

Voudrait-on qu'ils répondissent, dans l'intérêt de chaque accusé, qu'il
était ou n'était pas coupable des délits exprimés dans l'acte d'accusation!
mais, ne les met-on pas plus à leur aise, et ne vient-on pas au secours de
leur esprit, nécessairement fatigué par tant de faits, en fixant leur attention sur chacun d'eux, par des questions particulières! L'opération est un
peu plus longue; mais elle est plus facile, et, dès-lors, plus simple : et c'est
ce qu'il faut chercher.

On s'est fortement élevé contre la question intentionnelle; c'est à la
nécessité de la poser, et à l'abus qu'on en a fait, qu'on a attribué les absolutions les plus scandaleuses : on l'a regardée comme la source des plus
étranges contradictions, des déclarations les plus incohérentes, et comme
la ressource ordinaire du crime.

Pour se convaincre de la nécessité de la soumettre aux jurés, il suffit
de penser, comme on l'a déjà dit, qu'il ne peut exister un crime là où il
n'y a pas intention de le commettre. Si les jurés ne peuvent déclarer un
accusé coupable, qu'autant qu'ils seront convaincus qu'il a eu une intention
criminelle, ils doivent nécessairement s'en occuper; et dès-lors, quel inconvénient y a-t-il à en faire l'objet d'une question! n'y répondront-ils pas
toujours en prononçant sur la culpabilité, lors même qu'elle ne leur serait
pas soumise! qu'importe alors qu'on adopte le mode proposé! n'aura-t-on
pas toujours le même résultat! en seront-ils moins partiaux quand ils voudront
l'être!

Ce n'est donc pas à la nécessité de poser cette question, qu'il faut attribuer les absolutions scandaleuses, les étranges contradictions, les déclarations incohérentes dont on se plaint : ce n'est que dans l'ignorance ou la

partialité

partialité des jurés, qu'il faut en chercher la cause. Les hommes qui avaient scandalisé la justice lorsqu'on leur soumettait plusieurs questions, lui auraient donné le même scandale, quand on ne leur en aurait soumis qu'une.

La question intentionnelle ne devrait être posée, a-t-on dit, que lorsqu'elle serait provoquée par l'accusé, et qu'elle serait basée sur des faits.

Mais qui ne voit qu'il ne pourrait, sans se nuire, adopter un tel genre de défense ! il faudrait qu'il convînt de l'existence du délit ; qu'il avouât qu'il en était l'auteur, pour qu'il pût s'attacher à justifier son intention. S'il n'en convenait pas, ce qui arrive dans presque toutes les affaires, il faudrait qu'en se supposant convaincu, il soutînt qu'il n'avait pas eu des intentions criminelles ; et on sent combien ces moyens subsidiaires affaiblissent les moyens principaux de la défense.

On ne peut disconvenir qu'en fait de fabrication de fausse monnaie, la question intentionnelle est parfaitement inutile, parce qu'il est impossible de séparer de ce fait, l'intention du crime ; aussi pense-t-on qu'en faisant une exception à la règle ordinaire, on doit la supprimer dans ce cas ; comme en matière d'empoisonnement, on ne pose point la question de la préméditation.

Mais, si elle doit être supprimée, en fait de fabrication, elle ne doit pas l'être en fait de distribution, parce qu'il peut arriver au plus honnête homme du monde, de recevoir de la fausse monnaie, et de la faire circuler, sans savoir qu'elle est fausse, et sans avoir, par conséquent, l'intention de nuire.

C'est dans les procédures où il s'agit de délits accompagnés de plusieurs circonstances, que la nécessité de diviser les questions se fait particulièrement sentir.

Un vol est accompagné, dans un acte d'accusation, de circonstances aggravantes, telles que l'effraction, la maison habitée, la nuit, la réunion de plusieurs personnes, les armes meurtrières. Peut-on, dans ce cas, se borner à demander aux jurés, si l'accusé est coupable du délit qui fait l'objet de l'accusation ! ils seront convaincus du vol ; qu'il a été commis avec effraction, par plusieurs personnes, mais qu'elles n'avaient point des armes meurtrières ; et, cependant, s'ils déclarent simplement que l'accusé est coupable, ils ne feront connaître qu'une partie de leur conviction ; ils sont forcés, dans ce cas, de trahir leur conscience, en déclarant l'accusé innocent quand ils sont convaincus qu'il est coupable, ou en le déclarant coupable d'avoir commis le vol avec une circonstance dont ils ne seront pas convaincus. Est-ce là le moyen d'obtenir d'eux l'expression de leur véritable pensée, de leur pensée toute entière !

Ce cas, dira-t-on, est prévu par l'article 869 du Projet ; le jury pourra, après qu'il en aura déclaré l'intention à la cour, en séance publique, donner une déclaration spéciale sur une ou plusieurs circonstances aggravantes.

Mais si on prévoit, avec raison, que le jury sentira le besoin, ou plutôt la nécessité, de donner des déclarations particulières sur les circonstances aggravantes, pourquoi supprimer les questions qui y sont relatives! seront-elles plus simples, moins embarrassantes quand il les aura provoquées, que lorsque la cour les lui aura soumises elle-même! à-quoi sert alors cette distinction de déclarations générales et de déclarations spéciales! ne prouve-t-on pas ainsi la nécessité de conserver le mode qu'on propose de détruire!

On a fait le récensement des jugemens de cassation, sur les matières criminelles qui furent jugées par jurés, depuis le 1.ᵉʳ germinal an 4, jusqu'au 30 floréal an 5 ; et on a remarqué que sur 353 cassations, il y en avait eu 170 pour vices de forme dans la position des questions, et on en a conclu que la loi devait être vicieuse, puisque la plupart des tribunaux n'ont pas pu la comprendre, ni l'exécuter correctement.

On peut dire qu'une loi est essentiellement vicieuse, quand elle est incompréhensible et inexécutable ; mais, peut-on dire qu'elle est incompréhensible, parce qu'on ne veut pas prendre la peine de la méditer, et qu'elle est inexécutable parce qu'elle est mal exécutée! Faut-il faire au législateur le reproche qu'on ne doit qu'au juge, et donner au premier, des torts qui n'appartiennent qu'au second!

J'avoue que la loi qui régla le mode de délibération des jurés parut, dans le principe, un peu difficile à exécuter ; mais, lorsque les juges l'ont mieux méditée ; qu'ils ont apporté plus d'attention dans l'application qu'ils devaient en faire, les difficultés ont disparu, et les fautes ont été plus rares. Aujourd'hui, tous les tribunaux se sont familiarisés avec cette méthode, et elle n'a plus rien de difficile pour eux. Si on faisait la recherche des jugemens de la cour de cassation, on trouverait que le nombre a considérablement diminué (1).

J'attache autant de prix qu'un autre à la vie , à l'honneur et à la liberté des hommes (l'habitude de les juger n'a pas endurci mon cœur). Je desirerais, sous ce rapport, l'unanimité dans les jugemens qui les condamnent; elle serait plus rassurante pour la société, et offrirait à la justice une plus forte garantie ; mais s'il est si naturel de la desirer, est-il aussi convenable de la rendre nécessaire, comme on le propose! c'est ce que je ne puis penser, quand je considère qu'établir une pareille règle, c'est s'exposer ou à n'avoir jamais une délibération, ou à porter la plus forte atteinte à la liberté des opinions, en forçant les jurés à sacrifier leur conviction personnelle à celle d'autrui ; ce qui est le plus grave de tous les inconvéniens.

---

(1) Je dirai : avec satisfaction, que depuis plus de sept ans que je préside le tribunal criminel des Hautes-Pyrénées, je n'ai vu casser que cinq de ses jugemens rendus sur la déclaration des jurés : trois à raison de la position des questions, et deux parce que parmi les jurés on en découvrit, dans la suite, un, adjoint municipal , et un, assesseur de juge de paix ; ce que le tribunal n'avait pu connaître.

On a fait ressortir tous les avantages qui devaient résulter de l'unanimité ; mais tous les raisonnemens qu'on a faits à cet égard , n'ont servi qu'à prouver de plus en plus l'atteinte qu'on portait à la liberté des opinions. Pouvait-on le démontrer d'une manière plus claire, lorsque, comparant les jurés au soldat qu'on empêche, un jour de bataille, de sortir des rangs , par des mesures de discipline, on veut fermer sur eux la barrière par la loi de l'unanimité, et les contraindre ainsi à se rallier aux jurés courageux.

Qui ne voit combien cette comparaison manque de justesse ! Un soldat appelé pour se battre, n'est pas le maître de fuir le combat : il faut qu'il reste dans les rangs, et qu'il fasse usage de ses armes contre l'ennemi. Mais le juré appelé pour rendre compte à la justice de la conviction qui s'est opérée dans son ame, ne peut être contraint de penser de telle ou de telle manière. S'il ne jouit pas d'une liberté entière, comment connaîtrez-vous le résultat de son opinion ! n'est-il pas alors bien inutile de la lui demander !

« Si la minorité cède à la majorité, a-t-on dit, les partisans de la majorité
» ne pourront point se plaindre d'une méthode qui, dépassant leur espoir,
» procure, outre le suffrage de la majorité, le consentement de la minorité.
» Si c'est la majorité qui cède, contre le cours ordinaire des choses, c'est
» que celle-ci aura convaincu celle-là. »

Mais qui peut assurer que la majorité ne cédera jamais que parce qu'elle sera convaincue ! qui peut garantir que pour mettre fin à une discussion qui pourrait devenir interminable, elle ne sera pas souvent forcée de céder à une minorité capricieuse et entêtée, dont l'amour-propre ne voudrait jamais fléchir devant la raison !

Bien loin de devenir un écueil contre lequel viendront échouer le caprice et l'entêtement, l'unanimité les favorisera davantage. Sous la loi de la majorité , la minorité, quelque obstinée qu'elle soit, doit céder; dans le cas contraire, un seul juré capricieux et entêté, peut empêcher la délibération, et paralyser l'opinion de tous les autres.

« Un des bienfaits de l'unanimité sera, dit-on , d'empêcher que les jurés
» ne vendent leurs voix, parce que la voix de quelques-uns n'étant rien, il
» faudrait les acheter toutes, ou, du moins, une majorité capable d'entraîner
» la minorité. »

Quand les jurés seront choisis parmi les propriétaires les plus probes, les plus éclairés du département, et qu'ils seront ce qu'ils doivent être, on tentera en vain d'acheter leurs voix : ils seront incapables de les vendre.

On a remarqué que presque tous les jugemens avaient été rendus à l'unanimité , au tribunal criminel de la Seine. Mais voilà ce qui s'élève contre la règle qu'on veut établir. Si les jurés sont presque toujours unanimes lorsqu'ils délibèrent librement , pourquoi , pour obtenir cette unanimité, voudrait on contraindre leurs consciences ! S'il est heureux de l'obtenir dans le premier cas, n'est-il pas contre les principes de l'obtenir dans le second !

L'unanimité ne pouvant être exigée sans détruire la liberté d'opinion qui doit toujours être respectée, il faut chercher la majorité la plus rassurante pour les accusés et pour la société. Je pense qu'on veillerait à tous les intérêts en la fixant à huit voix contre quatre.

Peu importe que les accusés eussent déjà cet avantage avant l'institution des jurés, ils ont, de plus, celui d'être jugés par leurs pairs; ils ont de plus, dans la publicité de l'instruction, cette sauve-garde que la raison et la justice réclamaient depuis si long-temps pour eux. Si les Grecs et les Romains, en n'exigeant qu'une voix de plus pour condamner, croyaient que leur usage avait été établi par les Dieux, pourquoi ne croirions-nous pas être assez sages, lorsque nous en exigerions une de plus !

On a avancé que c'était une erreur en fait, de prétendre que l'unanimité ne s'obtenait qu'en forçant les jurés. On a dit qu'elle s'obtenait presque toujours sans délai, et sur-tout, sans efforts, parce qu'ils avaient beaucoup d'égard à la direction du juge.

Il faudrait donc que pour faire valoir ce système, le juge, sortant de la ligne qui lui est tracée, exerçât la plus grande influence sur l'ame des jurés, et, leur indiquant la marche qu'ils devraient suivre, réglât, pour ainsi dire, leur opinion sur la sienne : ce qui est absolument contraire à la nature de ses fonctions.

On a attribué à la simple majorité, la plupart des mauvais jugemens qui ont été rendus. Mais eussent-ils été meilleurs lorsque la règle de l'unanimité eût été établie ! les jurés qui formaient cette majorité eussent-ils été plus éclairés ou plus probes ! et peut-on présumer, contre le cours ordinaire des choses, qu'ils auraient cédé à la minorité !

Pour faire cesser, à l'avenir, cette lutte que l'amour-propre, le caprice et l'entêtement font naître parmi les jurés ; pour avoir l'expression de la pensée de chacun ; pour ne pas exposer les uns à l'influence, souvent dangereuse, des autres ; pour ne pas voir, comme on l'a dit, un méticuleux voter en faveur d'un accusé sans cesser de le tenir pour coupable, parce qu'il ne verrait point, sans trouble, son sort dépendre de son seul suffrage, peut-être serait-il plus à propos de ne point les laisser discuter entre eux. Avant de terminer les débats, le président leur demanderait si quelque fait ou quelques circonstances avaient échappé à leur mémoire ; s'ils avaient besoin de faire encore quelque interpellation aux témoins, ou quelque question à l'accusé. S'ils répondaient qu'ils n'avaient besoin de prendre aucun autre renseignement, le président, sur leur réponse, déclarerait les débats terminés, ferait le résumé de la procédure, et,

Immédiatement après , un commissaire de la cour, assisté du procureur-général , irait recueillir les voix en présence de leur chef.

Peut-on supposer qu'après avoir entendu les débats , le plaidoyer du ministère public , la défense de l'accusé , le résumé du président, la conviction pour ou contre l'accusé ne soit point formée dans l'ame des jurés ? Que peuvent-ils attendre de plus, de la discussion qui va s'établir entre eux ! en jaillira-t-il plus de lumières que n'en ont répandu les débats ! Discuteront-ils , avec plus de clarté, et plus de méthode, des procédures que le président, le procureur-général et le défenseur ont eu le temps de méditer , même avant l'examen , puisqu'ils avaient, sous leurs yeux , les dépositions écrites des témoins que les jurés ne peuvent avoir sous les leurs ! Leur attention n'ayant été fixée que par des dépositions orales dont , presque jamais, ils ne prennent des notes , ne s'exposeront-ils pas à s'embrouiller dans l'analyse des charges , à affaiblir, à détruire souvent leur conviction , en voulant raisonner sur les motifs qui l'ont opérée !

Qu'on suppose parmi eux un de ces hommes qui , ayant plus de connaissances ou une élocution plus facile, attache une certaine gloire à diriger les autres et à subjuguer leur opinion ; il s'emparera exclusivement de la parole : s'il n'est pas guidé par la justice et la vérité , il abusera de ses moyens , de sa facilité, de l'empire qu'elle lui donne sur eux ; il les étourdira par des raisonnemens captieux , portera des doutes inquiétans dans leur ame , et la déclaration des jurés, au lieu de présenter leur opinion , n'offrira que la sienne.

On éviterait ces inconvéniens par la méthode que j'indique. Elle n'a jamais été usitée , il est vrai ; mais ce motif seul suffirait-il pour la faire rejeter s'il devait en résulter des avantages !

Je termine ici des observations qui ne pourront répandre qu'une très-faible lueur sur ce faisceau de lumières qu'ont présenté au Gouvernement toutes les Cours de ce vaste Empire, consultées sur une matière aussi importante. Puisse le nouveau Code criminel qui va être donné aux Français , allier la sûreté publique avec la sûreté individuelle , et devenir , ainsi, une des bases de leur bonheur !

OBSERVATIONS

DU TRIBUNAL CRIMINEL

DES PYRÉNÉES-ORIENTALES,

SUR

LE PROJET DE CODE CRIMINEL.

OBSERVATIONS

DU TRIBUNAL CRIMINEL

DES PYRÉNÉES-ORIENTALES,

SUR

LE PROJET DE CODE CRIMINEL.

***

Art. 8, §. 2. « Nul délit n'est militaire, s'il n'a été commis par un » individu qui fait partie de l'armée. Tout autre individu ne peut jamais » être traduit, comme prévenu, devant les juges délégués par la loi mili- » taire. » (*Code militaire du 30 septembre — 19 octobre 1791 , art. 4 et 5 . . . loi du 22 messidor an 4 , art. 1 et 2.)*

« Les délits des particuliers non militaires envers des militaires, sont » poursuivis et punis par les voies ordinaires. » (*Loi du 18—28 juillet 1791 ; loi du 22 juillet 1791, tit. II , art. 20.)*

Si donc, comme le propose le §. 2 de l'art. 8 du Projet, le délit du *bourgeois* contre le *militaire* passait de la classe des délits communs dans celle des délits militaires, cette innovation, diamétralement opposée au langage constamment tenu jusqu'à présent par le législateur, serait, en outre, difficile à concilier, 1.° avec la Constitution, qui (art. 85) *a soumis à des tribunaux spéciaux les délits des militaires, et non les délits contre les militaires,* 2.° avec les principes en matière de juridiction, qui défendent de distraire le justiciable de ses juges naturels, sur-tout pour le traîner à un tribunal d'exception et de rigueur, tel que le tribunal militaire.

Art. 11. Nous croyons que le renvoi sous la surveillance ou à la dis- position du Gouvernement, ne sera pas sans inconvénient, si la loi *oblige* les tribunaux à le prononcer; au lieu qu'il n'en présentera aucun, et pro- duira, au contraire, de très-bons effets, si elle s'en rapporte toujours à leur prudence pour le prononcer. Toutes les peines sont assez augmentées par le Projet, sans ajouter à quelques-unes ce renvoi de plein droit. On peut d'ailleurs se reposer sur le juge, qui ne négligera pas d'ordonner cette précaution ou garantie toutes les fois qu'elle sera nécessaire ou utile.

Pyrénées-Orientales. A

Nous voudrions par conséquent, que dans tous les articles où il est question de ce renvoi, la disposition ne fût jamais *impérative*, mais seulement *facultative*, du moins en matière correctionnelle.

Art. 13. Si l'homicide simple doit à l'avenir être puni de mort, il faut bien que les homicides caractérisés, l'incendie, &c., soient punis d'une peine plus forte que la simple privation de la vie.

Nous doutons cependant que l'exposition publique de l'assassin, de l'incendiaire, &c., *une heure durant* avant qu'il ne soit exécuté, obtienne une approbation générale. Ce spectacle d'un malheureux voué à la mort, qui verra, pendant une heure entière, la hache fatale suspendue sur son poing et sur sa tête, ne présentera-t-il pas, dans une aussi longue et aussi affreuse agonie, quelque chose de barbare, au Français naturellement si humain !

Art. 24. La flétrissure sert à la reconnaissance du condamné, et au témoignage indubitable de sa condamnation. Pour cela, il n'est pas nécessaire de l'imprimer sur l'une et l'autre épaule : une seule marque suffit pour atteindre le but que le législateur se propose. Une seconde marque devenant surabondante, devrait, par cette seule raison, n'être pas admise : la loi ne peut prononcer que des peines qui soient reconnues absolument nécessaires.

Art. 29. Il est naturel de craindre que les châtimens dont le bourreau sera l'arbitre, ne soient quelquefois arbitraires. Il conviendrait donc de lui marquer la nature et les bornes de ces châtimens.

Art. 41. Les peines étant établies pour détourner du crime, on ne saurait leur donner trop de publicité. S'il est impossible que tous les justiciables en soient témoins, il ne l'est pas qu'ils en soient instruits tous, ou du moins la plupart.

C'est pour cela que, depuis quelque temps (Arrêté du 2 pluviôse an 5), le Gouvernement fait afficher dans toutes les communes une notice imprimée des jugemens de condamnation, tant criminels que correctionnels, rendus dans le cours du mois précédent.

Il faut conserver un tel mode de publication, qui peut devenir plus efficace encore, en y ajoutant un peu d'appareil, au lieu de laisser afficher silencieusement, comme cela se fait, cette notice qui n'est vue et lue que par peu de personnes, sur-tout dans les campagnes : on pourrait ordonner qu'avant d'être affichée, elle sera, à son de trompe ou de tambour, proclamée par le crieur public de chaque commune, dans les places publiques, le premier dimanche après l'exécution.

Par ce moyen, la justice criminelle ne frapperait aucun coup dont le bruit ne se fît entendre dans tous les cantons du département, et n'y répandît l'utile terreur de l'exemple, objet principal des peines.

Art. 45. On ne peut trop hâter l'établissement des maisons de correction et de travail, dans les départemens qui n'en ont pas encore. Il est temps d'y empêcher que des délinquans jeunes ou faibles, que la loi séquestre temporairement pour les corriger, n'achèvent, au contraire, de se pervertir par l'oisiveté, dans la compagnie de scélérats, avec qui ils sont enfermés pêle-mêle dans les maisons de justice. Le remède s'y change en poison.

Art. 54. Le renvoi facultatif sous la surveillance du Gouvernement, dont il est question dans cet article, ne fait ni partie ni suite d'une condamnation.

Nous applaudissons néanmoins à cette sage précaution, contre un homme qui, quoique non convaincu d'être coupable, est reconnu par les juges prêt de le devenir. Il doit s'imputer d'avoir à rassurer, par une garantie, la société à qui il a donné de justes motifs d'alarme ou de méfiance.

Nous n'avons garde de proposer le renouvellement des lois sur les suspects.

Cependant le moyen de prévenir les crimes par des *garanties* ou *cautions*, usité chez les Anglais, ne ferions nous pas bien de nous l'approprier, sauf les modifications convenables ! Nous pensons que nos juges de paix s'en serviraient aussi utilement que les leurs; et notre Code criminel, comme celui d'Angleterre, s'honorerait de ce que Blackstone appelle *justice préventive.*

Art. 66. L'interdiction des droits civils et de famille, et la surveillance pendant cinq ans, encourues de plein droit, dans tous les cas de récidive correctionnelle, nous paraissent des peines extrêmement rigoureuses. Nous aimerions mieux que la disposition de cet article, sous ces deux rapports, fût *facultative* et non *impérative.*

Art. 72. « Si l'accusé, dit cet article, est au-dessous de l'âge de seize » ans accomplis, le jury décidera si l'accusé a agi avec discernement. »

Persuadés que les lois ne peuvent jamais pécher par trop de clarté, nous ferions disparaître ce petit défaut de rédaction, en disant : « Si l'accusé » était, à l'époque du délit qui lui est imputé, au-dessous de l'âge de seize » ans, le jury décidera s'il a agi avec discernement. »

Art. 84. Le commandant militaire qui se porte de son chef à des agressions hostiles, ou à des infractions de traités, tendant à allumer la guerre entre la France et une nation étrangère, nous paraît trop légèrement puni de cet attentat direct contre le droit des gens, et indirect contre la sûreté de l'État, par la relégation ou même par la déportation.

L'assemblée constituante, dont le système pénal n'est pas suspect de rigorisme, punit ce crime du dernier supplice (art. 2, tit. I de la II.ᵉ part. du Code de 1791), quoiqu'elle ne punisse de mort ni le meurtre, ni le vol. On peut être étonné que le Projet qui soumet ces deux derniers crimes à la peine capitale, veuille cependant y soustraire la provocation à la guerre, qui est une provocation à des milliers de vols, de meurtres, d'incendies et de forfaits de toute espèce.

Art. 97. 1.° Les annonces et prédictions mentionnées dans cet article, ne nous paraissent des crimes qu'autant que leur auteur se les permet à *mauvaises intentions;* il faudrait par conséquent les désigner dans l'article comme faites *méchamment.*

2.° Ces provocations indirectes devant être punies lorsqu'elles auront été suivies, *dans un temps prochain,* de révoltes ou mouvemens populaires, il importe de déterminer la mesure qui, dans un intervalle plus ou moins long, fera reconnaître ce *temps prochain :* autrement, chacun en mesurera la durée comme il voudra. Eh ! que d'abus ne peut-il pas résulter de cet arbitraire !

3.° Ces provocations indirectes, quand même elles ne seraient pas suivies de révoltes ou mouvemens populaires, nous paraissent toujours dignes d'être châtiées, si elles sont faites *méchamment.* Il ne faut pas que l'ennemi de la tranquillité de l'État puisse jamais l'attaquer impunément, quoiqu'il ne le fasse que par des voies détournées. L'événement qui trompe ses intentions séditieuses, peut tout au plus motiver l'indulgence, mais jamais autoriser l'impunité. C'est ainsi que dans l'article 244, la provocation, quoique infructueuse, à un crime puni de mort, encourt cependant la peine de la relégation.

Art. 108. Trop de facilité à traduire les ministres devant un tribunal criminel, finirait par entraver et par déconsidérer le Gouvernement. D'un autre côté, leur promettre l'impunité, à force de la leur faciliter, serait un plus grand mal encore. La Constitution (art. 72 et 73) avait placé une barrière entre ces deux extrêmes : mais il semble que l'article 108 du Projet tend à la détruire par trop de ménagement pour les ministres, dont il ne permet la mise en jugement et la punition, que *dans le cas seulement qu'ils refuseront ou négligeront de réprimer ou faire réparer leurs actes arbitraires.*

Une telle condition, *sine quâ non,* énervera entièrement la responsabilité ministérielle : il n'y a pas d'apparence que jamais aucun ministre se laisse condamner ou traduire en justice, lorsque, malgré ses actes les plus arbitraires, malgré l'accusation la plus solennellement admise et proclamée par le concours du Sénat, du Tribunat et du Corps législatif, il sera encore à temps à se tirer d'embarras, s'il le veut, et à s'absoudre lui-même par l'envoi d'un contre-ordre ou d'un désaveu.

Nous croyons qu'il y aurait plus de conformité avec la Constitution et avec la raison, en remplaçant les articles 108 et 109 par un seul, ainsi conçu :

« Si un ministre du Gouvernement a ordonné ou fait l'un des actes » mentionnés dans l'article précédent, il sera poursuivi conformément aux » articles 72 et 73 de la Constitution, et puni de la relégation. »

Art. 112. Ceux qui font usage d'un acte faux, sans se douter qu'il le soit, ne peuvent être punis, parce qu'ils ne sont pas coupables; leur bonne foi les justifie : ils ne sont punissables que lorsqu'ils font *sciemment* usage de l'acte faux. Ainsi le mot *sciemment* nous paraît nécessaire à ajouter dans cet article.

Art. 129. Cet article s'étend trop généralement à tous ceux qui ont fait usage de faux effets, timbres, poinçons ou marques, &c. ; il doit aussi être borné à ceux qui en ont fait usage *sciemment*.

Art. 134 et 137. Mêmes observations.

Art. 158. Le secret de la poste est si important; et il est, dit-on, si aisé de le violer, avec la certitude de n'en être pas convaincu, qu'il faudrait, ce nous semble, tâcher de prévenir ce crime en le menaçant de peines plus fortes, ou du moins ne pas diminuer, comme le fait l'article, la peine portée par le Code des délits et des peines (art. 638).

Art. 178. Au lieu des mots *SERA renvoyé*, qui se trouvent dans l'article, nous mettrions *POURRA être renvoyé*, conformément à notre observation sur l'article 11.

Art. 206. Ne serait-il pas plus raisonnable d'adopter dans cet article les dispositions dud roit Romain et de la Constitution Caroline, qui consistent à mettre à la place du détenu évadé, le coupable, quel qu'il soit, de la violence qui l'a fait évader, et à laisser tomber sur ce second coupable tout le poids de la peine à laquelle il a dérobé le premier? sauf plus forte peine, s'il y a lieu, dans le cas où la *violence* de l'évasion aurait les caractères ou les suites spécifiés aux articles 180, 181 et 182.

Art. 224. 1.° Nous avons remarqué, une faute qui s'est glissée dans l'impression de cet article, et qui a substitué sur la fin la disjonctive *ou* à la place de la conjonctive *et*.

2.° Il conviendrait de déterminer le taux de la solvabilité mentionnée dans l'article, pour que le mendiant puisse, en offrant un tel répondant solvable, se garantir de l'article 226, qui le renvoie à la disposition du Gouvernement.

Art. 225. Cet article est très-sage pour extirper la mendicité ; cependant il ne pourra recevoir sa pleine exécution que lorsque le Gouvernement aura eu le temps et les moyens d'ouvrir par-tout où il faut, des asiles publics pour y recevoir les pauvres *infirmes*.

Jusqu'alors il y aurait non moins d'injustice que d'inhumanité à réputer vagabond, et à punir comme tel, tout mendiant d'habitude *qui n'est pas valide*.

Dans plusieurs communes de la campagne, l'indigent accablé par la vieillesse ou par des infirmités qui le réduisent à l'impuissance de travailler, n'a pas d'autres ressources pour vivre que l'aumône journalière qu'il va mendier *habituellement* à la porte de ses concitoyens.

Art. 237. Même observation que sur l'article 178, et *voyez* la note sur l'article 11.

Art. 248. Nous ne croyons pas que le maquerelage soit assez puni par l'amende et la détention, la surveillance et l'interdiction.

Nous ne demandons pas qu'il le soit conformément au Code Théodosien, ni à la quatorzième Novelle, ni à la Constitution Caroline, ni même à notre ancienne jurisprudence française; mais nous réclamons contre cette peste publique des mœurs, une peine *exemplaire*, celle du carcan au moins.

Crimes et délits contre les personnes, Liv. III, Tit. II, Chap. I.ᵉʳ Les peines que le Projet propose, à l'égard des crimes contre les particuliers, nous paraissent en général trop sévères. Nous préférerions la modération établie par le Code pénal de 1791.

La peine, si elle est outrée ou violente, manque son but en le dépassant; il en coûte trop de l'appliquer, pour qu'elle soit appliquée; de là l'impunité qui est elle-même une source de délits (Préambule de la loi du 25 frimaire an 8).

« L'expérience a fait remarquer que dans les pays où les peines sont » douces, l'esprit du citoyen en est frappé comme il l'est ailleurs par les » grandes.

» Il ne faut pas mener les hommes par les lois extrêmes; on doit être » ménager des moyens que la nature nous donne pour les conduire. » Qu'on examine la cause de tous les relâchemens, on verra qu'elle vient » de l'impunité des crimes, et non pas de la modération des peines. » (Montesquieu, *Esprit des lois*, livre 6, chap. 12.)

Quelque salutaire que soit le droit *de grâce*, nous ne partageons pas l'opinion de ceux qui prétendent qu'il préviendra les *effets excessifs* de la rigueur. (*Observations* du C.ᵉⁿ Target, pages 8, 9.)

Sans doute le premier magistrat de la République ne demandera pas mieux que d'exercer la plus belle prérogative de son rang, en s'empressant de préférer toujours *miséricorde à justice*, toutes les fois que la prudence ne s'y opposera pas.

Mais prenons garde que si, comme nous le craignons par exemple, d'après nos observations sur les articles 259, 262, 263 et 266, l'innocent court risque d'être compromis, c'est lui faire injure que de faire dépendre son salut uniquement de la clémence du Gouvernement; il lui faut *justice* et non pas *grâce*.

La grâce, suivant sa destination naturelle, ne va qu'à des coupables qui seuls en ont besoin. Il restera toujours assez d'occasions malheureusement où ce bienfait sera utile, nécessaire pour adoucir ou pour abolir des condamnations sévères, quoique justes.

La grâce n'est qu'un remède ; et un remède , quelque sûr qu'il soit , ne vaut pas un préservatif : *Satius est non vulnerari , quàm post vulnus remedium quærere.*

D'ailleurs , la grâce remédiera-t-elle à tout le mal qu'un innocent aura souffert !

Elle préservera sa tête d'une mort injuste et ignominieuse ; mais elle ne guérira pas sa fortune des atteintes, du désordre qu'un procès porte toujours dans les affaires domestiques ; elle ne guérira pas son cœur des désagrémens d'une procédure criminelle, ni de l'humiliation d'une condamnation capitale , ni des anxiétés , des angoisses qui l'assiégeront en foule, malgré toute sa confiance dans le Gouvernement , lorsqu'il attendra que des lettres de grâce viennent le délivrer de l'échafaud où il est envoyé par un jugement de mort, qui ne peut manquer de lui paraître atroce , s'il doit être exécuté , ou bien cruellement dérisoire, s'il ne doit pas l'être.

Art. 259. Cet article nous a frappé , sur-tout dans sa première partie , en ce qu'il n'envisage que l'événement , sans s'embarrasser de l'intention.

«Frater vester (*dit Antonin*), rectiùs fecerit, si se præsidi provinciæ obtu-
» lerit ; qui, si probaverit *non occidendi animo hominem à se percussum esse ,*
» remissâ homicidii pœnâ , secundùm disciplinam militarem sententiam pro-
» feret. *Crimen enim contrahitur , si et voluntas nocendi intercedat. Cæterum,*
» *ea quæ ex improviso casu potiùs quàm fraude accidunt , fato plerumque non*
» *noxæ imputantur.* » L. I, cod. àd leg. Cornel. de Sicar.

Aussi , le Code pénal de 1791 (art. 1 et 2 de la section 1.re, titre II), avait acquitté du crime de meurtre l'homicide involontaire.

Il n'est peut-être pas inutile d'observer ici, en passant, que l'article 306 du Projet parle de l'homicide occasionné par des coups ou blessures involon-taires, fortuits ; à la différence de l'article 259 que nous examinons , qui suppose l'homicide causé par des coups ou blessures volontaires.

« Il ne peut exister de crime (par conséquent de meurtre) là où il n'y a
» point intention de le commettre; et le grand bienfait de l'institution du jury
» consiste principalement en ce que l'intention des prévenus doit être exa-
» minée et appréciée, à la différence de l'ancienne instruction criminelle,
» qui ne s'arrêtait qu'aux faits ». (Préambule de la loi du 14 vendémiaire an 3.)

Art. 262. Le droit romain, d'après la loi des douze Tables, le droit cano-nique, d'après nos livres sacrés, permettent de tuer le voleur de nuit, quoiqu'il soit *seul.* Il nous semble que le Projet n'en devrait pas faire un crime , en exigeant, pour légitimer un tel homicide, qu'il y ait eu concours de deux ou plusieurs malfaiteurs nocturnes.

Art. 263. « Le meurtre est excusable, dit cet article , s'il *a été* pro-
» voqué par des coups ou violences graves envers les personnes. »

A 4

1.° Nous pensons qu'il vaudrait mieux dire :

« Le meurtre est excusable s'il *est* provoqué *actuellement* , *&c.*

Il nous paraît bien essentiel de préciser la provocation, et de la borner au temps du meurtre ; car si une provocation passée est capable d'excuser ce crime , elle pourra de même excuser non-seulement les meurtres simples, mais encore les vengeances homicides opérées avec préméditation et de guet-apens. Aussi l'assemblée constituante avait eu soin de limiter l'excuse du meurtre au cas uniquement où il serait la *suite* immédiate d'une *provocation violente*. (Art. 9, sect. 1.ʳᵉ , tit. II, Code pénal.—Jugement du tribunal de cassation, du 27 messidor an 10).

2.° Les coups et les violences graves envers les personnes ne constituent pas toutes les excuses du meurtre ; et le projet d'article restreint trop *la provocation violente*, qui dans l'article 9 du Code pénal de 1791 comprend implicitement un plus grand nombre de cas , tels que le meurtre, certainement bien excusable, s'il n'est pas légitime, commis par les maris, les pères ou mères sur le séducteur de leur femme, de leur fille, trouvé chez eux en flagrant délit. (L. 20, 23, 24, 28, §. 8, ff. *ad. L. Jul. de Adul.* L. 4, Cod. *eod. tit.* l'Authentique, *si quis* , L. 30, *eod.*)

Art. 266. Cet article devrait être éliminé ; le meurtre dont il est question se trouve dans le cas non de l'excuse , mais bien de la légitime défense ; il est commandé, à l'époux en péril actuel de perdre la vie , par le droit naturel, par la nécessité actuelle de la défendre. (Art. 261.)

Qui, cùm aliter tueri se non possunt, damni culpam dederint, innoxii sunt: vim enim vi defendere, omnes leges, omniaque jura permittunt. L. 45 , §. 4. ff. *ad. L. aquil.* L. 4 , §. *eod.* L. 4, Cod. *ad. L. Cornel.* de Sicar.

Art. 271. Nous ne voudrions pas que les quarante jours portés dans le Code pénal de 1791 (art. 21 et 27 , section 1.ʳᵉ , titre II) fussent réduits à vingt, avec d'autant plus de raison que les blessures dont il s'agit cesseront d'être passibles des peines correctionnelles , et seront désormais punies des travaux perpétuels, s'il faut en croire l'article 275 tel qu'il est imprimé dans le Projet. *Voyez* l'observation suivante.

Art. 275. Cet article est sans doute fautif par l'effet de quelque négligence typographique : 1.° s'il ne se rapporte qu'aux articles 259 et 270, sans se rapporter en même temps à l'article 258, il en résultera que la tentative d'assassinat ne sera punie que par des travaux perpétuels, tandis que la seule tentative de meurtre est punie de mort par l'article 258.

2.° Ce qui prouve encore que cet article 275 est tronqué, c'est que, dans l'état où il est , il se trouve en contradiction manifeste avec les articles 278 et 279.

Il faut donc que le texte de cet article se rétablisse ou qu'il s'éclaircisse.

Art. 276. 1.° *Voyez* l'observ. sur l'article 259.

2.° Cet article punit par les travaux perpétuels les coups portés ou les blessures faites *à qui que ce soit sans préméditation, s'ils ont causé la mort au-delà de quarante jours ;* et plus bas, à la fin de l'article 306, où il est question de blessures involontaires, il est dit que *les blessures autres que celles mentionnées art. 259 et 277, ne donneront lieu qu'à des intérêts civils.*

Nous observons que l'article 276 que nous examinons ne se contente pas, à beaucoup près, de réparations civiles ; il inflige une des plus fortes peines criminelles, les travaux perpétuels ; et cependant il est relatif à *d'autres blessures que celles relatées dans les articles 259 et 277.*

L'article 259 parle de blessures qui ont causé la mort dans les dix jours ou dans les quarante jours ; et l'article 276 parle de blessures qui ont causé la mort au-delà de ces deux termes, au-delà de quarante jours.

L'article 277 statue sur deux cas, 1.° si les blessures commises avec préméditation ont causé maladie ou incapacité de travail pendant plus de vingt jours ; 2.° si elles ont été faites, quoique sans préméditation, aux ascendans du coupable : mais l'article 276 n'est ni dans l'une ni dans l'autre de ces hypothèses. Il n'est pas dans la première ; car il ne parle taxativement que de blessures faites sans préméditation ; il n'est pas dans la seconde, puisqu'il ne parle pas de blessures faites exclusivement à des ascendans, mais à quelque personne que ce soit.

Ainsi il faut ou que la dernière disposition de l'article 306 renvoie non-seulement aux articles 259 et 277, mais encore à l'article 276 ; ou il nous paraît impossible de la concilier avec celui-ci. *Voy.* l'observ. sur l'art. 306.

Art. 277. 1.° Nous desirerions que l'article portât à quarante jours, et non pas à vingt, la maladie ou incapacité de travail personnel mentionnée dans cet article.

2.° Nous remarquons que l'article 271 parle de *maladie ou incapacité de travail corporel*, et que l'article 277 parle de *maladie* ou *incapacité de travail personnel.* Il ne paraît pas, de prime abord, que ces mots, *maladie et incapacité de travail personnel* ou *corporel*, soient difficiles à entendre : ils sont néanmoins d'une si grande conséquence, que nous desirerions bien que le législateur prît la peine de les expliquer de manière à prévenir toute méprise.

Art. 288. Ces expressions, *sur la seule dénonciation ou plainte des familles*, ont aussi besoin d'être expliquées. Le mot *seule* exclut-il la poursuite de la partie publique pour n'admettre que celle des familles ! C'est alors déroger au principe, que tout délit donne essentiellement lieu à une action publique *(art. 4 du Code des délits et des peines) ;* et l'exception à une règle générale doit être formelle et expresse : ou veut-il que la condamnation et la peine soient suffisamment justifiées, sans autre charge que la dénonciation ou la plainte ! Un article qui comporte cette seconde signification, a plus besoin encore d'un correctif pour n'être pas pris à contre-sens.

Dans l'un et l'autre cas, l'explication est indispensable.

Art. 300. Il est probable qu'il y a aussi dans cet article une faute d'impression, et qu'il faut lire *aura* à la place du mot *aurait* qui s'y trouve sur la fin : sans cette supposition, il faudrait croire que la peine de reclusion mentionnée dans l'article, aurait toujours lieu quand même la fille et ses parens n'auraient pas réclamé contre ce mariage, quand même ils l'auraient ratifié par leur consentement ultérieur.

Art. 305. Le coupable mentionné dans cet article *pourra* être renvoyé sous la surveillance, &c. *Voyez* notre note sur l'article 11.

Art. 306. Il nous paraîtrait convenable de conserver l'amende et l'emprisonnement qui sont ordonnés par les articles 13 et 14 de la loi du 22 juillet 1791, et qui vont être abrogés par la dernière disposition de cet article 306 du Projet.

Art. 307. Que les peines correctionnelles puissent, dans le cas de cet article, être, suivant la gravité des circonstances, les mêmes que dans le cas de l'article 306, à la bonne heure : mais le *minimum* même de la peine correctionnelle, portée dans l'article 306, c'est-à-dire, trois mois de prison et cinquante-un francs d'amende, (indépendamment des dommages intérêts), nous paraissent un châtiment trop disproportionné pour de légères blessures occasionnées par des surprises ou frayeurs, qui ne sont qu'un jeu.

Art. 309. Nous avons reproché à l'article 248 d'être trop indulgent : celui-ci l'est encore davantage ; car il ne porte pas, comme l'autre, la peine de la surveillance.

L'amende et l'interdiction des droits civiques, civils et de famille, sont-ce des peines bien formidables pour ces viles créatures dont le délit annonce assez qu'elles ont très-peu de chose à perdre du côté de la fortune, et du côté de l'honneur et de la délicatesse !

Qu'elles encourent une peine *exemplaire*, l'infamie et le carcan, comme nous l'avons demandé sur l'article 248.

Art. 310. Si la peine doit être plus grave dans l'article précédent, elle doit être aggravée proportionnellement dans celui-ci.

Art. 333. « Les calomnies mises au jour par la voie des papiers étrangers, » pourront être poursuivies contre ceux qui ont contribué à l'introduction » ou à la distribution de ces papiers en France » ; nous ajouterions : *s'ils y ont contribué sciemment.*

Voyez la note sur l'art. 112.

Crimes et Délits contre les propriétés, Liv. III, Tit. II, chap II. Les peines projetées dans ce chapitre, donnent lieu à la même observation

vation préliminaire que nous avons faite sur la rigueur des peines portées dans le chapitre précédent. Elles s'écartent peut-être trop de la modération qui respire dans le Code pénal de 1791.

L'assemblée constituante n'avait maintenu la peine de mort contre le vol, que lorsqu'il était joint à l'homicide, *(art. 14, sect. 1.re, tit. II du Code pénal de 1791.)*

Cette restriction de la peine capitale, trop arbitrairement prodiguée autrefois, faisait honneur à l'humanité autant qu'à la prudence du législateur qui, intéressant ainsi le voleur lui-même à respecter la vie du volé par égard pour la sienne propre, prévenait certainement quelques homicides; au lieu que, punir de mort les voleurs lors même qu'ils n'homicident pas, c'est les exciter à commettre ce second crime pour plus de sûreté du premier, et à attenter à la vie de leurs victimes, qui ne pourront plus alors les accuser d'avoir attenté à leurs biens. « Les morts ne racontent rien », dit Montesquieu *(Esprit des lois, liv. 6, chap. 16)*.

Tite-Live dit que le supplice de *Metius Suffetius* fut le premier et le dernier supplice où l'on témoigna avoir perdu la mémoire de l'humanité. « Il se trompe; la loi des douze Tables est pleine de dispositions très-» cruelles. On y trouve… le vol puni de mort. » (Montesquieu, *ibid et notes.)*

Ces réflexions nous font croire que la peine de mort ne devrait jamais être infligée contre le voleur; excepté les cas où il a *homicidé* ou *tenté* d'homicider.

Art. 340. Cet article met trop de rigueur dans la qualification du vol. Toute soustraction de la chose d'autrui n'est pas un vol. *Soustraire* est un mot susceptible de deux sens. Il signifie également, ou *ôter par adresse,* ou *ôter par fraude.* Dans cette seconde acception, il exprime nécessairement un vol; mais non dans la première, qui peut qualifier une espièglerie, un badinage. *Furtum est contrectatio rei fraudulosa,* &c. *(Leg. 1.a §. 3, ff. de furtis.) Furtum non fit sine animo furandi. (Inst. lib. IV, tit. I.re, §. 7.)*

Nous aimerions mieux définir d'abord le vol par *la soustraction frauduleuse de la chose d'autrui* ; et ajouter ensuite, s'il le faut, que toute soustraction de la chose d'autrui sera réputée frauduleuse, sauf aux juges et aux jurés à avoir tel égard que de raison, au dire de l'auteur de la soustraction, s'il allègue, &c.

Art. 342. Cet article est pris de la loi du 26 floréal an 5. Il est permis de conjecturer que les auteurs de cette loi n'allèrent peut-être si loin, que parce que, trouvant trop faible la peine temporaire des fers, ils n'en virent point d'intermédiaire entre celle-là et la peine de mort. Ils n'auraient pas, sans doute, franchi le grand intervalle qui les sépare toutes deux, s'ils y avaient trouvé à leur disposition, les peines à vie, telles que les travaux perpétuels et la déportation, que le Projet y introduit.

C'est pourquoi nous estimons que le vol et les actes de violence mentionnés en l'art. 342, sont suffisamment punis par les travaux perpétuels, sauf plus forte peine dans les cas des art. 258 et 259.

Art. 343. Par suite de l'observation précédente, la peine de mort prononcée par cet article, doit être remplacée par celle des travaux perpétuels.

Art. 344. D'après les mêmes motifs, la peine des travaux forcés à perpétuité devrait, dans cet article, être changée en celle des travaux forcés à temps.

Art. 347, §. 4. Le vol d'objets exposés sur la foi publique, peut, ce nous semble, rester dans la catégorie des délits correctionnels. La loi du 25 frimaire an 8 l'avait déja détaché du Code pénal. Les peines correctionnelles, sur-tout avec l'augmentation que leur accorde le Projet, (art. 360) sont assez fortes pour punir sévèrement ce délit.

§. 5. Les peines correctionnelles nous semblent pareillement suffisantes pour ce délit, sur-tout en considérant leur sévérité future.

Art. 362. Il y a trop de disproportion entre l'*abigeat*, et le vol de poisson dans un étang, ou de fumier dans un champ, pour que la même peine leur soit accolée sans disparate; cette dernière espèce de vol ne mérite pas de faire exception à l'art. 360.

Art. 366. La reclusion et l'amende nous paraissent des peines trop faibles, trop incertaines contre le banqueroutier frauduleux. La condamnation à l'amende sera presque toujours une peine illusoire pour lui. Il sait trop bien mettre à couvert son argent, c'est-à-dire, celui de ses créanciers. Il pourra même l'employer pour échapper à la reclusion, en achetant de ses geoliers ou gardiens quelqu'une de ces négligences ou connivences secrètes, dont le prix surpassera aisément le péril à leurs yeux.

L'assemblée constituante avait assez fait en modérant à la peine des fers (art. 30, sect. 2, tit. II du Code pénal), la peine de mort autrefois encourue par le banqueroutier frauduleux.

C'en serait trop que d'affaiblir encore davantage la punition d'un crime si facile à commettre, si ruineux pour les familles entières, et si funeste au crédit public.

Dans la position actuelle de la France, il importe plus que jamais de prémunir le commerce contre l'un de ses plus grands fléaux.

Art. 396. Celui qui dispose une mine pour détruire des bâtimens, maisons, édifices, &c., mérite le dernier supplice, *s'il n'a pas tenu à lui qu'elle n'opérât cette destruction.* Mais si avant qu'elle éclate, si avant qu'elle soit découverte, il défait lui-même la mine qu'il avait disposée; en un mot, si d'une manière quelconque il en prévient l'effet destructeur, il nous semble qu'il ne doit pas être puni de mort pour une velléité.

Il est vrai que cet article est copié du Code pénal (art. 8, sect. 6, tit. I.er; art. 33, sect. 2, tit. II). Mais le Code pénal (art. 16, sect. 1.re, tit. II), acquitte celui qui, après avoir disposé l'empoisonnement, en arrête l'exécution ; et les rédacteurs du Projet ont tellement senti l'équité d'une telle disposition, qu'ils ont effacé du nombre des crimes l'empoisonnement qui n'a été que préparé ou disposé, pour ne mentionner et punir que l'empoisonnement qui s'exécute. (Art. 272 du Projet.)

Art. 427. « *Qui dicit de uno, de altero negat.* » Il suit de cet article que la détention de police qui n'est que d'un jour jusqu'à dix (art. 423) dégénèrera en une détention perpétuelle, si le contrevenant n'a pas de quoi satisfaire aux restitutions, indemnités et frais adjugés à la partie lésée. Il nous paraîtrait plus juste que *tous* les condamnés, sans distinguer s'ils le sont envers la République ou s'ils le sont envers des individus, jouissent, après trois mois d'emprisonnement, de la faculté accordée par l'article 425. Une chétive contravention de police ne peut pas plus attribuer à un particulier qu'à la République, le droit de faire pourrir un indigent au fond d'une prison.

Nous bornons là nos observations ; elles ne concernent que la première partie du projet de Code criminel, et ne sont presque toutes que des notes critiques. Le temps nous a manqué pour les continuer jusqu'à la seconde partie ; et nous aurions eu trop à faire, si nous avions voulu louer tout ce qu'il y a de louable dans le Projet.

Nous ne finirons pas cependant sans manifester notre vœu bien prononcé en faveur du jugement par jurés. Nous sommes intimement persuadés qu'il est le palladium de la liberté civile ; non que nous nous dissimulions les abus auxquels il a donné lieu : personne ne sent mieux que nous la nécessité de réprimer le cours de ces impunités scandaleuses qui déchaînent et rejettent tant de scélérats dans la société ; mais nous ne sommes pas moins vivement pénétrés de la nécessité de conserver à l'innocence accusée la plus sûre de ses sauve-gardes. Tout le mal vient, non de l'institution elle-même , mais de l'organisation défectueuse du jury. Il faut religieusement respecter l'une et néanmoins corriger l'autre. Le citoyen *Bourguignon ,* dans son mémoire couronné par l'Institut national , nous a paru avoir des idées très-saines sur le perfectionnement du jury.

Fait et arrêté par le tribunal , dans sa séance du 23 floréal an 12 ; présens les citoyens *Michel Matheu,* président ; *Joseph Gispert - Dulçat, Paul Esteve ,* juges ; *Étienne Sebe, Guillaume Dejean,* suppléans ; et *Laurent Tixedor ,* commissaire du Gouvernement.

MATHEU , *président ;* GISPERT-DULÇAT, P. ESTEVE , *juges ;* L. SEBE, DEJEAN , *suppléans ;* L. TIXEDOR , *commissaire du Gouvernement ;* COSTA , *greffier.*

OBSERVATIONS

DU TRIBUNAL CRIMINEL

DU BAS-RHIN,

SUR

LE PROJET DE CODE CRIMINEL.

OBSERVATIONS

DU TRIBUNAL CRIMINEL

DU BAS-RHIN,

SUR

LE PROJET DE CODE CRIMINEL.

Les observations suivantes ont été soumises au tribunal criminel du Bas-Rhin par les avoués-défenseurs près ledit tribunal, et toujours dans l'hypothèse que le Projet pourrait être conforme aux intentions du Gouvernement. Il demeure cependant vrai de dire que, par le grand nombre d'efforts, de soins et de précautions que les juges criminels, depuis environ quatre ans, ont pris pour reporter l'organisation, d'après la loi du 26 ventôse de l'an 8, à ce qu'elle doit être, à sa véritable dignité, la marche des affaires soumises aux tribunaux de répression est régulière et assurée; point de longueurs, point d'empêchemens incidens; rien n'arrête l'expédition des affaires : aucun accusé ne gémit dans les prisons sans connaître le moment prochain de sa comparution devant ses juges; les affaires soumises au tribunal criminel en instance d'appel, ne souffrent aucun retard.

Dans le temps, on a mis sous les yeux de son excellence le Grand-juge le tableau fidèle de tout ce qui a été fait depuis le mois de messidor de l'an 8 jusqu'au 1.er vendémiaire an 11 : on y a joint le tableau de ce qui a été fait depuis cette époque, et certes rien n'a été négligé ni pour la société, ni pour l'innocence, ni contre le crime; et, sous ce rapport, dégagé de tout intérêt personnel, l'on dira, avec franchise et dans l'intention du bien, que l'on ne voit pas sous quel point de vue une nouvelle organisation quelconque dans les tribunaux de répression, paraît mériter la préférence sur celle actuelle, qui est de la création du Gouvernement.

Les jurés de jugement sont ordinairement, au moins en très-grande partie, si bien désignés par l'autorité administrative, que rien n'est à craindre de sentimens contraires à leur devoir.

Ces notes, simplement conçues pour faire remarquer quelques points très-difficiles à exécuter en pratique, ne sont fournies ou transmises que sous l'hypothèse que le Projet pourrait être admis.

Le Gouvernement, en modifiant simplement l'ensemble des dispositions pénales, en établissant un *maximum* et un *minimum* de peine, pourrait, en sûreté, laisser subsister l'organisation d'aujourd'hui.

Les difficultés qu'ordinairement l'introduction d'une nouvelle organisation entraîne, et qui, suivant le Projet, seraient très-nombreuses et insurmontables, sont passées actuellement pour l'organisation subsistante. Il n'y a plus que du bien à attendre du système actuel. Une organisation nouvelle, sur-tout telle qu'elle est proposée, loin d'assurer la marche régulière des affaires, ne laisse entrevoir que les inconvéniens et le désordre inséparables d'un système qui n'a pas prévu tous les cas.

LIVRE Ier

DE LA POLICE.

Les chapitres I, II, III, consacrent, à quelques améliorations près, ce qui a été prescrit par les lois encore en vigueur aujourd'hui.

Art. 477. Cet article attribue au commissaire du Gouvernement près le tribunal criminel les fonctions de magistrat de sûreté de l'arrondissement où est établi le tribunal criminel.

Ce n'est que là où le Gouvernement le jugera nécessaire, qu'il pourra y avoir un magistrat de sûreté spécial.

Il paraît que c'est cumuler deux fonctions essentiellement distinctes dans la personne du commissaire du Gouvernement. Ce fonctionnaire, jusqu'à présent, n'a été dans le cas de s'occuper de ce qui était du ressort du magistrat de sûreté, que lorsque, sur une accusation admise, une affaire a été portée au jury de jugement.

Avant de provoquer le jugement définitif, le commissaire devait examiner toute la procédure, sur-tout l'acte d'accusation, qui était l'œuvre de son substitut magistrat de sûreté dont il devenait le censeur.

Aujourd'hui, d'après l'article 477, le commissaire du Gouvernement ne serait donc plus étranger aux poursuites préliminaires; il agirait dans chaque affaire, même correctionnelle, depuis la remise de la plainte ou de la dénonciation, qu'il serait encore chargé de recevoir jusqu'au jugement définitif.

Considéré comme magistrat de sûreté, il ne serait que sous sa propre surveillance; les erreurs, les omissions qui pourraient lui être échappées dans les procédures, ne pourraient être relevées que par lui, ou couvertes par son silence.

L'on sait d'ailleurs que sur-tout dans les arrondissemens où sont établis les tribunaux criminels, la population est plus nombreuse que dans les autres ; qu'ordinairement ces arrondissemens comprennent quelques villes principales du département où il y a un concours plus considérable de circonstances, d'événemens, de personnes ; que dans ces arrondissemens, plus que dans les autres, les fonctions du magistrat de sûreté exigent des soins particuliers, qu'elles sont si multipliées, et qu'elles s'étendent à des détails si nombreux, que l'homme le plus actif et le plus intelligent peut à peine y suffire. Et le commissaire du Gouvernement près le tribunal criminel, quels importans devoirs ne lui imposent pas ses fonctions ! A peine un seul homme peut y suffire à tout ce que cette place a d'occupations et de travaux. Une correspondance active avec toutes les autorités qui l'environnent ; des comptes presque journaliers à rendre au grand-juge ; des soins de surveillance sur tous les fonctionnaires concourant à l'exercice de la police judiciaire ; des relations nombreuses et nécessaires avec ses collègues des autres départemens ; des communications fréquentes avec l'autorité administrative ; la répression prompte et active des abus dont il peut s'apercevoir dans l'administration de la police judiciaire et de la justice, dont il est pour ainsi dire le centre, suivant les expressions de la circulaire du grand-juge, du . . . . ; la correspondance assez suivie avec les autorités voisines de la rive droite du Rhin ; enfin une foule d'occupations, journellement renaissantes et non à prévoir, absorbent tous les momens de ce fonctionnaire supérieur. Il serait difficile de faire marcher de front, avec ses travaux, les fonctions du magistrat de sûreté, la rédaction de tous les actes d'accusation, l'examen de toutes les affaires, les réquisitoires à donner dans chacune, la réception des plaintes, les poursuites à diriger en conséquence, les déplacemens fréquens et imprévus ; et il pourrait être permis de craindre que cette double fonction, conférée à la même personne, ne soit pas remplie exactement dans toutes ses parties, et que le service n'en souffre. On est persuadé de la sagesse du Gouvernement, qui usera à cet égard de toute la latitude que lui donne le Projet, en adjoignant un magistrat de sûreté spécial à ses commissaires dans les départemens où le bien du service peut l'exiger.

L'article 479 charge le magistrat de sûreté des fonctions du ministère public près les propréteurs et près les tribunaux d'arrondissement siégeant en tribunaux correctionnels.

Cette dernière partie du service devient donc commune aux commissaires du Gouvernement dans les arrondissemens où ils font les fonctions de magistrats de sûreté. Le commissaire, s'il n'est pas soulagé par un magistrat de sûreté spécial, sera donc dans le cas de siéger dans toutes les affaires correctionnelles. Il siégera ensuite au tribunal criminel, lorsque, par appel, quelques-unes de ces mêmes affaires lui sont soumises. Certes, l'on sentira que cette double attribution a, sous ce dernier rapport, encore de grands inconvéniens.

L'article 519 charge le magistrat de sûreté de se rendre au domicile du témoin qui n'aura pas pu comparaître, à l'effet de recevoir sa déclaration.

Le magistrat de sûreté qui est toujours occupé, ne pourrait-il pas, pour le bien du service, commettre un juge de paix à l'effet de recevoir ces déclarations ? Ceci pourrait se faire sans un déplacement considérable ; et le fil des travaux du magistrat de sûreté ne serait pas interrompu si fréquemment : on laisserait à ce magistrat toute latitude à cet égard. Il sera à même de juger si sa présence est nécessaire pour recevoir la déposition d'un témoin malade. Les juges de paix, d'ailleurs, étant revêtus d'un caractère respectable, il n'est pas à présumer qu'ils ne remplissent fidèlement le vœu de l'article 522.

Art. 537. Cet article continue au magistrat de sûreté le droit illimité de décerner des mandats connus sous le nom de mandats de dépôt. Sans doute, le bien du service, la sûreté publique et individuelle, peuvent justifier ce droit accordé à un magistrat uniquement occupé à la maintenir ; mais il est cependant à craindre que ce droit, s'il n'est pas circonscrit dans des limites fixes et déterminées, ne devienne la source de beaucoup d'abus, par suite desquels le citoyen peut être privé arbitrairement, et sans recours, de tout ce qu'il a de plus cher, de la liberté.

Par-tout où la loi contient des dispositions rigoureuses, ces dispositions ne doivent être appliquées que dans les cas qu'elle détermine.

Dans l'ancienne jurisprudence, que de soins, que de précautions n'étaient pas exigées pour arrêter un citoyen ! Depuis la loi du 7 pluviôse de l'an 9, ce terrible pouvoir réside seul dans la volonté du magistrat de sûreté ; la loi l'en laisse l'arbitre : elle ne lui impose à cet égard aucune responsabilité ; il dispose à volonté.

Hors les cas de flagrant délit, tels que le Projet les a judicieusement caractérisés, ou de présomptions assez fortes sur la culpabilité d'un homme prévenu *d'un crime*, ou de motifs bien puissans pour faire considérer comme dangereuse la liberté momentanée d'un prévenu, le mandat de dépôt pourrait peut-être se remplacer par d'autres mesures propres à s'assurer de la personne d'un prévenu.

Les personnes sans domicile fixe, les gens sans aveu, les récidifs, ceux dont la mauvaise conduite, l'ivrognerie ou les violences sont notoires, ceux, en un mot, que la loi doit plutôt surveiller que protéger, pourront, sans danger pour la liberté individuelle, être frappés d'un mandat de dépôt.

Une considération qui nous porte à desirer que ce droit soit limité, est la longueur ordinaire que, vu le grand nombre d'affaires, quelques-unes sont dans le cas d'éprouver. L'homme frappé du mandat de dépôt est facilement oublié, s'il ne se rend importun par des réclamations journalières.

Au surplus, la caution n'est pas admise avant le mandat d'arrêt; et c'est ainsi qu'il arrive que plus d'un citoyen qui a eu le malheur de se faire suspecter, gémit des mois entiers dans les prisons, et l'instruction le justifie : mais quelle satisfaction la loi lui accorde-t-elle? nous n'en voyons aucune. Le magistrat de sûreté lève son mandat de dépôt; les portes de la prison sont ouvertes à l'inculpé, et il en sort honteux souvent de se montrer devant ses concitoyens : il n'a d'autre moyen pour se laver de cette tache, que de faire publier pour quelles raisons il a été emprisonné, et par quels motifs il a été relâché.

Mais c'est une triste satisfaction ; cette publication ne détruira pas la première impression que son emprisonnement aura fait naître.

La loi qui fait tout contre le coupable, ne ferait-elle pas aussi quelque chose pour l'innocence ! Une déclaration solennelle du propréteur, requise par le magistrat de sûreté, portant qu'un tel a été innocemment suspecté, et qu'il se trouve entièrement justifié, serait de justice : elle serait au moins une espèce de consolation accordée à l'homme de bien ; et, suivant les circonstances et la qualité des personnes, cette déclaration pourrait encore être présentée lors des grands-jours, au préteur qui, après s'être fait rendre compte, la revêtirait de son approbation en présence du public.

Art. 552. Le propréteur est membre du tribunal criminel. Il y aura autant de propréteurs qu'il y a d'arrondissemens.

En comparant cet article à l'article 477, l'on trouve que le propréteur, qui, dans tout le cours de l'instruction, a fait les fonctions de directeur du jury, que le coimmissaire du Gouvernement qui a fait celles de magistrat de sûreté, sont encore appelés l'un et l'autre à concourir au jugement définitif. Jusqu'à présent le ministère de l'un et de l'autre a cessé par la déclaration du premier jury.

Les inconvéniens que cette disposition paraît présenter, tant sous le rapport de l'absence du propréteur et du magistrat de sûreté, de leurs fonctions habitueiles d'officiers de police judiciaire et de leur fréquent remplacement, que sous celui de l'influence continuelle qu'ils pourront, en tout état de cause, avoir dans une affaire, se feront peut-être sentir par l'expérience. Il suffit d'en avoir relevé l'objet.

L'article 557 accorde aux propréteurs, séance et voix délibérative, même le rang de vice-président dans les tribunaux de première instance. Il paraît encore utile de rapporter ici l'article 479, qui oblige le commissaire du Gouvernement près le tribunal criminel, en sa qualité de magistrat de sûreté de l'arrondissement, de faire les fonctions du ministère public près les tribunaux de police correctionnelle.

Voilà donc un juge criminel qui préside le tribunal correctionnel ; le commissaire du tribunal criminel qui y fait le ministère public ! Cette composition du tribunal correctionnel paraît décomposer le tribunal criminel ;

et en intervertissant ainsi le système d'organisation des différens tribunaux, on nécessite des remplacemens ; on fait sortir des fonctionnaires du cercle de leurs fonctions naturelles, sans que cette composition mélangée paraisse présenter des avantages.

Art. 595. En examinant cet article, on croirait qu'il n'est pas possible d'obtenir la liberté provisoire sous caution, pour tout délit entraînant une détention de plus de dix jours.

Cependant cette peine est le *maximum* de la compétence de la police municipale. Les tribunaux correctionnels ne peuvent prononcer la peine de détention pour moins de dix jours. Lors donc que la peine que peut entraîner un délit est de la compétence de la police municipale, le délit également ne peut pas être punie par une autre autorité. Dans ce cas, il n'y a jamais lieu à mandat d'arrêt, jamais à un emprisonnement provisoire ; et la liberté provisoire sous caution, ne sera jamais demandée en raison d'un délit pour lequel on ne peut pas faire emprisonner avant la condamnation. Néanmoins, en lisant les articles 599 et 600, on trouve que la caution peut être admise pour les délits correctionnels, même pour *crimes*. L'article 595 paraît donc conçu dans des termes trop absolus, trop négatifs ; car il paraît interdire la caution pour la liberté provisoire relativement à un délit, qui, suivant l'article 559, ne peut jamais donner lieu à une arrestation provisoire.

Il y a peut-être dans cet article une faute d'impression.

Art. 605. Le *propréteur* donne l'ordonnance par suite de laquelle la caution sera, même par corps, contrainte au paiement de la somme affectée. La caution peut former opposition à cette ordonnance : le propréteur statue sur l'opposition ; et il est loisible aux parties de se pourvoir au tribunal criminel contre la décision du propréteur. L'ordonnance de contraindre sera toujours précédée des réquisitions du magistrat de sûreté. Quand l'on pense que le cas prévu par cet article arrivera le plus souvent dans l'arrondissement où siége le tribunal criminel, on est autorisé à demander ce que l'on pourra espérer de son pourvoi contre la décision du propréteur. Le préteur, par suite de ses fonctions, ne sera que très-rarement sur les lieux ; le propréteur est membre du tribunal criminel, et il le préside, même en l'absence du préteur, toutes les fois qu'il ne s'agira pas de présider l'assemblée du jury de jugement. On dira que ce sera alors un suppléant qui siégera pour le propréteur, un autre qui siégera pour le préteur : voilà donc deux suppléans qui formeront à eux seuls le tribunal criminel ; deux suppléans qui devront prononcer en dernier ressort, et d'une manière indépendante, sur les décisions d'un propréteur. Mais que deviendra le commissaire du Gouvernement, qui, comme magistrat de sûreté, a donné son réquisitoire lors de la décision du propréteur !

Il ne pourra décemment pas plus siéger que le propréteur, pour soutenir en instance d'appel ce qu'il avait requis en première instance.

Ce sera donc un troisième suppléant qui le remplacera. Voilà tous les trois suppléans en exercice ; et que ferait-on si l'un d'eux était absent ou malade !

De cette manière l'ordre des choses est absolument changé ; les véritables fonctionnaires prononcent en première instance ; et ce sera à leurs suppléans que l'on appellera de leurs décisions.

Cette observation est une de celles que l'on prie de prendre en considération ; elle fait sentir combien il est intéressant que dans un arrondissement où siége le tribunal criminel, lorsque sur-tout il siége dans une des principales villes de la France, dans une ville frontière, il y ait deux propréteurs : le service serait entravé à chaque pas ; la marche de la justice serait singulièrement arrêtée.

L'homme innocent, mais imputé par erreur, gémirait long-temps dans les prisons; l'action de la loi serait ralentie : l'impunité y trouverait son compte aussi ; et quand même elle ne serait pas assurée, du moins les coupables en oseraient concevoir l'espérance qui les enhardit.

Art. 606 et 607. Même observation.

Art. 612. Dans tous les cas où le propréteur n'aura pas adopté les réquisitions du magistrat de sûreté, les questions, tant de fait que de droit, seront soumises au tribunal criminel. En revenant à l'arrondissement chef-lieu, où le propréteur est nécessairement membre du tribunal criminel, où le magistrat de sûreté est le commissaire du Gouvernement, l'on sentira que le présent article ne peut point être exécuté sans des inconvéniens très-graves.

C'est au tribunal criminel que les différences d'opinions entre un de ses membres et son commissaire devront être soumises. Quels seront donc les juges qui décideront! Le préteur. Mais il sera dans un autre département! On attendra son retour. Mais vous arrêtez peut-être pendant deux à trois mois l'expédition d'une ou de plusieurs affaires urgentes. Les propréteurs des autres arrondissemens désignés! Mais vous serez dans le cas de les déplacer, de leur faire perdre un temps précieux, et cependant d'attendre leur arrivée. Et alors même, qui pourrait présider ce tribunal! La loi est positive : c'est le propréteur de l'arrondissement chef-lieu. Mais il est lui-même partie dans la cause! Ce sera donc son suppléant. Un suppléant présidera donc dans une affaire qui intéresse l'opinion de celui qu'il remplace; il aura le pas sur l'autre propréteur ; et, remplaçant le propréteur de l'arrondissement chef-lieu dans la procédure, il représente le préteur lui-même, et comme tel il aura voix prépondérante suivant la loi. La décision de la question sera donc l'œuvre d'un suppléant, qui trop souvent se rangera de l'avis de celui qu'il remplace. Sa décision est définitive. Mais ce tribunal ainsi formé n'entendra-t-il pas son commissaire! Mais, en sa qualité de magistrat de sûreté, il est en cause; il faut donc le remplacer par un autre suppléant. Et voilà une seconde considération qui vient à l'appui de ce qui a été observé à l'article 605. Un second propréteur dans l'arrondissement chef-lieu, s'il ne pouvait empêcher tous les inconvéniens, en préviendrait toujours beaucoup. Un magistrat de sûreté spécial là où siége le tribunal criminel, assurerait la marche ordinaire des choses.

Art. 613. Même observation.

LIVRE II.

DE LA JUSTICE.

CHAPITRE I.ᵉʳ

Tribunaux de Police.

L'art. 617 organise les tribunaux de police.

Il crée le juge de police que l'art. 618 désigne parmi les suppléans du tribunal civil. L'art. 620 lui accorde, pour chaque jour d'exercice, un traitement égal à la 360.ᵉ partie du traitement d'un juge, et 4 francs par jour pour frais de voyage.

En cas d'empêchement, il sera remplacé par un juge civil, à la désignation du tribunal. Suivant l'art. 626, c'est le sous-préfet qui désignera un citoyen des cent plus imposés, qui, avec le juge de police et le juge de paix du canton, formera le tribunal de police. L'adjoint du maire du chef-lieu du canton, sinon le commissaire de police, remplit les fonctions du ministère public, suivant l'art. 638.

L'art. 627 accorde au citoyen qui concourt à la formation du tribunal de police une médaille d'argent, lorsqu'il aura rempli trois fois les fonctions d'assesseur.

L'art. 635 veut que les audiences aient lieu dans les vingt premiers jours de chaque mois.

Cette organisation paraît simple, utile et propre à réunir les lumières et l'impartialité du juge de police, étranger pour ainsi dire dans chaque canton, avec la probité et l'intelligence du juge de paix, et les connaissances locales de l'assesseur. Elle sera, à la vérité, onéreuse, et, sous le rapport de l'indemnité, ingrate pour le juge de police qui sera attaché pendant un an à ces fonctions, et qui sera d'autant plus difficile à remplacer, que ce devra être un juge qui le remplacera. Il serait peut-être plus convenable, pour dégager le juge de police de tout esprit de localité, et pour le soulager en même temps, que les suppléans des tribunaux civils, à leur tour de rôle, allassent chacun, pendant trois mois, faire ces fonctions, et qu'ils pussent être remplacés, l'un par l'autre, en cas d'empêchement ; ce qui vaudrait mieux aussi, en cas que les jugemens de la police municipale fussent attaqués par appel : le juge remplaçant qui aurait fait les fonctions de juge de police, ne pourrait pas siéger ne instance d'appel, et alors il faudrait appeler un suppléant; tandis que si un suppléant remplaçait le juge de police, le tribunal civil resterait organisé. La modicité de l'indemnité sera plus supportable, quoique répartie entre plusieurs.

Quant à l'article 635, qui veut que les audiences soient ouvertes dans les vingt premiers jours de chaque mois, dans toutes les justices de paix d'un arrondissement, il sera peut-être impossible d'obéir à cette disposition.

Les arrondissemens se composent de dix à douze justices de paix, l'un dans l'autre; ce qui prendrait déjà dix à douze jours, pour servir tous les cantons : mais les séances n'ayant lieu qu'une fois par mois, les affaires s'accumuleront, et rarement un jour suffira pour sortir d'un canton. Il faut au moins laisser quelques jours dans les vingt pour les voyages du juge de police ; et il faut déduire les jours de dimanches et de fêtes publiques, dont trois à quatre peuvent se présenter dans les vingt jours.

Un réglement à faire pour la distribution du service pendant les trente jours du mois, de manière qu'au moins une fois par mois, il y eût séance dans chaque canton, serait peut-être plus facile à exécuter.

Art. 642. Cet article autorise les gardes forestiers à donner les citations, faire les significations, commandemens, saisies et ventes mobilières relatives aux affaires forestières.

Cette autorisation peut faire naître des abus : ces agens ordinairement sont ignares, et leur ignorance pourrait occasionner des frais considérables à la partie saisie.

L'huissier du juge de paix, en fixant sa rétribution, remplirait mieux peut-être cet objet.

CHAPITRE II.

Des Tribunaux correctionnels.

L'article 671 est plus impératif que l'article 557 ; il porte que le propré-teur est *tenu* de présider aux audiences du tribunal correctionnel en cas d'empêchement du président. Voilà encore un des inconvéniens qui font desirer qu'il y ait deux propréteurs dans les chefs-lieux; car, lorsque le pro-préteur a présidé à la police correctionnelle, il ne peut pas, en l'absence du préteur, présider le tribunal criminel lorsqu'il y aura appel de jugement par lui prononcé. L'article 479 astreint le commissaire comme magistrat de sûreté, à siéger à la police correctionnelle : peut-il siéger en instance d'appel ! non sans doute. Alors c'est encore l'inconvénient avec les suppléans.

L'article 675 est encore susceptible d'une observation de même nature.

Art. 676. Sur cet article on dira ce que l'on a observé à l'article 642, avec le changement de l'huissier.

L'article 683 veut que les audiences correctionnelles se tiennent dans les cinq derniers jours de chaque mois : on ne dira rien sur les inconvéniens que cette fixation continue peut présenter pour le service du tribunal, ou pour l'expédition des affaires ; mais on observera seulement que les longueurs que cette disposition rend nécessaires, présentent une espèce d'injustice à l'égard du malheureux qui depuis plusieurs mois déjà gémissant dans les prisons, est encore condamné à attendre un mois entier avant de paraître devant les juges.

La peine ne commençant que du jour de l'exécution du jugement, toutes longueurs antérieures devraient être empêchées. Uu simple incident peut mettre le tribunal dans l'impossibilité de juger, et le forcer à remettre la cause à la prochaine audience ; voilà donc encore un mois de plus d'emprisonnement pour celui contre lequel la loi prononcerait peut-être une détention de quinze jours.

Cette fixation serait peut-être mieux réglée si on l'abandonnait à la prudence des tribunaux.

Les articles 683 et 684 paraissent en opposition directe avec l'article 479 et l'article 701 n.° 3, en ce qu'ils donnent au magistrat de sûreté, et non au commissaire près le tribunal civil, la faculté d'appeler.

Les articles 713, 714, 715, présentent de nouveaux inconvéniens que fait naître la cumulation des fonctions de propréteur et de juge criminel, de commissaire du Gouvernement près le tribunal criminel et de magistrat de sûreté.

CHAPITRE III.

Premier Jury.

L'article 755 dit, que les ordonnances du propréteur et les actes qui les auront précédées, peuvent être attaqués devant le tribunal criminel pour cause d'incompétence, &c.

On peut encore demander ici, lorsqu'il s'agit du propréteur de l'arrondissement chef-lieu, qui aurait pu faire un acte incompétent, commettre un excès de pouvoir, faire une fausse application de loi, violer ou omettre des formes prescrites à peine de nullité, si ce n'est le propréteur! requérir ces actes, si ce n'est le commissaire comme magistrat de sûreté !

On ne peut que ranger cette observation encore dans le nombre de celles qui font desirer deux propréteurs et un magistrat de sûreté spécial.

CHAPITRE IV.

Des Tribunaux criminels.

L'article 776 qui, pour des motifs d'intérêt général développés dans les observations qui précèdent le Projet, porte que nul préteur ne pourra présider au-delà d'une année dans une même division, paraît cependant perdre quelque chose de la grande utilité que l'on y attache, si l'on considère que le magistrat supérieur, désigné par le Gouvernement pour remplir les fonctions importantes de juge criminel de toute une division, viendra porter dans ces contrées cet esprit d'indépendance, d'impassibilité et de droiture, qui lui aura mérité le choix du Gouvernement. Mais, s'il y vient muni de toutes ces qualités distinguées, il y vient cependant étranger aux usages, aux mœurs, aux habitudes, au langage des habitans parmi lesquels il doit administrer la justice ; il n'a aucune idée de la localité ; et c'est sans doute ce qu'on a voulu empêcher en bornant ses fonctions à une année dans une division.

Mais, tout en applaudissant aux vues des auteurs du Projet à cet égard, l'on se croit cependant autorisé à dire que les connaissances locales sont nécessaires au magistrat, qui est, en quelque sorte, l'arbitre du sort des hommes. Lorsque des circonstances de localité, les mœurs, les habitudes, les usages des justiciables influent singulièrement sur la moralité de l'action, comment le magistrat, appelé à apprécier cette action d'après sa juste valeur, pourra-t-il la juger sans en connaître les vrais motifs, les véritables causes qui l'ont fait naître, les effets que l'action peut produire sur les autres, et l'effet qu'une peine plus ou moins forte opère sur l'auteur de l'action sous le rapport moral ! Ce n'est pas comme jusqu'à présent, que les juges criminels avaient pris, d'une main, la déclaration du jury, et de l'autre, ouvert le livre de la loi, pour en appliquer les dispositions invariables au cas particulier.

La déclaration du jury ne donne au préteur que l'assurance de la culpabilité ou de l'innocence de l'homme dont il juge l'action : c'est à lui à en saisir toutes les nuances, nuances presqu'imperceptibles souvent, et à user ensuite consciencieusement de la latitude que la loi elle-même lui laisse entre un *maximum* et un *minimum* de peine. Les jurés ne sont juges que du fait proprement dit : le préteur juge la moralité du fait, et prononce la peine, non prévue fixément par la loi, mais celle qui se trouve le plus en proportion avec le délit ; il est, en quelque sorte, revêtu d'un pouvoir arbitraire, non sur la nature, mais sur la durée de la peine ; c'est lui qui dirige le jury de jugement ; c'est sa persuasion, son opinion de l'affaire, si elle est éclairée, qui entraîne celle des jurés, et qui décidera du sort d'un prévenu. Il ne peut exercer ses fonctions dans le département où il est né ou domicilié : raison de plus pour lui assurer au moins, dans une division étrangère, les moyens de s'orienter, de se familiariser avec les usages, les habitudes et les mœurs.

Si, sur cette question importante et délicate, l'on pouvait, sans indiscrétion, ouvrir son vœu, il tendrait à demander la résidence du préteur, pour un temps qu'il plairait au Gouvernement de prolonger ou d'abréger, dans une même division, ou d'admettre à ces hautes fonctions des magistrats de la division même qui, par les longs services qu'ils ont rendus, ont bien mérité de l'estime publique et de la bienveillance du Gouvernement. Ils seront tous, comme l'homme non né ni domicilié dans la division, étrangers à tout ce qui serait contraire à leur devoir, à leur conscience, à l'intérêt de la société. Dans une fonction aussi éminente, où l'on est placé au-dessus des autres magistrats, l'intérêt personnel, la partialité, la corruption, la négligence, rien ne saurait subsister sans être observé.

La dignité seule que l'homme public met dans l'exercice de ses fonctions, dans la pratique de ses devoirs, le rend digne de les remplir. S'il s'oublie, les autres deviennent ses juges, et lui-même cesse de l'être. L'estime publique trouve moins sa cause dans la charge que l'on remplit, que dans la persuasion de tous que l'homme qui en est revêtu, est un véritable homme de bien. Cette persuasion ne se commande pas : c'est par une connaissance de longues années ; c'est pour l'avoir vu agir dans toutes les occasions, que la considération, que l'amour s'attache aux pas du magistrat. Les justiciables sont rassurés sur les principes du juge qu'ils connaissent ; ils ne peuvent l'être sur ceux de l'homme qui leur est inconnu, et que sa présence, pendant plusieurs années, peut seule faire connaître et apprécier.

L'homme non connu dans une division, viendrait y porter les qualités les plus précieuses, les plus rassurantes ; à peine a-t-on eu le temps de le voir que l'on le perd, et qu'au lieu d'emporter l'estime, l'amour et la reconnaissance des justiciables, il ne peut emporter que leurs regrets.

Un Gouvernement sage et bienfaisant a donné à la France le Code des lois civiles ; il ajoutera à ce bienfait le Code qui assurera à jamais les propriétés et les personnes.

Art. 779. Deux magistrats en fonctions ; l'un étranger ordinairement à tous les actes de la procédure, qui ne verra l'accusé pour la première fois, que lorsqu'il comparaîtra à la barre ; l'autre qui a fait tous les actes de la procédure, et qui, en cette qualité, a fait les fonctions de directeur du jury : cette conception n'est pas telle que l'on pouvait l'attendre ; jamais le juge qui a lui-même dirigé les poursuites, jamais celui dont l'opinion peut être formée avant les débats, n'a pu se présenter comme juge lors du jugement définitif.

Nos Codes de 1791 et brumaire an 4 avaient soigneusement séparé les fonctions de directeur du jury de celle de juge : quoiqu'il soit vrai de dire que, d'après l'organisation projetée, le préteur est le seul magistrat dans les mains duquel résident le pouvoir et la prépondérance, il est vrai aussi que ce magistrat, absolument empêché de suivre le cours des procédures, à peine à portée d'en suivre les débats lors de l'audience publique, s'en référera de confiance à celui de ses assesseurs qui aura instruit l'affaire. Toujours, dans les Codes de la procédure criminelle, les fonctions du magistrat chargé de l'instruction et de la poursuite ont été séparées de celles du juge qui devait prononcer définitivement.

Dans l'organisation des tribunaux spéciaux, suivant la loi du 23 floréal an 10, le juge instructeur concourt au jugement ; mais ces tribunaux ne sont organisés que pour certains délits, qui intéressent trop l'ordre public pour ne pas s'être permis une exception aux principes généraux.

D'après le Projet, cette loi rentre dans le néant, et tout doit être subordonné à des formes fixes et invariables de procédure et de jugement.

En plaçant deux propréteurs dans l'arrondissement chef-lieu , on se garantira encore de ce nouvel inconvénient.

Quant au commissaire du Gouvernement près le tribunal criminel, la conséquence que l'on doit tirer de sa qualité de magistrat de sûreté , est aussi contraire à l'ordre actuel des choses, que celle de juge criminel donnée au propréteur.

Il dépendrait de ce fonctionnaire de poursuivre un individu , à dater du mandat de dépôt, en qualité de magistrat de sûreté , et jusqu'au jugement de condamnation, jusqu'à l'exécution même, comme commissaire.

Non , telle n'a pas été l'intention des rédacteurs du Projet. Les différentes attributions , dès que les limites d'un pouvoir à un autre sont franchies, doivent être essentiellement séparées. Celui qui fait les premières poursuites , doit craindre de voir paraître l'affaire devant des juges supérieurs , qui sont établis ses censeurs par la loi. S'il a commis un acte arbitraire comme magistrat de sûreté , comme propréteur, il ne doit pas pouvoir dépendre de lui de le couvrir, comme commissaire du Gouvernement, comme juge criminel. On ôterait à tout accusé l'instance la plus consolante, si l'on admettait, pour principe, que ces deux fonctions de l'un et de l'autre de ces magistrats pussent être communes à la même personne ; et en sens inverse , la société pourrait réclamer les mêmes intérêts.

Art. 781. D'après cet article, une réunion générale des préteurs aura lieu à Paris.

Dans cet intervalle le service chômera ; les innocens gémiront des longueurs ; la société sera étonnée de ne pas voir la punition suivre de près le crime.

Il est, sous tous les rapports , constant de dire que l'idée de cette réunion des dépositaires du pouvoir judiciaire criminel, est une conception heureuse ; elle paraît cependant aussi belle en théorie, qu'elle paraît inconciliable avec le service , en pratique.

Une nouvelle organisation commencerait chaque année. Rien ne se fera en matière criminelle pendant l'absence du préteur : non - seulement son absence entravera la marche des affaires, mais son départ à jamais de la division paralysera pendant un certain temps les opérations des tribunaux; et les prisons seront remplies de sujets qui attendent avec la dernière impatience l'époque du jugement.

Art. 782. Le traitement du suppléant paraît fort modique.

Le préteur tiendra les grands-jours dans chaque département, au moins une fois par trimestre.

Quelles longueurs ! L'accusé ou la partie civile , intéressés l'un et l'autre à l'issue d'un procès, s'en plaindront avec justice.

Trois mois s'écouleront entre la déclaration d'un premier jury, et la mise en jugement. Un faible incident peut faire renvoyer la cause aux grands-jours prochains, éloignés de trois mois, et l'accusé et la partie civile resteront en souffrance : la leçon de l'exemple se perdra ; et le tribunal se voyant dans le cas d'acquitter un prévenu, ne souffrira-t-il pas des défauts d'une organisation qui l'aura retenu en prison pendant près d'une année !

D'autres principes et d'autres règles que ce Projet paraît vouloir consacrer, paraissent, il est vrai, être le fruit des méditations de ses auteurs ; mais les incompatibilités, les inconvéniens, les obstacles qui à tout moment s'opposeront à la marche de la justice, qui, au lieu de consolider l'organisation définitive du système de la procédure criminelle, montreront l'impossibilité , ou au moins les difficultés toujours renaissantes de celui que l'on propose, déterminent, sous le rapport de l'intérêt et du service public, à desirer que la partie du Projet qui parle de la procédure et de l'organisation, soit de nouveau soumise aux vues bienfaisantes et aux lumières du Gouvernement.

OBSERVATIONS

DU TRIBUNAL CRIMINEL

DU HAUT-RHIN,

SUR

LE PROJET DE CODE CRIMINEL.

OBSERVATIONS

DU TRIBUNAL CRIMINEL

DU HAUT-RHIN,

SUR

LE PROJET DE CODE CRIMINEL.

Ire PARTIE.

DÉLITS ET PEINES.

L'IMPORTANCE des matières criminelles a de tout temps mérité la préférence sur les matières civiles ; c'est cette importance qui a constamment excité l'attention et la sollicitude de tous les Gouvernemens , et donné lieu à cette multiplicité de lois , d'ordonnances et autres rescrits émanés des souverains, sans que cependant l'on ait pu, jusqu'à présent, parvenir à la perfection dans cette partie de la législation.

Les causes de cette imperfection se puisent dans la nature de l'homme même , dans l'essence de son être , et dans son existence en état de société , qui change d'époque en époque, et qui donne lieu à des inconvéniens que la prudence humaine n'a pu ni prévoir ni éviter.

En lisant le Projet présenté , l'on ne peut s'empêcher de dire que ses auteurs en ont puisé les bases dans les défauts de l'homme , dans ses penchans , dans sa perversité , et qu'ils ont cherché à les corriger , en y appliquant les remèdes plus ou moins forts selon leur gravité.

Un travail de ce genre, qui a exigé les recherches les plus pénibles et les méditations les plus profondes , mérite sans doute la reconnaissance et les éloges justement dus aux citoyens honorables qui ont bien voulu se charger de la mission qu'ils ont remplie : mais, malgré toute la clarté , toute la précision qu'ils ont tâché d'apporter dans la rédaction des différens articles qui composent ce Code , qu'il soit permis d'observer qu'il s'en trouve quelques-uns qui paraissent présenter des doutes et conduire

A

à des incertitudes ; tandis qu'en matière criminelle sur-tout, l'on ne saurait avoir des lois trop claires et trop précises, pour éviter toute fausse application qu'on pourrait en faire.

Ce sont ces doutes et ces incertitudes que le tribunal se propose de soumettre dans ses observations, en suivant l'ordre des numéros des articles qui lui en auront paru susceptibles.

Art. 8. Cet article s'applique-t-il aussi aux gardes nationales sédentaires remplissant des fonctions militaires, ou en état de service militaire ?

On sait que, dans les lieux où il n'y a pas de garnison, la garde nationale est obligée de faire le service militaire, sur-tout dans les villes et postes où ce service est absolument nécessaire.

Cette garde est-elle réputée militaire, tant qu'elle est en état de service militaire non soldé ? et tous les délits qu'elle pourrait commettre durant cet état de service, sont-ils de la compétence des tribunaux militaires ?

Un étourdi, un mal-avisé, un homme pris de vin, passera devant un factionnaire ou devant un corps-de-garde ; il insultera la sentinelle ou les hommes en fonctions militaires, ou en état de service militaire : sera-t-il traduit pour cela devant un tribunal militaire, parce qu'il a commis un délit *envers des hommes remplissant des fonctions militaires, ou en état de service militaire ?*

En supposant même que ce soient des militaires soldés, attachés à un régiment, qui fassent le service de la place, un simple citoyen qui aura fait l'insulte, sera-t-il aussi traduit devant un tribunal militaire, et privé de la faculté d'être jugé par ses juges naturels ?

La loi du 19 juillet 1791, sur la police municipale et correctionnelle, tit. II, avait prévu ces cas. Les prévenus, simples citoyens, étaient traduits devant le tribunal correctionnel, qui appliquait les peines prononcées par la loi.

Un simple délit, tel qu'une insulte ou une injure verbale, serait-il dans le le cas d'entraîner une procédure devant le tribunal militaire, et les juges ordinaires ne pourraient-ils pas le réprimer comme ils l'ont fait jusqu'à présent ?

Une autre observation est relative à la gendarmerie nationale : ce corps a toujours été militaire ; il est organisé comme tel. D'après les lois actuelles, il est justiciable des tribunaux ordinaires à raison de ses fonctions ; il n'y a que relativement à sa discipline, qu'il est justiciable des tribunaux militaires. Cependant, d'après l'article 8, on pourrait former des doutes sur des cas qui se présenteraient, tels que celui d'insulte envers un gendarme remplissant des fonctions militaires, ou en état de service militaire.

On demandera encore si, dans le cas d'un délit commis par un militaire en état de service militaire, qui se trouve en garnison dans une place quelconque, et par un simple citoyen conjointement, l'on sera dans le cas de les traduire par-devant les juges ordinaires, ou par-devant les tribunaux militaires.

Il existe une loi qui veut que, lorsqu'un militaire se trouve enveloppé dans un délit avec un autre citoyen non militaire, la connaissance du fait appartienne aux tribunaux ordinaires, et le militaire y est entraîné.

On desirerait que l'article cité s'expliquât clairement sur ces différens objets, pour que, le cas arrivant, les juges chargés de régler la compétence sachent positivement si le fait est de la compétence des tribunaux militaires ou de celle des juges ordinaires.

Art. 13. C'est contre les peines préliminaires de celle de la mort que le tribunal croit devoir présenter quelques observations.

En parcourant l'ancienne législation criminelle, l'on trouve des lois qui, sans faire de distinction sur la gravité des crimes, se ressentent, par leur cruauté, des mœurs du siècle dans lequel elles ont été rendues. Alors on était persuadé que l'intérêt de la société consistait principalement dans la violence des tourmens que l'on faisait souffrir aux coupables : mais aujourd'hui, grâce à la philosophie sage et éclairée qui a répandu ses lumières parmi nous, nos mœurs sont devenues plus douces, nos liaisons plus intimes, nos communications plus rassurées ; et s'il existe encore de temps à autre des scélérats profonds, dont l'ame endurcie au crime trouble la société, la désole par leurs forfaits, tout l'intérêt que la société peut avoir, est de retrancher de son sein des monstres de cette espèce, en les envoyant à la mort ; par ce moyen, la société prévient les dangers que l'existence des êtres de cette nature pourrait entraîner, sa sûreté est garantie, et sa vengeance satisfaite, sans que les tourmens que l'on ferait subir aux coupables y ajoutassent plus ou moins.

Bien loin de là, l'expérience a démontré qu'aujourd'hui, quelque horreur que l'on ait pour le crime, un mouvement de pitié et de commisération s'élève, lorsque l'on voit conduire à l'échafaud un homme condamné au dernier supplice. Que serait-ce, si l'on voyait encore cet homme tourmenté par des souffrances momentanées pour lui, puisqu'immédiatement après il doit perdre la vie ! Le peuple spectateur, avide de pareilles exécutions, plaindrait davantage encore le coupable, et perdrait entièrement de vue l'horreur du crime qui a donné lieu à la condamnation ; il dirait, comme on l'a souvent entendu dire sous l'ancien régime, où ces peines préliminaires de la mort étaient encore en usage dans certains cas : *A quoi bon le faire souffrir encore ! la mort ne suffisait-elle pas !*

L'Assemblée nationale constituante, dont le génie créateur a donné naissance à tant d'institutions sublimes, qui ont depuis été perfectionnées, et adaptées au régime actuel, n'a pas cru devoir ajouter une peine préliminaire à celle du dernier supplice. L'idée de la mort que le peuple se forme en voyant conduire un criminel à l'échafaud, lui a paru un exemple assez frappant pour en imposer.

Les distinctions qu'elle a établies pour désigner le parricide, l'assassin, d'avec les autres criminels, ne sont pas une peine ; le voile noir et la chemise rouge n'ont été imaginés que pour faire connaître au peuple le genre de crime qui a fait prononcer la condamnation à mort. N'est-il pas, en effet, vrai de dire que toute peine qui n'est point nécessaire, dégénère en cruauté qui ne peut entrer dans le caractère français et ne doit pas faire partie de sa législation !

Sans doute on doit un exemple au peuple; c'est aussi par ce motif que le malfaiteur condamné aux fers, à la reclusion, à la gêne ou à la détention, est exposé aux regards du peuple, parce qu'ensuite il est renfermé : mais l'exemple n'est-il pas plus frappant et même plus effrayant à l'égard d'un condamné à mort, en voyant l'échafaud, le coupable conduit au supplice, entouré de la force armée, marchant à pas lents, accompagné du ministre du culte qui cherche à le consoler et à le résigner à la mort, et suivi de l'exécuteur qui le tient lié et garrotté ! cet appareil terrible n'est-il pas fait pour imposer ! le poing coupé fera-t-il plus d'impression sur les spectateurs ! Non : cela ne fera, comme on l'a déjà dit, qu'apitoyer davantage. L'exposition pendant une heure au carcan augmentera-t-elle l'horreur que l'on doit concevoir contre le criminel ! point du tout; elle procurera un effet contraire, lorsqu'on le verra languir si long-temps dans un état d'agonie qui ne fera qu'augmenter à chaque minute à la vue de l'instrument qui doit trancher le fil de ses jours.

Et que deviendra, pendant ce long espace de temps, le ministre du culte, quel qu'il soit, qui, par un motif de religion, par l'effet d'un zèle vraiment charitable, aura accompagné le malheureux au supplice, pour ne pas le laisser tomber dans le désespoir, et l'engager à rester ferme dans la résolution qu'il lui aura fait prendre avant de sortir de la prison pour aller à l'échafaud! Ne serait-ce pas imposer une tâche bien pénible, pour ne pas dire cruelle, à un homme de cet état, et le dégoûter, ainsi que ses semblables, de remplir des fonctions aussi louables que respectables?

Le tribunal a cru devoir présenter ces réflexions, pour engager, si on les trouve assez justes, à supprimer de l'article 13 le carcan et le poing coupé.

Art. 15. C'est sans doute par suite de l'intention qu'ont eue les auteurs du Projet d'imprimer un grand exemple, et de faire concevoir au peuple une forte horreur pour les crimes mentionnés dans l'article 13, qu'ils ont imaginé de perpétuer, en quelque sorte, l'idée de ces crimes.

On pense que, bien loin de donner une publicité aussi éclatante à des crimes de la nature de ceux dont il s'agit, il faudrait au contraire pouvoir en effacer jusqu'à la moindre trace, pour ne pas faire concevoir une idée défavorable du peuple français. Que dirait en effet un étranger voyageant en France, qui verrait, le long des grandes routes, des poteaux plantés, portant l'inscription, *Ci gît un assassin !* il dirait : On m'a trompé sur le caractère de cette nation; l'on n'y voyage pas avec grande sûreté, puisque l'on rencontre, dans beaucoup d'endroits, le long des routes, la sépulture d'un meurtrier, d'un assassin. On pourrait s'étendre beaucoup sur cette idée : l'on se contentera de la présenter. Les suites et les conséquences en deviendront plus sensibles en l'approfondissant.

N'est-ce pas encore imprimer une tache d'infamie perpétuelle à une famille, que d'ériger un monument qui éternise le crime qu'un de ses membres aura commis? Les délits et les peines ne sont-ils plus personnels? un père devra-t-il être flétri dans l'opinion publique, parce que son fils, qui n'a plus été sous sa puissance, a commis un crime que le père ne pouvait empêcher! un frère se trouvera-t-il dans le même cas à l'égard de son frère! Enfin une pareille mesure ne nuira-t-elle pas à l'établissement de l'un ou de l'autre des parens du coupable, qui, sans cette circonstance, aurait été agréé d'un parti avantageux, qui lui a été refusé, parce qu'on n'a pas voulu s'allier à une famille dans laquelle il existera éternellement un monument de honte et de déshonneur !

L'Assemblée nationale, par son décret du mois de janvier 1790, a sagement établi que les fautes étaient personnelles, et que les condamnations infamantes quelconques, prononcées contre un individu, n'imprimeraient aucune tache de flétrissure à sa famille. Par ce même décret, elle a cherché à effacer, en quelque sorte, la trace du crime, en ordonnant que le corps d'un supplicié quelconque serait rendu à sa famille, si elle le réclamait ; et qu'il ne serait fait aucune mention du genre de mort dans l'acte de décès. L'on desirerait que ce décret, résultat d'une saine et bonne politique, pût ne jamais être rapporté.

Une dernière observation, relative à cet article, se porte sur la propriété des champs ou autres biens-fonds qui sont le long des grandes routes.

C'est ordinairement dans l'endroit le plus voisin des villes ou autres lieux, et le long des grandes routes, que se trouvent les jardins ou autres terrains dans lesquels on va le plus fréquemment, parce que l'on y sème ou plante ce qui est d'un usage journalier. Quel spectacle effrayant ne serait-ce pas pour les propriétaires de ces terrains, d'avoir constamment l'image de la mort devant eux, de ne trouver dans leurs possessions, au lieu d'agrément, que des objets de tristesse et de mélancolie ! La valeur de leurs possessions diminuerait infiniment, parce que personne ne voudrait acquérir un terrain voisin du cadavre d'un malfaiteur, et portant un signe perpétuel de honte et de proscription.

Ces observations ont déterminé le tribunal à demander l'entière radiation de cet article.

Art. 3 1. La deuxième partie de cet article présente quelques inconvéniens que l'on va développer.

Le tribunal criminel, en rendant un jugement, ordonnera, conformément à la première partie de l'article, que son jugement sera exécuté à Belfort ou à Altkirch. La loi veut que trois jours après qu'il a été rendu, il soit exécuté s'il n'y a pas eu de pourvoi, et qu'il le soit dans les vingt-quatre heures après la réception du jugement du tribunal de cassation qui aura rejeté le pourvoi. Le commissaire du Gouvernement, chargé de faire mettre à exécution le jugement, fera ses diligences ; il se mettra en devoir de faire conduire le condamné dans la ville qui aura été désignée : tout-à-coup il recevra un ordre contraire du préfet, qui n'aura pas trouvé bon que l'exécution se fasse dans la ville dénommée ; il en désignera une autre, et, de cette manière, il pourra entraver l'exécution d'un jugement, sans donner aucun motif. Des amis, des parens d'un condamné solliciteront le préfet d'ordonner que l'exécution soit faite dans un autre lieu que celui désigné dans le jugement, pour ne pas avoir le désagrément et la honte de voir exécuter leur parent ou leur ami dans le lieu de leur domicile : le préfet, cédant à ces sollicitations, ordonnera que l'exécution se fasse dans un autre lieu, et l'exemple, que la loi avait pour but, sera manqué ; le jugement ne sera pas exécuté dans toutes ses dispositions. La loi doit-elle plier sous les circonstances ! ou celles-ci ne doivent-elles pas céder sous l'empire de la loi !

On sent qu'il peut y avoir des circonstances d'un intérêt majeur, qui exigent impérieusement que l'exécution d'une loi soit momentanément suspendue ; alors le préfet doit en prévenir le tribunal, pour qu'il ordonne que l'exécution de l'un ou de l'autre de ses jugemens se fasse dans un autre lieu: mais ce ne doit jamais être après un jugement rendu en dernier ressort, dont l'exécution doit recevoir son plein et entier effet ; autrement l'autorité des tribunaux deviendrait illusoire, puisque l'on pourrait, sous de vains prétextes, faire renverser par la voie administrative une disposition de la loi qui doit exister dans toute sa force. Dans ces sortes de cas, l'administrateur majeur doit agir de concert avec les tribunaux, qui s'empresseront toujours de seconder ses vues, lorsqu'elles tendront au bien général, qui doit animer tous les fonctionnaires publics.

D'après les termes dans lesquels l'article dont s'agit est conçu, ne semble-t-il pas que le commissaire du Gouvernement sera obligé, chaque fois qu'il s'agira de faire exécuter un jugement, de consulter le préfet, et de lui demander s'il peut ou doit faire faire l'exécution dans le lieu désigné, et ne sera-t-il pas obligé de surseoir à l'exécution jusqu'à la réponse du préfet, qui n'est pas tenu de la donner de suite ; de sorte que le jugement, qui, d'après la loi, doit être exécuté dans les vingt-quatre heures, ne le sera peut-être que quelques jours après, ou plus long-temps encore !

Les considérations que l'on vient d'exposer, ne pourraient-elles pas faire apporter un changement ou quelque modification à l'article cité !

Art. 78. On desirerait que l'article déterminât la concurrence des sommes à l'égard des *pères, mères, tuteurs ou tutrices,* comme elle est déterminée pour les maris à l'égard de leurs femmes.

Un père a plusieurs enfans ; l'un d'eux commet un délit qui donne lieu à des indemnités ; le père sera-t-il tenu de payer toute l'indemnité, ou ne paiera-t-il que jusqu'à concurrence de la portion héréditaire de cet enfant !

Il en est de même quant au tuteur : celui-ci sera-t-il aussi tenu au-delà de la concurrence du bien de ses mineurs, ou de la portion héréditaire de l'un d'eux !

On propose ces questions, qui pourraient se présenter ; il semble que l'intention des auteurs du Projet a été de faire peser la peine de l'indemnité sur les pères, tuteurs, &c., en punition de leur négligence, ou du défaut de surveillance qui leur serait imputé. Cependant, comme il peut naître, à cet égard, des doutes qui pourraient donner lieu à contestation, il serait bon que la loi s'expliquât à ce sujet pour les lever, et pour éviter toutes difficultés.

Art. 200. Par qui cette amende sera-t-elle prononcée ! sera-ce par les tribunaux correctionnels, par les tribunaux criminels, ou par les tribunaux militaires !

On pense que la peine devrait être prononcée par l'autorité à laquelle il a été désobéi : par exemple, si le refus a été fait à un magistrat de sûreté, ou à un propréteur, ou à tout autre fonctionnaire public inférieur, qui a eu droit de requérir la force publique, la peine devrait être prononcée par le tribunal correctionnel ; et par le tribunal criminel, si le refus a été fait, soit au préteur, à l'un des juges, ou au commissaire du Gouvernement. L'on pense encore qu'il y aurait de l'inconvénient à faire traduire un commandant, ou autre officier de la force publique, devant un tribunal militaire, à raison du refus qu'il aurait fait ; ce serait en quelque sorte déprécier l'autorité qui aurait fait la réquisition, rendre des étrangers juges des motifs qui auraient déterminé la réquisition, et de ceux du refus ; enfin, donner par-là souvent lieu à éluder la loi, un tribunal militaire pouvant dire : La force publique n'était point nécessaire, conséquemment le refus était fondé ; il n'y a pas lieu à prononcer l'amende.

On a cru devoir faire cette objection, qui pourrait se présenter, puisque la loi dit que *tous ceux qui sont en état de service militaire, sont justiciables des tribunaux militaires,*

Art. 262. Les auteurs du Projet, en parlant de l'homicide, ont dit dans l'article 261, qu'il était *légitime*, lorsqu'il serait *indispensablement* commandé par la *légitime* défense de soi-même ou d'autrui.

Cette disposition, conforme à celle renfermée dans l'article 6, Ire section du titre II du Code pénal, décrété par l'Assemblée constituante, le 25 septembre 1791, sanctionné le 6 octobre suivant, paraissait être suffisante pour établir la légitime défense, puisque, d'un côté, le terme de *légitime* écartait tout arbitraire, c'est-à-dire, n'admettait aucun moyen, aucune excuse qui n'était point conforme à la légitimité de la défense ; et que, de l'autre ; le terme *indispensablement* excluait tout autre moyen qui ne renfermait pas l'indispensabilité de l'homicide. Aussi l'Assemblée constituante n'a-t-elle pas cru devoir définir autrement la légitime défense, ni en quoi elle consistait.

La décision de ce point de fait, sur lequel les jurés doivent porter toute leur attention, lorsque, dans un procès soumis à leur décision, l'accusé pose la légitime défense, doit nécessairement être basée sur la nécessité absolue d'homicider l'adversaire, à moins d'être tué soi-même. C'est cette nécessité absolue qui rend l'homicide légitime et qui le rend même indispensable, puisque, de droit naturel, nous devons défendre notre vie par tous les moyens qui sont en notre pouvoir ; et que s'il n'en existe pas d'autres que celui de tuer l'adversaire, nous devons et nous pouvons le faire légitimement, n'ayant en notre pouvoir aucun autre moyen qui puisse nous en dispenser. L'on devait donc se borner aux termes dans lesquels l'article 261 était conçu.

Mais l'article 262 dont il s'agit, a infiniment restreint le sens et l'esprit de l'article précédent, puisqu'il ne fait consister la légitime défense de soi-même ou d'autrui qu'au seul cas où, par l'effet d'escalade ou d'effraction, deux ou plusieurs personnes s'introduisent de nuit dans une maison, dans un appartement habité ou leurs dépendances. Cependant il se rencontre encore d'autres cas où la défense peut être légitime et même indispensable, à moins de se laisser tuer.

On suppose, pour argumenter dans le sens des auteurs du Projet, qu'un seul homme fort et robuste s'introduise dans une maison, ou dans un appartement, n'importe comment, et la nuit (les voleurs sont ordinairement des gens forts et déterminés) ; il se présentera à celui qu'il trouvera dans la maison : ce dernier n'osera faire usage d'aucune arme à l'aide de laquelle il aurait pu défendre sa personne et sa propriété, parce que le voleur est seul, et que la loi défend, sous peine de meurtre, de le tuer. Le propriétaire sera pillé, volé, et peut-être tué ; tandis qu'il aurait été sauvé, si la loi n'avait pas déterminé le nombre de personnes nécessaire pour pouvoir établir la légitime défense.

Un

Un ancien axiome dit : *Fur nocturnus impunè occiditur ;* parce que la pré-somption de fait et de droit est toute entière contre le voleur, et qu'elle est au contraire absolument en faveur de celui qui devait être attaqué et volé. Cet axiome fondé sur la défense naturelle, en a établi la légitimité. D'ailleurs, le voleur ne laisse-t-il pas après lui des traces évidentes de son intention ! en les constatant, n'est-ce pas établir la nécessité indispensable de la légitimité de la défense !

Au surplus, abstraction faite du cas du voleur nocturne, ne peut-il pas s'en rencontrer d'autres où la défense de soi-même n'est pas moins légitime et indispensable, entre autres, celui d'un voyageur qui est attaqué sur une route ! L'article 262 n'a pas prévu ce cas. Faudra-t-il que le voyageur se laisse tuer ou piller sans défense, parce que la loi ne fait aucune mention de ce fait !

Ces réflexions, que l'on aurait pu étendre, doivent faire sentir combien cet article est incomplet et susceptible de modification.

Art. 274. Si les observations faites sur les articles 13 et 15 sont accueillies, il est d'une conséquence naturelle que l'article dont il s'agit ne pourra plus subsister, et qu'il devra être retranché du Code.

Art. 276. La fin de cet article renferme une disposition qui paraît trop indéfinie.

Ne semble-t-il pas que, pour éviter tout doute, toute méprise, il con-viendrait d'y ajouter une disposition subséquente ?

Il est vrai que les termes *auront causé* supposent une visise, une vérific-ation préalablement faite par des gens de l'art, pour reconnaître si les coups ou les blessures ont été la cause directe de la mort ; mais cela suf-fira-t-il !

Une circonstance qui paraît devoir déterminer la disposition demandée, c'est qu'il arrive souvent, sur-tout parmi les artisans, qu'ayant reçu des coups ou des blessures, ils n'appellent aucun officier de santé pour les soigner ou panser ; ils veulent se guérir eux - mêmes ; et il peut arriver qu'en employant des remèdes contraires, ils se donnent la mort ; tandis que s'ils s'étaient servis des gens de l'art, ils auraient été radicalement guéris, soit avant, soit après les quarante jours.

Dans ces cas, l'on ne peut pas dire, avec justice et avec vérité, que ce sont les blessures ou les coups qui ont causé la mort, mais bien la négli-gence, la parcimonie et l'insouciance du blessé.

Cependant, en cas de mort d'un homme maltraité, survenue au-delà des quarante jours, un officier de santé, à l'ouverture et à la visite du cadavre, pourra dire que cet homme est mort par suite de ses blessures, parce qu'il ne saura pas de quelle manière cet homme aura été traité, et si on lui a appliqué de vrais ou de faux remèdes. A la vue du rapport de l'officier de santé, l'auteur des coups sera condamné aux travaux forcés à perpétuité, tandis qu'il n'aurait été que dans le cas de subir une moindre peine , s'il n'y avait pas eu de la négligence dans le fait du blessé.

Ces observations ne paraissent-elles pas exiger une disposition subséquente à l'article cité , comme celle qui porterait , *lorsque les coups ou les blessures ont été dès l'origine , et par continuité , pansés et soignés par des gens de l'art !*

Cela leverait tout doute et parerait à tout inconvénient.

Art. 322. Cet article doit nécessairement tomber , si les observations que l'on a faites sur l'article 15 sont accueillies.

Art. 395. La peine de mort prononcée contre les individus qui se sont rendus coupables des crimes mentionnés dans l'article dont il s'agit , est juste ; mais si les observations que l'on a faites contre les articles 13 et 15 sont goûtées , la fin de l'article cité ne pourra plus subsister et sera dans le cas d'être retranchée.

Telles sont , quant à la Ire partie du Projet, les observations que le tribunal a cru devoir mettre sous les yeux du Gouvernement.

On passe à la IIe partie, qui a pour objet la police et justice.

IIe PARTIE.

POLICE ET JUSTICE.

CONCERNANT cette partie du Projet, l'on n'a pas cru devoir suivre la même marche que celle adoptée pour la Ire partie ; celle-ci se trouvant divisée par chapitres et par articles , il a été facile de faire des observations sur chaque article séparément, sans déranger l'ensemble, puisque l'on peut aisément retrancher, modifier ou augmenter l'un ou l'autre article sans nuire au fond du Projet : mais il n'en a pas paru de même quant à la IIe partie ; l'on a cru devoir saisir l'ensemble et faire les observations là-dessus, en suivant cependant, autant qu'il a été possible, l'ordre des chapitres qui en forment la division.

C'est d'après ce plan que le tribunal présentera ses vues.

De la Police judiciaire. Les articles 444 jusqu'à 550 inclusivement n'étant relatifs qu'à la police judiciaire et à ceux qui ont le droit de l'exercer , on ne peut qu'applaudir à la marche tracée à cet égard.

On croit cependant devoir proposer une disposition particulière et supplétive à l'article 506 concernant les officiers de santé.

L'article 506 porte « qu'en cas d'homicide , le magistrat de sûreté se fera » accompagner d'un ou de deux officiers de santé. »

Cette disposition , commune au propréteur , lorsqu'il juge son transport nécessaire sur les lieux, exige un ajouté au moyen duquel, soit le magistrat de sûreté, soit le propréteur, puisse obliger les gens de l'art de l'accompagner et d'opérer conformément aux réquisitions qui leur auront été adressées. Cette lacune, qui existait déjà dans le Code des délits et des peines, et dans toutes les autres lois antérieures, a souvent fait manquer des mesures utiles, que le moindre retard a rendues irréparables. On propose d'autoriser le propréteur, en cas de refus de l'un ou de l'autre des gens de l'art qui auraient été légalement requis, de condamner le refusant à une amende déterminée, sans formalité et sans appel. Par ce moyen, on parerait à tout inconvénient.

Ici se place une réflexion que l'on soumet à la sagesse et aux lumières du Gouvernement.

Il arrive très-souvent que, dans les cas d'homicide ou de blessures, des officiers de santé peu instruits dressent des rapports fort ambigus, qu'ils rendent plus inintelligibles encore par les termes de l'art qu'ils emploient à tort et à travers, de sorte que les jurés n'y conçoivent rien pour la plupart du temps, n'étant point tenus de connaître les termes de l'art. Le tribunal s'est vu plusieurs fois obligé de faire citer les officiers de santé, pour donner des explications sur leurs rapports; et il arrive rarement que ces explications soient plus claires ou plus satisfaisantes, de sorte qu'il reste toujours du louche et du doute sur ces sortes de faits.

Ne conviendrait-il pas qu'il y eût près de chaque tribunal criminel, et près de chaque directeur du jury ou propréteur, un ou deux hommes de l'art, instruits et assermentés, qui, dans le cas où le tribunal criminel ou le directeur du jury le croirait nécessaire, se présenteraient sur leur réquisition, et donneraient publiquement à l'audience leur avis, et les renseignemens ou éclaircissemens nécessaires sur les rapports qu'on leur présenterait? Par ce moyen, les doutes pourraient être levés, et l'on ne serait plus dans le cas de faire venir à grands frais des officiers de santé, qui à peine savent manier la lancette, et qui cependant font les docteurs.

Cet homme de l'art pourrait être nommé par le préfet, quant aux tribunaux criminels, et par les sous-préfets pour les arrondissemens; dans les circonstances où cet homme de l'art serait dans le cas de comparaître, il recevrait une rétribution honnête et convenable à son état: l'on s'en rapporte là-dessus à la prudence du Gouvernement.

Des Propréteurs. Concernant les propréteurs, *envisagés sous le point de vue de directeurs de jury,* on ne peut disconvenir que le Projet ne présente une amélioration sensible, depuis long-temps désirée par quiconque sait apprécier les intérêts de la société.

En mettant de côté ce principe, prétendu philantropique, qu'en matière criminelle les magistrats inamovibles dans cette partie acquièrent trop de dureté, l'on se formera la conviction que pour instruire et diriger une procédure criminelle , il faut savoir apprécier la méchanceté de l'homme pervers , et connaître les ressorts du crime. La pratique constante dans cette partie donne plus de facilité, et l'on parvient plus aisément à recueillir les preuves, tandis qu'un juge , quelque probe et instruit qu'il soit , étant habitué à ne juger que des causes civiles , prenant à son tour les fonctions de directeur de jury, ne fait dans son stage qu'un apprentissage toujours fatal à la société.

En effet , si beaucoup d'affaires criminelles ont été , depuis l'institution des jurés, mal instruites, et quelques-unes oubliées ou traînées en longueur, on ne peut en attribuer la cause qu'au changement trop fréquent des directeurs du jury. Rarement un directeur du jury s'est déplacé pour faire les procédures préliminaires ; presque toujours les juges de paix des lieux , quelque peu propres qu'ils fussent , en ont été chargés, par la raison que l'indemnité accordée par la loi du 7 pluviôse , est trop modique : de là sont résultées des omissions irréparables de mesures qui auraient procuré des preuves certaines ; de là sont provenues des répétitions de témoins, qui ont été infiniment plus à charge au trésor public , que ne l'aurait été une indemnité convenable accordée aux directeurs du jury.

Ces inconvéniens ne se représenteront plus , si , d'après le Projet, l'on établit des propréteurs ou des directeurs de jury permanens dans chaque arrondissement , qui seraient en même temps juges au tribunal criminel ; car tenant à ce corps, et étant sous la surveillance de son chef, leurs opérations ne seront plus empreintes de cette nonchalance qui dérive de l'indépendance et d'un état passager.

On a lieu d'être surpris de voir que , malgré les sages observations faites par le grand-juge ministre de la justice dans son Compte rendu au Gouvernement , malgré la funeste expérience qu'a faite la société , et malgré les réclamations de tous les tribunaux , les auteurs du Projet aient encore proposé la même indemnité pour le déplacement , soit des propréteurs , soit des magistrats de sûreté , que celle portée à quatre francs par jour, par la loi du 7 pluviôse ; taxe qui, dans le département du Haut-Rhin équivaut à peine à la valeur d'une journée de travail d'un manouvrier.

De quelle considération jouira un propréteur, un juge, qui, étant obligé de se déplacer , ne pourra point faire face aux frais de son déplacement , à moins de les supporter de sa poche ! Cependant l'intention du Gouvernement est, et le bien du service l'exige , qu'un juge jouisse de la considération de ses concitoyens. Comment pourra-t-il y parvenir , tant que subsistera le contraste frappant de l'importance du ministère des tribunaux, et du traitement évidemment trop modique des juges ! Le public se ferat-il jamais une idée de cette importance , tant que ce ministère ne sera pas mieux récompensé que ne le serait un service mercenaire !

Après avoir parlé des propréteurs comme directeurs du jury, il reste à en dire quelque chose comme juges.

Les auteurs du Projet donnent aux propréteurs la qualité de juges au tr'bunal criminel, fonctions qu'ils doivent remplir alternativement d'après la désignation que le préteur en fera ; ils disent même que les propréteurs sont essentiellement juges criminels : cependant le même Projet les place aussi au tribunal civil comme vice-présidens de ce même tribunal.

On croit devoir observer, à cet égard, qu'en plaçant un juge tantôt au civil, tantôt au criminel, et en le mettant ainsi sous la dépendance de deux autorités distinctes et séparées, il est difficile que ce juge puisse se mettre au fait des deux parties et les approfondir. L'expérience a prouvé, jusqu'à présent, que les directeurs de jury actuels, qui alternativement vont du civil au criminel, négligent soit l'une soit l'autre partie ; d'où dérivent la nécessité et l'utilité généralement reconnue que présente le Projet, en proposant l'établissement de directeurs de jury permanens.

Il serait même à desirer que l'on ne détournât d'aucune manière les juges civils de leurs fonctions, en les faisant passer aussi au tribunal correctionnel.

Ce tribunal pourrait et devrait même être présidé par le propréteur dans chaque arrondissement, parce que ce juge reste toujours dans le cercle de ses fonctions et ne s'écarte pas de sa partie, puisque le correctionnel n'est autre chose que le petit criminel. Cette partie, jointe à la direction du jury, est dans le cas d'occuper un homme constamment et d'absorber tous ses momens, lorsqu'il veut remplir ses fonctions avec zèle, probité et honneur.

Pour compléter le tribunal correctionnel, on pourrait adjoindre au propréteur deux juges suppléans du tribunal civil de l'arrondissement ; le magistrat de sûreté remplirait les fonctions du ministère public, et il y aurait un greffier particulier attaché à ce tribunal, lequel greffier remplirait les mêmes fonctions près le directeur du jury : tout le temps de ce greffier serait employé. Il y a même des arrondissemens, tels que celui de Colmar, l'un des plus étendus et des plus forts en population, où il lui faudrait des aides relativement à la multiplicité des affaires correctionnelles qui se présentent, et qu'un seul greffier ne pourrait pas expédier, attendu les formalités prescrites pour la rédaction d'un jugement.

Peut-être objectera-t-on que ce mode souffrira des difficultés, parce que, dans la majeure partie des tribunaux d'arrondissement, il n'y a que deux suppléans qui ne pourront pas faire l'un et l'autre service : cela est vrai ; mais il suffira d'établir près de chaque tribunal un suppléant de plus, et le service marchera ; d'ailleurs il n'y aura pas tous les jours audience au correctionnel.

La nomination d'un suppléant n'est pas une charge pour le Gouvernement ; et comme le suppléant en fonctions ne perçoit, d'après le Projet, qu'un traitement égal à la trois-cent-soixantième partie de celui d'un juge du tribunal auquel il est attaché, il sera facile de faire payer le suppléant

sans que le trésor public fasse aucun fonds à ce sujet ; voici comment :
le Gouvernement n'a qu'à ordonner qu'une partie des amendes prononcées
par les tribunaux de police correctionnelle et criminelle , sera employée au
paiement des vacations des suppléans , sur un état qui sera dressé tous les
mois par le greffier de chaque tribunal où le suppléant sera employé. Cet
état sera certifié véritable par le greffier , rendu exécutoire par le président ,
visé par le commissaire du Gouvernement ou celui qui en fera les fonctions , et
ensuite acquitté par le receveur de l'enregistrement , auquel on passerait ces
états en compte. Par ce moyen, le Gouvernement ne ressentira aucune charge,
et fera face néanmoins à une dépense utile et nécessaire, puisqu'elle tend
au bien et à l'accélération de la justice.

On doit encore faire sentir ici que le terme de cinq jours par mois ,
que le Projet fixe pour le jugement des affaires correctionnelles , n'est
point suffisant, eu égard à la quantité d'affaires du ressort des tribunaux
correctionnels, affaires que le Projet a augmentées par la répression de
plusieurs délits qui n'étaient prévus par aucune loi existante. Nous avons
ici l'expérience de ce fait sous les yeux : le tribunal civil de Colmar emploie
trois jours par semaine au jugement des affaires correctionnelles , ce qui
fait au moins douze audiences par mois ; et malgré l'activité et l'assiduité
qu'il déploie en donnant des audiences du matin et de relevée , il ne peut
atteindre le courant de ces affaires , qui sont infiniment arriérées , ainsi que
les affaires civiles , par la raison que les affaires correctionnelles absorbent
un temps précieux qu'il pourrait utilement consacrer à une seule partie ,
tandis que , dans l'état actuel des choses, les deux parties sont en souffrance.

On devrait , quant à la fixation des audiences. , s'en rapporter à la
sagesse et à la prudence des propréteurs, qui , étant à même de connaître
la quantité et la nature des affaires qui se présenteraient , détermineraient
le nombre des audiences et des jours qui seront dans le cas d'être employés
par mois.

Ces réflexions doivent faire sentir l'utilité et la nécessité, d'abord, de
ne point cumuler sur une même personne deux fonctions distinctes et
séparées par leur nature ; et en second lieu., de ne point distraire les juges
civils de leur partie, qui en souffre par-là. Enfin , il est étrange de voir
la même personne juge inférieur au civil, juge supérieur au criminel , et
connaissant en outre en dernier ressort de l'appel des affaires correctionnelles.

Des Préteurs. Après avoir touché le chapitre des propréteurs sous les
points de vue que le tribunal a cru devoir présenter, il passera au chapitre relatif aux préteurs.

Le but des rédacteurs du Projet, relativement à la création des préteurs en remplacement des présidens des tribunaux criminels, a, sans doute,

été de rendre l'administration de la justice criminelle plus imposante , plus uniforme et plus active; mais ce nouveau système, très - apparent en théorie, remplira-t-il dans l'exécution le but que l'on s'est proposé de cet établissement ! L'on va présenter quelques observations là-dessus.

La justice criminelle sera-t-elle plus imposante ! Sans doute, la dignité d'un préteur, l'étendue de son pouvoir, la rareté de sa présence et l'éclat qu'il répandra, feront sur la masse du peuple une impression .toute différente de celle qu'ont inspirée jusqu'ici les tribunaux criminels; mais suffit-il seul d'en imposer par le faste ! Non , sans doute; il faut qu'un sentiment de respect personnel, qui ne s'acquiert que par une longue réputation de vertus et de talens , précède et accompagne un préteur; car l'étendue de pouvoir et l'éclat ne forment jamais l'essence du respect. Il ne sera pas difficile de trouver en France des hommes qui réuniront les qualités requises ; mais cet homme pourra-t-il suffire au pénible travail que le poste exigera, et pourra-t-il supporter les fatigues inséparables de la place de préteur ! Le tableau que l'on va légèrement crayonner, suffira pour en juger.

D'après le Projet, il ne doit y avoir de préteurs qu'autant qu'il y aura de divisions militaires en France. Ces divisions sont composées de deux, trois ou quatre départemens. Tous les trois mois, doivent se tenir dans chaque département ses audiences criminelles , appelées *les grands-jours,* qui conséquemment n'auront lieu que quatre fois par année dans un département. Le préteur, arrivant dans un département, sera obligé d'entendre les accusés qui auront été traduits dans la maison de justice; il faudra , au préalable, qu'il examine les procédures, qui souvent sont volumineuses , suivant le plus ou le moins de témoins. Il est vrai qu'il pourra déléguer; mais, dans tous les cas, il ne pourra se dispenser de l'examen, puisqu'il faut qu'il dirige les débats : cela fait, il faudra qu'il procède au tirage des jurés.

L'expérience a démontré jusqu'ici, que l'on peut porter à cinq les affaires qui se présentent par mois, l'un portant l'autre , au tribunal criminel; de sorte que , pour le troisième mois, il y aura quinze affaires à juger : mettons-en douze seulement; ce seront douze jours d'employés, même au-delà ; car il y a des affaires qui ne pourront se juger dans une séance, soit par la quantité de témoins qu'il y aura, soit par le nombre des accusés qui seront soumis aux débats, soit enfin par la lenteur des jurés qui n'acquerront pas de suite l'unanimité; de manière que l'on doit toujours compter sur dix-huit à vingt jours d'occupation qu'un préteur aura dans un département , même dans ceux où l'on ne sera pas dans le cas d'interpréter; *ce qui double la durée des séances.* Il lui restera donc dix jours par chaque mois, pour se transporter d'un département à l'autre, faire sa correspondance avec le Gouvernement, ainsi qu'avec les tribunaux, les propréteurs et les commissaires du Gouvernement de sa division, qui souvent seront dans le cas, soit de lui rendre compte, soit de le consulter sur des questions qui se présenteront, soit enfin de l'informer d'un événement quelconque ; car, en sa qualité de chef de la partie criminelle, il doit avoir une correspondance fort étendue, au moyen de laquelle il puisse, à son tour, rendre un compte exact au Gouvernement, de tout ce qu'il aura remarqué dans sa division, lorsqu'il se rendra chaque année à Paris.

Le préteur, après avoir terminé les affaires dans un département, se transportant dans un autre, sera dans le cas d'y faire le même travail, et ainsi de suite, jusqu'à la fin du trimestre qu'il sera obligé de recommencer. Ne peut-on pas dire que l'existence d'un homme âgé, chargé de pareilles fonctions, sera pour lui extrêmement pénible et fatigante, et qu'il sera même difficile que sa santé y résiste ! Car, quel est l'homme qui, ayant acquis le savoir et l'expérience nécessaires pour des fonctions aussi importantes, connaissances qui ne viennent qu'à la suite d'une étude soutenue et d'une assiduité dans le cabinet, ce qui suppose une vie sédentaire ; quel est, dit-on, l'homme qui pourra soutenir les fatigues de fréquens voyages et d'une nourriture d'auberge ! car un préteur ne pourra avoir nul autre domicile dans sa division, puisqu'il n'y sera jamais à poste fixe que momentanément, à moins qu'on ne lui assigne un hôtel dans chaque chef-lieu de département.

Si, d'après cet exposé puisé dans le Projet même, il reste établi qu'il sera difficile de trouver des hommes consommés dans l'étude des lois, qui veuillent se charger de fonctions pareilles à celles que l'on exige de la part d'un préteur, ou qui, s'en étant chargés, sentent que leur existence physique serait compromise en les continuant, que fera-t-on ! l'on se verra obligé de donner ces places à des jeunes gens que l'étendue de pouvoir et l'éclat flatteront, mais qui, sous le point de vue essentiel du sentiment, du respect personnel et de l'expérience, feront manquer le but que l'on s'était proposé.

La justice criminelle deviendra-t-elle plus uniforme ! peut-on espérer une plus parfaite uniformité du résultat du Code projeté !

On ne le pense pas ; une expérience de douze années a prouvé que la marche tracée par le Code du 3 brumaire an 4, dont les défectuosités reconnues ont été successivement corrigées, Code suivi dans toute l'étendue du territoire français, a introduit une telle uniformité dans la jurisprudence criminelle, qu'il est presque impossible de pouvoir raisonnablement espérer de passer à un plus grand degré de perfection, soit sur la forme de la procédure, soit sur l'application de la loi.

Que l'on compulse le greffe du tribunal de cassation, on se convaincra que les jugemens de rejet surpassent au moins des dix-neuf vingtièmes ceux de cassation, qui deviennent tous les jours plus rares, au point qu'il n'y a plus, pour ainsi dire, que le desir de prolonger sa vie, ou une espérance

chimérique,

chimérique, qui puisse déterminer des condamnés à se pourvoir en cassation : on peut donc dire qu'il règne autant d'uniformité qu'on peut en
desirer dans l'instruction des affaires criminelles, et dans l'application des
peines, qui est l'ouvrage des juges.

En doit-on espérer une plus parfaite de la marche tracée par le Projet!
c'est ce que l'on se persuadera difficilement.

D'abord, quant à ce qui concerne la poursuite et l'instruction, l'on
pourra facilement atteindre l'uniformité desirée, puisque la marche tracée,
quant à cette partie, est, à peu de chose près, la même que celle indiquée
par le Code du 3 brumaire, que la pratique journalière et l'expérience
acquise ont rendue familière ; mais il n'en sera pas de même, quant à l'application de la loi pénale, et à la décision des questions incidentes qui pourront se présenter pendant l'examen d'un procès.

D'après le Projet, le tribunal criminel ne doit être composé que de deux
juges, savoir, du préteur et du propréteur de l'arrondissement, siége du tribunal criminel. Le préteur aura la voix prépondérante, de sorte qu'il représente à lui seul deux juges. D'abord, quel aspect imposant fera aux yeux du
public, un tribunal aussi nu ! L'on s'est déjà récrié contre le peu de juges
qui forment les tribunaux criminels actuels, parce que cela paraissait ne
pas assez en imposer. Que sera - ce, lorsque l'on ne verra que deux personnes ! Mais ce n'est pas en quoi consiste le plus grand défaut du Projet.

Un préteur étranger à un département, puisqu'il doit être choisi hors de
la division qu'il présidera, pourra-t-il connaître suffisamment, dans quatre
fois par an qu'il résidera passagèrement dans un département, les mœurs,
les habitudes et les localités ; chose qu'il est cependant essentiel de connaître
pour pouvoir sainement juger des hommes! La prévention et l'erreur ne le
feront-elles pas souvent égarer! Ne pourra-t-il pas se diriger d'après de
fausses idées qu'on lui aura données, ou des insinuations perfides qu'on lui
aura suggerées ! Et cependant ce sera cet homme qui décidera seul de la
vie, de la liberté et de l'honneur de ses concitoyens! A quel danger la société
ne serait-elle pas exposée, si un système de cette espèce pouvait être adopté !
combien n'y aurait-il pas de contradictions dans l'application des peines parmi
les tribunaux criminels ! quelle disparité étonnante ne se rencontrerait-il pas
dans les jugemens ! enfin, combien n'y aurait-il pas de recours en cassation!
ils afflueraient, au lieu de diminuer ; et tout cela ne serait que le résultat de
la voix prépondérante.

Ces réflexions doivent faire sentir que l'on ne peut pas espérer une plus
parfaite uniformité de la marche tracée par le Projet.

Mais il y a plus : confiera-t-on à un homme seul le pouvoir terrible
de condamner son semblable! On peut difficilement se faire à cette idée.

La justice criminelle a toujours été envisagée, chez toutes les nations
policées, comme la plus imposante et la plus importante des institutions,

parce que l'homme n'a rien de plus précieux au monde que la vie, la liberté et l'honneur ; par tout, depuis des siècles, elle a été et elle est encore administrée par des corps composés de magistrats en nombre suffisant pour garantir et rassurer l'innocence opprimée et calomniée.

Il faut faire ici une exception concernant les Anglais, desquels nous avons d'abord emprunté la forme des jurés, et desquels les auteurs du Projet cherchent à introduire la forme de juger les procès criminels. Ce que les méditations les plus profondes de nos plus savans magistrats et législateurs anciens, ce que nos législateurs modernes ont établi après une longue étude de l'homme, de ses mœurs et de ses habitudes qui forment une seconde nature, tout cela doit-il céder à l'opinion d'un auteur anglais *(Blackstone)*, et à celle d'un voyageur, qui vantent l'administration de la justice criminelle en Angleterre! Quoi! des Français ne peuvent-ils établir une justice criminelle, et sont-ils donc réduits à copier le système d'une nation étrangère, sans foi, que rien ne domine que son ambition, et qui sacrifie tout à cette idole! Mais voyons le résultat de leur système et de leur marche en matière criminelle : les Anglais parviennent-ils mieux que toute autre nation à corriger le vice! Point du tout. N'est-il pas connu que, chez eux, les assassinats, les vols, les brigandages, se multiplient et sont organisés sous les yeux de la police, qui ne cherche pas même à les empêcher! C'est ce que nous attestent tous les voyageurs qui ont été en Angleterre. Ne voit-on pas aussi l'innocent comme le coupable gémir dans les prisons pendant plusieurs mois et attendre en tremblant la chance du jugement qui doit les condamner ou les absoudre! Peut-on raisonnablement adopter une législation aussi mauvaise! On a peine à se le persuader.

Faisons un léger retour sur ce qui s'est pratiqué et se pratique encore, quant à la partie de la judicature.

Ne voit-on pas la section criminelle du tribunal de cassation composée d'autant de juges que les autres sections, pour décider dans le calme, et hors de la chaleur des débats, si les formes de la procédure ont été observées, et si, à vue des réponses écrites des jurés, les peines ont été bien ou mal appliquées! Souvent il y a partage d'opinions; si huit juges pensent que la peine a été bien appliquée, et si huit autres pensent le contraire, que ne doit-on pas craindre de l'arbitraire d'un seul homme! car il faut regarder comme nul le propréteur qui siége avec le préteur, puisque ce dernier ayant une opinion autre que celle du propréteur, il l'emporte, ayant la voix prépondérante.

Pourquoi un tribunal d'appel, qui ne décide que de la fortune des citoyens, en impose-t-il! c'est parce qu'étant composé de plusieurs magistrats instruits, les droits des parties y sont balancés, et que celui qui perd son procès peut et doit croire qu'il a soutenu une mauvaise cause. La fortune d'un citoyen doit-elle être préférable à sa vie, à sa liberté, à son honneur!

Mais , dit-on, ce n'est pas le tribunal criminel qui décide du fait dont dépendent la vie , la liberté et l'honneur des citoyens ; ce sont douze jurés : le tribunal n'est que l'applicateur de la loi , et pour cela il ne faut que des yeux.

Il est vrai que le tribunal criminel ne juge pas le fait, mais il applique la loi au fait. De combien de nuances un fait n'est-il pas susceptible ! le Code pénal en établit la différence. N'y a-t-il pas aussi souvent des questions de droit à décider ! et l'application des lois pénales n'est-elle pas aussi un objet trop important et souvent trop délicat, pour ne pas mériter une discussion approfondie , qu'il serait dangereux de confier à l'arbitraire d'un homme seul, qui a pu se faire une fausse idée de la moralité des faits, faute de connaître les habitudes ! C'est la justice elle-même qui doit en imposer ; et si elle est soupçonnée de faiblesse ou d'erreur, elle ne sera plus regardée que comme un volcan dont l'innocent, comme le coupable, craindra l'explosion.

Enfin sous des préteurs, dans le sens du Projet, la justice criminelle sera-t-elle rendue avec plus de célérité !

Pour décider ce fait, il suffira de recourir au principe, et d'en faire l'application à la marche tracée par le Projet.

C'est un principe incontestable, reconnu par les auteurs du Projet, et même par tout homme sensé, que la peine doit suivre de près le crime ; cependant, quoique les auteurs du Projet aient rendu hommage à ce principe, ils s'en sont tellement écartés, qu'au lieu de rendre la justice plus prompte, ils rejettent la punition presque à perte de vue du crime.

En effet, suivant le mode de procéder actuellement en vigueur, tous les accusés sont jugés dans le mois, les seuls cas désignés dans les articles 327, 328, 333 et 419 du Code du 3 brumaire an 4, exceptés; tandis que, d'après le Projet, les accusés ne seront jugés que tous les trois mois, même plus tard, le cas arrivant de quelque empêchement non prévu, ou de quelques préteurs à remplacer à la nomination du premier Consul : ce qui pourra souvent avoir lieu par le fait d'une incommodité ou d'une maladie d'un ou plusieurs préteurs, occasionnée par les fatigues qu'ils seront obligés de soutenir. Il est donc évidemment démontré qu'il y aura moins de célérité dans le jugement des affaires criminelles , en suivant la marche du Projet, qu'il n'y en a eu jusqu'à présent, d'après celle tracée par le Code du 3 brumaire an 4.

Nos observations, en parlant des préteurs, tendent à faire apercevoir quel danger il y aurait, pour la liberté individuelle des citoyens, de confier tant de pouvoir à deux hommes seuls, parmi lesquels l'un deux aurait la voix prépondérante, et que, sous ce rapport , cette autorité serait plutôt crainte que révérée, quels que soient la dignité du préteur et son éclat.

La seule mise en surveillance du Gouvernement, qui est par sa nature une peine très-forte , et que le Projet abandonne à la décision d'un seul individu dans plusieurs cas, est suffisante pour effrayer un honnête citoyen calomnié, sur la conduite duquel des circonstances fortuites auront fait planer quelques soupçons. Cette idée seule fera craindre un préteur, mais ne le fera pas respecter.

Il est vrai qu'un tribunal criminel doit inspirer une terreur salutaire, mais seulement sous le rapport de sa sévérité : cette terreur serait outrageante, si en même temps le tribunal n'inspirait pas les sentimens d'une confiance propre à rassurer la société et l'innocence. D'après ces réflexions, ne pense-t-on pas que l'organisation du tribunal criminel serait meilleure, si, *au lieu de distraire les proprɩéteurs de leurs fonctions criminɩlles* en les faisant siéger au civil comme vice-présidens de première instance, ils étaient alternativement appelés au tribunal criminel pour y siéger avec le préteur et celui des propréteurs de l'arrondissement où est établi le tribunal criminel ; de manière qu'il y eût quatre juges, en donnant à chacun d'eux une voix délibérative ! En cas de partage d'opinions, le préteur pourrait alors avoir la voix prépondérante ; de cette manière, les peines seraient appliquées, et les questions de droit seraient décidées par un corps délibérant, qui présenterait une garantie suffisante à la société ainsi qu'à l'accusé, au lieu de l'opinion isolée d'un seul magistrat, qui peut, par des considérations infinies, dégénérer en un arbitraire effrayant.

On terminera ce chapitre par une observation que présente l'article 757. Il serait à desirer que le législateur exprimât en termes précis, si aux propréteurs et magistrats de sûreté appartiendra le droit de décider s'il y a de nouvelles charges, ou si, dans le cas d'un nouvel acte d'accusation admis, le tribunal criminel devra être consulté par le commissaire du Gouvernement à ce sujet, ou si l'assentiment de ce dernier, manifesté par la formule, *la loi autorise,* ainsi que le dit l'article 820, ne suffira pas pour saisir légalement le tribunal criminel de l'affaire.

On propose ces questions pour éviter les contradictions d'opinions qui se sont rencontrées dans des cas pareils : les uns ont prétendu que du moment qu'un directeur du jury avait admis un nouvel acte d'accusation, et que les jurés d'accusation avaient prononcé sur l'acte par un *oui*, les juges du tribunal n'avaient plus rien à juger ; les autres ont prétendu que c'était au tribunal criminel à décider s'il existait de nouvelles charges ou non ; enfin, quelques autres ont soutenu que du moment que le commissaire du Gouvernement, chargé d'examiner la régularité de la procédure, avait apposé au bas de l'ordonnance de prise-de-corps ces mots, *la loi autorise,* le tribunal criminel était légalement saisi de l'affaire et pouvait la soumettre aux débats. C'est cette divergence d'opinions qu'il importe de faire cesser par un article précis de la loi à la suite de celui sous le n.° 757.

On abandonne ces observations à la prudence du Gouvernement ; on passe au chapitre concernant les jurés.

Des Jurés. C'est dans cette partie de l'administration de la justice criminelle que l'on a puisé la majorité des plaintes qui ont été portées contre les tribunaux criminels , parce que ne connaissant pas la marche de la procédure, on a tout rejeté sur les tribunaux , tandis que les fautes provenaient des jurés.

On ne peut, à la vérité, disconvenir que les jurés n'aient fait jusqu'ici un abus révoltant de leur indépendance, sur-tout les jurés d'accusation, qui ont renvoyé bien plus de coupables que les jurés de jugement, soit par le fait de leur ignorance, de leur faiblesse , soit par le résultat de la prévarication. On ne s'étendra pas sur les causes des défauts de cette institution ; elles sont clairement rapportées et détaillées dans les comptes rendus tant par le grand-juge que par le tribunal de cassation; comptes imprimés à la suite du Projet.

Sans doute l'institution des jurés est sublime ; et ce serait une superbe acquisition que la France aurait faite , si ce système pouvait se maintenir. Le tribunal pense, de même que le grand-juge, qu'il faut encore essayer l'institution des jurés, en la dégageant, autant que possible, des vices qui l'ont infectée jusqu'à présent.

Le mode de la formation des listes de jurés, tracé dans le Projet, est incontestablement meilleur que tout ce qui s'est pratiqué jusqu'à présent à cet égard ; mais n'est-ce pas une erreur de croire que les citoyens les plus imposés d'un arrondissement sont les plus instruits et les plus propres à remplir les fonctions de jurés! Le tribunal a souvent vu siéger des jurés très-riches , qui étaient moins instruits et avaient moins de jugement que tout autre homme d'une fortune médiocre. Le riche supportait impatiemment le temps qu'il passait au tribunal ; ses idées se portaient plutôt à ses affaires, à ses entreprises, à sa culture et à sa maison, qu'aux fonctions auxquelles il était appelé; il n'était pas pénétré de l'importance des devoirs qu'il avait à remplir : tout au contraire il se persuadait qu'il faisait une corvée pénible ; tandis qu'un autre citoyen moins opulent, parce qu'il avait fondu une partie de sa fortune dans ses études et dans son éducation, n'étant pas distrait par d'autres objets, portait toute son attention aux fonctions honorables qu'il remplissait ; et c'est dans cette classe d'hommes que l'expérience a prouvé que résidaient les bons jurés.

D'ailleurs trouvera-t-on, hors des villes commerçantes et de celles d'une grande population , les citoyens les plus imposés autre part que parmi des cultivateurs, des vignerons, des meuniers, &c.! On ne dira certainement pas que ce soient les citoyens les plus instruits et les plus propres à décider des questions de moralité, même de fait , qu'un défenseur adroit rendra toujours problématiques.

Il est sans doute difficile, même impossible, de trouver un mode qui n'admette que les bons et rejette les mauvais. Il ne s'agit que de chercher celui qui sera le moins dangereux et qui rencontrera le moins d'obstacles.

Si le système des propréteurs ou directeurs de jury permanens devait être adopté, qu'il soit permis au tribunal de soumettre à la sagesse du Gouvernement l'idée d'une forme qui paraît pouvoir écarter ou au moins diminuer les inconvéniens qui peuvent résulter du mode proposé par le Projet, quant à la formation des listes de jurés.

Voici cette idée : Le propréteur ou directeur de jury permanent, conjointement avec le sous-préfet de chaque arrondissement, formerait tous les ans, dans les dix premiers jours de vendémiaire, d'après leurs connaissances personnelles et les renseignemens qu'ils auraient pris, une liste de deux cents citoyens de l'arrondissement, partie de fonctionnaires publics, partie d'autres citoyens, qui réuniraient les qualités requises pour être jurés soit d'accusation, soit de jugement : ils enverraient cette liste à la préfecture, pour y rester en dépôt jusqu'au 1.ᵉʳ vendémiaire de l'année suivante. Un double de chaque liste resterait aussi déposé à la sous-préfecture de chaque arrondissement. L'année suivante, lorsque le préfet ou le sous-préfet serait requis par les préteurs ou propréteurs de fournir les tableaux de jurés de jugement ou d'accusation, alors l'on recourrait aux listes de l'année précédente. Le préfet, en présence du conseil de préfecture, tirerait au sort, sur la liste générale, les citoyens qui devraient composer le jury de jugement ; et les sous-préfets, en présence du maire du lieu et de son adjoint, tireraient aussi au sort, sur la liste de l'arrondissement, les citoyens qui devraient composer le jury d'accusation.

En opérant ainsi, les jurés seraient choisis par des fonctionnaires publics qui connaîtraient, pour la plupart, les individus, ou sur lesquels ils se seraient procuré des renseignemens certains. Les citoyens les moins imposés, et néanmoins reconnus propres à remplir les fonctions de jurés, ne seraient pas exclus.

Les listes générales étant composées un an d'avance, avant de savoir ce qu'il y aurait à juger dans le cours de l'année suivante, et les tableaux de jurés de jugement et d'accusation étant encore tirés au sort sur ces listes, on pourrait alors dire que ni la partialité, ni l'esprit de parti, n'entreraient jamais pour rien dans le choix qui serait fait, et que le sort seul en déciderait. Les propréteurs étant les premiers officiers de police du département, et, comme tels, n'étant pas étrangers au succès des affaires, les listes ne seraient jamais le résultat de l'insouciance.

Les auteurs du Projet, en n'accordant aux jurés qu'une pièce d'argent pour récompense, se sont, sans doute, persuadés que l'honneur seul devait les guider ; mais qu'il soit permis de dire que l'on ne peut et que l'on ne doit pas compter en général sur les sentimens de cette partie d'hommes qui savent faire librement des sacrifices pour le bien général. L'intérêt est le mobile des actions de tous les autres, et c'est principalement sur cette dernière masse que sera prise la grande majorité, souvent même la totalité des jurés.

L'espérance d'obtenir une pièce d'argent sera-t-elle un attrait suffisant pour les engager à remplir volontiers et avec zèle des fonctions pénibles, qui interrompront le fil de leur industrie, suspendront momentanément leur commerce, leurs entreprises, et délivreront leurs agens, leurs ouvriers, leurs domestiques, de leur surveillance nécessaire ? Mettront-ils, quoiqu'étant pris parmi les citoyens les plus imposés, plus d'importance dans leurs fonctions que les jurés précédens n'en ont mis jusqu'ici, quoique ces derniers eussent reçu une indemnité médiocre ? on ne le pense pas.

Il faut juger les hommes tels qu'ils sont, et non tels qu'ils devraient être. Si les jurés ne reçoivent aucune indemnité, et qu'ils soient néanmoins forcés, par des peines, à remplir leurs fonctions, n'est-il pas à craindre qu'ayant l'esprit aigri, ils ne trouvent et ne saisissent, dans leur indépendance, des moyens de diminuer leur perte ? Ne pourront-ils pas composer avec leurs devoirs, et céder même contre l'évidence pour raccourcir leur délibération ? Tel a été plusieurs fois jusqu'ici le résultat de leurs opérations.

Si les fonctions de jurés ne peuvent être que momentanées et accidentelles, il n'y a rien qui puisse étouffer ce sentiment d'intérêt qu'un intérêt plus fort ou équivalent ; c'est-à-dire, une indemnité proportionnée à la dignité de leurs fonctions, et à la perte qu'ils éprouvent en quittant leurs foyers, en abandonnant leurs affaires. Ces observations, dictées par l'expérience, font sentir qu'il faut accorder une indemnité aux jurés, même à ceux pris dans le lieu de la convocation.

Le résumé de ces observations tend, quant à la Ire partie, à demander des explications, des radiations des modifications et des augmentations des différens articles qui ont paru en être susceptibles ;

Quant à la IIe partie, à faire sentir, 1.° l'avantage qui résulterait de directeurs de jury permanens, qui seraient en même temps juges au tribunal criminel, venant alternativement faire leur service audit tribunal ;

2.° D'enlever aux tribunaux civils la connaissance des affaires correctionnelles, pour l'attribuer au directeur du jury, auquel on adjoindrait deux suppléans du tribunal civil pour former le tribunal correctionnel dont le directeur du jury serait président ;

3.° A faire connaître l'inconvénient de l'établissement des préteurs d'après le mode du Projet, et le danger qu'il y aurait de laisser un seul homme juge de la vie, de la liberté et de l'honneur d'un citoyen qui aurait le malheur d'être traduit au tribunal criminel ;

4.° Et à faire sentir également le danger et les inconvéniens qui pourraient résulter du refus que l'on ferait de n'accorder aucune indemnité aux jurés.

On terminera ces observations en disant que le surplus du Projet ayant remédié aux abus et aux omissions qui existaient, on ne peut que louer le zèle, l'intelligence et les soins que ses auteurs ont apportés dans sa rédaction.

Fait et arrêté, à Colmar, le 21 floréal an 12.

Signé H. WICKA, *président;* THURNINGER, YVES, *juges;* F. MATHIEU, *commissaire du Gouvernement.*

OBSERVATIONS

DU TRIBUNAL CRIMINEL

DE RHIN-ET-MOSELLE,

SUR

LE PROJET DE CODE CRIMINEL.

OBSERVATIONS

DU PRÉSIDENT

DU TRIBUNAL CRIMINEL

DE RHIN-ET-MOSELLE,

SUR

LE PROJET DE CODE CRIMINEL.

APPELÉS à concourir à la rédaction d'un Code criminel des Français, si ardemment desiré, nous avons employé nos faibles forces pour satisfaire à la confiance dont le Gouvernement a honoré les tribunaux criminels, et pour répondre à son vœu bienfaisant.

Il est dans l'homme de vouloir toujours censurer le travail d'autrui : il est en effet plus facile de censurer que de créer et d'inventer ; mais il n'est pas facile de censurer l'ouvrage de grands hommes : le projet de Code criminel sort des mains de jurisconsultes célèbres et expérimentés.

Quel que soit le mérite des observations dont nous croyons susceptible ce Projet, nous nous flattons au moins qu'on leur accordera celui d'avoir été dictées par l'empressement le plus pur à concourir, autant qu'il est en nos moyens, au perfectionnement de la partie la plus importante de la législation.

Nous aurions pu donner un plus ample développement à ce travail, étendre l'examen sur plusieurs matières, y mettre plus de précision, employer un style plus correct, éviter les répétitions et les mal-entendus peut-être, dans lesquels nous pourrons être tombés : mais le temps que l'exercice de nos fonctions nous a laissé, était trop limité ; on n'a pu que parcourir rapidement les matières.

On jugera avec indulgence le mérite de ces observations, en rendant justice à la bonne volonté du rédacteur.

§. I.er

Sur l'ensemble du Projet ; ses avantages et ses inconvéniens.

LAISSER d'abord dans la loi ce qui est bon, lever les défectuosités et les doutes que présente son application, réformer ce qui est à réformer, ajouter enfin ce qui n'aurait pas dû avoir été omis; ce sont peut-être les quatre points principaux qui doivent diriger les réviseurs des lois.

Sous ce rapport, le Projet qui nous occupe réunit de très-grands avantages.

Les rédacteurs, jurisconsultes guidés par une longue expérience, ont trouvé les moyens d'écarter nombre de difficultés, de réparer les omissions, de laisser le bon et de réformer le mauvais; ils en ont puisé les matières, en grande partie, dans les jugemens du tribunal de cassation. Les jugemens de ce tribunal, conservateur des formes et régulateur des tribunaux, font connaître plus particulièrement les lacunes que la loi a laissées, les articles dont les dispositions, quelquefois obscures et défectueuses, ont fait tomber une grande partie des tribunaux dans les mêmes nullités et fausses applications.

Nous avons fait des extraits de ces jugemens depuis l'an 4 jusqu'à l'an 11; et il nous serait facile de ranger dans un ordre progressif ceux des articles du Code du 3 brumaire an 4, par exemple, qui ont le plus souvent été violés, ou qui l'ont été plus ou moins.

La nouvelle législation, d'après le Projet, fera disparaître la plupart de ces cassations : le défaut de qualité dans la personne des jurés; la complexité ou l'insuffisance des questions; l'application des lois pénales dans l'échelle des circonstances aggravantes; le défaut de définition de choses maintenant définies; les méprises dans l'examen de la compétence; les formes des actes d'accusation; le défaut d'annexe ou l'annexe défendue de certaines pièces; la remise des pièces aux jurés; les vices dans les mandats d'arrêt, dans les ordonnances de prise de corps et leur exécution; le défaut de lecture au prévenu, des charges et dispositions; la formation des listes et tableaux des jurés, leur convocation, la tenue de leurs assemblées; l'instruction et les jugemens en police simple et correctionnelle; l'effet et les formes de l'appel; les caractères de l'auteur, réputé auteur et complice du délit; la tentative de la complicité, la complicité de la tentative; les référés, sursis, &c. des tribunaux mal à propos ordonnés, &c.

Les cassations multipliées et répétées sur toutes ces violations de formes, usurpations de pouvoirs, fausses applications des lois, deviendront infiniment plus rares. Il y aura toujours matière à casser : mais les cassations auront alors plus d'intérêt soit pour l'accusé, soit pour la partie publique; elles ne frapperont plus les nullités des formes qui, sans être attachées à la défense des prévenus, ne sont que d'un faible intérêt, et qui, dans le cours de l'instruction, pourront être réparées sans anéantir toute la procédure; elles feront enfin marcher l'action publique, pour atteindre plus promptement la punition des coupables, ou venir au secours du condamné innocent ou puni d'une peine trop forte.

A ces grands avantages du Projet s'en réunissent beaucoup d'autres :

les divers caractères des délits nous paraissent très-bien tracés ; la graduation des peines laisse plus de latitude aux juges applicateurs ; la hiérarchie judiciaire produira de bons effets ; la nouvelle manière de former les jurys garantit l'utilité de cette belle institution.

Quelques notes sur les inconvéniens du Projet.

Rien n'est parfait au monde.

L'institution des préteurs a de grands inconvéniens, qui sans doute seront fortement pressentis.

La formation des tribunaux de police ne nous paraît guère propre à faire avancer les affaires, qui sur-tout demandent célérité, prompte puni- .tion, une instruction très-sommaire.

Le suppléant, président des tribunaux de police, se trouvera continuellement en route : pendant qu'il sera occupé dans un canton, la justice se trouvera arrêtée dans les autres.

Le principe d'une justice pour ainsi dire ambulante, ne peut trouver de partisans.

On s'abstient de toute réflexion sur ce qui se trouve dans les observations qui précèdent le Projet, relativement aux présidens des tribunaux criminels, pour ne pas paraître vouloir parler en *Cicero pro domo.*

Concilier les intérêts de la justice avec celui des justiciables, et des juges qui marchent dans une carrière pénible, c'est l'avantage et le caractère d'une bonne organisation.

On voit très-souvent dans le Projet, les fonctions de police cumulées dans la même personne avec celles de la justice ; même celles de la partie publique avec les fonctions des officiers de police et des juges. Le commissaire du Gouvernement près le tribunal criminel, est substitut dans l'arrondissement où siége ce tribunal ; il recherche le délit, concourt à l'instruction et au réglement de compétence : comment pourra-t-il mettre *la loi défend,* si c'est lui qui a dirigé l'instruction ! Il poursuit l'action publique devant le tribunal criminel ; il a l'initiative du procès ; il est chargé de l'exécution du jugement définitif. Il faut bien de l'activité pour faire tout cela de manière que le service ne souffre pas, et que les affaires ne soient point retardées.

§. II.

Sur les Intitulés et la distribution des matières.

ON propose la distribution des matières dans l'ordre suivant :

CODE CRIMINEL, I.ʳᵉ PARTIE.

DISPOSITIONS PRÉLIMINAIRES.

LIVRE I.ᵉʳ *CRIMES ET DÉLITS.*

CHAP. I.ᵉʳ *Peines pour crimes et délits.*

Sect. I.ʳᵉ *Peines pour crimes.*
Sect. II. *Peines pour délits.*
Sect. III. *Peines et autres condamnations pour crimes et délits.*

CHAP. II. *Personnes punissables ou responsables pour crimes et délits.*

Sect. I.ʳᵉ *Des auteurs et réputés auteurs pour crimes et délits.*
Sect. II. *De la responsabilité civile pour crimes et délits.*

CHAP. III. *Crimes et délits, et leur punition.*

Sect. I.ʳᵉ *Contre la chose publique.*
Sect. II. *La suite, comme au Projet jusqu'à l'article 422 exclusivement.*

CHAP. IV. *De la récidive, et de la prescription pour crimes et délits.*

Sect. I.ʳᵉ *De la récidive.*
Sect. II. *De la prescription pour crimes et délits.*

LIVRE II. *CONTRAVENTIONS DE POLICE.*

CHAP. I.ᵉʳ *Peines pour contraventions de police.*

CHAP. II. *Personnes punissables ou responsables pour contraventions de police.*

Sect. I.ʳᵉ *Des auteurs de la contravention.*
Sect. II. *De la responsabilité civile pour contravention.*

CHAP. III. *Contraventions et leur punition.*

Sect. I.ʳᵉ *Première classe.*
Sect. II. *Deuxième classe.*
Sect. III. *Troisième classe.*

CHAP. IV. *De la récidive, et de la prescription des contraventions.*

Sect. I.ʳᵉ *De la récidive.*
Sect. II. *De la prescription.*

SUPPLÉMENT relatif aux délits et contraventions prévus par d'autres lois et réglemens. Article 413 du Projet.

CODE DE PROCÉDURE CRIMINELLE, II.ᵉ PARTIE.

DISPOSITIONS PRÉLIMINAIRES.

LIVRE I.ᵉʳ *DE LA POLICE,* avec ses subdivisions,

LIVRE II. *DE LA JUSTICE,* avec ses subdivisions et observations préliminaires.

MOTIFS pour le changement des Intitulés et la distribution des matières.

Le changement proposé dans les intitulés et dans la distribution des matières, en laissant, dans la plus grande partie, succéder les articles dans l'ordre établi au Projet, a l'avantage de présenter sous un coup-d'œil les matières dans un ordre systématique et uniforme : ce changement est même nécessaire pour éviter les erreurs.

Le Projet donne au Code destiné à définir les crimes et délits, à en établir les châtimens, et à tracer en même temps la marche pour leur recherche, poursuite et punition, le titre de *Code criminel, correctionnel et de police* : nous préférons celui de *Code criminel des Français*, comme nous avons un *Code civil des Français* : et de même que le Code civil est distinct du Code de procédure civile, nous croyons également qu'il ne suffit pas que le Code criminel soit divisé en deux parties, dont la première présente les crimes et les délits, et leur punition; et la seconde, les principes de la police et de la justice criminelle ; mais que la première partie doit être intitulée *Code criminel*, et la seconde *Code de procédure criminelle.*

La première partie du Projet présente les crimes et délits, divisés en quatre livres, dont les trois premiers traitent exclusivement des crimes et des délits ; le quatrième a pour objet les contraventions de police. On préfère de donner à la première partie deux livres seulement ; l'un pour les crimes et délits, et l'autre pour les contraventions ; puisque le second et le troisième livre du Projet sont proprement une subdivision du premier, auquel ils appartiennent naturellement.

Il faut également, pour raison d'uniformité, donner au livre *des Contraventions*, toutes les subdivisions du premier livre dont il est susceptible, pour avoir toute la matière dans un seul cadre, et ne pas être obligé de recourir aux livres précédens, étrangers à cette matière.

Le Projet a bien prévu la responsabilité civile pour crimes et délits, en désignant les personnes responsables civilement du dommage que les crimes et délits ont causés ; mais il n'a point désigné les personnes qui, pour contraventions de police, sont responsables. Le Projet dit bien, en parlant de personnes responsables pour contraventions, qu'elles doivent être citées et entendues; que l'appel, le recours en cassation, leur sont ouverts; qu'elles ont la faculté de récuser tel ou tel témoin : mais il n'indique point quelles sont ces personnes. Objectera-t-on qu'elles sont suffisamment désignées au chapitre II du livre II de la première partie? On répondra, avec fondement, que l'intitulé de ce chapitre porte, *de la Responsabilité civile pour crimes et délits ;* c'est une exclusion formelle pour faits de contravention. D'ailleurs le chapitre II appartient au livre II, et ce livre n'est applicable qu'aux crimes et délits. Ce n'est qu'au livre IV que les rédacteurs se sont proposé de réunir tous les principes et toutes les dispositions particulières aux contraventions de police. Le chapitre dont il est question, ne peut donc être invoqué en matière de police simple. Il est donc vrai que les personnes responsables pour contravention ne sont point désignées au Projet. Cette omission doit être réparée par un chapitre particulier, à insérer au quatrième livre, ou dans la distribution des matières que nous venons de proposer au livre II.

En matière civile, le titre *de la prescription* fait partie du Code civil, et non pas du Code de procédure civile. Le Projet a rangé le titre *de la prescription* à la fin du Code de procédure criminelle. Les rédacteurs du Code civil ont donc eu tort d'insérer ce titre au Code civil ; ou il faut plutôt admettre que le Projet a mal placé ce titre à la fin du Code de procédure.

La prescription est un mode d'éteindre les actions et les obligations en matière civile ; en matière criminelle, elle est un mode d'éteindre l'action et la peine pour crimes et délits. Il était plus naturel de parler, en matière civile, de la prescription au même livre où l'on avait traité les différentes manières de contracter les obligations ; il est plus naturel aussi d'en parler, en matière criminelle, au livre qui caractérise les crimes et les diverses manières dont ils se commettent.

Quant à la récidive, on pense qu'il faut également lui donner, en fait de contravention de police, un chapitre particulier au IV.ᵉ livre.

Au reste, les changemens dans les intitulés ne dérangeront point les articles dans leur ordre, excepté ceux qui sont relatifs à la prescription, à la récidive et à la responsabilité civile ; mais cela se fera sans le moindre inconvénient.

§. III.

OBSERVATIONS détachées sur plusieurs articles du Projet.

ON propose de réformer de la manière suivante les huit articles préliminaires :

1. « Faire ce que défendent, ou ne pas faire ce qu'ordonnent les lois » pénales, qui ont pour objet le maintien de la sûreté de l'État, de la » Constitution, de la paix publique, la conservation des personnes et des » propriétés, et la police, est un *délit*.

2. » Les lois pénales établissent des peines criminelles, correctionnelles » et de police.

3. » Le délit est *crime*, s'il emporte une peine criminelle ; simple *délit*, » s'il est puni d'une peine correctionnelle ; *contravention*, s'il n'est atteint que » d'une peine de police.

4. » Les crimes, simples délits et contraventions, sont, dans les cas non » exceptés par la loi, jugés par les tribunaux criminels, correctionnels et » de police.

5. » Toute *tentative de crime* dont l'exécution commencée n'a été sus-
» pendue que par des circonstances fortuites , indépendantes de la volonté
» de l'auteur, est considérée comme le crime même.

6. » Les *tentatives de simples délits* et de *contraventions* ne sont consi-
» dérées comme délits , que dans les cas déterminés par une disposition
» spéciale de la loi.

7. » Les *menaces des délits* ne sont punies que dans les cas prévus par
» la loi.

8. » Nul délit ne peut être puni des peines qui n'étaient pas pro-
» noncées par la loi, avant qu'il fût commis.

9. » Ne sont pas compris dans les dispositions du présent Code les
» délits militaires.

10. » Sont délits militaires ,
» 1.° Ceux commis par des militaires et des personnes attachées à l'état
» militaire, dans l'exercice de leurs fonctions et service militaire ;
» 2.° Le crime d'espionnage ;
» 3.° La désertion , le refus des réquisitionnaires ou conscrits de joindre
» leurs drapeaux ;
» 4.° Tout autre délit commis uniquement contre la discipline ou le
» service militaire. »

Les peines sont, ou *principales,* ou *accessoires :* les peines principales
frappent nécessairement les délits ; les peines accessoires en augmentent
la punition. Il y a des peines accessoires qui, pour certains délits, sont
toujours prononcées; il y en a d'autres qui, dans des cas exprimés par
la loi, peuvent en outre être prononcées par les juges.

Motifs de la Réforme proposée.

Les contraventions de police ne sont pas des délits , d'après le Projet ;
et cependant , parmi les trois classes de contraventions spécifiées au
quatrième livre de la première partie, il y en a beaucoup qui, par leur
nature , sont de véritables délits , et punissables chez toutes les nations ,
comme des atteintes portées aux personnes et aux propriétés. Il y en a
beaucoup d'autres qui ne sont pas de cette espèce ; ce sont des actes ou
omissions qui ne sont punissables qu'autant qu'ils sont commandés ou
défendus par la loi, sous peine de police. Il est donc préférable de comprendre sous la dénomination générique de *délits ,* non-seulement les
crimes et délits simples, mais encore les contraventions de police. Parmi
les contraventions ajoutées par forme de supplément , à la fin du quatrième
livre, il y en a qui sont bien du ressort des tribunaux de police, mais

seulement par une attribution particulière , pour ne pas multiplier les tribunaux sans nécessité.

Dans la législation criminelle actuelle, quand on exprime les crimes à juger par les tribunaux criminels, on dit, *crime ou délit emportant peine afflictive ou infamante ;* mais comme le Projet ne considère pas la peine de forfaiture ni celle de relégation , comme peine afflictive ou infamante, il exprime les peines à prononcer par les tribunaux criminels , sous la dénomination de *crime emportant peine afflictive ou infamante , la relégation ou la forfaiture.* C'est sûrement trop long, ou trop incommode ; on propose d'y substituer l'expression générale *crimes ou délits emportant peine criminelle.*

La distinction des peines en peines principales et accessoires, existe réellement dans le Projet.

On pense qu'il n'est pas inutile de faire mention, dans les articles préliminaires, des menaces de crimes que la loi punit en certains cas, quoiqu'on ne puisse les regarder proprement ni comme actes défendus, ni comme omission des actes ordonnés , et que, sous ce rapport, elles ne soient pas comprises dans la définition du délit.

On est d'avis de ne pas ranger au nombre des délits militaires ceux qui sont énoncés dans le Projet, sous les n.°⁵ 2 et 3 de l'article 8. On ne voit pas de motifs suffisans pour renvoyer le prévenu, à raison du lieu où il a commis le délit, ou de la personne envers laquelle il l'a commis, devant des juges autres que ceux ordinaires et compétens à raison de la nature du délit.

Les articles préliminaires ayant pour but de présenter les élémens dont est composé le Code criminel et de procédure criminelle, il est convenable de définir les trois espèces de délits , de distinguer les peines, et de faire mention des tribunaux chargés de les juger.

La phrase, *dans les cas non exceptés ,* que l'on a proposée dans l'article 4 ci-dessus, est nécessaire, puisque le Projet renvoie., en certains cas , des délits incidens devant les tribunaux saisis de la compétence principale : c'est bien cumuler des juridictions hétérogènes, que de voir les juges de paix et les tribunaux d'arrondissement et de commerce, comme tribunaux civils, prononcer des peines. En laissant subsister les articles du Projet relatifs à cet objet, il faut aussi admettre la phrase ci-dessus.

Art. 9. On propose de rédiger cet article en ces termes, « Les peines criminelles sont, &c.

Art. 10. » Les peines correctionnelles sont, &c.

Art. 11. » Les peines criminelles, et correctionnelles accessoires, pour-» ront aussi être, &c. »

Art. 13. *Voir* l'observation générale sur l'augmentation de la peine capitale.

Art. 14.

Art. 14. C'est un article qui regarde l'administration , et qui semble ne devoir pas faire partie du Code criminel.

Art. 24. On pense que la flétrissure ne devrait être établie que pour les cas de peines afflictives *perpétuelles*. Le condamné aux travaux forcés à temps peut, après avoir subi sa peine, demander, conformément à l'art. 1149, à être réhabilité. La réhabilitation fait, aux termes de l'art. 1159, cesser dans la personne du condamné tous les effets et toutes les incapacités qui résultaient des condamnations. Il en résulte que la flétrissure, qui est une peine accessoire et perpétuelle, ne doit pas avoir lieu pour condamnation aux travaux forcés à temps; et que, sous ce rapport, les articles 24 et 1189 renferment des dispositions qui semblent s'anéantir mutuellement.

Art. 31. « Néanmoins, le préfet .... (prenant l'avis du commissaire » du Gouvernement près le tribunal criminel) , &c. »

Art. 64-67. *Voir* l'observation générale sur cette matière. Quant à l'article 67, il ne serait pas inutile d'exiger que chaque jugement portant condamnation , contînt avertissement de ne pas récidiver.

Art. 68. On commet le délit, ou l'on s'en approprie l'effet. On commet le délit par le concours direct à l'action; on le commet aussi en préparant ou facilitant son exécution.

On aurait pu ranger en trois classes les personnes punissables pour crimes et délits; savoir,

1.º Celle des auteurs,

2.º Celle des complices,

3.º Celle de l'appropriation du délit. Celui qui recèle des effets volés n'est pas complice; il est réputé complice. Le vol peut avoir été commis sans son concours; le crime de vol est consommé : mais il fait naître un second crime, celui du recèlement; et c'est une véritable appropriation du crime.

Art. 69. On applaudit à cette réforme , pleine d'humanité et de sagesse.

Art. 72. On ne trouve pas que ces formes soient suffisamment réglées à la suite de l'article 865 et subséquens.

Art. 78. *Voir* l'observation générale sur cette matière.

Art. 127. La fabrication et la distribution de monnaies étrangères ayant cours, contrefaites ou altérées, n'est-elle pas un délit ! quelle en est la peine !

Art. 128. Voilà une réforme à laquelle il faut bien applaudir. Nous avons été forcés d'appliquer, il y a quelque temps , la peine de quinze années de fers à l'accusé convaincu d'avoir sciemment livré pour bonnes , à d'autres , quelques pièces de six livres, qu'il avait prétendu avoir reçues lui-même pour bonnes, et dont le contraire n'était pas prouvé. Dans la circonstance *sciemment* était renfermée l'intention criminelle. *Lex dura, sed tamen scripta.* L'humanité sollicite la réforme proposée.

Art. 129, n.° 2. Il ne serait peut-être point inutile d'ajouter : « La con-» naissance de la distribution et de la vente du papier timbré, non faux, » sans commission de la régie générale des droits réunis, appartient aux » tribunaux civils. »

Art. 177. Il convient d'augmenter la peine pour le délit prévu par cet article, dans le cas où l'évadé commettrait, pendant la durée de son évasion, un crime ou délit : la durée de la peine pour évasion pourrait être égale à la durée de la peine à laquelle il était dans le cas d'être condamné. Sans cela il ne s'exposera, en s'évadant, qu'à être condamné, par exemple, à deux ans de détention, pour avoir l'occasion de commettre des délits moins punissables, mais plus lucratifs pour lui.

Art. 201. L'évasion d'un détenu condamné pour contravention de police, si elle est le fait de la connivence du préposé, est punie de six mois à deux ans de détention ; le détenu peut avoir été condamné à un jour seulement de détention : la peine paraît dans ce cas trop forte.

Art. 205. Les cas de tentative de délivrance par transmission aux détenus, soit d'armes, soit d'instrumens destinés à faciliter l'évasion, par bris de prison ou violence, peuvent être omis. L'article 4 considère toute tentative de crime comme le crime même. L'art. 68, n.° 3, déclare coupables du crime ceux qui auraient procuré les instrumens, &c.

Art. 209. En aucun cas, la peine pour fait d'évasion, ne peut être plus forte que celle qui a été prononcée ou qui aurait pu être prononcée contre le détenu évadé.

Il est bon de n'accorder, en aucun cas, la réduction de la peine, au préposé coupable de négligence, si l'évadé a été arrêté pour crime ou pour délit commis pendant les quatre mois de son évasion.

Art. 224. Au lieu, *ni domicile certain*, mettre *ni domicile de fait ou de droit connu.*

Art. 262. Pour ne pas confondre la nécessité actuelle de la légitime défense contre tout attentat direct à la vie, avec celle contre toute autre action que l'auteur, en cas de résistance, doit être présumé vouloir mettre à exécution, même en sacrifiant la vie de celui qui s'opposera, ce qui constitue un attentat indirect ; on propose de réformer cet article en ces termes: « La nécessité actuelle de la légitime défense de soi-même ou d'autrui, existe, » lorsque, pour sauver sa vie ou celle d'autrui, on n'a, dans le moment, » d'autre moyen que celui de tuer l'agresseur. Est encore réputée nécessité » actuelle &c., » comme dans l'article.

Art. 266. On pense qu'il conviendrait de rédiger cet article en ces termes : « Le meurtre commis sur l'époux où l'épouse , n'est également » jamais excusable ». Si des coups ou des violences ont mis en péril actuel la vie de l'époux ou de l'épouse qui aura tué , il n'y a plus de crime ; le meurtre est légitime et rentre dans l'article 361 : ainsi , l'on croit que la restriction, *si des coups, &c.* en faisant sortir cet homicide du nombre des crimes , tombe d'elle-même et devient insignifiante.

Art. 306. Les deux dernières lignes de cet article font croire que la peine de détention de trois mois à deux ans est également pour les blessures involontaires prévues par cet article, puisque les blessures autres que celles qui sont mentionnées aux articles 259 et 277 ne donnent lieu qu'à des intérêts civils ; disposition exclusive des blessures prévues par l'art. 306. Si cela est, on pense que le *minimum* pour une blessure légère, causée par le jet imprudent d'une petite pierre, fixé à trois mois de détention, est une peine un peu rigoureuse : restreindre le *minimum* à un mois, et étendre le *maximum* à trois ans de détention, ce serait donner plus à arbitrer pour les juges ; mais si l'on admet qu'il n'y a d'autres blessures que celles qui sont énoncées aux articles 259, 277 et 306, ce que les rédacteurs paraissent avoir établi dans ce cas, il en faut conclure que la fin de l'article 306 se réfère exclusivement aux blessures prévues par cet article, pour lesquelles il n'y a point de punition. Mais ceci présente des inconvéniens graves : sans avoir été tué , on peut avoir été blessé par imprudence très-grièvement, avoir perdu l'usage d'un membre, avoir été mutilé pour toute sa vie, &c. Dans l'hypothèse que l'intention du Projet est de ne punir que l'homicide volontaire, il convient d'ajouter à la suite de la troisième ligne finale , après les mots *six cents francs*, ceux-ci : « S'il y a eu homicide , s'il y a eu » blessures, les intérêts civils pourront être poursuivis par voie civile. »

Art. 308. On pense que l'exception de bonne foi peut être admise, lorsqu'elle sera prouvée, comme il est disposé au Code pénal de 1791. On ne voit pas le motif qui peut avoir déterminé les rédacteurs du Projet à réformer sous ce rapport les lois actuelles ; ils répondront peut-être que l'intention étant l'élément nécessaire de tout délit, il est inutile de la faire entrer dans chaque définition du délit : mais dès que le Code pénal a établi l'exception de bonne foi, on pourrait être induit en erreur en croyant que l'opinion du Projet était d'écarter cette exception.

Art. 313, 314 et 315. Il y a dans ces articles, plus de rigueur pour les femmes que pour les hommes : le concubinage n'est pas suffisamment puni; l'adultère doit être puni plus sévèrement. Pour le concubinage, on pense qu'il faut ajouter la détention de onze jours, par exemple, jusqu'à trois mois; pour l'adultère, six mois à trois ans ; même pour la connivence prévue par l'article 315 , on pourrait peut-être établir la peine de détention.

B 2

L'adultère de la femme et la connivence du mari peuvent causer de grands maux, par rapport aux enfans, à leurs mœurs, à leur éducation, &c. Il y aura toujours atteinte à l'ordre social, et la vindicte publique ne saurait être satisfaite par le paiement d'une amende : le mari permettra l'adultère à sa femme, celle-ci de son côté le concubinage à son mari : ils paieront telle ou telle amende pour couvrir leurs délits, &c. Au reste, il faut applaudir au Projet, qui rétablit au nombre des délits l'adultère et le concubinage, qui n'auraient jamais dû cesser d'être considérés comme tels.

Art. 324. Ne conviendrait-il pas de condamner le coupable du crime de faux témoignage, en matière correctionnelle ou criminelle, à la peine attachée au crime ou au délit pour lequel il aurait rendu faux témoignage ! La condamnation à mort n'aura lieu qu'au cas des condamnations à mort prononcées par suite du faux témoignage; en cas d'acquittement, le faux témoin sera condamné à la déportation, si l'acquitté était accusé d'un crime capital. La peine du crime de faux témoignage en matière de crimes et délits, ne pourra néanmoins jamais être moindre de deux années de détention et de cent francs d'amende.

Il y a faux témoignage lorsque le témoin n'a pas dit la vérité de ce qu'il savait, lorsqu'il n'a pas dit toute la vérité ; si, dans un dessein criminel, il n'a pas dit tout ce qu'il savait ; et enfin, si à la vérité, par lui déposée, il a ajouté, contre sa conscience, des circonstances fausses.

Art. 325. La multiplicité des faux témoignages qui se rendent en justice, est peut-être l'effet malheureux des principes de certains hommes qui ne croient pas avoir prêté serment, s'ils ne l'ont pas fait selon les formes de leur religion. Il faut donc de la sévérité dans la punition du faux témoignage, et l'on ne peut pas dire que l'article 325 soit trop rigoureux.

Art. 342 et 346. Les rédacteurs ont parfaitement réussi à éviter les répétitions multipliées des circonstances aggravantes, qu'on reproche avec fondement au Code pénal de 1791. Le juge, en faisant l'application de la loi, ne pourra pas se méprendre et tomber dans une fausse application. Il y aurait cependant de l'inconvénient à devoir toujours transcrire dans les jugemens, l'article 343 en entier. Pour vol commis la nuit, sans autre circonstance, le jugement portera : « Vu l'article 343, seront punis de la peine » de mort, &c. 346. Seront punis, &c. » On croira alors que le tribunal va prononcer la peine capitale.

Art. 360. Il y a peut-être des vols simples qui, même par cinq années de détention ne seraient pas suffisamment punis ; mais on dira aussi qu'il y en a pour lesquels la peine de trois mois de détention, au plus, semblera proportionnée au délit. On préférerait de fixer trois mois pour le *minimum*, et cinq ans pour le *maximum*, pour laisser plus d'étendue à la graduation des peines pour vols simples.

Art. 361 et 362. Après le mot *décharge*, ajouter, *d'effets mis en gage.* L'article 362 est conforme au principe de punir plus rigoureusement les vols des effets confiés à la foi publique; mais il paraît qu'on est allé trop loin dans l'application de ce principe. Le vol d'une pelle serait puni de la reclusion, et celui d'une montre d'or le serait de la détention, abstraction faite de toute circonstance aggravante.

Art. 430, n.° 6. Cet article défend de jeter ou exposer, au-devant des édifices, des choses nuisibles, &c. Le devant d'un édifice peut être dans la basse-cour de la même maison : il est donc nécessaire d'ajouter après les mots *au-devant des édifices*, ceux-ci, *donnant sur la voie publique*, comme il a été jugé le 18 germinal an 10, par le tribunal de cassation.

N.° 11. On ferait peut-être bien d'y ajouter la réparation d'honneur pour injures : elle n'est pas une peine autorisée par la loi, selon plusieurs jugemens de cassation.

Art. 435, n.° 7. Ajouter après le mot *féroces,* « même des chiens qui se » jettent, sans provocation, sur les personnes, pour les déchirer ou les » mordre. » Cette extension est nécessaire, car le cas se présente tous les jours. *Jugemens de cassation, an 11, page 118.*

Art. 440. « Pourra, d'après les circonstances, être prononcée, *outre* » *l'amende portée en l'article précédent,* la peine de détention. » Les mots imprimés en italique ont été oubliés, soit dans la rédaction, soit dans l'impression.

Art. 441. La peine de détention *jusqu'à* dix jours, aura toujours lieu, en cas de récidive, contre les personnes mentionnées en l'*article 439.* Il faut laisser arbitrer les juges.

Art. 443. Ajouter *un vingtième à la perception d'octroi.*

Art. 445. Ajouter : « Ces fonctionnaires publics ne peuvent, en aucun » cas, être condamnés aux dépens par le jugement qui aura prononcé sur » l'action publique. » Les cassations multipliées pour condamnation du ministère public aux dépens, justifient l'utilité de cet ajouté.

Ajouter à la fin de cet article 445 : « Nulle condamnation à une » peine ne peut être prononcée qu'à la suite de l'action publique exer- » cée, et après avoir entendu le fonctionnaire public chargé de l'exercice » de cette action. »

Ajouter encore au même article 445 : « L'exercice de l'action civile est » suspendu, toutes les fois que le prévenu ou le responsable du crime ou » délit oppose une exception civile, de laquelle dépend l'existence ou

» la non existence du crime ou délit, telle que les exceptions de propriété,
» d'un droit civil, &c. » Nombre de jugemens de cassation prouvent la
nécessité de prévenir cette erreur trop commune.

Art. 447. Ajouter : « Mais s'il est intervenu jugement, et que le prévenu
» décède après l'appel interjeté de ce jugement, le tribunal saisi de l'ap-
» pel ne peut refuser d'en connaître. » *Jugement de cassation du 11 floréal
an 10, Bulletin n.° 172.*

Art. 449. En aucun cas, le tribunal compétent pour connaître de l'action publique, ne peut prononcer sur l'action civile dont il y a litispen-
dance devant les tribunaux civils. *Jugement de cassation du 12 floréal an 10,
n.° 223.*

Les tribunaux institués pour la répression des délits, ne peuvent prononcer
sur l'action civile qu'accessoirement, et à la suite des peines prononcées
pour la vindicte publique.

Art. 450. Ajouter : « On peut transiger sur l'intérêt civil qui résulte
» d'un délit ; mais la transaction n'empêche point la poursuite du minis-
» tère public, et on ne doit pas en induire un aveu. »

Art. 465. L'extension donnée à l'article 40 du Code, est conforme au
jugement du tribunal de cassation du 27 brumaire de l'an 11, *n.' 37 du
Bulletin.*

Art. 466. On pense que cet article peut être supprimé ; il serait plus à
propos de le placer dans les lois relatives aux administrations civiles et forestières, dont parlent les articles 463 et 464.

Art. 467. Aux propriétés *rurales* et *forestières,* ajouter *nationales* ou *com-
munales (Jugement de cassation du 6 vendémiaire an 10, n.° 4)*, pour éviter
les erreurs qui ont causé la cassation de plusieurs jugemens.

Art. 495. « Pourra en rendre plainte » ; ajouter, « ou en personne, ou
» par tout autre porteur d'une procuration ». *Jugement de cassation du 14
thermidor an 11, n.° 29.* On évitera par-là les demandes en explication de la
loi, quoique la plupart soient ordinairement sans fondement.

Art. 511. Au lieu de, « dans laquelle il insérera l'objet spécial qui
» donnera lieu à ses visites » , on propose de mettre, « dans laquelle il
» désignera les personnes et les objets qui y donneront lieu ». C'est ainsi
que s'est expliqué le tribunal de cassation dans son *jugement du 1.er frimaire
an 8, n.° 128.*

Art. 576, à la fin : « En aucun cas, l'autorité qui aura lancé le mandat
» d'arrêt ne peut le révoquer sous prétexte qu'il n'y avait pas lieu à le dé-
» cerner ». *Jugement de cassation du 16 thermidor an 8, n.° 457.* On est
tombé trop souvent dans cette erreur, qu'il faut empêcher pour l'avenir.

Art. 616., n.° 1. Ajouter, « et dont la connaissance, en certains cas, » est attribuée aux tribunaux civils. » Le délit prévu par l'art. 369 est puni d'une amende de 51 à 300 francs. La peine est prononcée par le tribunal saisi de la contestation; ce peut être un tribunal de paix civil, ou de commerce. Si donc l'article 616 n'est pas limité de la manière ci-dessus proposée, il y aura contradiction entre cet article 616 et l'article 369.

N.° 2. Ajouter, « 3.° par tous autres tribunaux, relativement à certains délits incidens, et commis à l'occasion d'une contestation principale, » dont les tribunaux se trouvent saisis (art. 339, par exemple). » On propose cet amendement, dans le cas où la cumulation des juridictions hétérogènes serait adoptée par la loi.

Art. 617. Après les mots, *les plus imposés*, ajouter, *d'un commissaire du Gouvernement et d'un greffier;* après les mots, *du juge de police de l'arrondissement communal*, ajouter, *qui le préside.*

Art. 649. On propose la réforme de cet article en ces termes : « Les » parties comparaîtront par elles-mêmes ; elles pourront être assistées de » défenseurs. »

Art. 662. C'est une disposition très-sage ; jusqu'à présent les tribunaux de police avaient le pouvoir d'adjuger, en dernier ressort, des dommages-intérêts illimités. On propose cependant de modifier la disposition du n.° 2 de cet article, en ajoutant à la fin : « Néanmoins l'appel, dans ce » dernier cas, n'aura pour objet que lesdites restitutions et réparations » civiles. »

Art. 668. Après cet article, on pourrait dire : « L'appel et le recours » en cassation de la partie civile, s'il n'y a point appel ni recours en cassa- » tion de la partie publique, ou de celle mise en jugement, ne peut provo- » quer que la réforme ou l'annullation du jugement, quant aux intérêts » civils seulement. »

Art. 672. Ajouter à la fin : « Le tribunal ainsi saisi par l'envoi ou » citation, ne peut procéder à l'instruction et au jugement, qu'après qu'il » y a été autorisé par l'autorité compétente, dans les cas où cette autori- » sation de mise en jugement est ordonnée par la loi ou un arrêté du » Gouvernement. »

Art. 672. Ajouter, « soit enfin par une citation donnée par le pro- » préteur au prévenu, et aux personnes responsables du délit comparues » devant lui en vertu d'un mandat de comparution. »

Art. 680. Ajouter à la fin : « Il n'y a pas opposition au jugement rendu » par défaut et prononçant l'absolution du prévenu ; ce n'est que la voie » de l'appel qui est ouverte aux fonctionnaires, et autres personnes ayant » intérêt d'attaquer ce jugement, comme il est dit ci-après article 701. »

Art. 686. Le jugement ne peut être prononcé sur simple enquête et vérification. La vérification sur le lieu, lorsqu'elle paraîtra nécessaire, peut être faite, mais de manière que les formalités de l'instruction prescrites par le présent chapitre soient observées. *Jugemens de cassation, an 10, page 281 du Bulletin.*

Art. 689. Le témoin qui se présente encore avant la fin de l'instruction et avant la prononciation du jugement, doit être entendu, si la partie le requiert. *Jugemens de cassation, an 7, tome I, page 70.*

Art. 701. Les condamnations ne peuvent être aggravées, s'il n'y a appel que de la partie condamnée. *Jugemens de cassation, an 8, tome II, pag. 17-155.*

Art. 701, n.° 2. Ajouter : « Et dans ce cas, l'appel ne présente à juger » que l'intérêt civil. » *Jugemens de cassation, an 9, p. 588; an 10, p. 160-190; an 11, p. 115.*

L'appel de la partie publique ne fait revivre l'action publique que quant au prévenu désigné dans son appel. Le ministère public peut acquiescer au jugement par rapport à l'un des prévenus, et appeler par rapport à l'autre : aussi un condamné peut acquiescer au jugement, et l'autre appeler. *Jugemens de cassation, an 10, page 54.*

Quand ce ne sont que les parties mises en jugement qui ont appelé, la condamnation ne peut être aggravée. *Jugement de cassation du 7 germinal an 4.*

Art. 702, à la fin : « Néanmoins le prévenu acquitté par jugement » sera mis en liberté, si dans les dix jours aucun appel n'a été déclaré, » ou si dans ledit délai l'appel n'a été déclaré que de la part de la partie » civile ;

» Sans qu'il soit besoin de le notifier. » C'est juste, et conforme au jugement de cassation du 13 brumaire an 5.

Au même article 702, à la fin, « La déchéance de l'appel de l'un » n'entraîne pas la déchéance de l'appel de l'autre. » *Jugemens de cassation, an 11, page 116.*

Encore à la fin du même article : « Le substitut magistrat de sûreté, » l'officier forestier et le commissaire près le tribunal criminel, ne peuvent » renoncer à l'appel interjeté ni le retirer. Il n'y a pas de forme parti- » culière pour la réception de cette déclaration ; il suffit qu'il conste que » la déclaration ait été faite conformément à cet article. » *Jugemens de cassation, an 9, page 591.*

Il faut dire : « La partie civile et celle qui a été citée en jugement, » pourront aussi faire faire cette déclaration par un avoué ou tout autre » fondé de pouvoir spécial. » *Jugemens de cassation, an 10, page 265.*

Art. 703.

Art. 703. « En tout cas, la seule remise de la requête d'appel faite
» dans le délai au greffe du tribunal d'arrondissement, tiendra lieu de la
» déclaration prescrite en l'article précédent, sans que la déchéance pour
» défaut de cette déclaration puisse être prononcée. » *Jugemens de cassation, an 11 , page 181.*

Art. 704. « Lorsqu'aucun appel (du substitut ou officier forestier) n'aura
» été certifié. » Le défaut d'appel de la part du commissaire ne peut être
suppléé par des conclusions prises par lui sur l'action publique, à l'audience
qui aura lieu sur l'appel de la seule partie civile ; le tribunal n'a dans ce cas
rien à statuer sur la vindicte publique ; tout est alors purement civil. *Jugemens de cassation, an 10, page 190.*

Art. 706. Cet article doit être placé après l'article 716.

Art. 707. S'il n'y a une seconde audience et un juge remplacé, il faut
un nouveau rapport. *Jugemens de cassation , an 7 , tome III , page 30.*

Art. 714. Ajouter après cet article, « Si le jugement est annullé, parce
» que le tribunal correctionnel avait mal jugé qu'il n'y avait pas de délit. »

On pourra encore dire après l'article 714 : « Si le jugement est annullé ,
» parce que le tribunal correctionnel s'est mal-à-propos déclaré incompétent,
» ou qu'il a statué sur une exception dilatoire, ou qu'il a ordonné un sursis
» lorsqu'il n'y avait pas motif suffisant pour surseoir, le tribunal, en réfor-
» mant le jugement, renvoie devant un autre tribunal d'arrondissement du
» même département. » Il est très-nécessaire d'insérer cette disposition,
pour ne pas priver les parties de deux degrés de juridiction. Le premier
tribunal n'avait, dans ce cas, rien statué sur le fond ; le seul objet de l'appel
est alors le point de compétence, l'exception dilatoire, la question de savoir
s'il y a lieu ou non au sursis. Plusieurs cassations nécessitent cette explication de la loi ; il en est de même lorsque le tribunal de première instance
s'est arrogé la connaissance d'une affaire qui n'est pas de sa compétence ,
ou lorsqu'étant compétemment saisi, il juge un prévenu dont la mise en
jugement devait préalablement être autorisée. C'est alors une usurpation de
pouvoir ; il y a lieu à annuller le jugement, et à renvoyer l'affaire devant
qui de droit, ou , dans ce dernier cas, devant un autre tribunal d'arrondissement , pour procéder s'il y échet, et après que l'autorisation nécessaire
aura été délivrée.

Art. 716. On a rétabli dans le Projet le mode de définir la chose, et d'en
poser les principes ; c'est un avantage que n'offrait pas la législation actuelle
dans plusieurs parties : il semble qu'il serait bon de définir ainsi le mal-
jugé au fond : « Le mal-jugé au fond a pour objet, 1.° l'existence ou la
» non-existence du délit ; 2.° la conviction et la culpabilité des personnes
» citées en jugement ; 3.° l'application des lois pénales. »

Art. 723. Après cet article : « L'appel et le recours en cassation de la
» partie civile, s'il n'y a ni appel ni recours en cassation de la partie pu-
» blique, ou de celle traduite en jugement, ne peut provoquer que la ré-
» forme ou l'annullation du jugement, quant aux effets civils. »

Art. 732. Cette nullité frapperait même l'acte d'accusation dressé pour
le délit inséré au présent article, s'il s'y trouvait cumulé avec un délit
correctionnel. *Jugemens de cassation, an 7, tome II, page 21, 332; an 10,
pag. 69.*

Art. 733. Après les mots, *le tout à peine de nullité*, ajouter : « Le
» substitut doit également, sous peine de nullité, s'abstenir de toute espèce
» de réflexion qui pourrait aggraver le sort du prévenu. » *Jugemens de
cassation, an 7, tome II, page 71; an 8, tome I.ᵉʳ, pag. 145 et 165, 499, 515.*

Art. 759. Le substitut dressera un nouvel acte d'accusation; mais il n'y
doit être inséré que des faits nouveaux qui puissent donner lieu à l'accusation contre le prévenu; il doit séparer ceux qui sont relatés au premier
acte, pour lesquels il avait été déclaré n'y avoir pas lieu à accusation.
Mention de cette déclaration, pour les faits précédens, doit également y
être insérée. *Jugemens de cassation de l'an 8, tome I.ᵉʳ, page 164.*

Art. 792. Après les mots, *pour établir sa défense*, il serait à propos
d'ajouter : « Il pourra, au jour de l'examen, appeler des témoins nouveaux,
» pourvu qu'ils soient portés sur la liste mentionnée en l'article 842. »
L'abus du pouvoir discrétionnaire, qui ne doit point violer les formes
du procès, ni faire tort aux moyens de défense des accusés, a occasionné
plusieurs cassations. *(Jugement du tribunal de cassation en l'an 9, pag. 221).*
Pour les éviter, il est bon que la loi s'explique. La loi, qui pose les principes, et laisse l'applicateur libre d'en tirer les conséquences, peut bien
se dispenser de les indiquer elle-même; mais on ne peut faire de reproche
à la loi qui parle quelquefois en définissant la chose, en citant des
exemples, ou en tirant des inductions des principes posés, pour venir
au secours de quiconque cherche à en bien pénétrer le sens et l'esprit.

Art 815. Il n'est pas inutile d'y ajouter : « En aucun cas le tribunal
» criminel ne peut connaître de l'ordonnance de mise en liberté, rendue
» à la suite de la déclaration du jury, portant qu'il n'y a pas lieu ».
Jugemens de cassation, an 8, tom. I, pag. 175, 284, 550, 568; an 10, p. 453.

Art. 828. La disposition de cet article paraît être une innovation sans
nécessité. En matière criminelle, l'incompétence *ratione materiæ*, ne peut
être couverte par la comparution volontaire des parties. *Jugement du tribunal
de cassation du 24 nivôse an 11.*

La nullité pour incompétence ne pourra pas être couverte par le silence des parties ; le prévenu ne peut, en matière de police correctionnelle, être privé de deux degrés de juridiction, &c.

Art. 838. Dans quelque état que se trouvent l'examen et les débats, un second défenseur, réclamé par l'accusé, et qui se présente, doit être admis à sa défense, même s'il n'a pas été présent à l'audition des premiers témoins. *Jugemens de cassation, an 10, page 413.*

Art. 839. On a oublié de faire prêter aux jurés le serment prescrit par la loi du 21 nivôse an 8. *Jugemens de cassation de l'an 9, page 222.*

Art. 842. *Exposera le sujet....* Il conviendrait de dire : « Fera un » exposé simple du sujet de l'arrestation, dont il développera les moyens à » l'appui, ainsi qu'il est dit dans l'art. 860. »

Au même article 842, à la fin : « Néanmoins, si le témoin a été entendu » précédemment par écrit, et qu'il se trouve clairement désigné aux pièces, » on ne pourra pas s'opposer à son audition, sous prétexte du défaut » d'énonciation de l'âge, &c., dans la liste notifiée. » Cette disposition est consacrée par un grand nombre de jugemens de cassation de l'an 8.

« Le préteur, en vertu du pouvoir discrétionnaire dont il est investi » par l'art. 792, peut faire comparaître des témoins, pourvu que la liste » en ait été préalablement communiquée à l'accusé dans le délai mentionné » au présent article. » *Jugemens de cassation, an 9, page 221.*

Art. 842. La notification faite au concierge, chargé de le faire savoir à l'accusé, ne remplit pas le vœu de la loi. *Jugemens de cassation de l'an 9, page 377.*

Art. 846. « Cependant, si quelque témoin, après son audition, demande, » pour quelque motif d'urgence, d'être dispensé de rester plus long-temps, » le préteur, du consentement de toutes les parties, pourra lui accorder » cette permission ». *Jugemens de cassation, an 9, page 278.*

Art. 848, à la fin : » En aucun cas, la partie civile qui a pris la qualité » de partie plaignante, et se présente pour former ses conclusions, ne peut » se ranger au nombre des témoins, ni être entendue comme témoin ; elle » est entendue à l'appui de ses conclusions civiles : le jury en sera aussi averti. » *Jugemens de cassation, an 8, tome I.ᵉʳ, page 557.*

Art. 848, à la fin : « Dans ce cas le dénonciateur ne peut former des » conclusions pour réparation du tort personnel à lui causé par le crime. » *Jugemens de cassation de l'an 8, tome I.ᵉʳ, page 567, du 11 brumaire an 5.*

Art. 849. Cet article paraît susceptible d'une amplification. Il faut laisser à l'accusé la faculté d'appeler des témoins non cités, mais présens aux débats, en tout état de cause, avant la clôture de l'examen. *Jugement du tribunal de cassation du 13 floréal an 6. Idem, an 8, tome I.ᵉʳ, page 198; t. II, page 127*

Art. 855. Cet article défend de donner lecture aux jurés des déclarations civiles des témoins non présens à l'audience ; il convient d'y ajouter, « sauf » les exceptions portées au chap. XIV, livre II de la II.ᵉ partie du présent » Code. » On demande, en second lieu, si le Projet entend, ou non, rapporter la loi du 18 prairial an 2 , à l'égard des militaires en activité de service, qui, sous certaines formes, permet la lecture de leurs témoignages. Cette exception, qui déroge au principe de l'instruction orale, n'a point été rapportée par le Code de brumaire, actuellement subsistant. Il n'est pas inutile de s'exprimer formellement à cet égard dans le nouveau Code.

Art. 855. « Sont compris dans la défense portée dans cet article, les » certificats et lettres dont le contenu a pour objet de prouver l'immoralité » de l'accusé. » *Jugemens de cassation , an 9 , page 462.*

« Ne sera point considéré comme déclaration par écrit de témoin » absent, le cas où un témoin présent dépose que tel ou tel absent avait » déposé antérieurement telle ou telle chose, ou que telle ou telle personne » avait déclaré telle ou telle circonstance. » *Jugemens de cassation , an 11 , page 127.*

Il ne sera lu ; ajouter : « Cette texture ne peut être requise par qui que » ce soit, quand même l'accusé y consentirait.

» Ne sont point considérées comme déclarations des témoins, les décla- » rations par écrit que les experts auront données sur le matériel du corps » du délit. L'annexe à l'acte d'accusation, des procès‑verbaux dressés sur » le corps de délit, et leur texture, n'empêchent point que les experts » qui les auront dressés , ne puissent être entendus à l'audience sur le » contenu de leurs procès-verbaux. » *Jugemens de cassation , an 11 , p. 80.*

Art. 860. Ajouter : « Ils ne pourront cependant pas rapporter des » déclarations par écrit de témoins qui n'auraient pas été entendus à » l'audience. »

Art. 867. Quelles sont les formes dont parle l'article 72 !

Art. 1021. Ajouter , « sans même que le condamné par contumace puisse » acquiescer au jugement. » *Jugemens de cassation , an 11 , page 173.*

Art. 1022, à la fin : « Néanmoins les déclarations écrites des témoins » nouveaux décédés depuis l'assignation à eux donnée, ne pourront être » lues aux jurés. » *Jugemens de cassation , an 9 , page 157.*

Art. 1159. Il ne peut être regardé comme ayant récidivé, lorsqu'il commet un nouveau délit.

§. IV.

OBSERVATIONS GÉNÉRALES.

PRESCRIPTION CRIMINELLE.

1.° Sur le mode de compter le délai, quant à la prescription de l'action publique.

L E Code pénal de 1791 avait compté le délai de la prescription criminelle, du jour où l'existence du crime avait été connue *ou* légalement constatée.

Le Code du 3 brumaire an 4 l'a fixé au jour où l'existence du délit a été connue *et* légalement constatée.

Le Projet propose enfin de compter le délai du jour où le délit ou la contravention auront éte connus.

Le délit commis n'est pas toujours connu, le délit commis et connu n'est pas toujours légalement constaté. Il en résulte que le principe du Code pénal était plus avantageux au coupable que celui du Code des délits ; et le principe posé dans le Projet est encore plus favorable au délinquant que celui du Code pénal.

Examinons laquelle de ces trois différentes manières de compter le délai doit être préférée.

La prescription éteint l'action ; pour que l'action puisse être éteinte, il faut qu'elle ait pu être exercée. *Contra non potentem agere, non currit præscriptio.* Le Projet semble blesser ce principe. Un délit peut être commis, sans que son existence soit jamais connue ; le délit qui n'est connu que de son auteur, n'est pas poursuivi ; il ne peut être poursuivi s'il reste inconnu ; l'action en poursuite n'est pas alors mise en mouvement ; elle ne peut être éteinte par la prescription, qui suppose une renonciation tacite à l'action de la part de celui qui avait le droit de l'exercer. L'assassinat peut avoir lieu, sans que l'existence en soit jamais découverte ; le grand coupable pourrait donc se vanter de son crime, après avoir gardé le silence pendant quinze années.

Je regarde donc le Projet comme trop doux et trop favorable au délinquant ; mais je pense aussi qu'il y a trop de rigueur dans le Code des délits et des peines.

Admettre le jour où le délit aura été légalement constaté, pour le terme duquel doit dater la prescription, c'est blesser le principe *Contra potentem agere, currit præscriptio.* Il dépend, dans la législation actuelle, des autorités chargées de la recherche des délits, de fermer les yeux sur la découverte d'un délit, de ne pas en constater l'existence, pour s'assurer préalablement des moyens de se saisir de l'auteur ; dans ce cas, qui peut arriver, quoiqu'il ne dût jamais avoir lieu, le délinquant est, durant plusieurs années peut-être, que l'existence du délit n'est pas légalement constatée, privé du bénéfice de la prescription. L'officier de police judiciaire qui connaît l'existence d'un délit, n'ignore pas qu'il doit mettre en exercice l'action, pour la poursuite de l'auteur. Comme l'exercice de cette action prend sa naissance avant le jour où le délit est légalement constaté, il faut aussi dire que la prescription doit commencer à courir avant ledit jour. Il me semble que, d'après ces réflexions, on pourrait reporter dans la nouvelle législation le principe du Code pénal, et fixer le cours de la prescription, « à compter du jour où l'existence du » délit a eté connue de l'autorité chargée de l'action de la police pour la » recherche et la poursuite. »

2.° *Sur le mode de compter le délai de la Prescription, quant à la peine prononcée par jugement.*

La date du jugement est le seul terme que l'on puisse admettre.

Les condamnations pénales pour crimes et délits se prescriront, d'après le Projet, à compter de la date des jugemens; celles pour contraventions de police, de la date des jugemens devenus irrévocables. Il faut donc croire que l'intention des rédacteurs est de faire courir le délai d'une condamnation correctionnelle prononcée par défaut, du jour du jugement, et non pas, comme en matière de contraventions, du jour où l'appel n'était plus recevable, et le jugement passé en force de chose jugée.

Mais, quel peut être le motif de cette distinction!

Aussi faut-il conclure que la condamnation temporelle par contumace d'un coupable de crime, sera prescrite dans le délai fixé, à compter de la date du jugement, et non pas du jour où ce jugement est devenu irrévocable, c'est-à-dire, où la contumace ne peut plus être purgée. Le Code des délits et des peines n'a pas déterminé le delai pour se représenter; l'article 476 est général : mais les articles 480 et 481 ont fixé vingt années pour purger la contumace; ce temps passé, l'accusé n'est plus reçu à se présenter pour cet effet. Ces deux articles 480 et 481 n'ont pas été admis dans le Projet. Il en résulte que le condamné par contumace peut la purger toute sa vie; mais il n'en aura pas besoin, puisque l'on établit qu'après le délai fixé dans le Projet, à compter de la date du jugement, la prescription lui est acquise.

L'article 480 dispose que la peine portée au jugement par contumace, est prescrite par vingt ans, à compter de la date du jugement; l'art. 481 dit qu'après vingt ans, l'accusé n'est plus reçu à purger sa contumace. Ces deux articles paraissent se contrarier l'un l'autre : en effet, le condamné par contumace n'a pas besoin de purger sa contumace après vingt ans, puisqu'il peut alors se prévaloir de la prescription. Il semble donc que l'article 480 a établi une prescription *acquisitive* et non pas extinctive. On pense que, pour la vindicte publique, la peine est pleinement acquise après vingt ans, que l'accusé ne peut plus purger la contumace, et que le jugement est devenu irrévocable.

Quoi qu'il en soit, on propose d'ajouter à l'article 1161 du Projet,
« à compter de la date des jugemens devenus *irrévocables.* »

On propose de fixer un délai pendant lequel l'accusé pourra purger la
contumace ! comme le délai en toute autre matière est fixé pour appeler,
on aurait ainsi une date certaine à partir de laquelle le jugement serait
censé exécutable ou irrévocable ; et, dans cette hypothèse, la prescription
ne courrait qu'à dater de ce jour.

Le sort d'un condamné contradictoirement ne peut être le même que
celui d'un condamné par contumace ; la prescription doit plutôt être acquise
au premier qu'au second.

Comment doit-on compter le délai de la prescription de l'action publique,
lorsqu'il s'agit d'un délit continué !

J'appelle *délit continué* celui qui se réitère à chaque instant et se proroge
à l'infini. Par exemple, le second mariage durant le premier, délit prévu
par l'article 308 du Projet, le crime de recélement dont parle l'article 68,
sont, suivant moi, des délits continués.

Dire que le délit du second mariage pendant la durée du premier,
est prescrit par dix ans à compter du jour où il a été commis, c'est dire
qu'après dix ans la prescription autorise le second mariage, nonobstant
l'existence du premier. On ne prétendra pas que ce délit se compose du
nombre infini de délits de la même espèce réitérés à chaque moment ;
ce n'est qu'une seule action immorale non interrompue.

Il conviendra, en conséquence, d'établir dans le Projet, que le délai pour
la prescription des crimes et délits continués, ne court que du moment
où ils ont été discontinués, et que la police judiciaire en a acquis connaissance. La continuation du même délit empêche donc nécessairement
le cours de la prescription.

3.° *Sur l'interruption de la Prescription.*

Les délais des prescriptions pour crimes et délits, établis dans le Projet,
ne courent qu'à compter du dernier acte de la poursuite, s'il y a eu
poursuite ou instruction.

On aurait peut-être pu dire plus exactement : « Les prescriptions des
» actions pour crimes et délits, non acquises, s'interrompent par la pour-
» suite ou l'instruction ; la prescription reprise ne peut être acquise qu'après
» l'écoulement des délais fixés par la loi, à compter du jour du dernier
» acte de la poursuite ou de l'instruction. »

4.° *Autre moyen d'interrompre la Prescription.*

La prescription accorde une certaine indulgence au délinquant ; elle le
soustrait aux punitions, au moins ordinaires ; l'auteur du crime est censé
s'être corrigé, avoir réparé son erreur ; la loi le réconcilie, pour ainsi

dire, avec la société. On peut en tirer la conséquence que celui qui, pendant le cours de la prescription, ne s'est point corrigé, et qui commet le même crime, ne doit point profiter de la prescription : il convient donc de consacrer le principe, que la récidive anéantit le cours de la prescription du premier crime, et qu'il faut la recommencer à compter du second crime commis.

On pourrait donner des développemens à cette réflexion ; mais le temps est trop court : on se borne à en indiquer l'objet. La récidive doit toujours influer sur le cours non-seulement de la prescription de l'action, mais encore de la peine prononcée contre le contumax.

5.° Disproportion entre l'imprescriptibilité des condamnations pour crimes majeurs, et la prescription de quinze années pour éteindre l'action à raison de ces crimes.

La peine capitale prononcée par jugement n'est pas susceptible d'être éteinte par la prescription ; mais celui qui ne sera pas condamné dans quinze années, ne pourra jamais être condamné.

L'assassin qui demeure sur la route, dans une maison isolée, tombe sur un voyageur, le tue à dessein bien prémédité, enterre le cadavre, et reste tranquille chez lui, couvert du silence de son crime, dont tout le monde ignore l'existence ; on ne s'aperçoit pas même de la disparition du voyageur, qui est un étranger venu de loin. Après quinze années révolues, le scélérat viendra manifester son crime : mais il ne pourra plus être condamné à la peine capitale ; l'action est éteinte par prescription. Un jeune homme, entraîné par un violent accès de jalousie, attend dans une embuscade son rival, et après s'être assuré de l'infidélité de celle qui est l'objet de son amour, il blesse grièvement son adversaire. Ces blessures graves de guet-apens font réputer le jeune homme coupable d'assassinat. Il n'a pas commis le crime *clandestinement* ; il est poursuivi et condamné à la peine de mort. Il s'échappe ensuite de prison ; mais la prescription ne pourra jamais éteindre la condamnation capitale prononcée contre lui.

L'assassin, au premier cas, est récompensé par la clandestinité de son crime ; son sort est meilleur que celui du jeune homme malheureux, que la clameur publique dénonce et traduit en jugement.

D'après ces observations, il paraît qu'il faut modifier et restreindre au moins le principe de l'imprescriptibilité des condamnations pour crimes majeurs, ou admettre un délai de trente ans au moins pour la prescription résultant de ces mêmes crimes.

6.° *Sur la distribution des délais des Prescriptions.*

Fixer des délais de cinq, dix et quinze années pour la prescription, en matière de crimes et délits, c'est dire que les délits sont une fois plus

punissables

punissables ou prescriptibles que les crimes de la seconde classe ; et ceux-ci, de la moitié plus punissables ou prescriptibles que les crimes de la première classe. Cependant tout le monde sent combien il serait injuste d'assigner un délai général à la prescription de tous les crimes, délits et contraventions. Le crime doit pouvoir être poursuivi plus long-temps que le délit, et celui-ci plus long-temps que la contravention.

Peut-être conviendrait-il de graduer les délais d'après l'échelle des peines, et de dire : « L'action pour crime emportant peine de mort, est poursuivie » pendant quarante ans ; celle pour crime emportant la peine des travaux » forcés à vie, pendant trente ans ; de la déportation , pendant vingt » ans, &c. »

7.º *L'auteur inconnu d'une contravention de police peut-il se prévaloir de la Prescription énoncée en l'article 166, s'il vient à être découvert !*

Les termes de l'article précité paraissent seulement applicables aux con-trevenans connus et poursuivis, même condamnés en première instance.

Dans le cas de l'affirmative de cette question, quel est alors le mode de compter le délai ?

Cependant l'article 166 semble contenir au commencement, comme disposition générale, qu'en tout cas c'est du jour de la contravention qu'il faut compter le délai; mais la fin de cet article est plus particulière au contrevenant connu.

8.º *Sur la Prescription des actions et peines pour crimes, délits et contraventions, qui court au moment de la publication du nouveau Code.*

Il ne sera pas inutile de dire que, dans ce cas, les délais de l'ancienne lé-gislation doivent être observés, si toutefois la prescription n'est pas plutôt acquise par le nouveau Code; ce qui peut arriver.

9.º *Inconvéniens qui découlent de la disposition finale de l'article 1169 du Projet.*

L'huissier qui, par négligence, aura laissé évader un détenu, n'aura acquis la prescription de l'action résultant de son délit (article 201), qu'après cinq années révolues; mais celui qui aura totalement dévasté une forêt nationale ou communale, s'il est connu et qu'il ne soit pas poursuivi dans les trois mois, est sûr de rester impuni : l'action est éteinte et prescrite au bout de trois mois. *(Article 8, titre IX de la loi du 29 septembre 1791.)* Ce n'est là qu'un seul exemple ; la révision des lois énoncées à l'article 443, en four-nirait peut-être plusieurs.

Au premier cas, le délai est trop long ; au second cas, il est trop court.

10.° La Prescription n'est pas le seul moyen d'éteindre l'action et la peine pour délit.

Le condamné pour délit majeur, ne peut être repris pour un délit mineur qu'il avait commis avant la condamnation.

La punition pour délit majeur efface donc le délit mineur, et produit le même effet que la prescription.

L'intitulé du chapitre final pourrait être : *Moyens d'éteindre l'action et la condamnation, pour crimes, délits et contraventions.—§. 1. De la Prescription.—§. 2. De la Punition pour délit majeur.*

Enfin la condamnation pour délit majeur, prononcée contre un condamné pour délit mineur, opère la cessation de l'exécution de la peine mineure ; dans ce cas, ce n'est pas la nouvelle peine plus grave qui s'exécute, du moment où le jugement est devenu chose jugée.

SUR L'AUGMENTATION DE LA PEINE CAPITALE.

« L'humanité s'afflige de la nécessité de punir ; elle fait au moins des » vœux pour la modération et la douceur. Les peines doivent être douces, » mais efficaces. Qu'un coupable souffre, ce n'est pas le dernier but de la » loi, mais que les crimes soient prévenus. L'efficacité de la peine se mesure » moins sur la rigueur que sur la crainte qu'elle inspire. » Ce sont des principes manifestés par l'un des membres de la commission chargée de la composition du Projet. L'intérêt de l'humanité, combiné avec celui de la justice, les a dictés. Mais on est affligé à la lecture des articles 13 et 15 du Projet, de voir que les dispositions en sont peu conciliables avec ces principes. Comment, dans une législation humaine, la peine de mort serait-elle susceptible d'augmentation ! Il y a bien des peines accessoires, comme la confiscation générale, qui, en certains cas, peuvent être cumulées avec la peine capitale ; mais elles n'en aggravent point l'exécution, elles ne frappent point la personne du malheureux qui est exécuté.

Le grand-juge ministre de la justice a présenté, dans son compte rendu au Gouvernement, le 3.° jour complémentaire dernier, une observation relative à ce point. Il s'exprime ainsi : « Il est des crimes dont l'atrocité est » telle, qu'ils méritent d'être particulièrement signalés pour en redoubler » l'horreur. Peut-être l'amende honorable avant le supplice, et l'exposition » du cadavre des grands criminels, après qu'ils ont subi la peine, seraient- » elles propres à faire une grande et salutaire impression. »

On voit que l'intention du grand-juge n'était point d'augmenter la peine capitale dans la personne du condamné, mais de donner à certaines condamnations majeures un appareil imposant et capable d'inspirer de l'horreur pour les grands crimes ; aussi le tribunal de cassation n'a-t-il demandé que le maintien de la peine capitale.

Le Projet propose trois sortes d'augmentation de la peine capitale à prononcer pour certains crimes : 1.º l'exposition préalable du condamné pendant une heure; 2.º le poing droit coupé; 3.º un poteau de bois dur, portant inscription de la nature du crime, &c.

Examinons s'il y a des motifs suffisans pour adopter les dispositions du Projet.

1.º Quel est le but de l'exposition publique à la suite de certaines condamnations ? De faire sentir plus vivement au coupable son crime, et d'en fixer le châtiment dans sa mémoire : c'est une juste addition aux peines de la plupart des crimes.

Cette exposition préalable devient sans but pour le condamné à mort; l'exposer pendant une heure avant de le frapper de l'instrument mortel, c'est lui donner mille fois la mort.

Relativement au public, l'exposition a un double avantage. Le transférement des condamnés au lieu de leur destination, se fait sans appareil; les condamnations resteraient ignorées du public, s'il n'y avait pas exposition préalable.

Sous ce rapport, l'exposition publique d'un condamné à mort n'est pas nécessaire, l'exécution se fait publiquement.

L'exposition a encore un autre avantage : le condamné est mis sous les regards du peuple; s'il parvient à s'évader tôt ou tard, il est plus facile de le reconnaître; mais, sous ce point de vue encore, l'exposition du condamné à mort est superflue.

2.º Est-ce pour augmenter les douleurs du condamné qu'on veut qu'il ait le poing droit coupé? — Non sûrement, mais pour effrayer les spectateurs; car ce n'est point pour faire souffrir le coupable, mais pour prévenir les crimes, que les peines sont infligées. Cependant on prévoit qu'il y aura peu de spectateurs assez insensibles pour vouloir contempler un malheureux livré au dernier degré de désespoir, détester son existence, et mourir d'une mutilation cruelle. Pour l'honneur de l'humanité, disons que le Projet n'est pas admissible en cette partie.

3.º Quant aux poteaux, c'est une flétrissure qui n'atteint le condamné qu'après sa mort. Mais quel sera l'effet, quel sera le sort de ces poteaux !

Les habitans des environs accourront : ce sera pour eux une nouveauté; mais ils s'accoutumeront à la vue de ces poteaux, et peu à peu ils cesseront d'y faire attention; au moins l'idée du grand crime commis dans le voisinage ne s'associera plus à la vue d'un tel poteau.

L'étranger qui met le pied sur le sol de la République, s'arrête à la vue du premier poteau; il s'étonne à la vue du second, il est effrayé : mais au troisième, il rétrograde; il croit voir par-tout des assassins.

L'exécution de ce mode de punition présente encore des difficultés. Les rédacteurs du Projet en ont prévu une lorsqu'ils ont rangé au nombre des délits (art. 322) celui d'atteinte portée à ces poteaux. Mais n'est-il pas à craindre que les habitans des environs, que les parens du condamné exécuté, quoique le poteau ne porte pas son nom, ne s'empressent souvent d'éloigner ces monumens, qui leur paraîtront odieux! La peine établie par la loi, ne sera pas pour eux un moyen assez coercitif pour empêcher un délit qui se commettra clandestinement.

Enfin, on trouve que l'exécution du Projet, en ce point, présente encore d'autres inconvéniens.

On a applaudi à l'idée d'ériger des monumens publics à la mémoire des grands hommes. Sur la route de Coblentz à Andernach, les voyageurs admirent les tombeaux de deux généraux célèbres, *Marceau* et *Hoche,* que dirait-on si l'on voyait placés entre ces monumens honorables, des poteaux destinés à perpétuer le souvenir des grands crimes qui pourraient se commettre sur la même route!

Laissons subsister l'exécution de la peine capitale, telle qu'elle a lieu actuellement. Il n'y a pas de motifs suffisans pour la réformer. On pourrait tout au plus donner plus d'appareil à l'exécution des grands criminels; on pourrait y joindre l'exposition du cadavre, d'après l'idée du grand-juge.

SUR LA RÉCUSATION DES JUGES EN MATIÈRE DE DÉLITS.

L'ordonnance civile de 1667 avait prévu, titre XXIV, les récusations motivées des juges; ses dispositions étaient applicables en toutes juridictions; et puisque le Code des délits et des peines du 3 brumaire an 4 n'y a rien changé, on a toujours admis les récusations motivées. Un jument rendu par le tribunal de cassation, le 8 thermidor an 9, qui casse un jugement d'un tribunal criminel, par la raison que le juge récusé avait concouru au jugement qui avait prononcé sur la validité de sa propre récusation, a implicitement admis et consacré le principe de la récusabilité dans ces matières.

Mais, une autre question s'était élevée en l'an 8, celle de savoir si la récusation péremptoire pouvait être admise en matière de délits. On sait que la récusation péremptoire a pris naissance dans la loi du 23 vendémiaire an 4, et qu'au moment de sa publication elle était également applicable en toutes juridictions.

Mais, en matière de délits, cette loi n'a pas survécu au Code du 3 brumaire an 4, dont l'article 594 a expressément rapporté les lois postérieures à celles des 16 et 29 septembre 1791 concernant la justice criminelle. La loi du 23 vendémiaire an 4 n'a donc pu être appliquée, en matière de délits, que pendant quelques jours seulement. *Jugemens du tribunal de cassation des 8 et 28 thermidor an 8.*

Tel est l'état actuel de la chose. Le Projet garde le silence sur toute récusation : s'il est converti en loi, il s'ensuit,

1.° Qu'à l'avenir il faudra encore recourir à l'ordonnance civile de 1667, toutes les fois qu'il sera question de récuser, pour causes valables, un juge ; et cependant le but du Projet est de tracer, dans un seul Code, la marche à suivre pour la répression et la punition des délits, sans qu'on ait besoin de recourir aux autres lois antérieures non abrogées ;

2.° Que le Projet converti en loi, fera revivre la récusation péremptoire en matière criminelle, abolie par le Code du ; brumaire an 4, qui n'existera plus après le nouveau Code, puisque l'anéantissement de ce Code de l'an 4 fera disparaître l'article 594, qui ne se trouve plus placé dans le Projet.

Il est donc nécessaire de parler, dans le nouveau Code, des récusations en général ; d'en fixer les causes, et les formes pour les proposer ; enfin de dire si l'on peut ou non récuser un juge péremptoirement en matière de délits.

CUMULATION DES PEINES.

« Un prévenu de plusieurs délits contenus dans le même acte d'accu-» sation, et dont aucun n'emporte la peine capitale, n'est puni que de la » peine la plus grave, et reçoit de la loi elle-même une sorte d'amnistie pour » tous les autres. Cette disposition du Code me paraît peu conciliable avec » la juste proportion qui doit exister entre le crime, le degré du crime et » la peine. » Tels sont les termes dont s'est servi le grand-juge ministre de la justice, dans son rapport fait au Gouvernement le 3.ᵉ jour complémentaire dernier.

Ce défaut dans le Code n'est pas réparé dans le Projet.

On ne connaît que l'article 446 du Code d'où l'on puisse tirer la conséquence qu'il n'est pas permis de cumuler les peines. On ne peut pas condamner par le même jugement, à six années de fers, par exemple, pour un vol, et à six autres années de détention pour l'autre vol dont est prévenue la même personne. *Jugement de cassation du 14 brumaire an 11.*

Le défaut qui existe dans la législation actuelle, peut être levé très-facilement.

Admettre en principe, que les peines pour différens délits puissent être cumulées, 1.° si ces peines sont de nature à pouvoir être cumulées ; 2.° si la cumulation peut être simultanément exécutée : on atteindrait, par une punition proportionnée aux différens délits, l'individu qui s'en serait rendu coupable.

On entend par peines de nature à pouvoir être cumulées, les peines accessoires, qui ne sont pas toujours ajoutées aux peines principales, mais que les juges pourront cependant prononcer. La simultanéité de la cumulation des peines consiste en ce que différentes peines soient exécutées en même temps. Il ne sera pas permis, par exemple, de condamner à la reclusion ; et après que le coupable aura subi cette peine, de le condamner à la détention. Un autre moyen d'établir la cumulation des peines, serait aussi de dire que les juges appliqueront le *maximum* de la peine portée par la loi, lorsque le prévenu aura été trouvé coupable de deux crimes emportant la même peine ; ou enfin, que les juges prendront en considération le second crime lorsqu'ils gradueront la peine pour le crime le plus grave, d'après l'échelle du *minimum* au *maximum* de cette peine.

Enfin, il paraît qu'il est convenable de statuer quelque chose de positif à cet égard, dans le nouveau Code, pour tracer la marche à suivre par les tribunaux.

SUR LE PARJURE.

Le parjure est un crime ; il l'a toujours été : mais il ne se trouve pas rangé au nombre de ceux qui sont prévus par le Code pénal, et autres lois postérieures ; reproche qu'on a souvent fait à la nouvelle législation criminelle, et que je ne crois pas fondé.

Le faux témoignage, dont parle le Code pénal, ne s'entend que des dispositions faites dans la cause d'autrui ; le parjure ne peut s'appliquer qu'au délit commis par celui qui altère la vérité dans sa propre cause. La peine établie pour le premier n'est pas applicable au second. Le faux témoignage et le parjure s'accordent, en ce que l'un et l'autre tendent à faire tort à autrui ; ils diffèrent, en ce que le parjure profite toujours de son crime, et que le faux témoin n'en profite pas toujours.

Il s'ensuit que le premier est plus punissable que le dernier. Il faudrait donc rétablir le parjure parmi les crimes, et en déterminer la peine. Je ne le pense pas ; ce serait augmenter le nombre des crimes sans nécessité.

Mais quel est le moyen de s'en dispenser ! Ce moyen me paraît simple. Il faut rendre impossible la perpétration du parjure.

Admettre en thèse générale que le principe qui veut que nul ne puisse être témoin dans sa propre cause, ne souffre aucune exception ; c'est reléguer le parjure parmi les êtres chimériques. Lorsqu'il n'y a pas matière à délit, il n'y a plus de délit. Il faudra toujours des témoins en justice, et on ne pourra pas empêcher que le faux témoignage ne se commette quelquefois ; mais sur quel motif de nécessité voudra-t-on conserver parmi les moyens probatoires en justice civile, le propre aveu, affirmé par serment ! Quant à la justice criminelle, je ne connais pas de cas où le parjure puisse se commettre.

Tous les sermens connus chez les Romains, tels que *juramentum litis decisorium*, *suppletorium*, *purgatorium*, *in litem*, *assertionis*, *veritatis*, *calumniæ*, *malitiæ*, *credulitatis*, et autres, avaient dérogé au principe établi à la loi 10 *Codicis*, *de testibus*, que nul ne peut être témoin dans sa propre cause.

J'avais cru que les rédacteurs du projet de Code civil se dispenseraient de classer parmi les moyens probatoires ces genres de sermens. En effet, la preuve instrumentale n'était pas si usitée chez les Romains. Aujourd'hui les conventions se font par écrit ; la preuve testimoniale est très-rarement admise : pourquoi conserver le serment litisdécisoire !

Les autres sermens auraient pu être aussi proscrits en partie, et en partie suppléés par la preuve par actes, quelquefois par témoins, par experts, &c. Je n'entrerai pas dans un plus ample examen de la nature de tous ces sermens, pour prouver leur insuffisance.

Il semble même que les législateurs de 1791 furent pénétrés de ces principes, puisqu'ils n'ont pas compris le parjure au nombre des crimes prévus par le Code pénal.

Néanmoins la loi civile vient de consacrer de nouveau les principes du droit romain ; et quand la loi s'est prononcée, il faut respecter tout ce qu'elle dispose.

Dans l'état actuel des choses, il est donc important de frapper le parjure d'une peine déterminée, à prononcer par le tribunal saisi de la contestation qui a fait naître le parjure, dans l'hypothèse où l'accumulation des juridictions hétérogènes serait adoptée.

A la peine principale pour parjure on pourrait ajouter une peine accessoire ; par exemple, l'impression et l'affiche du jugement qui déclarerait un tel parjure incapable de rendre aucun témoignage en justice.

INDIVISIBILITÉ DE LA PROCÉDURE À L'ÉGARD DES PRÉVENUS DU MÊME DÉLIT.

C'est un principe reconnu, mais jamais déclaré par une loi, que l'indivisibilité du délit entraîne l'indivisibilité de la procédure ; c'est-à-dire, qu'un tribunal saisi de la connaissance d'un crime, doit attirer à lui la connaissance de tout ce qui est connexe à ce crime, et qu'en instruisant le procès d'un accusé soumis à la juridiction ordinaire, il peut étendre cette juridiction sur tout individu que l'instruction lui indique comme complice.

On dit juridiction ordinaire, puisque le tribunal saisi, par une attribution particulière, de la connaissance d'un crime relativement à son auteur, n'a pas le droit de distraire de ses juges naturels et ordinaires, le complice que l'instruction peut lui indiquer. En voici des exemples : 1.° jugement de condamnation par le tribunal ordinaire d'un accusé ; jugement de cassation, qui annulle ce jugement, et renvoie le prévenu à un autre tribunal. Un complice du même délit est arrêté sur ces entrefaites, le complice ne peut pas être traduit devant le tribunal saisi par le tribunal de cassation ; c'est un tribunal d'attribution. Il est vrai que deux tribunaux différens instruiront sur le même fait ; les preuves souffriront de cette séparation; le complice peut être condamné et l'auteur acquitté : mais il y a lacune dans la loi.

2.° En cas d'option, le tribunal choisi est un tribunal d'attribution. Le complice, après l'option de l'auteur découvert, sera traduit devant ses juges ordinaires, si toutefois il n'opte pas également pour le même tribunal choisi par l'auteur dans l'hypothèse, et qu'il se trouve dans le cas d'exercer ce droit.

3.° Nous voyons traduire devant les tribunaux spéciaux les prévenus de crimes ordinaires emportant peine afflictive ou infamante, lorsqu'ils sont vagabonds, ou condamnés pour pareils crimes et repris. Leurs complices, s'ils ne sont pas également vagabonds ou condamnés repris, sont jugés par les tribunaux criminels ordinaires. *Jugemens de cassation.*

4.° L'auteur d'un vol prévu par la loi du 25 frimaire an 8, est traduit devant le jury s'il se trouve en récidive, et puni de la peine portée au Code pénal (sans déportation ni flétrissure cependant) ; le complice qui n'est point en récidive, est jugé pour le même fait par le tribunal correctionnel. La récidive n'est point attachée au crime, mais à la personne de l'auteur, &c.

Tous ces exemples présentent des inconvéniens et des lacunes dans la législation actuelle ; le Projet n'y a pas remédié : il est vrai que, d'après ce Projet, les cas supposés sous les numéros 2, 3 et 4, ne pourront plus arriver ; mais le premier, ainsi que d'autres du même genre, se présenteront toujours.

Enfin il convient que le principe soit consacré par une loi formelle ; que ce principe soit bien précisé, pour obvier à l'abus que des tribunaux en ont déjà fait. Il serait sûrement étonnant de voir qu'un tribunal qui vient de condamner l'auteur d'un vol, voulût se prévaloir de l'indivisibilité d'une procédure terminée, pour s'arroger le jugement d'un complice qui viendrait à être découvert ensuite, si ce complice n'était justiciable de ce tribunal, ni à raison du lieu du délit, ni à raison de son domicile ; mais le même principe de l'indivisibilité de la procédure doit s'opposer à ce que, pour le même délit, deux prévenus soient successivement jugés. Supposons qu'un des prévenus ne pût, à raison de sa qualité, être mis en jugement que d'après une autorisation préalable, et que l'autre ne se trouvât pas dans ce cas ; le tribunal ne pourra mettre en jugement le dernier, qu'après avoir obtenu l'autorisation pour la mise en jugement du premier. *(Jugemens de cassation, an 11, pag. 70.)* Tout cela fournit matière à considération.

Il ne faut pas diviser la compétence pour le même délit, s'il n'y a pas nécessité.

Le refus des réquisitionnaires ou conscrits de joindre leurs drapeaux est

un

un délit militaire, d'après l'art. 8, n.° 5, du Projet ; les pères, mères, &c. sont responsables de ce refus : le réquisitionnaire est traduit devant le conseil de guerre, le père devant le tribunal non militaire.

Le tribunal non militaire devra toujours suspendre son jugement jusqu'à ce que le conseil de guerre ait décidé la qualité du réquisitionnaire ou conscrit, qui peut être contestée. Le père, qui sera intéressé à nier que son fils soit conscrit, n'est pas entendu devant le conseil de guerre ; et néanmoins, si la qualité de réquisitionnaire ou conscrit est déclarée par jugement du conseil de guerre, la condamnation du fils entraîne nécessairement celle du père ; le tribunal non militaire, sur le vu du jugement du conseil de guerre, condamnera le père comme responsable, &c.

On propose de regarder dans ce cas les délits des pères, mères, &c. comme délits militaires ; il y a trop d'inconvéniens à faire juger le responsable par d'autres juges que ceux qui connaissent du délit principal : on n'aurait qu'à ajouter à l'art. 8, n.° 5, après les mots *le refus,* ceux-ci, *et la responsabilité pour ce refus.*

RESPONSABILITÉ CIVILE POUR CRIMES ET DÉLITS.

Le Projet a bien établi les principes de la responsabilité civile pour crimes et délits (art. 78) : mais la responsabilité civile pour faits de contravention de police, n'y est pas définie ; les personnes civilement responsables ne sont point indiquées. C'est au quatrième livre de la première partie, et à la fin de l'article 429, qu'on aurait dû insérer l'article 7, titre II de la loi du 28 septembre 1791, après en avoir adapté aux principes du Projet les dispositions ; ou au moins aurait-on dû déclarer, comme aux contraventions de police, les articles du Projet formant le chapitre qui concerne la responsabilité pour crimes et délits. Si cette omission n'est pas réparée, la responsabilité se trouvera éliminée en fait de contraventions, et tous les articles du livre IV qui parlent des personnes responsables pour contraventions, resteront sans objet. On demandera toujours quelles sont ces personnes responsables. Le Projet les a bien indiquées relativement aux crimes et délits ; mais il a gardé le silence par rapport aux contraventions.

L'intitulé du chapitre II, livre I.ᵉʳ, I.ʳᵉ partie, porte bien *de la Responsabilité civile ;* mais le dispositif de l'art. 78 prouve qu'il n'y est question que de celle pour crimes et délits. En second lieu, on observe que les trois premiers livres de la I.ʳᵉ partie n'ont pour objet que les crimes et délits, et qu'on a réservé toute la matière des contraventions de police pour le quatrième livre. Au livre IV.ᵉ, on ne peut pas invoquer les dispositions des trois livres précédens.

C'est fort bien qu'on ait destiné un livre particulier à la police, pour y trouver tout ce qui rentre dans cette matière ; mais en partant de cette idée, il ne faut rien omettre que l'on soit obligé de chercher ailleurs : cela causera des répétitions , mais elles sont nécessaires. La solidarité du paiement de l'amende, &c., est établie pour crime dans l'article 62 ; elle est établie pour contravention de police dans l'article 428 ; c'est juste. Il faut donc désigner également , au livre IV , les personnes responsables pour contravention de police.

Une autre lacune nous semble exister dans le Projet.

On y a bien prévu la nécessité d'entendre les personnes responsables pour délits et contraventions, et de les citer pour pouvoir les condamner; on leur a bien accordé tous les recours établis par la loi , pour faire valoir leur défense : mais pourquoi condamne-t-on le responsable pour crime , sans l'avoir entendu! Ne conviendrait-il pas de citer, au jour du débat, les personnes responsables pour crime , s'il y en avait, pour être présentes à l'examen et à la décision d'une affaire qui les intéresse! On devrait leur accorder pleine défense : et toutes les voies de droit; si elles étaient condamnées sans avoir été entendues, il conviendrait au moins de leur accorder la voie de l'opposition.

On pense aussi que le Projet va trop loin dans cette matière, et même plus loin que les Romains avec leurs quasi-délits.

Qui voudra être tuteur, instituteur , &c. des enfans auxquels leurs parens ont donné une mauvaise éducation!

Il faudrait au moins admettre les personnes désignées comme responsables, à la preuve que le crime et délit commis ne provient en aucune manière du défaut d'éducation, de garde, &c.

L'exécution du Projet présente des inconvéniens.

La responsabilité du père est illimitée; celle des instituteurs est limitée dans les temps de la surveillance : la première est donc principale et solidaire; si l'instituteur ne peut pas réparer les dommages, le père est poursuivi, &c.; il faut donc citer en jugement toutes les personnes contre lesquelles la responsabilité civile pourra successivement être déclarée fondée.

On croit enfin que la responsabilité civile ne pourra être déclarée , et nulle personne condamnée comme responsable d'office , mais seulement à la suite d'une demande formelle de la partie civile lésée par crime ou délit; de sorte qu'il n'y aurait lieu à prononcer sur le point de responsabilité qu'accessoirement, et à la suite de l'action civile cumulée avec l'action publique.

En matière de délits, il y a responsabilité civile, distincte de la responsabilité criminelle.

L'article 78 a établi les principes de la responsabilité civile pour crimes et délits ; cette responsabilité, qui n'a pour objet que la réparation des dommages , les amendes et les frais causés par les délits, n'a rien de commun avec la responsabilité criminelle, qui présente de nouveaux délits nés à l'occasion d'autres délits commis.

Les articles 201, 99, 68, 194 et nombre d'autres en fournissent des exemples.

Il serait à propos d'ajouter à la fin de l'article 78 : « La responsabilité » civile n'est pas proprement délit ; elle ne s'étend point aux punitions : elle » ne doit pas être confondue avec la responsabilité criminelle établie par » le présent Code, pour certains délits commis, ou qui ont contribué à la » perpétration des délits, &c. »

CONNAISSANCE DES DÉLITS ATTRIBUÉS AUX TRIBUNAUX CIVILS.

Plusieurs articles du Projet (par exemple, les articles 369, 539, 718, &c.) attribuent la connaissance de certains délits aux tribunaux civils saisis de la contestation principale qui a fait naître ces délits. C'est bien conforme aux principes ; l'accessoire suit le principal : *Sine necessitate entia non sunt multiplicanda.* C'est enfin une suite des principes de l'indivisibilité de la procédure et de la litispendence.

Mais de très-grands inconvéniens résultent de cette confusion étrange de pouvoirs hétérogènes.

Elle blesse d'abord l'uniformité des principes généraux adoptés dans toutes les parties des pouvoirs exercés par les diverses autorités.

La police administrative est distincte de la police judiciaire, et celle-ci l'est de la justice criminelle. L'exercice de la police judiciaire est même, d'après les lois actuelles, incompatible avec la justice criminelle. Mais le Projet n'a pas consacré cette incompatibilité ; c'était une suite nécessaire des pouvoirs hétérogènes cumulés dans les personnes des substituts et des propréteurs, qui sont chargés en partie de la recherche et de la poursuite des délits, de l'instruction, qui règlent la compétence, et concourent enfin au jugement.

Quoique le principe de faire juger les délits pour ainsi dire incidens, par les tribunaux saisis du procès principal, présente des avantages, les inconvéniens en sont néanmoins innombrables, et l'exécution du Projet causera des confusions inévitables dans la judicature.

Il paraît préférable de retirer du Projet les articles qui établissent cette innovation.

NOTES SUPPLÉMENTAIRES.

1. En matière de délits, les juridictions sont improrogibles.

2. Le directeur du jury ne peut, en aucun cas, annuller ni réformer l'ordonnance rendue par lui, sur le réquisitoire du substitut.

3. La confrontation des prévenus est un des moyens les plus propres pour découvrir la vérité.

4. Tout arrêté émané de l'autorité administrative , portant la peine de détention ou d'amende, doit être considéré comme loi pénale; il n'appartient point aux juges d'examiner si cet arrêté a pu être donné, s'il est approuvé par l'autorité supérieure , &c.

5. En fait de renvoi, si le tribunal d'arrondissement s'est mal-à-propos déclaré incompétent, s'il a sursis au jugement lorsqu'il n'y avait pas lieu à le suspendre, s'il a accueilli une fin de non-recevoir mal fondée, enfin toutes les fois qu'il n'a pas jugé le fond de l'affaire, rien n'empêche qu'après l'annullation du jugement sur l'incident le fond ne puisse être renvoyé devant le même tribunal, pour ne pas priver les parties de leurs juges naturels. L'erreur commise sur l'incident n'influera point sur le jugement du fond.

6. La contrainte par corps, la solidarité des amendes, la condamnation aux dépens, sont de droit, et s'exécutent lors même qu'on a oublié d'en faire mention au jugement. On ne cassera point sur ces omissions ; il n'est pas même nécessaire de transcrire les termes de la loi.

7. Il faut laisser au prévenu la faculté de présenter par écrit ses moyens de défense, pour être soumis aux jurés d'accusation ; *defensio ad avertendam accusationem*, chez les Romains.

8. En aucun cas la condamnation aux dépens ne peut être prononcée contre celui qui, d'office, et à raison de ses fonctions, poursuit les délits.

9. Il n'y a point de condamnation à l'amende au profit des pauvres.

10. L'impression et l'affiche du jugement ne peuvent être ordonnées que dans les cas prévus par la loi.

11. Les actions hétérogènes ne peuvent être cumulées : une demande, par exemple, relative aux droits de barrière , ne peut être cumulée avec celle en réparation d'injures verbales ou de grossièreté, &c.

12. Établir les principes du jugement mémorable de cassation de l'an 10, *page 379* , relatif aux experts écrivains.

13. L'exécution des jugemens est ordonnée , mais jamais faite par les tribunaux.

14. En matière de délits, l'ivresse n'est pas une excuse, mais bien une immoralité.

§. V.

TABLES analytiques et comparatives de la législation actuelle avec celle établie au Projet.

LA manière de recueillir les matières des lois éparses sur le même objet, d'analyser leurs dispositions et d'en présenter l'ensemble dans une série systématique, offre des avantages réels. C'est là le but qu'on s'est proposé dans la rédaction des deux tables ci-après :

TABLE PREMIÈRE.

LÉGISLATION CRIMINELLE ACTUELLE.

RÉCIDIVE DES CRIMES ET DÉLITS. — CARACTÈRES. — PÉNALITÉ. —
COMPÉTENCE.

LA RÉCIDIVE en matière de police.

SIMPLE.

CARACTÈRES.

D'après la loi du 28 septembre 1791,
Il y a récidive si le délit rural a été commis dans l'espace d'une année et si
l'amende de la première condamnation n'a pas excédé la somme de trois journées
de travail. Art. 4, titre II de ladite loi.

D'après l'article 608 du Code du 3 brumaire an 4,
Pour qu'il y ait lieu à une augmentation des peines pour cause de récidive,
il faut qu'il y ait eu,
1.º un premier jugement rendu contre le prévenu,
2.º pour pareil délit,
3.º dans les douze mois précédens,
4.º dans le ressort du même tribunal de police.

Observation. La disposition de l'article 608 du Code, postérieure à la loi du 28
septembre 1791, étant générale et applicable à tous les délits de simple police, il paraît qu'en cette partie l'article 4 du titre II de cette loi se trouve
rapporté.

PÉNALITÉ.

Pour les délits prévus par les numéros 1, 2, 3 et 4 de l'article 605 du Code des
délits et des peines,
La peine est double, avec affiche des jugemens aux dépens des condamnés.
Art. 15 et 27, titre I.ᵉʳ du Code correctionnel de 1791 ; article 607 du Code
des délits &c.

Pour le délit sous le n.º 5 mêmes pénalités.
Art. 20 et 27, titre I.ᵉʳ du Code correctionnel ; 607 du Code des délits, &c.

Pour le délit sous le n.º 6.
Ce délit n'était pas prévu par le Code correctionnel. L'article 607 ne parle
que de la récidive des délits énoncés dans les lois des 19 juillet et 28 septembre 1791 ; il semble donc que la récidive du délit sous ledit n.º 6, n'est
point puni d'augmentation des peines : mais ceci ne peut avoir été l'intention
des législateurs de l'an 4. Cependant, en admettant que la récidive de ce
délit soit comprise sous l'article 607, on demandera quelle en est la peine. Le
double ! Quel est l'article de la loi qui le dit ! Tout ce qu'on peut dire, c'est
que la peine doit être prononcée dans cette hypothèse par le tribunal correctionnel, article 607 : donc elle consiste dans une amende au-dessus de la valeur de trois journées de travail, ou dans un emprisonnement de plus de trois
jours, article 601. Mais quelle en est le *maximum !*

Pour le délit sous le n.º 7.

D'après le Code correctionnel , article 18, titre II , il n'y avait que l'action civile contre le prévenu d'injures verbales, non adressées à un fonctionnaire dans l'exercice de ses fonctions. Quelle est maintenant la peine pour cause de récidive !   Mêmes difficultés que les précédentes.

Pour le délit sous le n.º 8.

Est-ce la peine du double, comme pour ceux des quatre premiers numéros ! Il semble que c'est le double, articles 19, 27, titre I.er du Code correctionnel. Mais l'article 29, titre II dudit Code, ne s'oppose-t-il pas à cette assertion !

Pour les délits ruraux prévus par le n.º 9, et qui, dès la première fois, sont du ressort du tribunal de police (ils ne le sont pas tous),

La peine est double ,
s'il y a récidive pendant le jour.
Elle est triple,
s'il y a récidive pendant la nuit.

Article 4, titre II du Code rural. Mais on demande si cette disposition n'est pas rapportée par les articles 607 et 608 du Code de l'an 4.

COMPÉTENCE.

Le tribunal correctionnel en connaît. Article 607 précité.

LA récidive en matière de police correctionnelle ; savoir, des délits qui, par leur nature et non pas pour cause de récidive, sont délits correctionnels.

CARACTÈRES et pénalité.

DES DÉLITS RURAUX qui, d'après l'article 609 du Code, sont, même pour la première fois, de la compétence des tribunaux correctionnels.

En général, pour ces délits, la loi n'a ni défini la récidive, ni fixé une augmentation de peine. L'article 4, titre II du Code rural, ne parle que des délits dont l'amende n'excède pas trois journées de travail; il n'est donc pas applicable aux délits punissables de l'amende au-dessus de trois journées de travail.

EXCEPTION seule.

La récidive du délit, prévu par l'article 38, titre II du Code rural, est définie et punie.

CARACTÈRE de cette récidive.

Le délit doit avoir été commis dans l'année.

PÉNALITÉ.

L'amende est double, et, suivant les distinctions de l'article 38, quadruple.

DES délits forestiers qui, par suite des dispositions de l'article 10 de la loi du 20 messidor an 3, sont tous du ressort de la police correctionnelle.

CARACTÈRE de la récidive.

L'ordonnance de 1669 ne l'a pas définie ; le Code forestier de 1791 ne fournit pas non plus de définitions.

Pénalité.

La récidive des délits prévus par les articles 6 et 10, titre XXXIII de l'ordonnance des eaux et forêts, est punie.

La peine y est déterminée.

A l'égard de la récidive des autres délits forestiers, je ne connais pas de loi qui en parle, qui en détermine la peine.

Des autres délits correctionnels.

Observations. L'article 607, qui fait partie du titre I du livre III du Code de l'an 4, semble n'être applicable qu'aux délits de simple police, puisque le titre III suivant ne parle que de la récidive de délits correctionnels; mais la récidive de ces délits correctionnels n'est-elle pas punie! Si l'article 607 fait mention des délits prévus par les Codes correctionnel et rural de 1791, la loi paraît seulement avoir compris dans cet article ceux desdits délits qui appartiennent actuellement à la police simple.

Dans la supposition que cet article 607 s'étend à tous les délits correctionnels, il faut distinguer, comme il suit:

Quant aux délits qui, d'après le Code correctionnel, appartenaient pour la première fois à la police municipale, mais qui actuellement sont de la compétence du tribunal correctionnel, pour cause de récidive; article 609; savoir, quant aux délits, sous les n.ᵒˢ 14, 16, 17, 18, 19 en partie, 21, 22, 23 et 24 du titre Iᵉʳ du Code correctionnel.

Caractères de la récidive.

D'après le Code correctionnel,

La récidive n'était pas définie d'après le Code des délits et des peines.

Caractéristique de l'article 608. Article 607, à voir ci-dessus.

Pénalité.

L'amende est double avec affiche du jugement. Article 27, titre I.ᵉʳ du Code correctionnel.

Compétence.

Le tribunal correctionnel.

Quant aux délits correctionnels d'après leur nature, et non pas à raison de la récidive.

Caractères.

Même difficulté que la précédente.

Pénalité.

La peine est double,

Pour les délits énoncés aux articles 10, 19, 24, 25, 27, 32, 33, 35, 38, 39.

La peine est déterminée d'une autre manière,

Pour ceux des articles 11, 13, 14, 28, 29, 36, 40.

La peine est enfin indéterminée,

Pour ceux des articles 15, 16. Quelle est la peine de cette récidive! On le demande.

COMPÉTENCE.

Le tribunal correctionnel, qui peut prononcer quatre années d'emprisonnement pour récidive de vol simple. Art. 32, titre II du Code correctionnel.

DES autres contraventions aux lois de police, commerce, &c.
La récidive n'est punie que dans les cas particuliers, prévus par ces différentes lois, qui, par forme d'une attribution particulière, soumet ces sortes d'affaires à l'examen et à la décision des tribunaux correctionnels.

LA RÉCIDIVE en matière criminelle.

RÉCIDIVE des délits prévus par la loi du 25 frimaire an 8.

Nota. Cette loi n'a accordé indulgence qu'à certains vols qu'elle a dégagés des caractères de criminalité et soumis à la police correctionnelle; mais ces mêmes délits rentrent dans la classe des crimes, s'il y a récidive.

CARACTÈRE de cette récidive.

Le même délit commis par le condamné, dans les trois ans, à compter du jour de l'expiration de la peine qu'il aura subie; le premier jugement doit en faire mention.

PÉNALITÉ.

Les peines primitives du Code pénal.

COMPÉTENCE.

Le tribunal criminel, qui seul connaît des crimes prévus par le Code pénal, et qui sont du ressort des jurés d'accusation et de jugement.

RÉCIDIVE criminelle ordinaire.

CARACTÈRE.

Un second crime commis postérieurement à la première condamnation; c'est donc une récidive illimitée.

PÉNALITÉS.

Peine principale.
La peine ordinaire prononcée par la loi.
Peine accessoire, et attachée au caractère de la récidive.

D'après le Code pénal, titre II, 1.re partie,
La déportation.
D'après la loi du 23 floréal an 10,
La déportation a été convertie en peine de flétrissure, pour un temps limité seulement.

EXCEPTION. Si la première condamnation n'a emporté autre peine que celle de la dégradation civique ou du carcan, et que la même peine soit prononcée par la loi contre le second crime, en ce cas le condamné ne sera pas déporté; mais, attendu la récidive, la peine de la dégradation civique, ou du carcan, sera convertie en celle de deux années de détention.

COMPÉTENCE.

Le tribunal criminel, spécial ou d'exception, suivant les caractères du crime.

TABLE

TABLE SECONDE.

ANALYSE DE LA RÉFORME PROPOSÉE AU PROJET DE CODE CRIMINEL, &c.

RÉCIDIVE DES CRIMES ET DÉLITS. — CONTRAVENTIONS DE POLICE. — CARACTÈRES ET PÉNALITÉ.

RÉCIDIVE pour crimes, délits et contraventions de police, prévus par les 3.e et 4.e liv. de la 1.re partie du Projet.

RÉCIDIVE pour crimes et délits.

CARACTÈRES.

La récidive pour crimes et délits n'est pas définie ni renfermée dans un temps déterminé, pendant lequel le second crime ou délit doit avoir été commis, comme en matière de contravention. Il y a donc récidive toutes les fois qu'un condamné pour crime ou délit en commet un second. Le condamné réhabilité même sera en récidive, s'il se rend coupable d'un second crime ou délit. Au moins la loi n'a pas donné à la réhabilitation l'effet de faire cesser la récidibilité (pour ainsi dire) du condamné réhabilité, puisque, dans l'hypothèse contraire, le condamné correctionnellement se trouverait toute sa vie dans le cas de récidiver, tandis que le condamné réhabilité ne tomberait pas en récidive après sa réhabilitation. Il serait peut-être convenable de donner à la récidive pour crimes et délits un terme quelconque de 20 à 30 ans du jour de l'exécution du jugement, passé lequel le condamné serait censé s'être corrigé, même s'il était condamné à perpétuité : en tout cas il faut définir la récidive ; cette définition doit paraître plus nécessaire que celle énoncée dans l'article 791. Il est sensible que le condamné à l'âge de 20 ans, s'il commet un second crime à l'âge de 80, ne peut être considéré ni puni comme ayant récidivé ; en suivant le Projet, il faut cependant admettre que dans ce cas il y a encore récidive.

PÉNALITÉ.

LE condamné pour crime,

Qui aura commis un second crime,
emportant la peine de forfaiture,
sera condamné à la peine d'infamie ;
emportant la peine d'infamie, ou de relégation,
sera condamné à la reclusion ;
emportant la reclusion,
sera condamné à la déportation ;
emportant la peine des travaux forcés à temps,
sera condamné à la peine des travaux forcés à perpétuité ;
emportant la déportation ou travaux forcés à perpétuité,
sera condamné à la peine de mort.

Qui aura commis un délit correctionnel,
sera condamné au double de la peine portée par la loi. L'article 66 ajoute comme peines accessoires, le renvoi sous la surveillance spéciale du Gouvernement, &c., l'interdiction, &c. &c.

|LE condamné pour délit ,

Qui aura commis un crime ,
n'est pas puni à raison de la récidive ; la seconde condamnation sera en elle-
même plus forte que la première : mais il convient d'ajouter dans ce cas, à la
peine ordinaire, le renvoi sous la surveillance , et l'interdiction, quelle
que soit la nature du crime, pour atteindre la récidive, d'une augmentation
de peine.

Qui aura commis un délit,
sera condamné au double de la peine portée par la loi, avec renvoi et
interdiction comme ci-dessus.

DISPOSITION commune à la récidive pour crimes et délits , relative
à la durée de la peine.
Voir l'article 67 du Projet.

DE l'influence de la récidive de l'auteur sur la punition des complices
des crimes et délits.

La récidive ne sort pas du crime comme circonstance aggravante ;
elle est personnelle à son auteur : néanmoins il résulte de la combi-
naison des articles 64 et suivans avec les articles 68 et suivans, que
le recéleur des effets provenant d'un vol emportant la peine de travaux forcés à perpétuité (art. 344), sachant que les effets proviennent
d'un vol emportant cette peine, devrait être condamné à la peine de
mort, si l'auteur du vol est un condamné pour crime et qu'il se
trouve en récidive, quoique le complice par recélé ait ignoré la circonstance d'une pareille récidive. Les rédacteurs du Projet n'ont pas
sûrement voulu, dans ce cas, infliger la peine de mort au recéleur.
Il est donc convenable de dire, à la fin de l'art. 67 : « Les complices
» des crimes et délits ne seront punis, à raison de la récidive dans
» laquelle se trouve l'auteur, que dans le cas où ils auront eu connaissance
» d'une première condamnation prononcée pour crime contre l'auteur. »
Cela est conforme aux principes de l'art. 69 du Projet.

RÉCIDIVE pour contraventions de police.

CARACTÈRES.

Il y a récidive ,
Lorsqu'un premier jugement a été rendu contre le contrevenant , dans les
douze mois précédens ,
Pour contravention de police commise dans le ressort du même tribunal.

PÉNALITÉ.

De la première classe, art. 430 ,
La peine de détention pendant quatre jours au plus ;
De la seconde classe, art. 435 ,
La peine de détention pendant sept jours au plus ;
De la troisième classe, art. 439 et 440.
Il faut admettre que l'art. 435 renferme toutes les contraventions de
cette troisième classe, et que l'art. 440 en énumère seulement une partie

qui peuvent être atteintes d'une détention à prononcer indépendamment de l'amende. Sans cela, l'article 440 contiendrait une répétition surabondante des mêmes contraventions énoncées à l'art. 439. Dans cette hypothèse, il faut distinguer :

> Quant aux contraventions comprises en l'article 440,
> Il y a peine de détention pendant dix jours pour cause de récidive;
> Quant aux autres non exprimées dans cet article, mais renfermées dans l'article 439 (il y en a quelques-unes de cette espèce), pour ce reste de contraventions, il n'y a pas augmentation de la peine pour récidive : ce que les rédacteurs du Projet n'ont pas sûrement voulu.
>
> Il faut donc plutôt penser que, dans l'article 441, il s'est glissé une erreur, et qu'au lieu de, « dans l'art. précédent », il faut lire, « dans l'art. 439 »; comme dans l'article 440, après les mots, « pourra selon les circonstances être prononcé », il faut ajouter, « outre l'amende portée en l'article précédent. » Les articles 431 et 436 semblent prouver cette omission.
>
> *Question.* Doit-on prononcer, indépendamment de la peine de détention pour cause de récidive, la peine ordinaire de l'amende avec ses accessoires? En admettant l'affirmative de cette question, il faut aussi convenir qu'outre la peine de détention de quatre, sept et dix jours, qui doit être prononcée pour cause de récidive, les juges pourront encore ajouter la peine de détention de trois, cinq et huit jours, d'après les articles 431, 436 et 440. Le Projet devrait s'expliquer là-dessus plus précisément.

RÉCIDIVE pour crimes, délits et contraventions prévus seulement par les lois relatées au supplément aux III.ᵉ et IV.ᵉ livres de la I.ʳᵉ partie, article 443.

> POUR crimes et délits.
>
> > Quant à ceux prévus par les lois spéciales à l'article 443, qui n'ont rien statué sur la récidive (c'est la plupart),
> > Il faut dire que la récidive n'est pas punie. L'article 443 porte : « En tout ce qui n'a » pas été réglé par les articles précédens des III.ᵉ et IV.ᵉ livres du présent Code, les » tribunaux continueront d'observer et de faire exécuter les dispositions des lois et » des réglemens relatifs 1.ᵒ aux taxes, &c. &c. » Or, le chapitre de la récidive pour crimes et délits fait partie du I.ᵉʳ et non pas du III.ᵉ ou IV.ᵉ livre : donc il y a recours aux dispositions desdites lois spéciales, mais qui n'ont rien statué à cet égard.
> > Cette omission doit être réparée dans le Projet.
> > Quant à ceux des crimes et délits prévus par l'article 443, qui ont établi des peines en cas de récidive,
> > Il faut appliquer ces peines. Les articles 6 et 10, titre XXXIII de l'ordonnance des eaux et forêts de 1665, en fournissent des exemples.
> > Mais il semble que cela ne devrait pas être; les principes de la récidive doivent être communs à tous les délits correctionnels.
> > Il y a matière à réformer le Projet en cette partie.
>
> POUR contraventions de police supplémentaires énoncées dans les mêmes lois relatées à l'article 443, il y a encore une distinction remarquable à faire.

Si ces lois et réglemens particuliers établissent des peines pour cause de récidive,
> Il faut appliquer ces peines ; cela résulte, tant de l'article 443 que de l'article 433, qui parle de la récidive des contraventions prévues par le présent livre IV, dont le supplément, sous l'article 443, fait aussi partie.

Si ces lois et réglemens n'établissent point des peines particulières pour cause de récidive,
> On dira qu'en vertu de l'article 443, il faut appliquer les peines nouvelles établies au IV.ᵉ livre pour les récidives.

Mais, dans cette hypothèse, appliquera-t-on les peines de la première, de la seconde ou de la troisième classe ?

Il y a encore matière à réformer le Projet quant à ce point.

Signé GUNTHER, *Président.*

9 782329 605463